Karl Heinz Götze

Les Chefs
★ ★ ★

*Die großen französischen Köche
des 20. Jahrhunderts*

S. Fischer

Für Doktor Becker

© 1999 S. Fischer Verlag GmbH, Frankfurt am Main
Alle Rechte vorbehalten
Satz: Fotosatz Reinhard Amann, Aichstetten
Druck und Bindung: Clausen & Bosse, Leck
Printed in Germany 1999
ISBN 3-10-026522-X

Inhalt

Vorwort 9

Leibkoch der Belle Epoque
Auguste Escoffier 33

Essen wie Gott in Frankreich früher
Fernand Point 55

Zwei richtige Burgunder
Alexandre Dumaine und Bernard Loiseau 71

Der Mann vom Lande als global player
Paul Bocuse 97

Der lange Schatten
Alain Chapel 121

Bahnhof, Lachs und Sauerampfer
Die Troisgros' 141

Mit sanften Händen
Die Haeberlins 159

Der neue Liebling der Götter
Michel Guérard 181

Der Rebell als Klassiker
Alain Senderens 197

Bresse-Adel
Georges Blanc 219

Ein Preuße als König der Köche
Joël Robuchon 239

Der Spieler
Alain Ducasse 257

Napoleon, mein Lieblingskoch
Jacques Maximin 285

Der Stolz des Pizzabäckers
Michel Trama 309

Der Verrückte von Saint-Etienne
Pierre Gagnaire 317

Sterne am Hut, Kräuter in der Sauce
Marc Veyrat 331

Vorgeschmack
Junge Köche in Frankreich 353

Anmerkungen 363
Adressen 365

Les Chefs
★ ★ ★

Vorwort

Dieses Buch ist entstanden aus der Lust am Essen und der Lust am Denken zugleich.
Diese Mischung ist nicht eben geläufig und wird in Deutschland immer noch eher mißtrauisch beäugt. »Voller Bauch studiert nicht gern« heißt die einschlägige Volksweisheit. Als Körperort des Essens wird darin der Bauch ausgesprochen, der Ort der Umwandlung lebensnotwendiger Nahrung in Körperstoffe, nicht die Zunge, der Ort des Nahrungsgenusses. Des Nahrungsgenusses – und der Sprache.

Dabei wird reichlich geschrieben über Essen und Trinken in Deutschland. Die Gastropresse prosperiert, die Tageszeitungen haben unterdes nach französischem Vorbild Gastrokolumnen, die Kochbücher sind Legion. Darin dominiert eine Kombination von Gebrauchsanweisung und normativer Kritik. Verglichen mit der Geschichte der Literaturkritik könnte man sagen: Es dominiert die Regelpoetik des Barock. Dieser Vergleich mag ungewöhnlich erscheinen, aber nur deshalb, weil wir daran gewöhnt sind, die Culinaria dort zu orten, wo sie mit den symbolisch höheren Dingen, mit Kunst und Bildung, nicht in Berührung kommen. Sie haben den gleichen Status wie der Küchentrakt im adeligen Schloß oder im großbürgerlichen Privathaus: im Keller, nicht in der Beletage. Oben die Hausmusik, unten die Küche. Selbst in den heutigen Hochküchenrestaurants ist diese symbolische Trennung zwischen Küche und Saal noch ausgeprägt. »Passe« heißt der Ort der Transition, wo der Koch die fertigen Teller abstellt und der festlich gekleidete Kellner sie übernimmt, um sie den Gästen vorzutragen.

Daß Askese oder – schlimmer noch – schlechtes Essen den Leistungen des Geistes förderlich seien, ist von vielen deutschen Dichtern und Denkern erfolglos in Zweifel gezogen worden. Am schönsten und zugleich radikalsten vielleicht von Heine, dessen dem Saint-Simonismus entlehnte Idee von der »Rehabilitierung des Fleisches« als historische Aufgabe seiner Zeit durchaus nicht nur das Fleisch der höheren Art meinte, was auf französich »chair« heißt, sondern auch der »viande«, des Fleisches, das es beim Fleischer gibt. Zuckererbsen für alle wollte er bekanntlich als Beilage. Das war nicht nur als Sättigungsbeilage gedacht – ein Ausdruck, den später der deutsche Gulaschkommunismus erfand –, sondern als Programm für eine neue Welt. »Ihr verlangt einfache Trachten, enthaltsame Sitten und ungewürzte Genüsse; wir hingegen verlangen Nektar und Ambrosia, Pupurmäntel, kostbare Wohlgerüche, Wollust und Pracht, lachenden Nymphentanz, Musik und Komödien. – Seid deshalb nicht ungehalten, Ihr tugendhaften Republikaner! Auf Eure zensorischen Vorwürfe entgegnen wir Euch, was schon ein Narr des Shakespeare sagte: meinst du, weil du tugendhaft bist, solle es auf dieser Erde keine Torten und keinen süßen Sekt mehr geben?«[1] Auf den Gedanken der Rehabilitierung des Fleisches ist Heine in Paris verfallen, nicht in Düsseldorf, Hamburg oder gar Berlin. Das sei einstweilen nur angemerkt. Wir kommen darauf zurück.

Nietzsche formulierte, das »Heil der Menschheit« hinge mehr »als an irgendeiner Theologen-Kuriosität« an der »Frage der *Ernährung*«. Im Kapitel »Warum ich so klug bin« aus »Ecce homo« erklärt er die »deutsche Bildung ... welche von vornherein die *Realitäten* aus den Augen zu verlieren lehrt, um durchaus problematischen, sogenannten ›idealen‹ Zielen nachzujagen«, als dafür verantwortlich, daß er »bis zu meinen reifsten Jahren immer nur *schlecht* gegessen« habe. Die »ausgekochten Fleische, die fett und mehlig gemachten Gemüse, die Entartung der Mehlspeise zum Briefbeschwerer«, die die deutsche Küche auszeichneten, seien für das deutsche Denken keineswegs folgenlos geblieben, sondern bedingten »die Herkunft des *deutschen* Geistes – aus betrübten Eingeweiden«.[2] Damals reiste Nietzsche übrigens zwischen der Schweiz, Piemont und Südfrankreich.

Betrübte Eingeweide, das wollen wir hier also gegen ein verbreitetes Vorurteil festhalten, schädigen die Bildung, aber auch den Kunstgenuß. Darauf bestanden von den Jüngeren nicht nur Brecht und Eisler, denen man es zutraut, sondern etwa auch Theodor W. Adorno, dem man derlei Gedanken bei seiner notorischen Vorliebe für avantgardistische Musik kaum zuschreiben würde. Peter von Haselberg erinnert sich an frühe Begegnungen mit Adorno: »Das Gefühl, alles verwirkt zu haben, überkam jeden, der etwa ahnungslos das Wort ›Kunstgenuß‹ in den Mund nahm; weshalb aber ›Speise‹ zu den Lobesworten des jungen Ästhetikers gehörte, entzog sich aller Diskussion.«[3]

Die Mahnungen der körpernahen Tradition deutschen Denkens, statt pausbäckig vom Kunstgenuß zu reden, sich lieber zunächst mal um Speis' und Trank zu kümmern, haben wenig verschlagen. Kaum eines unserer Bedürfnisse und Genüsse ist – zumindest in deutscher Sprache – so wenig reflektiert worden wie die »Speise«. Das hat mit deutscher Tradition zu tun, aber auch mit dem Material: Essen läßt sich nicht eben leicht in Buchstaben übersetzen. Selbst bei den deutschen Dichtern finden sich nicht gerade häufig Beschreibungen von Mahlzeiten, wie schon Böll bemerkt und zu beheben versucht hat. Über das Brot und die Zigaretten ist er dabei nachkriegsbedingt kaum hinausgekommen. Neuere Kochbücher und Eßzeitschriften reflektieren blind das schwierige Problem der

Übersetzung von Geschmack in Zeichen, indem sie resigniert die Beschreibung dem Bild überlassen. Aber auch Bilderbücher kann man nicht anbeißen. Kurz: Bücher, die über das Kochen gehen, sind häufig deshalb so tödlich langweilig, weil man Signifikanten eben nicht schmecken kann. Je hartnäckiger das Verspeiste Gang um Gang beschrieben, die Sauce gelobt und der Mangel an Salz am Fisch kritisiert wird, desto schaler der Geschmack auf der Zunge des Lesers. Dieser Gefahr muß sich auch das folgende Buch stellen. Es will ihr nicht dadurch entkommen, daß es versuchen würde, durch immer erneute Beschreibungen von Gerichten und Zubereitungen den Leser schließlich doch auf den Geschmack zu bringen. Das führt zu Überdruß und Indigestion trotz leeren Magens. Die Lust am Essen läßt sich schreibend nur als Lust am Text fühlbar machen. Dies ist denn auch das vörderste aller Ziele, um die ich besorgt war: ein genüßliches Buch über eine genüßliche Angelegenheit zu schreiben. Respekt vor dem Material, aber keine Ehrfurcht, keine vorgekochten Gedanken, kein pompöses Auftischen, keine mit Mehlschwitze verbundenen Sätze, hingegen Leichtigkeit, Vielfalt, Nahrhaftigkeit, Kreativität und Geschmack. Ob's gelungen ist, entscheidet sich daran, ob sich die Lust am Lesen herstellt.

Die Lust am Essen ist übrigens so fraglos gar nicht vorauszusetzen. Suppenkasper, Hungerkünstler und Bulimiker sind nicht die einzigen, die davon wissen. Freud, als er in »Das Unbehagen in der Kultur« das Lustprinzip als den »Lebenszweck« des Individuums identifiziert und darüber nachdenkt, was denn der Mensch so alles anstellen kann, um zu seiner Lust und zu seinem Glück zu kommen, obgleich diese Absicht doch von der Schöpfung nicht vorgesehen sei und »im Hader mit der gesamten Welt« liege, denkt über Rauschgifte, über Triebverzicht, über künstlerische Tätigkeit, über Weltveränderung, über Weltflucht, über den Genuß der Schönheit und –

natürlich – über die »geschlechtliche Liebe« nach, die uns »die stärkste Erfahrung einer überwältigenden Lustempfindung vermittelt«[4]. Das alles analysiert er als denkbare Vehikel zum Gelingen des eigentlich unerfüllbaren Programms des Lustprinzips. Vom Essen ist dabei nicht die Rede, ebensowenig übrigens wie von der Zigarre, aus der Freud bis ans Lebensende Lust und Arbeitsfähigkeit sog. Überhaupt ist erstaunlich, daß die Psychoanalyse, in deren System doch die Oralität eine so wichtige Rolle spielt, wenig zur Feinschmeckerei zu sagen weiß.[5] Es scheint, als sei das Amalgam zwischen elementarer Lebensnotwendigkeit, Regression und hoher Kultivierung, die sie auszeichnet, auch für die Psychoanalyse eine vertrackte Denkaufgabe.

Aber ist nicht die geschlechtliche Liebe von der gleichen Natur wie die Lust am Essen? Michel Onfray ist von offenbaren Ähnlichkeiten zum Gedanken inspiriert worden, daß die Erotik sich zur Sexualität verhalte wie die Gastronomie zur Nahrung, sie sei die Zugabe von Seele.[6] Die Erfahrung lehrt freilich, daß die Lust in der Liebe und die Lust am guten Essen nicht von der gleichen Art sind. Liebe geht einer verbreiteten Volksweisheit entgegen nicht durch den Magen. Die Liebe, die da gemeint ist, ergibt allenfalls ein harmonisches Eheleben. Wenn es richtig ist, daß der Versuch, eine Ehe auf Verliebtheit zu gründen, dem Versuch gleichkommt, einen Buschbrand in ein heimisches Herdfeuer zu verwandeln, so dürfen wir getrost ergänzen, daß ein Buschbrand sich auch nicht zur Befeuerung einer Restaurantküche eignet. Die unendliche Seligkeit, die sich der Verliebte vom Zusammensein mit der Geliebten verspricht, wird kein Gast von seinem Menü erwarten. Die Lust am Essen ist gedämpfter, weniger intensiv, weniger ausschließlich, aber eben auch nicht so gefährlich und illusionsgespickt wie die Lust an der Liebe. Der meist gehobene Altersdurchschnitt zumindest der männlichen Gäste von Feinschmeckerrestaurants hat gewiß nicht nur damit zu tun, daß die dafür notwendigen Mittel in der Jugend häufig noch fehlen, sondern auch damit, daß der Jugend starke Bedürfnisse eigen sind, deren Befriedigung ein Restaurant allenfalls vorarbeiten kann. Der Küchenhistoriker Jean-Robert Pitte verweist übrigens darauf, daß viele der berühmtesten französischen Feinschmecker zwischen dem körperlich mißgebildeten Grimaud de La Reynière, dem Gastrosophen Brillat-Savarin und dem falschen Küchenprinzen Curnonsky Junggesellen waren. Er spricht geradezu von einer »Kohorte kulinographischer Junggesellen«[7]. Alain Chapel, der einzige unter den großen französischen Köchen dieses Jahrhunderts, der Feder und Kochlöffel zugleich zu führen verstand, sieht den gedeckten Tisch als idealen Ort der Freundschaft, weniger der Liebe, die »sich sehr gut woanders nährt. Die Freundschaft, so zeigt die Erfahrung, erleichtert eher die Bestellung als das sexuelle Begehren, das häufig etwas Unordnung in den Ritus bringt, eine Dyslexie in die Harmonie der Gänge.«[8]

Die Hochküche, von der in diesem Buch gesprochen wird, ist, darin wäre Chapel recht zu geben, ein Produkt verfeinerter Zivilisation. Nicht zufällig nimmt die französische Hochküche ihren Ausgang in Versailles. Bis ins 17. Jahrhundert hinein war die Küche des Hofes mittelalterlich, d. h. europäisch. Erst im Zeitalter Ludwigs XIV. entsteht ein französisches und als solches exportables Modell der Hochküche.[9] Aber wie alle Zivilisation zurückgebunden bleibt an das Wilde, das sie bändigt, steckt auch in der hochritualisierten Restaurantkultur noch die Sehnsucht nach dem großen Fressen, nach dem dionysischen Rausch des Verschlingens ohne Ordnung und Gebot. »Das große Fressen« und das »Festin de Babette« sind zwei Seiten der gleichen Sache. Auch das geregelte, rhythmisierte, auf Luststeigerung durch Lustaufschub gegründete Essen im Hochküchenrestaurant ist nicht nur die Domaine des Eros, der erneuerten Lebenstriebe, der Kräfte, die in uns dem Tod widerstehen, wie Michel Onfray meint,[10] sondern auch ein Ort der Destruktion und des Rausches. Der sauber eingedeckte Tisch ist am Ende beschmutzt, die blitzenden Gläser sind befleckt, die Kompositionen des Koches vernichtet zu Materie, zu Energie und Fäzes, der klare Kopf leicht vernebelt. Die dionysische Seite ist immer präsent, auch wenn sie im Hochküchenrestaurant allemal unter die Dominanz des apollinischen Prinzips gestellt wird.

Das kulinarisch verfeinerte Essen ist aber nicht nur zurückgebunden an die historischen Zeiten des Hungers und der Nahrungsaufnahme gegen den drohenden Tod, an die Wildnis vor der Zivilisation, sondern allemal auch verbunden mit der Frühzeit des Individuums, mit der Wildnis vor der Erziehung, mit der mütterlich behüteten Welt der Kindheit. Die berühmte Madeleine aus Prousts Roman ist kein Einzelfall, nur die Erzählung von ihrer Wirkung ist es. »Im Geschmack für bestimmte Speisen dürfte wohl das von klein auf Gelernte, das am längsten dem Fernsein oder gar dem Zerfall der angestammten Welt widersteht und die Sehnsucht an sie wach hält, den stärksten und nachhaltigsten Niederschlag finden: In der Tat ist die Welt, in die man hineingeboren wird, zunächst einmal die mütterliche Welt.«[11] In keiner Lebensgeschichte eines Essers, der sich als ein solcher weiß, fehlt der Hinweis auf den unvergleichlichen Wohlgeschmack eines früh genossenen, einfachen Gerichts aus den Töpfen der Mutter oder einer Tante. Der Hochküche daraus einen Strick zu drehen versuchen hieße sich einer Illusion ausliefern. Sicher, das früh Genossene ist noch in der Erinnerung von unvergleichlicher Intensität. Aber es ist als solches unerreichbar geworden wie die Mutterbrust. Wer es als Reales nicht preisgeben will, ist zu einer Aufholjagd verurteilt, die Sehnsucht und Abstraktion vergeblich zu verschlucken versucht, dabei atem- und hoffnungslos frißt wie ein Bulimiker. Keine Regression reicht heran ans Frühe. Erst die Einsicht in den Verlust, die Einsicht der unaufhebbaren Entfernung vom Frühen eröffnet die Möglichkeit späteren Genusses, der Intensität durch Subtilität ersetzt. Anders gesagt: Bei Muttern hat es allemal besser geschmeckt, aber da dieser Geschmack unwiederholbar vergangen ist, kann nur das Bewußtsein definitiver Trennung vom Ursprung die kulinarische Kunstfertigkeit genießen, die den Verlust des Primären zugleich beglaubigt und tröstet. Der Rest ist stopfkuchenartige Regression, die Befriedigung nie zu finden vermag.

Der Begriff der Kunstfertigkeit zur Bezeichnung der Arbeit der Köche ist gewiß allemal angemessen. Aber ist darum Kochen eine Kunst? Sind die in diesem Buch portraitierten Köche Künstler? Man spricht wie selbstverständlich von »Kochkunst«, Escoffier nannte sein über Jahrzehnte in Europa tonangebendes Kochbuch »L'Art culinaire«. Die großen Ästhetiker – nicht nur die deutschen – haben die Köche hingegen nie unter die Künstler gerechnet. Das »interesselose Wohlgefallen«, das Kant zufolge die Haltung gegenüber der Kunst auszeichnet, ist gewiß nicht die angemessene Haltung gegenüber einem getrüffelten Bresse-Huhn in Sahnesauce. Und so konstatiert denn sogar ein dem Kulinarischen so zugetaner Autor wie Detlev Claussen: »Selbst das schönste Getränk noch das qualifizierteste Diner sind – trotz des Alltagssprachgebrauchs – Kunstwerke. An Essen und Trinken gibt es keine Autonomie, sondern eine Relation auf Bedürfnis, also Heteromie.«[12] Aber warum soll jegliche Relation auf Bedürfnis immer schon den Kunstcharakter eines Objekts ausschließen? Ist nicht in allem Kunstgenuß untergründig ein Bezug auf ein Bedürfnis? Und ist nicht die Autonomie zum Beispiel der Literatur erst ein historisch spätes Phänomen? Mußten sich die Dichter nicht ebenso von der Dienstbarkeit adeliger Gönner befreien wie die Köche, die von Dienstboten zu Unternehmern werden? Heine, der die historische Rolle von Kants Philosophie in höchsten Tönen lobt, steht deren Wirkung auf die Künste zu Recht skeptisch gegenüber: »Der schönen Literatur und den schönen Künsten wurde diese Kantsche Philosophie, wegen ihrer abstrakten Trockenheit, sehr schädlich. Zum Glück mischte sie sich nicht in die Kochkunst.«[13]

Die Köche sind sich selbst nicht sicher, ob sie sich denn als Künstler sehen sollten, und es sind nicht die schlechtesten unter ihnen, die sich zuallererst als Handwerker begreifen. Angefangen haben sie jedenfalls samt und sonders als Handwerker. Und sie stammen ausnahmslos aus den dominierten Schichten der Gesellschaft. Den Zweifel, den die Köche selbst am Kunstcharakter ihres Tuns hegen, verraten sie indirekt durch ihre angestrengten Versuche der Anlehnung an andere, zweifelsfrei als solche anerkannte Künste. Besonders verbreitet ist – von Carême über Troisgros bis Maximin – die Anlehnung an Architektur und Bildhauerei. Carême studierte intensiv die Architektur seiner Zeit und gewann aus ihr die Modelle seiner Buffets.[14] Was die Köche bei Architektur und Skulptur suchen, ist genau das, was ihren Hervorbringungen fehlt: Härte, Einmaligkeit und Dauer. Die Hervorbringungen der Köche sind auf den sofortigen Verzehr berechnet, nicht auf Dauer. Köche schaffen für das sofortige Vertilgen, nicht für die Ewigkeit. (Übrigens dürfte darin der Hauptgrund für die Empörung liegen, die den Gästen von Hochküchenrestaurants auch von Menschen entgegenschlägt, die etwa für schnelle Luxusautos enorme Summen ausgeben: Die Kochkunst läßt dem Sinn des Habens nichts übrig, sie gehört auf die Seite der Verausgabung, nicht der Sparsamkeit und der Akkumulation.) Am nächsten Abend reproduziert sich der Vorgang. Aber ist nicht, wenn wir Walter Benjamins Schrift »Das Kunstwerk im Zeitalter seiner technischen Reproduzierbarkeit« glauben dürfen, der Verlust des Werkcharakters, des Originals und der

Aura gerade das Signum der Kunst im technischen Zeitalter?[15] Die »Furien des Verschwindens«, die Hans Magnus Enzensberger gegenwärtig in allen entwickelten Gesellschaften am Werk sieht,[16] verschonen die Künste nicht, sondern machen sie flüchtig. Ist, so gesehen, die Arbeit des Kochs geradezu ein Vorläufer heutiger Kunstpraxis, so unterscheidet sie sich andererseits von ihr durch unauflösbare stoffliche Gebundenheit. Hochküchenrestaurants verkaufen kunstvoll bearbeitete Natur, keine Abbildungen oder Simulakren.

Sicher ist jedenfalls: Auch wenn man die Arbeit des Kochs unter die Künste rechnet, muß man zugeben, daß es sich um eine konservative Kunst handelt, die es wesentlich auf Harmonie abgesehen hat. Natürlich erneuert sie sich, aber Neuerungen analog der atonalen Musik oder der abstrakten Malerei sind den Köchen bei Strafe des Bankrotts verboten. Natürlich unterliegt auch das von der Zunge als wohlgefällig Empfundene geschichtlicher Veränderung. Die im Mittelalter dominierende Vorliebe für Süß-saures ist zum Beispiel heute weitgehend aus der Hochküche verschwunden. Aber solche Veränderungen gehen doch überaus langsam und weitgehend unbemerkt vonstatten. Plötzlichkeit, Schock, Grauen, in denen Karl Heinz Bohrer gerade das Authentische moderner Literatur sehen will,[17] wollen wir nicht auf dem Teller haben. Daran müssen sich auch die als »avantgardistisch« apostrophierten Köche halten. Sie dürfen, sie müssen Neues schaffen, neue Materialien einbeziehen, aber sie müssen es dann doch wieder unter das Diktat der Harmonie stellen. Die Sprache kennt den Begriff des Unerhörten, in dem sich Ablehnung und Neugier legieren. Den Begriff des Unerschmeckten kennt sie nicht. So nehmen die besten Köche denn auch die Tendenzen ihrer Zeit auf, aber die Küche wurde nie zur Leitkunst avantgardistischer Veränderungen. Carême studierte die längst ausgearbeiteten Pläne von Ledoux, das Manifest der Nouvelle cuisine erschien fünf Jahre nach den Manifesten von 1968, und Veyrats Kräuterküche kam in die Schlagzeilen, als die grünen Bewegungen sich längst politisch etabliert hatten.

Die Gründe für den aller Kochkunst inhärenten Konservatismus sind vielfältig. Sie mögen schon im Charakter des Geschmackssinns selbst liegen, gewiß aber auch in anthropologischen und sozialen Tatsachen. Claude Fischler, der wohl beste Kenner von Leib- und Magenfragen unter den Soziologen, führt ihn und die damit zusammenhängenden Nahrungscodes bzw. -tabus darauf zurück, daß der Mensch (wie die Ratte) als Allesfresser geboren wird und ihm demzufolge die Aufgabe der zuträglichen Nahrungsauswahl aufgegeben ist. Er muß Genießbares von Ungenießbarem, Nahrhaftes von Giftigem, Gesundes von Ungesundem immer erneut scheiden. Täuscht er sich, so kann es ans Leben gehen. Dazu kommt, daß wir Nahrungsmittel im Gegensatz zu den anderen Objekten unseres täglichen Lebens inkorporieren, was immer mit der untergründigen Angst einhergeht, durch fremde Nahrung substantiell verändert zu werden, denn bekanntlich ist man, was man ißt.[18]

Der Konservatismus der Hochküche ist aber auch soziologisch dadurch bedingt, daß Luxusküche personal- und materialaufwendig ist. Sie braucht wohlhabende, mächtige Auftraggeber oder Kunden. Ihre soziale Autonomie ist also begrenzt, wenn sie nicht auf die Verarbeitung von teuren Materialien verzichten will. Um Bourdieus Klassifizierung zu verwenden, der in seiner Untersuchung der gesellschaftlichen Rolle der Künste in der französischen Gesellschaft der zweiten Hälfte des 19. Jahrhunderts zwischen machtfernen und machtnahen Künsten unterscheidet[19]: Die Kochkunst der Hochküche ist gleich der Oper oder der Komödie eine machtnahe Kunst, sie muß sich ebenso wie diese den Bedürfnissen der Mächtigen anbequemen. Diese Bedürfnisse sind auf Repräsentation, Machterhalt und Zerstreuung gerichtet, also wesentlich konservativ. In der Lyrik zum Beispiel kann sich die Kunst leichter von den Zwängen der Macht befreien, also autonom werden, weil sie nicht mehr braucht als ein Schreibzeug und Papier. Notfalls wartet sie auf den Verleger und aufs Publikum. Der Koch kann nicht warten, ohne sich als Koch aufzugeben.

Gerade indem Hochküche zivilisiert ist, hat sie also auch teil an den Gebrechen und Ungerechtigkeiten aller Zivilisation, an ihrer Klassenteilung, die schon länger existiert als der Übergang vom Rohen zum Gekochten. Darin, daß sie teuer ist, kommt das am augenfälligsten zum Ausdruck. Aber der Preis ist nur Teil eines verzweigten Netzes sozialer Distinktions- und Diskriminationsmerkmale auf dem Feld der Küche. Die feinen Unterschiede erstrecken sich auf die Vorliebe für bestimmte Geschmacksrichtungen, bestimmte Produkte, für bestimmte Zubereitungsarten, generieren Präferenzen für kulinarischen Exotismus oder Populismus, sie sind bezogen auf ein Körperschema, auf eine Art der Nahrungsaufnahme, auf Ordnungsverhalten, Gemeinschaftskonzeptionen, auf Manieren.[20] Bourdieu unterscheidet zum Beispiel das ungezwungene Eßverhalten der Dominierten, die sich im häuslichen Leben, »der einzigen Freiheitsinsel«, hartnäckig weigern, sich beim Essen und Trinken strenge Selbstkontrolle aufzuerlegen, vom formvollendeten Essen, das im Hochküchenrestaurant inszeniert wird und allemal gerade mit streng geregelten Abläufen, mit Warten, Zögern, Zurückhalten, mit Kontrolle verbunden ist.[21] Ein anderes Beispiel fürs Gemeinte: Claude Fischler hat anhand der Gerichtangaben, die alte Ausgaben des Michelin-Führers über Drei-Sterne-Restaurants machen, einen sehr engen Kanon »typischer« Hochküchengerichte der dreißiger, vierziger und fünfziger Jahre ermittelt: Flußkrebse finden sich auf allen Karten, Bresse-Hühner, Enten, aber niemals Gemüse oder Salate. Heute hingegen gehören Salate, Gemüsegerichte, ja Gemüsemenüs fest zum Repertoire. Freilich müssen Trüffel dann meist den feinen Unterschied zum Gewöhnlichen markieren.²² Die Grenzen zwischen zivilisierter Verfeinerung und sozialer Barbarei sind bisweilen fließend. Keiner hat die elitäre Überhebung, die mit dem privilegierten Essen einhergehen kann, so unverhüllt eingestanden wie der deutsche Besatzungsoffizier Ernst Jünger, der anläßlich eines Essens im Pariser Drei-Sterne-Restaurant La Tour d'Argent in sein Tagebuch notiert: »Man hat den Eindruck, daß die Personen, die hier im sechsten Stock zu Tisch sitzen, Seezungen und die berühmten Enten verspeisen, mit diabolischer Freude auf den Ozean grauer Dächer schauen, unter denen die Hungrigen vegetieren. In einer solchen Zeit gut und viel zu essen bereitet eine extreme Freude.«²³

Daß Hochküche soziale Distinktionen schafft oder bedient, ist denjenigen ein willkommenes Argument, die das Speisen in teuren Restaurants als unmoralisch und politisch nicht korrekt verklagen. Häufig genug ist dieses Argument nur eine moderne Ausdrucksweise der alten Leibfeindlichkeit, von der eingangs schon die Rede war. Dabei wird nicht nur übersehen, daß alle zivilisatorischen Errungenschaften und alle Künste ins Ganze der Gesellschaft eingelassen sind, sondern auch, daß gerade die Hochküche nicht nur den Mächtigen um den Bart geht, sondern fatalen Tendenzen des Zeitalters auch hartnäckig Widerstand leistet. Die Gleichgültigkeit gegenüber der Qualität der Nahrung bei wachem Interesse für den Profit, der sich mit ihrem Verkauf erzielen läßt; die pseudo-demokratische Welle des Fast food; die industrielle Nivellierung des Geschmacks, die vielen Phänomene unseres Ernährungssystems, die ungenau mit dem Begriff der »Vermassung« beschrieben werden – das alles findet in die Hochküche keinen Eingang. Sie ist zuallererst ein Verfahren, die beste Qualität der besten eßbaren Materialen auf die beste Weise zuzubereiten. Sie ist individuell, handwerklich, ihrem Produkt und ihren Gästen gegenüber verantwortlich, nicht industriell und allem gegenüber gleichgültig außer dem Gewinn. Anders gesagt: Jemand, der mit dem Verkauf von Essen Geld verdienen möchte, ist mit der Eröffnung eines (und dann noch eines ...) Schnellimbisses besser beraten als mit der Eröffnung eines Hochküchenrestaurants. Die Hochküche ist es auch, die veränderten Bedürfnissen des Körpers zuerst Ausdruck verschafft, die neu zugängliche Produkte zuerst in den Kanon des Genießbaren integriert. Michel Guérards »cuisine minceur« hat einer ganzen Generation die Rezepte geliefert, als die Zeit reif war für eine neue Ernährungsweise. Bäuerliche Küche, Hausfrauenküche, die ihren Namen verdient, Bistroküche – alle drei stehen Neuerungen, technischen- wie Geschmacksinnovationen ablehnend gegenüber. Was der Bauer nicht kennt, das frißt er nicht, und dies wissend, wird es die Bauersfrau gar nicht erst auf den Tisch stellen. Der Kunde des Spitzenrestaurants aber sucht auch das Neue, das Kreative, das Noch-nie-Geschmeckte. Selbst das Rituelle der Hochküchenrestaurants, das häufig auch diejenigen abschreckt, die sich vor den Preisen nicht fürchten müssen, hat, wie wir heute entdecken müssen, nicht nur ausschließende, sondern positive Seiten: Destrukturierte Eßsitten, der unkontrollierte, ungesellige, uneingeschränkte, jederzeitige Zugang zu meist minderwertiger Nahrung entpuppt sich immer mehr als Merkzeichen sozialer (Selbst-)Ausschließung statt als Befreiung von überholten Ordnungen.

In der Hochküche sind notwendig ganz unterschiedliche Zutaten miteinander legiert: Sie dient ebenso blind-beharrenden Repräsentationsbedürfnissen der geschmacklosesten Art wie der Entwicklung neuer, besserer kulinarischer Ausdrucksmittel und kulinarischer Praktiken. Das ist aufs Ganze wohl kaum zu ändern. Aber auf welche Weise und in welchem Verhältnis sie es tut, kann ein Kriterium der Beurteilung der jeweiligen Häuser sein. Wird mit Küche und Keller, mit Material und Dekor in erster Linie das Repräsentations- und Abgrenzungsbedürfnis wohlhäbiger Gäste bedient, oder wird deutlicher, geschmackvoller, individueller, sorgfältiger, wird besser gekocht als woanders?

★ ★ ★

Die Köche, die im folgenden vorgestellt werden, sind französische Köche. Das bedeutet keineswegs, daß es nur in Frankreich exzellente Köche gäbe. Girardet in Lausanne, Stucki in Basel, Marchesi in Italien, Lea Linster in Luxemburg, Marco White in London, Winckler in Aschau, Wohlfahrt in Baiersbronn waren oder sind nicht schlechter als die hier vorgestellten Köche. Die Beschränkung auf Frankreich erklärt sich zuallererst daraus, daß ich dort – und nur dort – in allen großen Restaurants des Landes gegessen habe. Mehrfach, insgesamt über einen Zeitraum von 25 Jahren verteilt. Vor allem aber hat sie ihren Grund darin, daß nur hier die Hochküche ein wesentliches Element nationaler Identität darstellt. Wenn in Frankreich von den »Chefs« geschrieben wird, dann weiß man, es sind die großen Küchenchefs gemeint. Nur in Frankreich wird, wie Jean-Robert Pitte schreibt, die Gastronomie zunächst vom Bürgertum und dann von (fast) der gesamten französischen Gesellschaft anerkannt,[24] nur in Frankreich begreift man sie als legitime »Ausdrucksform der Nationalkultur[25].« Nur in Frankreich ist sie von der Enzyklopädie bis Michel Serres Gegenstand nennenswerter Reflexion; nur in Frankreich ist die Verleihung eines dritten Michelin-Sterns einen Platz auf der ersten Seite der überregionalen Zeitungen oder einen Beitrag in den 20-Uhr-Nachrichten wert, nur in Frankreich können Köche wirklich Medienstars werden, nur in Frankreich gibt es Schulstunden für Geschmackserziehung, nur in Frankreich hat die Hochküche eine wirklich affektive und identitäre

Funktion für große Teile der Gesellschaft. Wenn auch Escoffiers Satz »Die Kochkunst ist unsere Nationalkunst«[26] damit zu tun haben dürfte, daß er nicht immer frei über den Tellerrand hinausblickte, wird doch seine Überzeugung von der kulinarischen Ausnahmestellung Frankreichs auch heute noch weithin geteilt.

Wie diese kulinarische Ausnahmestellung Frankreichs entstanden ist, kann hier nur angedeutet werden. Sie hängt mit natürlichen und klimatischen Bedingungen zusammen, die den französischen Köchen einen ungewöhnlichen Reichtum von kulinarischen Rohstoffen außerordentlicher Qualität zur Verfügung stellte. Nicht zufällig war eine der wichtigsten Voraussetzungen für den Aufschwung der deutschen Hochküche, der vor etwa zwanzig Jahren einsetzte, der Einkauf auf dem Pariser Großmarkt Rungis. Die Firma »Rungis-Express«, die daraus entstand und heute einen großen Teil der ambitionierten deutschen Gastronomie beliefert, kauft zwar unterdes in der ganzen Welt ein, aber nach wie vor liegt ein Schwerpunkt auf französischen Produkten. Zu den natürlichen Vorzügen mußte eine entsprechende gesellschaftliche Organisation treten. Zunächst der Absolutismus von Louis XIV. mit seiner europäischen kulturellen Ausstrahlung, die nationale Einheit, die die Zirkulation der Produkte ermöglichte, die Bildung einer mächtigen Hauptstadt mit einer großen, wohlhäbigen Elite. Man merkt: Die Sozialgeschichte der Küche unterscheidet sich gar nicht sehr von der Sozialgeschichte etwa der Literatur. Die Revolution von 1789 hat die kulinarische Ausnahmestellung Frankreichs nicht etwa abgeschafft, sondern befestigt. Es entsteht im Übergang zum 19. Jahrhundert eine ausgeprägte Restaurantkultur in der französischen Hauptstadt. Die früheren Leibköche der Adeligen werden Unternehmer und bekommen damit auch ein anderes Verhältnis zu ihren Klienten. Sie machen sich einen Namen, es entsteht eine Öffentlichkeit in den Restaurants und ein öffentliches Gespräch über Restaurants, es entstehen Gastrokritik und Gastrosophie.»Das 19. Jahrhundert ist auch die Epoche, in der die französische Küche international die uneingeschränkte Vorherrschaft errang, nicht nur über England, sondern auch weitgehend über das übrige Europa und, bis zum Ende des Jahrhunderts, auch über Nordamerika.«[27] Natürlich aßen in England oder im Deutschen Reich nur die sozialen Eliten »französisch«, war die Hochküche einer kleinen Schicht vorbehalten. In Frankreich hingegen erhielt sich trotz aller schichtenspezifischen Differenzierung etwas vom revolutionären Erziehungsprojekt Alexandre Deleyres aus dem Jahre 1793: Der »patriotische Garten« der französischen Départements stellt die Zutaten der reichsten, aber zugleich auch am meisten republikanischen Küche der Welt zur Verfügung.[28] Das beeindruckendste Beispiel republikanisch-nationaler Inbesitznahme der Hochküchentradition ist wohl immer noch das Festbankett, das im Jahre 1900 vom Präsidenten Loubet für 22 295 französische Bürgermeister gegeben wurde. Lachs gab es, dann Rinderfilet, Ente, Bresse-Huhn und Fasan. Die Bürgermeister aller politischen Richtungen, die da gleichzeitig zu Tisch saßen, tranken fünfzigtausend Flaschen Wein, dreitausend Liter Café und tausend Flaschen Champagner. So etwas wäre in keinem andern Land der Welt denkbar gewesen.[29]

Die Sonderstellung des Kulinarischen in der französischen Gesellschaft zu unterstreichen heißt keineswegs, den Franzosen pauschal kulinarischen Sachverstand zuzuschreiben oder die Fast foods zu übersehen, die sich auch in Frankreich überall breitmachen. Aber wenn dreiundneunzig Prozent der erwachsenen französischen Bevölkerung erklären, sie träumten davon, einmal in einem Drei-Sterne-Restaurant zu essen, macht das doch deutlich, daß hier kulinarische Exzellenz nicht als Marotte einer unverantwortlichen Oberschicht, sondern als nationales Projekt begriffen wird, an dem man gerne teilhaben würde.[30] Der Name Bocuse ist in Frankreich bekannter als die Namen der berühmtesten Wissenschaftler und Literaten.[31] Das bedeutet keineswegs, daß der gemeine Mann in Frankreich nicht stolz wäre auf seine Künstler und Wissenschaftler. Aber warum sollte man deshalb nicht auch und besonders stolz sein auf jemanden, der besonders gut kochen kann? Sich mit den besten französischen Köchen beschäftigen heißt also etwas ganz anderes als sich mit den besten deutschen Köchen beschäftigen, weil die jeweilige Stellung und symbolische Wertigkeit ganz unterschiedlich ist. Wenn zwei gut kochen, so bedeutet das längst nicht allüberall das gleiche.

Daß die Hochküche im Schnittpunkt höchst interessanter philosophischer, ästhetischer, historischer, soziologischer Fragestellungen angesiedelt ist und daß sie aufgrund ihrer privilegierten Stellung in der französischen Gesellschaft über dieselbe besonders viel verrät, läßt sich mit Fug, Recht und Verstand kaum bestreiten. Eher bestreiten läßt sich hingegen das Verfahren, mit dem ich mich in diesem Buch diesen Fragestellungen nähere: auf dem Wege des Portraits einzelner, herausragender Köche. Schon Nietzsche hat gewußt, daß die auf herausragende historische Gestalten gerichtete Historie zwar erbaut, aber auch dazu neigt, die Geschichte zu verfälschen, indem sie große Teile derselben vergißt, »einzelne geschmückte Fakta« heraushebt, ins Schöne umdeutet und schließlich in eine mythische Fiktion verwandelt.[32] Das freilich war zuallerletzt meine Absicht. Absicht war vielmehr, mich einem enorm vielfältigen, mit wissenschaftlichem Anspruch als Ganzes gar nicht darstellbaren Bereich auf dem Wege der Erzählung zu nähern. Die folgenden Texte sind kleine Erzählungen von Begegnungen mit großen Köchen, gespickt mit Miszellen, Reflexionen und Informationen über einzelne Aspekte des gesellschaftlichen Teilsystems, in dem sie sich bewegen. Von Escoffier, Point und Dumaine natürlich abgesehen, bin ich allen beschriebenen Köchen begegnet, habe mehrfach bei ihnen gegessen, habe sie interviewt. Das Gespräch war bisweilen schwierig, häufiger faszinierend, aber nie langweilig. Herausragende Köche sind keine Langweiler. Wer es schafft, gegen die ökonomischen Grundtendenzen der Zeit ein Hochküchenrestaurant zu etablieren und – schwieriger noch – ihm seine Dauer zu sichern, kann allemal mehr als nur kochen.

Bei aller Bewunderung für die Fähigkeit zur Verfertigung außergewöhnlicher Speisen ist das folgende Buch von aller Genieästhetik weit entfernt. Es will die Medienlogik des »Stars« nicht verlängern, sondern besichtigten und erwägen. Vor allem aber werden die Köche, von denen die Rede ist, nirgendwo als Ereignisse außerhalb der Geschichte gedacht, sondern als Teil derselben. Das gilt zuallererst für die ökonomischen Grundlagen der Hochküche, die sich als überaus multipel erweisen. Die gegenwärtigen französischen Spitzenrestaurants basieren auf sehr unterschiedlichen ökonomischen Konzepten. Die einen sind solide Familienbetriebe, die anderen werden von hochbezahlten Angestellten geleitet, deren Rücken von Nabobs freigehalten ist, die dritten sind ebenso berühmt wie verschuldet. Die Ökonomie wirkt nicht nur von außen auf die Küche, sondern beeinflußt zutiefst ihre Arbeitsorganisation. Die Hochküche ist Teil der Wirtschaftsgeschichte, sie ist eingelassen in eine Geographie, sie hängt zum Beispiel von der Entwicklung des Eisenbahnbaus, ohne den es Escoffiers Küche nicht gegeben hätte, ebenso ab wie von der Automobilisierung, die den Guide Michelin erst hervorbrachte. Die Hochküche könnte es nicht geben ohne die ständige Erneuerung von »unten«, durch die Regionalküche; die Hochküche wird geprägt vom Geschlechterverhältnis, von der Verteilung des Reichtums, von der Mediatisierung, von der Gastrokritik, vom Wandel der Eßgewohnheiten und der Moden, vom Zeitgeist. Über all das wird in den folgenden Texten nachgedacht. An der Stelle, an dem Ort, wo es auffiel, unsystematisch, ohne Anspruch auf erschöpfende Behandlung. Das Buch ist keine Sozialgeschichte der französischen Hochküche. Noch weniger aber ist es ein Gastroführer. Es will nicht nur denjenigen Genuß verschaffen, die ihre Urlaubsreisen auf der Grundlage des Michelin-Führers planen, sondern auch denjenigen, die nicht die Absicht haben, jemals ein Drei-Sterne-Restaurant zu betreten.

Erfahrene kulinarische Lustreisende werden Einwände gegen die Auswahl der portraitierten Köche erheben. Weniger wohl, was Escoffier, Point und Dumaine angeht, die unbestritten die stilprägenden Köche ihrer Zeit waren, obgleich man auch hier Namen wie den von Prosper Montagné einklagen könnte, dem Verfasser des »Larousse gastronomique«, der 1948 arm und unbeachtet starb. Oder den von Jacques Pic, dessen Haus neben dem von Dumaine und Point die dritte berühmte kulinarische Etappe auf dem Weg von Paris ans Mittelmeer war. Oder den von Raymond Oliver, der nicht nur dem Pariser Grand Véfour vorstand, sondern vor allem von den Gründerjahren an über zwei Jahrzehnte der französische Fernsehkoch war und damit den entscheidenden Schritt zur modernen Mediatisierung der Hochküche tat.

Daß die Namen von Bocuse und Chapel in dieses Buch gehören, auch wenn ihre Häuser heute nicht mehr unter die allerbesten in Frankreich zählen, wird sich kaum bestreiten lassen. Bocuse ist geradezu das Symbol der französischen Hochküche geworden, Chapel war leiser, aber ein großer, stilbildender Lehrer mit weitreichendem, wenn auch eher untergründigem Einfluß. Die Häuser Troisgros und Haeberlin, unterdes von den Erben geführt, haben ihren herausragenden Rang befestigen können. Natürlich sind auch Alain Senderens und Michel Guérard vertreten, die intelligentesten und kreativsten Köche der Nouvelle cuisine. Sie prägten den dominierenden Küchenstil der siebziger Jahre, Joël Robuchon den eher konservativen der achziger Jahre. Sein Nachfolger, Alain Ducasse, der erste Koch, der zwei Drei-Sterne-Restaurants leitet, darf heute als der Chef der Chefs gelten. Meine Auswahl war nicht – zumindest nicht bewußt – von der Vorliebe für einen bestimmten Küchenstil geprägt. Unter den Jüngeren sind »Traditionalisten« wie Georges Blanc und Bernard Loiseau ebenso vertreten wie »Neuerer« von der Art Marc Veyrats und Pierre Gagnaires. Geprägt ist sie allerdings von meinen Erfahrungen bei Tisch. Die Köche, bei denen es mir am besten geschmeckt hat, kommen alle vor, aber nicht bei allen, die vorkommen, hat es mir besser geschmeckt als in allen anderen französischen Restaurants. Auswahlkriterium war sowohl die halbwegs objektiv zu bestimmende stilbildende Bedeutung für die französische Hochküche als auch mein subjektiver Geschmack. Kein Haus aber, in dem ich nicht mehrfach gegessen hätte, manchmal im Abstand von Jahren oder Jahrzehnten.

Das Urteil des Guide Michelin kann niemand ignorieren, der über die besten französischen Köche unserer Zeit schreibt. Aber es sind weder alle Drei-Sterne-Restaurants vertreten noch haben alle in diesem Buch vertretenen Restaurants drei Sterne. Die Auswahl richtete sich dabei nicht nach den Zufällen meiner Reiserouten. Wenn mich die Küche eines Hauses auch nach mehrfachen Besuchen nicht enthusiasmierte, wenn ich weder Küche noch Koch irgend faszinierend fand, dann wollte ich sie auch nicht unter die besten gerechnet sehen. Daß andere erfahrene Esser in solchen Häusern kulinarische Sternstunden erlebt haben, soll damit nicht bestritten werden, bei Vergé etwa, im Pariser Taillevent oder im Arpège an der Place des Vosges. Den beiden Zwei-Sterne-Köchen, die ich portraitiert habe, verdanke ich jedenfalls viele kulinarische Höhepunkte. Jacques Maximin ohnehin, der auch in dem Sinne unter die Großen zu rechnen ist, daß er Stil schuf und Schule bildete. Aber auch Michel Trama, dessen Haus abseits der großen Routen liegt und der sich nicht gern ins Scheinwerferlicht stellt. Auch meine Zweifelsfälle seien genannt: Roellinger im bretonischen Cancale, Passard in Paris (eben im Restaurant Arpège) und Michel Bras in Laguiole. Alle drei sind gewiß hervorragende Köche, aber weder haben sie sich bisher einen unbestrittenen Platz in der Geschichte der paar großen französischen Köche gesichert, noch hätte ich bei ihnen wirklich rundherum begeistert meinen Digestif eingenommen. Daß es neben den von mir portraitierten viele andere vielversprechende junge Köche gibt, muß ich nicht nur zugeben, sondern ich will es geradezu hoffen.

Wir sind so sehr an Klassifikationen, Tabellen und Ranking-Listen gewöhnt, daß auch die Frage an dieses Buch nicht ausbleiben wird, welcher Koch denn der beste unter den besten sei. Sie wird nicht beantwortet, denn sie ist nicht zu beantworten. »An einem Tag bin ich vielleicht wirklich der Beste, an anderen Tagen sind Dutzende von Kollegen besser.« Der Satz stammt von Alain Ducasse, der häufiger als andere im Verdacht steht, der Beste zu sein. Amerikanische Journalisten der Zeitschrift »Wine-Spectator« haben 1995 binnen eines Monats alle französischen Drei-Sterne-Restaurants inspiziert, mit positivistischer Akribie differenzierte Ranglisten für Küche, Keller, Einrichtung usw. aufgestellt und das Ganze zu einer Gesamtnote zusammengezogen. Die Bestnote liegt bei 98,4 Punkten. Die Abstände in der Spitze sind eng. Man merkt ihrem Artikel an, daß die Herren Kenner der Materie, gute Rechner und daß sie nicht bestochen waren. Dieses Buch kann und will nicht mit ihnen konkurrieren. Wochenlang Tag für Tag in Hochküchenrestaurants zu essen, dabei wegen des Rechnens immer klaren Kopf behalten und schließlich meine Lieblinge der Größe nach antreten lassen zu müssen, ist mir keine genüßliche Vorstellung. Der Genuß an einem großen Essen, so wie dieses Buch ihn versteht, verträgt sich nicht mit Ranking-Listen. Und betrübte Eingeweide – um diesen Begriff Nietzsches aufzunehmen – kann man einschließlich der bekannten Folgen für das Denken nicht nur von schlechtem Essen bekommen, sondern auch von zuviel des Guten. Der Stil der Kritik, der in den folgenden Portraits gepflegt wird, orientiert sich nicht an Bundesligatabellen, sondern an dem, was Heine zufolge die große Stärke der Literaturkritik Friedrich und August Wilhelm Schlegels ausmachte. Die Kritik der Brüder Schlegel sei auf ein »feines Herausfühlen der Eigentümlichkeiten«[33] gerichtet. Herausfühlen, Heraushören, jawohl, auch Herausschmecken und Herauslesen.

Bon appétit.

Leibkoch der Belle Epoque
Auguste Escoffier

Wer der größte Koch unserer Gegenwart ist, darüber wird sich wohl kaum Einigkeit erzielen lassen, nicht einmal dann, wenn man den Blick nur auf die französischen Köche richtet. Daß Auguste Escoffier der größte Koch der ersten beiden Jahrzehnte unseres Jahrhunderts war, darüber herrscht hingegen seltene Einigkeit. Sein Name ist der einzige aus der Zeit vor dem Ersten Weltkrieg, den die heutigen Köche noch kennen. Er hat mit seinem »Guide culinaire« und seinem Kochbuch »Ma Cuisine« ein Regelwerk hinterlassen, das bis in die heutigen französischen Hotelfachschulen hinein bestimmt, was Hochküche ist. Die Rolle als unbestrittener Chef der Chefs übernahm er in den neunziger Jahren des 19. Jahrhunderts und gab sie fortan mehr als dreißig Jahre nicht wieder ab. Er war schon Leibkoch der beiden Leiter des französischen Generalstabs im deutsch-französischen Krieg von 1870/71, er erhielt als erster Angehöriger seiner Berufsgruppe die Auszeichnung des Offiziers der Ehrenlegion aus den Händen des französischen Präsidenten. Aber auch die englische Oberschicht, die reichste der damaligen Welt, wollte von Escoffier bekocht werden. Als Edward VII. gekrönt wurde, ließ er das Krönungsmahl von Escoffier richten. Dreißig Jahre lang hat er vorwiegend in London gearbeitet. Von dort aus reiste er mehrfach nach New York, um dort große Hotelküchen einzurichten und mit seinen Schülern zu besetzen. Und selbst als Wilhelm II., der letzte deutsche

Kaiser, den Flotten(vor)krieg auch auf den Bereich der Luxusliner ausdehnte, also große Transatlantikschiffe für die Linie Hamburg–New York bauen ließ, griff er bei allem demonstrativen Stolz auf deutsche Schiffsbaukunst für die Einrichtung und Organisierung der Küchen auf Escoffier zurück, damit eingestehend, daß Deutschland auf diesem Gebiet die Suprematie Frankreichs anerkennen mußte. Und Frankreich, französische Küche, das hieß damals Escoffier.

Die dominierende Rolle, die der Stil Escoffiers bis in die zweite Hälfte unseres Jahrhunderts hinein spielte, hat ihn naturgemäß zum bevorzugten Angriffsziel der Erneuerer unter den Köchen gemacht. Insbesondere die Nouvelle cuisine nannte immer wieder den Namen Escoffiers, wenn man veranschaulichen wollte, wogegen man antrat, gegen eine überladene, mehl- und saucenreiche, uniformisierte Standardhochküche. Aber auch die Polemik gegen den Stil eines seit vierzig Jahren toten Kollegen bewies indirekt noch die außerordentliche Breite, Tiefe und Langlebigkeit des Einflusses von Escoffier. Kein zeitgenössischer Koch darf auf vergleichbaren Nachruhm rechnen.

Es hat immer etwas Problematisches, über Köche der Vergangenheit zu schreiben, denn ihr Werk ist mit ihnen verschwunden. Wie wir heute nach einem von Escoffier zubereiteten Essen urteilen würden, läßt sich nur vermuten. Freilich haben wir wichtige Anhaltspunkte über seine Rezeptbücher hinaus. Es gibt veröffentlichte Zeugnisse seiner Schüler. Es gibt vor allem das Museum in seinem Geburtsort Villeneuve-Loubet bei Nizza, das ihm gewidmet ist – das einzige Museum dieser Art im gleicherweise koch- wie erinnerungsversessenen Frankreich. Es zeigt Küchengeräte und Tischkultur der Zeit, zeigt Photos berühmter Männer und schöner Frauen, denen Escoffier auftischte, zeigt die Grandhotels, in denen er arbeitete, die riesigen Brigaden, die er befehligte, und zeigt ihn selbst, einen ernsten Mann, mit Gehrock, Vatermörder und streng geschnittenem Schnurrbart fürs Photo hergerichtet. Vor allem aber bewahrt das Museum zahllose Menüs und Speisekarten auf, teilweise in seiner sauberen, runden Handschrift, häufiger kunstvoll gedruckt im arabeskenreichen Stil der Belle Epoque. Sie geben reiche Auskunft, welche Materialien auf welche Weise für wen zubereitet wurden. Und schließlich haben wir seine Lebenserinnerungen (»Souvenirs inédits«, Verlag Jeanne Laffitte, Marseille 1985). Er hat sie geschrieben, als er sein achtzigstes Lebensjahr längst überschritten hatte, aber veröffentlicht wurden sie erst mehr als fünfzig Jahre nach seinem Tod. Der Untertitel lautet: »75 Jahre im Dienst der Kochkunst«. Der Untertitel ist trefflich gewählt, denn da schreibt ein Mann, für den der »Dienst« in einem beinahe militärischen Sinne im Mittelpunkt seines Lebens stand. Seine eigene Person ist in diesen seltsamen Memoiren ganz zurückgenommen, so, als komme einem Koch kein privates Leben zu. Tatsächlich dürfte er Privatleben im heutigen Sinne kaum gekannt haben. Er hatte Frau, Kinder und Enkelkinder, aber die lebten in seinem Heimatort an der Côte d'Azur, während er in Paris oder London arbeitete und sie gewiß über Jahre nicht gesehen haben dürfte. Kein Bonvivant, kein Frauenheld, sondern ein Küchensoldat, der seinen Kochlöffel zum Marschallstab machte. Wir erfahren viel von seinen berühmten Gästen, aber nie etwas Kritisches oder gar Kompromittierendes. So ist der Text kein Lesevergnügen, sondern ein trockenes, aber für die Sozialgeschichte der Küche sehr aufschlußreiches Dokument.

Escoffier wurde 1846 geboren, begann 1859 seine Küchenlehre und starb 1935. In seine Lebenszeit fallen die Revolution von 1848, das Zweite Kaiserreich, die Commune, die Dritte Republik, die Belle Epoque, der Erste Weltkrieg, die Années folles der zwanziger Jahre, die Weltwirtschaftskrise von 1929, die Machtergreifung Hitlers. Er stand im Souterrain der Geschichte, während oben der Übergang zur Moderne vollzogen wurde. Er wußte wie kein anderer dieser Geschichte zuzubereiten, wonach es sie jeweils verlangte. Er war kein Koch gegen die Zeit – wenn es das überhaupt gibt –, sondern einer, der seine Aufgabe darin sah, ihre kulinarischen Wünsche zu befriedigen.

Ursprünglich wollte Escoffier Bildhauer werden. Carême, sein berühmter Vorgänger, hatte Architekt werden wollen. Der Wunsch, mit der künstlerischen Arbeit der eigenen Hände Festes für die Ewigkeit schaffen zu wollen, steht bis heute häufig am Beginn der Karriere großer Köche. Bildhauer aber wird nicht, wer will. Das ist eine Arbeit, die wohl hohe symbolische Anerkennung bringen kann, aber über lange Zeit nichts zu beißen. Wer arm ist, wird nicht Bildhauer. Escoffier stammt aus einer bescheidenen Handwerkerfamilie. Der Vater war Dorfschmied. Köche formen auch mit der geschickten Arbeit ihrer Hände, aber nicht für die Ewigkeit. Dafür haben sie zu beißen, diese Bildhauer und Architekten für einen Abend. Die Bilder von glanzvollen Buffets aus dem 19. Jahrhundert zeigen kunstvolle Sockel, weitausladende Konstruktionen, zeigen Tempel, Brunnen, ja Zuckerlandschaften aus Nahrungsmitteln. Escoffier wurde Koch. Koch zu sein, so schreibt er, galt damals wenig in der mondänen Welt. Die Köche, die unter dem Ancien régime bisweilen sogar in den Offiziersrang erhoben wurden, rechneten nun unter die normalen Dienstboten. Escoffier lernte im gerade französisch gewordenen Nizza und ging dann nach Paris. An der Côte d'Azur gab es für einen ehrgeizigen Koch damals nur in der Saison Arbeit. Saison war im Winter, natürlich. Die adeligen Nichtsnutze von damals wußten besser als heutige Touristen, wo es sich wann wohl sein ließ in Europa.

Escoffier fand Arbeit als Küchenhilfe in einem der berühmtesten Pariser Restaurants des Zweiten Kaiserreichs, dem

Petit Moulin Rouge. Politiker, die Künstler, die der Macht und dem Geld nahestanden, die Adeligen aller Länder, die neuen Finanzmagnaten, die Dandys mit ihren Maitressen waren hier zu Gast. Wer nicht gesehen werden wollte, fuhr mit der Kutsche an der Hintertür vor. Die Photoapparate der Paparazzi der Zeit waren noch nicht so schnell wie die heutigen. Das Petit Moulin Rouge war nicht das, was man im 20. Jahrhundert unter einem Restaurant versteht, sondern architektonisch wie küchentechnisch eine Übergangsform zwischen adeligem Privathaus und einem öffentlichen Speisesaal. Zwar gab es im Erdgeschoß zwei größere Salons mit Orchester und zahlreichen Vorführungen, aber die prominenten Gäste speisten in einem der dreißig Privatsalons, die von der Zentralküche aus versorgt wurden. Escoffier steigt rasch auf in der Hierarchie, ist bald verantwortlich für die kalte Küche, dann für die Braten und schließlich Chef-Saucier. In der Zwischensaison arbeitet er als Privatkoch reicher Adeliger, die damals noch Arbeitgeber zahlreicher Spitzenköche waren.

Im deutsch-französischen Krieg dient er als Leibkoch zweier leitender Generalstabsoffiziere, mit denen er auch in deutsche Gefangenschaft gerät. Sein Blick auf die Deutschen und insbesondere auf die deutsche Küche macht Beobachtungen, die über Jahrzehnte das französische Deutschlandbild bestimmen werden: »Riesige«, schwer bewaffnete preußische Soldaten mit Pickelhaube verspeisen im Casino enorme Mengen von Wurst und spülen sie mit großen Mengen von Bier hinunter. Dabei ist er zwar patriotisch, aber durchaus nicht chauvinistisch und weiß die Haltung der Deutschen gegenüber den französischen Gefangenen durchaus differenziert darzustellen.

Die Rückkehr nach Paris erscheint dennoch wie die Rückkehr in die kulinarische Zivilisation, nur anfänglich gestört durch die Commune, deren Freund Escoffier natürlich nicht war. Die Sieger erholten sich vom Schreck des Aufstands im

Petit Moulin Rouge, in das Escoffier zurückkehrte. Die Begegnungen, die er rückblickend am bemerkenswertesten findet, sind freilich die mit den berühmtesten Schauspielerinnen und Sängerinnen der Epoche. Mit Sarah Bernhardt wird er lebenslang in Kontakt bleiben, nachdem sie zum ersten Mal seine Kalbsbrieszubereitung mit Nudeln, Gänseleber und Trüffeln gekostet hat, Nelly Melba widmete er sein wohl berühmtestes Rezept. Adelina Patti, die erste italienische Sängerin ihrer Zeit, Katinka, die russische Primaballerina – sie alle ließen sich von Escoffier bekochen. Es war wohl nicht nur Escoffiers Kunstsinnigkeit und vielleicht auch nicht die Schönheit und der Charme der Künstlerinnen, die machten, daß er ihnen näher stand als den mächtigen Männern, die er kennenlernte. Escoffier war ihnen auch deshalb nahe, weil er eine vergleichbare soziale Stellung hatte: Die Opernsängerinnen wie die Köche gehörten zu den Künstlern, die der Macht nahe waren, von ihr bezahlt wurden, die ihr Leben der raffinierten Erfüllung der Wünsche der Mächtigen widmeten. Sie wurden von der guten Gesellschaft gefeiert, denen sie auf der Bühne, bei Tisch und im Bett nahekamen, aber sie gehörten nicht dazu. Sie gehörten nicht dazu, aber sie waren auch nicht autonom, sondern zumindest indirekt abhängig von ihren reichen Bewunderern. Vor dem Hintergrund von Pierre Bourdieus Untersuchung der verschiedenen Künste und Künstlergruppen in ihrem Verhältnis zur Macht während des ausgehenden 19. Jahrhunderts läßt sich die Rolle der Oper wie die der Hochküche eindeutig bestimmen. Beide Felder haben keine Autonomie (wie etwa Teile der Literatur), sondern dienen dem Wohlsein und der Zerstreuung der dominierenden Gruppen. Escoffier und Melba verbindet mehr als der berühmte Pfirsich.

Es gab in Escoffiers Leben einen Moment, in dem er der Ambivalenz seiner sozialen Rolle zu entkommen versuchte. Nach seiner Heirat im Jahre 1878 kaufte er in Cannes ein bescheidenes Haus und eröffnete dort ein eigenes Restaurant. Für zwei Monate war er Besitzer seines Restaurants wie die meisten der heutigen Köche, wenn auch dieses Restaurant bei weitem nicht so brillant und luxuriös sein konnte wie die Häuser, in denen er als Angestellter gearbeitet hatte. Wäre es dabei geblieben, würde sich heute niemand mehr an Auguste Escoffier erinnern. Familiäre Katastrophen führten aber zum Verkauf des Hauses. Escoffier kehrte nach Paris zurück, leitete ein weiteres Luxusrestaurant, kümmerte sich nebenbei in der Saison um die Küche des neuerrichteten Casinos in Boulogne-sur-Mer. Der Stil war der gleiche wie in Paris: Die Küche spielt ihre Rolle im Ensemble der Zerstreuungsbedürfnisse der guten Gesellschaft. Man speiste unter den Klängen eines großen Orchesters, schaute in den Pausen zwischen den Gängen den koketten Folies Bergères auf der Bühne zu, um sich anschließend dem Tanz oder dem Roulette zu widmen. Hochkücheninszenierungen dieser Art sind heute verschwunden. Rudimente finden sich etwa im Pariser Lido, wo fünfhundert Gästen zweimal täglich im Halbdunkel ein Menü serviert wird, während sie der Bühnenshow zusehen. Das Essen hat das Halbdunkel durchaus nötig, auch wenn Paul Bocuse als Berater der Küche gewonnen wurde.

Auch heute gehört die große Mehrzahl der Gäste von Hochküchenrestaurants zu den dominierenden Schichten. Die aber richten ihre Reisepläne nach den Orten, wo sie herausragende Küchen finden. Zu Escoffiers Zeiten folgten die besten Köche hingegen Saison für Saison den Reiserouten der Reichen – Marketender der Noblesse der Geburt oder des Geldes. Zwischen 1884 und 1890 arbeitete Escoffier in der Wintersaison im Grandhotel von Monte Carlo, wo sich die europäische Gesellschaft nun vorzugsweise traf, seit in Frankreich das Glücksspielverbot herrschte und die neue Eisenbahnlinie bis unter den Felsen des damals noch sehr armen Fürstentums reichte.

Im Sommer reiste der Troß damals in die Berge, vorzugsweise in die Schweizer Alpen. Also kochte Escoffier im Sommer im Hôtel National von Luzern. Bei der Gelegenheit lernte er einen Hoteldirektor kennen, mit dem ihn eine jahrzehntelange Zusammenarbeit verbinden sollte: César Ritz, der Mann, der wie kein anderer das System der Grandhotels geprägt hat. In Escoffier fand Ritz einen kongenialen Koch, d. h. einen Mann, der nicht nur gut kochen konnte, sondern vor allem imstande war, die Küche in Häusern mit mehreren hundert verwöhnten Gästen zu organisieren.

Der küchengeschichtliche Einschnitt, der damit bezeichnet ist, zeigt sich beispielhaft nach der Einweihung des Londoner Savoy-Hotels im Jahre 1890, dem damals großartigsten städtischen Grandhotel. Die Küche wurde im ersten Jahr von einem fähigen Koch geleitet, der vorher Leibkoch der Rothschilds gewesen war, sich aber zur Leitung der Küche eines großen Hotel-Restaurants mit A-la-carte-Service als völlig ungeeignet erwies. Ritz übernahm die Leitung des Hauses, holte Escoffier nach und machte das Savoy zum Mittelpunkt des gesellschaftlichen Lebens in der Hauptstadt des damals reichsten Landes der Welt. Das vor allem war es, was Escoffier besser konnte als jeder andere: Er wußte eine große Küche eines großen Hauses »einzurichten«, d. h., einen Mechanismus zu entwerfen und in möglichst reibungslosen Gang zu versetzen, der so geregelt und berechnet war, daß ihn anschließend fähige Schüler zuverlässig bedienen konnten. Escoffier war, in der heutigen Sprache, der international anerkannteste Berater für Grandhotel-Küchenorganisation. So richtete er auch die Küche des Grandhotels in Rom ein und natürlich die des Pariser Ritz, zwei der wenigen Grandhotels, die bis heute überlebt haben. Auf das Savoy folgte das Carlton, von Ritz geplant, 1899 eröffnet und wohl das perfekteste städtische Grandhotel der Zeit. Escoffier hat seine Küche mehr als zwanzig Jahre lang geleitet.

Daneben arbeitete er als verantwortlicher Küchendirektor der Hamburg-Amerika-Linie. In dieser Funktion hat er zweimal, auf der »Amerika« und auf der »Imperator«, für Wilhelm II. gekocht. Zu diesem Zwecke kam er extra aus London. Bei dem Besuch, den »le Kaiser« in der Küche abgestattet hat, wünschte Escoffier ihm in allem Respekt eine lange Regierungszeit und drückte dabei die Hoffnung aus, daß bis zum Ende dieser Regierungszeit die größte Aufgabe des Jahrhunderts gelöst sein möge, »die Annäherung von Deutschland und Frankreich«. Kaum ein Jahr später wurde sein Sohn Daniel von einer deutschen Kugel getötet.

Escoffier verlebte den Krieg in London. Im Frühjahr 1920 gab er vierundsiebzigjährig die Leitung der Küchen des Carlton ab. Das war mehr als nur der wohlverdiente Ruhestand. Wohl ohne es zu wissen, zog sich der König der Grandhotel-Küche zurück, als die Zeit der Grandhotels vorbei war, weil der Krieg die soziale Grundlage umgewälzt hatte, auf der sie beruhten. Fortan schrieb Escoffier, reiste, nahm zahllose Ehrungen entgegen, präsidierte kulinarischen Gesellschaften. Aber seine Zeit war es nicht mehr, die er noch so lange Jahre erlebte. Das Autozeitalter der Hochküche brach an. Escoffier war der Koch des Eisenbahnzeitalters.

Küchenhistorisch gesehen war Escoffier, seinem Ruf entgegen, ein konsequenter Neuerer. Seine Küche war zu ihrer Zeit »Nouvelle cuisine«, so paradox das klingen mag nach den Invektiven der Nouvelle cuisine gegen die Escoffier-Küche. Neu war die Anpassung an veränderte Lebensgewohnheiten der Eliten, für die die Hochküche geköchelt wird. Escoffier, dessen Kochbücher zu kanonischen Texten der Kochausbildung enthistorisiert wurden, wußte sehr genau, daß sich die Küche ihrer Zeit anbequemen muß. Seine Auffassung von der Rolle des Kochs ist historisch, nicht dogmatisch. »Die Küche entwickelt sich, wie sich die Gesellschaft selbst entwickelt, ohne daß sie deshalb aufhören würde, eine Kunst zu sein. Wir müssen neue Wege finden, damit die Arbeitsmethoden den Sitten und Praktiken unserer Zeit angepaßt sind.« Und was zeichnet die Zeit aus, der er seine Küche anzupassen versucht? Vor allem ist sie »ultra-schnell«. Das klingt komisch im Buch eines Kochs, in dem zugleich zu lesen steht, daß seit der Belle Epoque ein Menü aus kaum mehr denn aus »ein oder zwei Suppen, warmen und kalten *hors d'œuvres*, Fisch, zwei Vorspeisen, einem Braten, einem kalten Fleisch, einem Salat, ein oder zwei Gemüseplatten und einigen Desserts« bestehe. Schließlich hätten unsere Mägen »nicht mehr die gleiche Aufnahmekapazität wie die unserer Vorfahren«. Ultra-schnell? Escoffiers »Schnellmenüs« wollen aber ins Verhältnis gesetzt werden zu den praxisleitenden Kochbüchern aus seiner Lehrzeit. Zu denen verhalten sie sich wie bürgerliche Effektivität zu adeliger Opulenz, wie Degustationsmenüs zum großen Fressen, wie Eisenbahn zu Kutsche. Als Escoffier geboren wurde, herrschte in der Hochküche noch der »service à la française« vor, der dann vom »service russe« abgelöst wurde. Französische Servierweise, das hieß, daß alle Gänge auf einmal serviert wurden, während bei der russischen Servierweise Gang auf Gang folgte. Dreißig bis sechzig Gänge waren bei einem opulenten Essen durchaus nicht ungewöhnlich, Dutzende von Nachtischen nicht eingerechnet. Erst in den Kochbüchern von Urbain Dubois und Emile Bernard, die zwischen 1856 und 1903 publizierten, darunter die »Cuisine classique« und »Cuisine artistique«, wird der französische Service als »leider« unzeitgemäß verabschiedet. Mit dem gleichen Bedauern verabschiedet Escoffier die »großartige« klassische Küche à la Dubois, die mit ihren Sockeln und ihrer aufwendigen Kulinararchitektur nicht mehr in die moderne Zeit passe.

Neuerer ist Escoffier auch durch den Ausbau des Brigadensystems. Die Grandhotel-Küchen mußten Ordnung in die Zusammenarbeit von Dutzenden von Köchen bringen. Neuerer ist Escoffier durch die Erfindung des »Menüs zu festen Preisen«, zuerst im Londoner Savoy, dann im Carlton praktiziert. Die Idee entstand dadurch, daß die englischen Gäste die französisch verfaßte Karte nicht verstanden und demzufolge mit dem A-la-carte-System Schwierigkeiten hatten. Escoffier sorgte dafür, daß jedem Tisch mit mindestens vier Personen ein gemeinsames, vom Koch entworfenes Menü vorgeschlagen wurde, und verkaufte es zum Festpreis. Den Gästen war geholfen und die Arbeit der Küche wie der Kellner vereinfacht.

Escoffier war ein Neuerer durch konsequente Planung von Arbeitsabläufen und systematische Plazierung seiner Schüler in allen Luxusrestaurants der entwickeltsten Staaten Europas und in den USA. Wer Escoffier mit der Organisierung seiner Küche betraute, erhielt nicht nur ein Organisationsschema, sondern auch die Namen von Köchen, die es zu bedienen verstanden. Natürlich waren es französische Namen. Das Rezeptbuch wurde mitgeliefert. Escoffier war auch der erste Koch, der verstand, daß Dominanz auf dem kulinarischen Feld auch eine eigene Zeitschrift erforderte. Nicht zufällig gründete er 1911 nach seiner Rückkunft aus den USA »Le Carnet d'Epicure«, ein Magazin über Essen und Trinken, über Köche und Luxusprodukte, über Silberbestecke, Gläser, Porzellan, Kerzenleuchter, Tischwäsche und Servietten, Blumenschmuck, aber auch über schickliche Mode und französische touristische Attraktionen, das Ganze nicht nur für die Reichen, sondern auch den Beziehern »bescheidener Einkommen zugänglich«. Der Erste Weltkrieg beendete das Projekt, das ein früher, behäbiger, aber durchaus intelligenter Vorläufer der Gastropresse war, die sich in den sechziger und siebziger Jahren des 20. Jahrhunderts etablierte.

Neuerer war Escoffier auch durch die Initiierung kulinarischer Geselligkeit nach dem Muster bürgerlicher Öffentlichkeit. Wie heute Gastrozeitschriften zum Zwecke der Leserbetreuung gemeinsame Essen bei Spitzenköchen organisieren, organiserten die »Carnets d'Epicure« unter Escoffiers Leitung eine »Ligue des gourmands«, eine Feinschmeckerliga, die es in der Vorkriegszeit schaffte, am gleichen Tage, zur gleichen Stunde, aber an ganz verschiedenen Orten Europas viertausend Feinschmecker um das gleiche Menü zu versammeln.

Neuerer war Escoffier schließlich sogar schon darin, daß er seinen Namen zu Werbezwecken in der entstehenden Gastroindustrie einsetzte. So hat er ein Rezept für die von den Engländern so geliebten Mixed Pickles entwickelt und einer Fabrik zur Massenproduktion unter seinem Namen überlassen. Während des Krieges mußte er seine Anteile an dieser Fabrik abgeben, behielt aber die Rechte an seiner Gewürzmischung, die nach wie vor unter seinem Namen vertrieben wurde.

Escoffiers historische Verdienste aus dem sicheren Abstand eines Jahrhunderts einzuschätzen ist das eine. Was aber ist, wenn wir den historischen Abstand in unserer Phantasie ausblenden und uns vorstellen, Auguste Escoffier würde heute ein Luxusrestaurant betreiben, in dem so gekocht würde, wie er damals gekocht hat? Würden wir hingehen? Würde es uns schmecken?

Natürlich wäre dieses Restaurant in einem Grandhotel. Das bedeutet: Würde nach den damaligen Regeln gespielt, würden wir schon wegen unserer Kleidung nicht eingelassen. Nicht daß ich bei solchen Gelegenheiten Shorts und ein offenes Hemd tragen würde – aber der Herr am Eingang müßte mich auch mit Kravatte und Straßenanzug abweisen. Und die Frau mit kurzem Rock oder gar Hosen an meiner Seite allemal. Kokotten natürlich, Privatsalons auch, aber doch keine bloßen Damenknie oder Unordnung im Geschlechterverhältnis. Würden wir nach einem Abstecher in den Kostümfundus zurückkehren, so würden wir in einen Speisesaal geleitet, wo außer uns nur noch der Scheich von Bahrein, ein Herr Al-Fayed und Bill Gates säßen. Und mir würde schwanen, daß die dreihundert Mark pro Person, mit denen man bei solchen Gelegenheiten heute zu rechnen hat, angesichts des Material- und Personalaufwands keinesfalls ausreichen werden. Aber was ist schon ein Monatsgehalt, wenn man eine schöne Frau ausführen kann, die schön ist wie eine italienische Opernsängerin und sich mit der Eleganz einer russischen Tänzerin bewegt? Dann käme der Maître d'Hôtel und würde ein Menü vorschlagen, wie es dem Stil des Hauses entspräche. Vorweg zum Beispiel Melone mit einem Süßwein von Frontignan. Das war damals beliebt und hat sich als Melone mit Portwein lange auf den Karten gehalten. Dann eine klare Fleischbrühe, so kräftig, daß sie »Gladiator« heißt. Garniert natürlich. Darauf vielleicht eine Lachsforelle mit schöner roter Krebssauce, begleitet von ordentlich gebutterten Kartoffeln. Nun Lammrücken Béhague, der damals Mode war, kleine Bohnen und eine mächtige Sauce Soubise. Dann kommen Käse und der Nachtisch noch längst nicht. Erbarmungslos verordnet der devote Maître d'Hôtel nun eine kalte Hühnerbrust, von einer hübschen gemüsegespickten Geleeschicht überzogen. Dazwischen einen Punch römische Art, bevor die Enten aus Rouen folgen, begleitet von Salatherzen in Orangensauce. Als nächster Gang werden Spargel aus Argenteuil angekündigt. Dann endlich die Desserts. Pfirsich Kaiserin Eugénie und einige karamelisierte Leckereien. Zum Abschluß Café auf orientalische Art, begleitet von einem Digestif. Zu trinken nehmen wir einen deutschen Riesling, einen Château Lafite von 1846, einen Château Yquem und ein Fläschchen Veuve Clicquot cuvée spéciale. (So eine der Speisefolgen Escoffiers, die uns überliefert sind.) Sarah Bernhardt hätte das etwas bescheiden gefunden. Der hätte ich Kaviar und Blinis statt der Melone servieren lassen, natürlich auch eine klare Suppe, dann eine ganz leichte Mousseline mit Crevetten (als Abwechslung zu den ewigen Flußkrebsen), das Lamm bleibt das gleiche, aber wir nehmen Erbsen statt der etwas groben Bohnen, die Rouenaiser Ente auch, auf die Spargel aus Argenteuil kommt reichlich zerlassene Butter. Den Käse lassen wir kunstvoll als Soufflé servieren, dann riecht er nicht so ordinär. Die Nachtische bleiben ein kleines Geheimnis. »Genauso wie das Menü, das der Prinz von Galizien mir neulich im kleinen blauen Salon des Petit Moulin Rouge vom guten Escoffier hat servieren lassen«, würde Sarah Bernhardt hauchen. Meine Begleiterin hingegen sagt: »Ich nehme die Spargel, die Lachsforelle und einen kleinen Salat.« Ich werde ihr leise zu erklären versuchen, daß der Maître d'Hôtel hier keine Speisekarte aufgesagt hat, aus der jetzt auszuwählen wäre, sondern eine normale, korrekte Speisefolge, auf deren Respektierung das Haus rechne. Aber sie könne natürlich Gerichte austauschen lassen. Der Küchenchef beherrsche fünftausend Rezepte aus dem Effeff. Ich weiß, was sie sagen würde. »Erst führst du mich in diesen vornehmen Schuppen mit seiner eisigen Atmosphäre, dann muß ich dieses lächerliche Korsett anlegen, unter dem man nicht atmen kann, und dann willst du mich stopfen lassen? Glaub nur nicht, daß dann heute abend noch was läuft. Morgen habe ich zwei Kilo zugenommen und eine Fettleber wie die armen Gänse. Apropos Gänseleber. Warum gibt es hier eigentlich keine Gänseleber? Du weißt doch genau, wie gern ich Gänseleber esse. Wärst du mit Sarah Bernhardt hier, hättest du bestimmt Gänseleber bestellt.« »Ja, und Kalbsbries mit Trüffel dazu, das ißt sie besonders gern.« »Siehst du. Sie leidet bestimmt schon unter der Creutzfeld-Jacob-Krankheit. Aber ich bin weder eine Gans noch rinderwahnsinnig.« Und dann würde sie gehen, bestimmt. Es würde natürlich Monsieur Escoffier in der Küche zugetragen werden. Und der würde sagen, daß die Frauen früher zwar auch kapriziös waren, aber nicht so schwierig und selbstbewußt. Oder, daß die Männer früher besser mit Frauen umzugehen wußten.

Escoffiers Hochküche unterscheidet sich von der heutigen zuallererst dadurch, daß sie opulent war. Jedes Essen ein großes Fressen, eine wohlgeordnete Materialschlacht. Produkte und Gänge die Masse für Massen von Gästen. Heutige Spitzenrestaurants haben zwischen fünfzig und hundert Plätzen, heimlich auch schon mal hundertdreißig. Was darüber hinaus geht, kann nicht mehr von allererster Qualität sein. Escoffier kochte täglich für Hunderte von Gästen ein gutes Dutzend Gänge und richtete nebenbei noch Festessen für gekrönte Häupter aus. Mehr noch als auf seine berühmten und schönen Gäste war er stolz auf seine Fähigkeit, wohlhäbige Massen mit seiner Kunst zu beeindrucken. So hatte sein Carlton am 11. November 1918 exakt siebenhundertundzwölf Reservierungen. Die englische Oberschicht feierte den Waffenstillstand, den Sieg über Deutschland. Natürlich waren am Kriegsende die Speisekammern nicht eben üppig ausgestattet. Escoffier hatte für den Fleischgang noch sechs Lammkeulen, zwei kleine Kalbskeulen, fünfzehn Kilo Schweinefleisch und zehn Hühner zur Verfügung. Er ließ alles zusammen durch den Fleischwolf drehen, gab zwanzig Kilo Gänseleberkonserve dazu, »die mir noch aus Vorkriegszeit geblieben waren«, einige Trüffel, zehn Kilo Semmelbrösel und sterilisierte Milch. Daraus formte er kleine Buletten und taufte sie »Heilige Allianz«. Es reichte und »war ein großer Erfolg«. Allerdings nicht nur wegen der Buletten. Es gab auch eine Rinderbrühe »Vater des Sieges«, eine Gemüsesuppe »Renaissance«, eine Hummermousseline »à l'Américaine« mit – natürlich – indischem Reis, Erbsen auf englische, Kartoffeln auf kanadische Art, einen Fasan auf die Art des Périgord und sogar (spät in der Allianz wie in der Speisenfolge) Sellerieherzen auf italienische Art, gefolgt von (Eis-)»Bomben der Freude« und »süßen Dragées des befreiten Verdun«.

Die Küchentechnik, die solches hervorbrachte, war international. Nur deshalb konnte Escoffier in allen reichen Ländern seiner Zeit als Berater tätig werden. Was es für eine Küchentechnik war, habe ich ganz am Anfang meines Interesses für französische Küche im Scheitern erfahren dürfen: Es war am Ende der sechziger Jahre. Wir hatten im französischen Baskenland so gut gegessen, wie man damals in Hessen keinesfalls essen konnte. Ich wollte weiterhin so gut essen, jedenfalls manchmal. Also ging ich in Biarritz in eine kleine Buchhandlung und verlangte ein gutes Kochbuch. Die Verkäuferin prüfte die Ernsthaftigkeit meines Begehrens, indem sie mir mehrere schmale Bände für die Hand der jungvermählten Hausfrau vorschlug. Nein, das war es nicht, was ich wollte. »Ja, wenn Sie wirklich große Küche servieren wollen, dann müssen Sie das hier kaufen.« Das hier, das war ein dicker Band von Escoffier mit dem Titel »Ma cuisine«. Er hat dazu gedient, mein französisches Kulinarvokabular erheblich zu bereichern. Aber sonst zu nicht viel. Die Produkte, die es vorschlug, waren in Deutschland selten zu haben, und man wußte nie genau, wodurch man sie ersetzen durfte. Die Zubereitung der Suppen, das ging noch. Das Dünsten, Braten, Köcheln auch. Aber das konnte auch meine Mutter und der Koch vom Schwarzen Walfisch, wo ich sonst manchmal essen ging. Aber die Saucen, die göttlichen Saucen, die mir vorschwebten, die scheiterten immer daran, daß mir im entscheidenden Moment ein Deziliter Sauce demi-glace, ein brauner, ein heller Fond, ein Teelöffelchen Bechamel fehlten. Und folgte man dann dem Verweis des sehr enzyklopädisch aufgebauten Buches und gelangte zu den Grundsaucen und Fonds, dann stellte sich heraus, daß man verabsäumt hatte, am Vortag ein Dutzend angerösteter Rinderknochen mit einigen Kilo Rindfleischparüren, die sich ja in jeder Küche finden, Karotten, Lauch, Rübchen, Sellerie sowie einem Bouquet garni (»siehe unter bouquet garni«) aufzusetzen und zwölf Stunden in einem Topf von einer Größe, die in unserer Wohngemeinschaft nicht vorhanden war, leise köcheln zu lassen. Und wenn man es für einmal nicht verabsäumt hatte, dann war die Brühe nicht rechtzeitig mit Eiweiß geklärt worden, das Sieb zum Durchseihen zu grobmaschig, das ersatzweise benutzte Handtuch zu feinmaschig…

Ich erinnere mich noch an die kalten Entenbrüste in Gelee. Ein kaltes Gericht, da hat man Zeit für die Zubereitung, dachte ich mir. Und mal was anderes als Nudelsalat. Die Enten braten, die Brüste, die noch leicht blutig bleiben müssen, alsdann abheben. Abheben, na ja. »Die Karkassen mit dem Mörser zerkleinern.« Haben Sie mal versucht, ganze Enten mit dem Mörser zu zerkleinern? Also Experimente mit Messer, Hammer, Fleischwolf. Schließlich lagen sie doch zerstampft, man hat ja Zeit, in einer Kasserole und kochten mit einem kleinen Gläschen Armagnac und einem »Glas Burgunder, nicht zu alt«. Der Hinweis war überflüssig. Wir hatten keinen zu alten Burgunder. Nachdem sie auf ein Drittel eingekocht war, habe ich der Sauce rezeptgemäß vier Deziliter Sauce demi-glace hinzugefügt, deren Zubereitung mich am Vortag ans Haus gebunden hatte. Schließlich durchs Sieb gestrichen, ergab sich nicht das versprochene Püree. Also wieder Experimente mit dem Fleischwolf, einem feineren Sieb. Falsche Freunde entmutigten mit Äußerungen wie »was, wir sollen Knochen essen?«, statt zur Hand zu gehen. Dann die Entenleber angebraten, dazu sieben Hühnerlebern, gesalzen, gepfeffert, gewürzt, Zwiebel, Petersilie – wie es sich gehört. Das wurde gleichfalls durchgedreht, diesmal durch die feine Scheibe des Fleischwolfes. Dann war es mit der Burgunder-Entenknochensauce zu vermischen und ein halbes Pfund Butter zuzufügen. Das ging leicht, obwohl ich zuvor noch nie irgendwo ein ganzes halbes Pfund Butter mit dem Spachtel untergemischt hatte. Zwei Drittel der Masse war nun in eine Kristallschale –

noblesse oblige – zu geben, die Entenbrüste gehörten daraufgelegt, die anschließend von oben mit dem Rest der leider unappetitlich-bräunlich aussehenden Matsche rezeptgemäß »maskiert« werden mußten. Jetzt war das Ganze nur noch mit einem feinen Gelee mit Wein aus Frontignan zu überziehen. Nur noch. Zum Glück war noch etwas übrig von der kräftigen Brühe, die zur Herstellung der Sauce demi-glace gedient hatte, sonst hätte ich wieder mit den Rinderknochen und dem zwölfstündigen Köcheln anfangen müssen. Also nur einkochen, ersatzweise Portwein dazu, Gelatine. Von der Gelatine benutzt man immer zuviel oder zuwenig. Beim ersten Versuch vermischte sie sich mit dem häßlichen braunen Püree. Beim zweiten Versuch war sie schon zu steif, um so schön gleichmäßig die Entenbrüste zu umschließen, wie es das Photo vorbildlich zeigte. Dekorativ sah meine stolze Konstruktion nicht aus. Den Rest des ausgezeichneten Gelees habe ich dann in Würfel geschnitten und der Platte beigelegt, was Escoffier nicht vorgesehen hatte. Mein kreativer Anteil. Blieben noch achtzehn Kirschen in Zucker kompottreif zu kochen und dem Ganzen als Dekoration aufzusetzen. Ich hätte nicht aus der Küche gehen sollen, dann wäre das im ersten Anlauf gelungen. Ich war aber, als sie verbrannten, auf dem Balkon, um mit dem Hammer Eiswürfel zu zerkleinern, damit mein Gericht, wie es sich gehörte, auf einem Bett aus feinem Eis serviert werden konnte.

Es hat schließlich sehr gut geschmeckt, wirklich. Das fand auch Dorothee. »Aber ob du nicht doch beim nächsten Mal auf Maggi zurückgreifst? Das spart dir zehn Stunden und kein Mensch merkt es, wenn du nicht übertreibst. Und englische Marmelade mit ganzen Kirschen ist ausgezeichnet.« Heute mache ich Entenbrüste meist so, daß ich sie salze und pfeffere, von beiden Seiten kurz anbrate, warm stelle, den Bratfond mit Zucker und Rotwein ablösche (wobei ich nach wie vor den Fehler vermeide, zu alten Burgunder zu verwenden), italienischen Fruchtessig zum Ausbalancieren hinzufüge und am Ende ein wenig Butter einschwenke. Eher fünfundzwanzig Gramm statt zweihundertfünfzig. Eher fünfundzwanzig Minuten statt fünfundzwanzig Stunden. Ist aber auch nicht schlecht, gar nicht schlecht.

Escoffier hat seine Küche auf ein professionelles System extremer Arbeitsteilung berechnet. Auch darin entspricht sie ihrer Zeit, der der Industriellen Revolution. Meine Versuche an der kalten Entenbrust entsprachen dem Versuch, eine Lokomotive in Heimarbeit herzustellen. Entwickelte Arbeitsteiligkeit, exakt wiederholte Arbeitsabläufe, Massenproduktion bei gleichmäßigem Qualitätsstandard, das sind wesentliche Kennzeichen industrieller Produktion. Natürlich war darum Escoffiers Küche nicht industriell. Industrielle Hochküche ist nicht möglich. Die Erfindung der Dampfmaschine nützte den Köchen wenig. Die Küchenorganisation war nach wie vor die der Manufaktur. Und die der Armee. Das Armeeprinzip, das während der imperialistischen Epoche (das ist bekanntlich nur ein anderes Wort für Belle Epoque) nicht nur in Deutschland die Gesellschaft durchsetzte, hält mit Escoffier auch in der Küche Einzug. Seine Erfahrungen im deutsch-französischen Krieg von 1870 stehen vielleicht nicht ganz zufällig am Anfang seiner brillanten Karriere. Mit der männlichen Küche Escoffiers entfernt sich die Hochküche so weit wie nur irgend möglich von der Alltags- und Hausfrauenküche, so wie die gewalttätige, einschüchternde Burgarchitektur der Grandhotels die dominierenden Schichten vom Volk trennt. Die Grandhotel-Architektur ist Imponierarchitektur, so wie die Küche, die ihr entsprach, aufs Imponieren angelegt war. Das begann bei der Benennung der Gerichte und setzte sich in der Präsentation fort. Den berühmten Pfirsich Melba ließ Escoffier der berühmten Sängerin nach einer »Lohengrin«-Premiere in einem riesigen Eisblock servieren, der die Form eines Schwanes hatte. Vielleicht war es das, was das Vanilleeis mit Himbeersauce und zwei Pfirsichhälften so berühmt gemacht hat.

Kind ihres Zeitalters ist die Escoffier-Küche auch im Umgang mit den Produkten, die sie verarbeitet. Das beginnende Industriezeitalter kennt besser als alle vorausgehenden die Eigenschaften ihrer Materialien. Zugleich aber wird ihr alle Natur zum Rohmaterial, das es nach menschlichen Bedürfnissen zu verwandeln gilt, wenn sich diese Bedürfnisse nur als zahlungskräftig erweisen. Ein »rotes Menü« für eine Gruppe junger Engländer, die auf dem roten Feld des Roulettes von Monte Carlo eine enorme Summe gewonnen hatten, beschreibt Escoffier mit besonderem Vergnügen. Der Koch bestimmt die Farbe, nicht die Natur. Dabei steht er seinen Produkten keineswegs gleichgültig gegenüber, aber ihm wäre der Gedanke abwegig erschienen, die Natur dieser Produkte zu respektieren. Er spielt mit ihnen, maskiert sie, denaturiert sie. So berichtet er gern darüber, daß es ihm gelang, knoblauchfeindliche Sängerinnen oder froschschenkelphobische Engländer zu überlisten und ihnen wohlschmeckend, aber anonym zu servieren, was Gegenstand ihres kulturell bedingten Ekels war. Die Denaturierung ist Programm und zeichnet für Escoffier gerade den großen, kreativen Koch aus. Die berühmte Geschichte des Kochs Vatel, der seinem König einen Fischgang servieren sollte, aber wegen verspäteter Flut die Fische nicht rechtzeitig bekam und sich daraufhin verzweifelt ins Schwert stürzte, hätte ihm nicht passieren können. Er hätte an Vatels Stelle, so schreibt er stolz, das Fleisch junger Hühner mit Semmelmehl, Sahne und Ei zu einer feinen Masse gestampft, in die Form einer Seezunge gebracht, paniert, gebraten und mit Trüffeln belegt. »Seezungenfilets Monseigneur« nennt er sein lebensrettendes Rezept. Ich bin sicher, daß er recht hat: Niemand hätte etwas gemerkt, längst nicht der König.

Escoffier praktizierte zwar eine enorme Vielfalt von Rezepten, aber der Kanon der verwendeten Produkte war klein. Es waren, von wenigen Ausnahmen wie Kaviar abgesehen, immer französische Produkte bestimmter Anbau- bzw. Zuchtgebiete. Escoffier wird nicht müde, seine Überzeugung von der Überlegenheit französischer Produkte zu formulieren. Die Eisenbahn, die die Gäste von Grandhotel zu Grandhotel brachte, sorgte auch dafür, daß Escoffier in Monte Carlo wie in Luzern oder in London Rouenaiser Ente oder Spargel von Argenteuil zur Hand hatte. Die Hochküche der Belle Epoque war französisch, und sie war so »international«, so gleichförmig, wie sich die Lebensstile der Eliten ähnelten. Daß sie bei weitgehendem Verzicht auf lokale Produkte beim damaligen Stand der Kühltechnik nicht immer ganz frisch sein konnte, liegt auf der Hand. International und französisch zugleich, das war möglich unter der Voraussetzung universalistischen Denkens – die französische Hochküche als normgebend – und französischer Dominanz im europäisch-amerikanischen Hochküchenbereich. Dazu hat Escoffier am Beginn des Jahrhunderts wesentlich beigetragen. »Kochkunst ist vielleicht eine der nützlichsten Formen von Diplomatie. In alle Teile der Welt gerufen, um die Restauration der großartigsten Palasthotels zu organisieren, habe ich immer dafür gesorgt, daß französisches Material, französische Produkte verwendet und französische Köche eingestellt wurden ... die ihr Land verließen, um in den fernsten Ländern die französischen Produkte und die Kunst ihrer Zubereitung bekannt zu machen ... Während meiner Laufbahn habe ich etwa zweitausend Köche in die Welt ›gesät‹. Die meisten von ihnen sind dort heimisch geworden, und man könnte sagen, daß jeder von ihnen ein Saatkorn im Brachland war.«

Von der Arbeitsorganisation her gesehen zwischen Manufaktur und großer Industrie, sozial scharf die domierenden und die dominierten Schichten scheidend, männlich und kein bißchen weiblich, kenntnisreich, aber ohne Respekt gegenüber der Natur, dem Auge mehr verpflichtet als der Zunge, auf naive Weise universalistisch, von der natürlichen Überlegenheit der französischen Hochküche und damit von freundlichem Imperialismus durchtränkt – das war die Küche Escoffiers. Ein einziges Mal schiebt sich die Ahnung einer anderen Küche in seine Lebenserinnerungen. Das ist in dem sehr kurzen Kapitel, das von Zolas Zeit im Londoner Savoy berichtet. Escoffier, Sohn eines südfranzösischen Schmieds, ist erstaunt darüber, daß der berühmte Landsmann, nach London gekommen, um die Lebensweisen der englischen Unterschicht zu studieren, im Savoy absteigt. Natürlich versucht der Koch, die kulinarischen Wünsche auch dieses berühmten Gastes zu erfüllen. Und was liebt Zola? Provenzalische Küche. Lammeintopf mit gefülltem Kohlkopf, frische Sardinen, nur gesalzen, gepfeffert und mit einem Faden Olivenöls überzogen, angerichtet auf einer mit Knoblauch eingeriebenen Fayence-Platte, begleitet von gehackter Petersilie in Olivenöl; Eier mit weißen Trüffeln aus dem benachbarten Piemont, Safrannudeln, Risotto mit Singvögelfleisch und schwarzen Trüffeln, Polenta, Cassoulet, Zucchini, Auberginen, Paprika. Escoffier tut, was zu seiner Zeit allemal die Aufgabe des Koches ist. Er serviert, was Zola mag. Der ist Künstler und zudem wohlhäbig. Was er servierte, muß dem Koch bekannt vorgekommen sein. Es war die Küche seiner Region. Ich bin sicher: Er hat sie gemocht, aber er hätte nie gewagt, sie anderen berühmten Gästen unverlangt vorzusetzen. Ungefähr achtzig Jahre später werden Roger Vergé, Jacques Maximin und Alain Ducasse Zolas einfache Lieblingsküche als küchentechnisches Nonplusultra erfolgreich vermarkten. Sie stammen alle drei nicht aus der Provence.

Essen wie Gott in Frankreich früher

Fernand Point

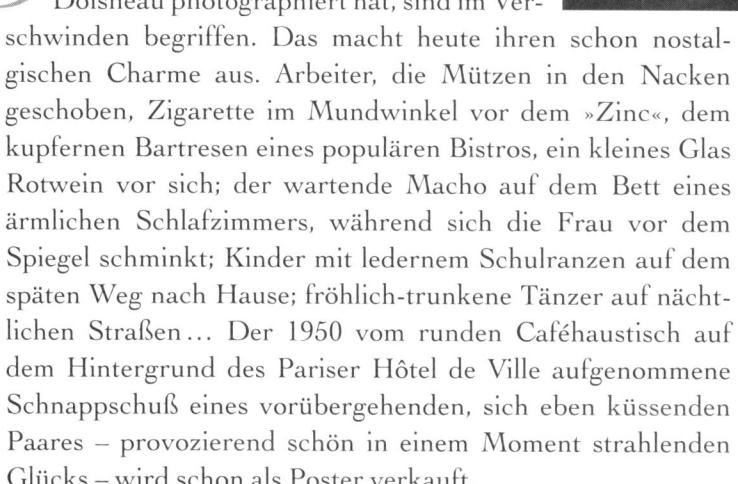

D ie französischen Zustände, die Robert Doisneau photographiert hat, sind im Verschwinden begriffen. Das macht heute ihren schon nostalgischen Charme aus. Arbeiter, die Mützen in den Nacken geschoben, Zigarette im Mundwinkel vor dem »Zinc«, dem kupfernen Bartresen eines populären Bistros, ein kleines Glas Rotwein vor sich; der wartende Macho auf dem Bett eines ärmlichen Schlafzimmers, während sich die Frau vor dem Spiegel schminkt; Kinder mit ledernem Schulranzen auf dem späten Weg nach Hause; fröhlich-trunkene Tänzer auf nächtlichen Straßen... Der 1950 vom runden Caféhaustisch auf dem Hintergrund des Pariser Hôtel de Ville aufgenommene Schnappschuß eines vorübergehenden, sich eben küssenden Paares – provozierend schön in einem Moment strahlenden Glücks – wird schon als Poster verkauft.

Auf fast allen Photos von Doisneau passiert etwas, ist blitzartig ein Moment getroffen, der für ein Ganzes steht, das sich dem Betrachter unmittelbar erschließt. Nicht so das Photo, das auf den ersten Blick nur aus einer schwarzen und weißen Fläche zu bestehen scheint. Dann erkennt man, daß die schwarze Fläche der runde Bauch eines Mannes ist. Genauer: ein kleiner Teil eines sehr dicken Bauches eines sehr großen Mannes. Auf dem runden schwarzen Bauch sitzt beinahe übergangslos ein mächtiger Kopf, dem Betrachter zugewendet. Die Arme sieht man nicht, alles ist nur Körper, Kopf und Himmel. Der Mann sieht würdig aus. Man sieht ihm seine Profession nicht an, wie sonst den Menschen auf den Photos von Doisneau. Die ruhige Würde des Mannes und der schwarze Rock lassen an einen Priester denken, zumal um den Hals nur ein kleiner Streifen des weißen Hemdes zu sehen ist. Aber das dementiert die Lavallière-Krawatte, die große Schleife aus weichem Seidenstoff, wie sie im 19. Jahrhundert gern die Künstler trugen. Der große Kopf des dicken Mannes wirkt trotz der vielen Polster nicht rundlich oder gar schlaff: Das Kinn tritt deutlich hervor, die Augenbrauen sind buschig, der Schatten der starken Nase ragt auf dem Bild schwarz und kantig ins Gesicht. Der Mann mit dem Embonpoint – wie man früher auch hierzulande die Korpulenz nannte, bevor unsere Weight-Watcher-Gesellschaft das Wort durch den Begriff »Fettleibigkeit« ersetzte – hieß Point, Fernand Point. Zu deutsch: Punkt. Doisneau hat ihn nicht nur »gut getroffen«, sondern ist ihm selbst bis in den formalen Aufbau seines Photos gerecht geworden: Grob abstrahiert zeigt es den Kopf als kleineren Punkt auf dem größeren des gewaltigen Leibes. Point hat das Photo gefallen. Er liebte es, wenn alles zueinander paßte, gleichsam auf den Punkt gebracht war. Daß die Lavallière-Krawatte auf dem Photo gepunktet ist, versteht sich so von selbst. Die Beigaben müssen stimmen. Als das Photo entstand, war Point ein Gott in Frankreich. Zwischen 1933, als er für immer die drei Sterne im Guide Michelin bekam, und seinem Tode im Jahre 1955 galt er als der Chef der Chefs, der beste Koch in Frankreich, mithin, wie damals niemand bestreiten durfte, als der beste Koch der Welt.

Point überragte alle. In jeder Hinsicht. Um sein Photo aufzunehmen, mußte der eher kleinwüchsige Doisneau weder in die Knie gehen noch die übertreibende Perspektive eines Weitwinkelobjektivs einsetzen: Der Meister war 1,92 Meter groß, wog 146 Kilo und hatte einen Taillenumfang von 1,63 Meter.

Doisneau, nach den Umständen befragt, unter denen sein Bild entstand, bedauert noch heute, daß die Photographie die Stimme nicht abbilden kann. Points Stimme habe gewaltig aus dem riesigen Resonanzraum getönt.

Ein Gott weiß zu donnern. Und wenn Point in seiner Küche donnerte, dann zitterten die Kupferkasserollen und die Lehrlinge. Lehrling bei ihm zu sein war eine große Auszeichnung. Die meisten heute berühmten französischen Köche haben in Points Küche Karotten geschnitzt und Zwiebeln geschnitten: Paul Bocuse natürlich, der schon immer überall dabei war; sein kaum weniger berühmter Nachbar Alain Chapel aus Mionnay; die Brüder Troisgros, derentwegen zehn Jahre lang der Lachs nur mit Sauerampfer gegessen werden durfte; die nicht minder brüderlichen Haeberlins und Pierre Gaertner aus Ammerschwir, bei denen die Deutschen in den sechziger Jahren lernten, daß man Froschschenkel tatsächlich essen kann – eigentlich beinahe alle dreifach besternten Chefs auf dem Wege vom Elsaß an die Côte d'Azur, gleich, ob man den Weg durch die Alpen oder durchs Rhônetal wählt. »Père« Bise am Lac d'Annecy und Raymond Thuilier in seinem Oustou de Baumanière unter den Ruinen von Les Baux sind selbst schon Küchenlegende; Georges Blanc hat über seinen Vater von Point gelernt; André Pic hingegen, der in Valence Seeteufel und Meerwolf zu feinen Zöpfen flicht, und Louis Outhier, der bis vor zwei Jahren in seiner wunderbaren Oasis am Rande von Cannes Gänseleberklößchen in Trüffelstaub wälzte, haben das Donnerwetter des Meisters noch über dem eigenen Haupt grollen hören.

Aber Point war nicht nur Koch, sondern gleichermaßen Patissier. Natürlich hat der regierende König der französischen Konditoren, Gaston Lenôtre, bei ihm den Zucker fein zu spinnen gelernt. Daß Point ein Gott war, wenn auch eher ein heidnischer Gott des Genusses denn einer christlicher Entsagung, das wußten nicht nur seine Lehrlinge, sondern auch die Stars aus Politik und Kunst, denen er auftischte. Auf eigenem Platz jedenfalls stellte er sie in seinen mächtigen Schatten, und er wußte es. Wenn sich Aga Khan, der Gott der Ismaeliten, wieder einmal angemeldet hatte, um, wie üblich, acht Portionen des »Gratin von Krebsschwänzen« als Fischgang zu essen, sagte Point augenzwinkernd: »Mon Dieu kommt.« Nach dem Digestif nannte Point seinen hehren Gast dann aber ohne liturgischen Umstand »Mein Kleiner« und schrieb ihm in seiner Allmacht eine einzige Zahl auf die Rechnung. So hielt er es übrigens bei allen Gästen. Er pflegte seine Leistungen nicht auf Papier auszuweisen.

Nur die berühmten Deutschen zählten nicht zu seinen Gästen. Die mächtigen Deutschen dienten zu Points Zeit lieber dem Gott des Krieges und der Askese, die anderen, ins Exil getrieben, hatten keine Mittel für lustvoll-gefräßige Vergeudung. Wolfgang Koeppen, der in seinem Roman »Das Treibhaus« der jungen Bundesrepublik ihre Wahrheit so deutlich auf den Kopf zugesagt hatte, daß man ihn seinen genauen Blick doch gefälligst auf das Ausland zu richten bestimmte, hat dem deutschen Publikum als erster von Points Restaurant berichtet. Er hatte das Gefühl für den *genius loci*, wenn er schrieb, man huldige dort »den Göttern der genießenden Zunge und des schweren Bauches, man bete zum Dämon der erzürnten Leber«.

Points Restaurant konnte natürlich nicht einfach eine »Auberge«, ein »Relais«, eine »Ferme« oder ein »Moulin« heißen, wie sich französische Restaurants vor allem in der Provinz gern nennen. Sein Restaurant hieß La Pyramide. Das gefiel ihm, war aber keineswegs Ergebnis angestrengter Suche nach einem exotisch-ambitionierten Markennamen. Die mochte er nicht. Auf seinem Türschild stand nur »Point. Wirt«, und gegen prätentiöse Bezeichnung der Gerichte auf der Speisekarte, wie man sie heute häufig bei ehrgeizigen Köchen findet, hat er häufig gewettert.

Nein, der Name seines Restaurants hat sich auf gleichsam natürliche Weise zu ihm gefügt: Die Pyramide liegt in Vienne, dreißig Kilometer südlich von Lyon. Vienne war eine bedeutende Siedlung der römischen Provence. Obgleich die große Arena, die denen in Arles und Nîmes gleichkam, zerstört wurde, trifft man an vielen Stellen noch die Zeugnisse aus römischer Zeit. Dazu gehört auch eine Pyramide aus weißem Stein, die auf einem schlichten Sockel aus vier Pfeilern ruht, welche durch vier regelmäßige Arkadenbögen verbunden sind. Sie schmückte die Spina, die Mittelachse der Arena, die bei Wagenrennen umrundet wurde gleich der im Zirkus des Nero. Die steht heute vor Sankt Peter in Rom wie die von Vienne vor Points Feinschmeckertempel. Die Ähnlichkeit genierte Point nicht.

Jedenfalls identifizierte er sich mit der Pyramide so weit, daß er Fragen nach seinem Gewicht mit der Auskunft beschied, das Gewicht sei zwar geheim, aber sein Volumen könne man leicht berechnen, wenn man seine Grundfläche mit seiner Höhe multipliziere und das Ergebnis durch drei teile. Sein Vater, ehemals Bahnhofswirt in Louhans/Bresse, dem Mekka der Poularde, wo Fernand 1898 geboren wurde, kaufte das Restaurant 1923. Im Jahr 1925 übernahm der Sohn seine Stelle am Herd. Er hatte seine Lehr- und Wanderzeit in einer Gastronomie gemacht, die noch von den Grandhotels der Vorkriegszeit geprägt war. Point begriff als erster, daß mit der Belle Epoque auch die Basis für eine Küche à la Escoffier verschwunden war. Also emanzipierte er das Restaurant vom Hotel und verlieh schon damit seinem Essen eine Bedeutung, Würde und Aura, wie sie bisher nur Kunstwerken zugekommen war, nicht aber dem Hotelessen als dienendem Bestandteil des allgemeinen Wohllebens im Grandhotel. Große Bankette, zu Escoffiers Zeiten die Sternstunde ambitionierter Küchen, lehnte Point ab. Er begrenzte die Zahl der Gäste pro Essen rigoros auf höchstens vierzig. Vierzig im Speisesaal oder vierzig im Sommer auf der Terrasse – mehr hat er nie akzeptiert, auch nicht als sich die Kunden bei ihm drängten. Arbeitsteiligkeit, Produktion kleiner Serien hoher Qualität – Point war ein Neuerer, kein Traditionalist, wie es denen erscheint, die von ihm nur sein berühmtestes Diktum kennen: »Butter! Gebt mir Butter und nochmals Butter.« Zur richtigen Konzeption kam die richtige Lage. In der Region um Lyon gibt es alles, was Feinschmeckers Herz begehrt. Was so erschien, als sei es die große Küche schlechthin, war eben doch geprägt durch die Region, in der sie entstand.

Die richtige Lage hatte die Pyramide aber auch insofern, als sie eine klassische Etappe auf dem Weg von Paris an die Côte d'Azur war, eine Raststätte *avant la lettre* auf der Route Nationale 7. Bei Point gab es übrigens für die Chauffeure immer ein Essen umsonst. Anfangs leitete den Patron dabei gewiß eher seine Schlitzohrigkeit denn selbstlose Menschenliebe. Chauffeure bestimmen meist, wo die Passagiere essen. Das ist nicht erst seit den Zeiten des Bustourismus so. Später aber, als er es sich leisten konnte, da gab er gerne und großzügig nicht nur den Chauffeuren. Auch für Bettler war immer ein Platz frei. Es muß nur wenige gegeben haben, damals, als man aus der Rhône noch Krebse fischen konnte. Was noch fehlte zum Erfolg, war die richtige Frau. Wie Bauern oder evangelische Pfarrer konnten sich erfolgreiche Köche damals die »falsche« Frau nicht leisten, denn in diesem Falle, wo der Platz drinnen in der Küche ein für allemal dem Mann reserviert war, da waltete sie draußen im Speisesaal, die züchtige Hausfrau. Sie jedenfalls hatte immer zu lächeln, wenn der Chef auch schon mal einen Gast hinauswarf, weil er einen Cocktail als Apéritif bestellt oder gar vor dem Café geraucht hatte. Die Gesuchte fand sich in einem Frisiersalon namens »Mado«, der die bessere Gesellschaft von Vienne mit den Segnungen der eben erfundenen

Dauerwelle vertraut machte. »Mado« blieb lebenslang der Spitzname von Madame Point.

Am Anfang der dreißiger Jahre jedenfalls galt die Pyramide schon als das beste Restaurant des Landes, und daran änderte sich nichts bis zum Tode Points. Danach übernahm seine Frau das Restaurant und führte es im überkommenen Stil weiter. In der Küche hing Doisneaus Photo von Point. Jeden Tag wurden davor frische Blumen gestellt. Aber sein großer Schatten verdunkelte allmählich den alten Glanz. Als Paul Bocuse, nach regionaler Herkunft, körperlicher Statur, natürlicher Schlitzohrigkeit und letztlich auch nach kulinarischem Stil eigentlich ein getreuer Schüler des Meisters, die Formulierung von der »Nouvelle cuisine« einfiel, als es die Herren Gault & Millau gar wagten, die altmodisch gewordene Küche der Pyramide in ihrem Führer nicht mehr zu bewerten, da kamen bald trotz der drei Michelin-Sterne nur noch ein paar Amerikaner, ein paar Lokalgrößen und ein paar treue Freunde des Hauses in die Pyramide. Man alterte würdig miteinander, bis Mado Point 1986 siebenundachtzigjährig starb.

Und dann taucht in dieser altmodischen Geschichte endlich auch die böse Stieftochter als Erbin auf, die den Besitz möglichst rasch und möglichst teuer verkaufen möchte, legitimes Kind nicht der Points, aber ihrer Zeit. Als Käufer meldeten sich Pizzabäcker, Fleischklops- und Tiefkühlkostfabrikanten, Neureiche, die gern den Tempel gekauft hätten, wo ihnen zu Points Zeiten die Bewirtung verweigert worden wäre. In solchen Fällen aber, wenn das nationale Kulturerbe in Gefahr ist, regt sich der französische Nationalstolz, so etwa vor einigen Jahren im Falle des verhinderten Totalausverkaufs der Spitzenlagen des Bordelais an Amerikaner und Japaner.

Als Retter bot sich die französische Immobiliengesellschaft Foncière des Champs Elysées an, die sich bislang eher für den Neubau großer Immobilien in Paris und an der Côte d'Azur als für das Überleben der Gänseleber im Brioche-Teig oder des Gratin dauphinois interessiert hatte. Mißtrauische Menschen witterten Spekulation, weil sich das fragliche Unternehmen eher auf diesem denn dem kulinarischen Gebiet hervorgetan hatte. Dabei war schiere Uneigennützigkeit am Werk: Monsieur Bouillon, der Chef des Immobilienkonzerns, hatte über lange Jahre gut und gern in der Pyramide gegessen und wollte verhindern, daß künftig das große »M« über der »Pyramide« leuchte. Sein Name und seine Statur machten ihn schließlich über allen Verdacht der Spekulation erhaben. Wer »Bouillon« heißt, der kann *au fond* nichts Übles gegen ein Feinschmeckerrestaurant im Schilde führen, zumal, wenn er in Größe und Bauchumfang unübersehbar an Fernand Point erinnert.

Bouillon ließ renovieren und suchte einen neuen, jungen Koch. Patrick Henriroux, damals eben dreißig Jahre alt und eben frisch besternt. Sein Stil ist von dem Fernand Points denkbar weit entfernt. Er gehört wie Marc Veyrat und Didier Clément zu denen, die Bocuse verächtlich »Kräuterteeköche« nannte, weil sie – der gesuchten Spitzfindigkeiten der altgewordenen Nouvelle cuisine überdrüssig – ihre Küche vor allem auf der Basis heimischer Kräuter und Gemüse zu entwickeln suchten.

Die Karte ist optisch eine schlanke, graphisch fein ziselierte Hommage an die Pyramide und ihren Gründer, Altes und Modernes versöhnt. Die Menüs aber zeigen, daß Henriroux solche zwanglose Versöhnung zwischen Points Stil und seinem eigenen nicht für möglich hält. Und so existieren sie denn einstweilen nebeneinander, die berühmten Gerichte der dreißiger Jahre und die Gerichte, die die Handschrift des neuen Kochs tragen.

Natürlich war ich fest entschlossen, hier die Klassiker zu probieren, schon aus Pietät. Aber dann trug der Kellner zum Nachbartisch die Seezungenfilets in ihrem großen Doppelbett aus frischen Nudeln, goldbraun überbacken, wie es sich gehört... Ohne Sauce Béchamel geht das nicht ab... Von der Sahne zu schweigen... Und von der Butter. »Butter. Gebt mir Butter. Noch mehr Butter.« Es folgten die Krebsschwänze, samtig umhüllt von zehntausend Kalorien. Ich wußte, ich würde sie alle verschlingen, die letzten tausend mit Weißbrot aufgesaugt... Und dann noch diese Poularde in der Schweinsblase, die nach Points Anweisungen »tausendsiebenhundert bis tausendachthundert« Gramm wiegen soll, von dem halben Pfund Gänseleber zu schweigen, die ihr der Koch weisungsgemäß in den Bauch gesteckt haben wird... Für zwei Personen zwar, aber immerhin... Wie soll ich's dem Kellner erklären, wenn ich solche Köstlichkeiten zurückgehen lasse? Und die schweren Träume in der Nacht... Die Autofahrt morgen in der Augusthitze mit kneifendem Hosenbund... Ob man vielleicht ein traditionelles Gericht mit einem leichten kombinieren sollte? Aber das geht nicht zusammen, das ist nicht die gleiche Gewichtsklasse...

Und dann war die »Querelle des anciens et des modernes«, die da von meiner Umgebung unbemerkt, aber heftig in mir tobte, gegen allen Vorsatz zugunsten des Neuen entschieden. Henriroux hatte im Verein mit dem Zeitgeist gegen Point gesiegt. Natürlich habe ich mich ein bißchen geschämt, aber nur, bis die Ravioli von getrüffelten Langustinen mit Zucchinitagliatelle kamen.

Über die Weinkarte gibt es nichts zu sagen. Lafitte-Rothschild Jahrgang 1806, 1854, 1963, 1968 und so weiter; Château Yquem ab 1892, Vosne-Romanée ab 1895, Romanée-Conti zwischen 1925 und 1964 fast lückenlos. Die Preise ließen uns dann aber auch in diesem Falle an etwas eher Zeitgenössisches denken. Darin bestärkte uns ein Weinkellner. Genauer: eine junge Weinkellnerin. Daß es so etwas überhaupt gibt, hat mindestens die französische Sprache noch nicht akzeptiert. Die Weinkellnerin heißt mit männlichem Artikel »Sommelier«, eine »Sommelière« ist von der Académie française, der Hüterin des korrekten Französisch, nicht vorgesehen. Und so etwas Unaussprechliches ausgerechnet hier, in der Pyramide des guten Point, der niemals eine Frau, eine junge Frau zumal, als Herrin über all die alten Flaschen bestellt hätte. In dieser Frage waren sich jedenfalls die acht Gäste am Nachbartisch einig, die Damen besonders.

Und dann kam er nach getaner Arbeit zum üblichen Rundgang ins Restaurant, der neue Koch. Wie hatte Point noch die guten von den schlechten Restaurants zu scheiden gewußt? »Wenn ich in ein mir unbekanntes Restaurant gehe, dann schaue ich mir zuallererst den Koch an, denn ich weiß, wenn der mager ist, werde ich schlecht essen. Wenn er aber mager ist und zudem traurige Miene macht, dann suche ich mein Heil in der Flucht.«

Der junge Mann, der da mit der Kochmütze auf dem Kopf in der Pyramide die Runde machte, war schlank, sehr schlank. Ich fürchte, Point hätte ihn mager genannt. Depressiv sah er nicht aus, aber ernst, schüchtern, höflich – alles Eigenschaften, die seinem großen Vorgänger fremd waren. Man kann sich denken, was er sich anhören mußte: Anekdoten über Fernand Point. Wie der illustren Gästen zum Picknick ein faules Ei mitgegeben habe, wie er das Boot »seines« Rhônefischers in der Nacht zwanzig Kilometer flußaufwärts habe schaffen lassen, wie 1951 bei einem kleinen Brand in der Pyramide die Feuerwehr nicht gekommen sei, als Point sie angerufen hatte, weil man dachte, es handele sich wieder einmal um einen seiner Scherze. Drei Zimmer im Obergeschoß seien deshalb verbrannt, aber Point habe dennoch schallend gelacht, als er erfuhr, warum das Löschfahrzeug ausgeblieben war. Anekdoten ohne Ende, die sich der dünne Mann mit angemessenem, höflichem Lächeln anhört, die ihn in den nächsten Jahren überall verfolgen werden, in seiner Küche, in seinem Haus, in seinem Speisesaal, bei seinen Lieferanten, bei seinem Autohändler, in der kleinen Bar seines Viertels.

Am nächsten Morgen ist Zeit für ein Gespräch. Während Point nach dem Zähneputzen die erste Flasche Champagner öffnete, sitzen wir bei Mineralwasser. Er ist auch am Morgen höflich, bescheiden, beinahe schüchtern, seine Antworten sind klar, genau, aber gewiß nicht spritzig und pointiert noch weniger. Was Point zu einem so herausragenden Koch seiner Zeit gemacht habe? »Die Beschränkung auf ein kleines Restaurant, das Glück, daß es damals nur wenige wirklich herausragende Köche gab, vor allem aber seine Persönlichkeit, sein Charakter, seine Statur, seine Herzlichkeit, die das Personal motivierte und die Gäste anzog.« Natürlich habe er auch Fehler gehabt, habe viel getrunken, habe wichtige Gäste hinausgeworfen, habe unablässig Streiche ausgeheckt, aber das habe damals eben nicht als Fehler gegolten. In der Küche habe er gebrüllt, aber zugleich habe er dem Personal einen Bouleplatz im Garten eingerichtet. Die Leute aus Vienne hätten ihn geliebt. Wenn er mit ihnen im Hinterzimmer trank (dort, wo heute der Seminarraum mit dem Telekopierer steht), dann durfte ihn kein König stören. »Il aimait bien vivre« – er lebte gern, er verausgabte gern, er verausgabte schnell und ohne Reue, selbst das Leben.

Und heute? »Wissen Sie, gute Köche gibt es heute viele. Um wirklich Erfolg zu haben, muß man ein guter Manager *und* ein guter Koch sein. Man muß rechnen können. Anders als Monsieur Point, der sehr großzügig war, allen gab, alle zum Champagner einlud.« (Er sagte immer »Monsieur« Point, wie um eine Distanz zu bezeichnen.)

»Das war zuletzt auch das Problem dieses Hauses. Man verwendete siebenhundert Gramm Fleisch von sündhaft teurem bretonischen Hummer für ein Gericht, das nur hundertfünfzig

Francs kostete. Man scherte sich nicht darum, daß der Umsatz von fünfundzwanzigtausend Gedecken pro Jahr während der besten Zeiten auf viertausend in den letzten Jahren sank.« Er sagte es nicht hämisch, nicht bedauernd, nur einfach feststellend, daß das eben so nicht geht. Vielleicht war in der Poularde doch kein halbes Pfund Gänseleber versteckt?

Ob ihn noch etwas mit Point verbinde? »O ja, mehr, als man auf den ersten Blick sieht. Ich bin eher schüchtern, meine Leistungen kommen aus der Angst, etwas falsch zu machen. Aber ich bin auch besessen von der Arbeit in der Küche. Ich kann mir nicht vorstellen, die Arbeit am Herd irgendwann einem guten Stellvertreter zu übergeben und nur noch in der Welt herumzureisen, wie viele meiner prominenten Kollegen. Ich bin Qualitätsfanatiker wie Point. Er hatte ganz recht, daß sich die Größe eines Restaurants in Grenzen halten muß, wenn die Küche hohes Niveau und eine persönliche Handschrift bewahren will.«

Gemeinsam ist auch die strenge Ausbildung. »Wissen Sie, Kochen ist zuallererst ein Handwerk, das man gründlich gelernt haben muß, welchen Stil man auch immer bevorzugt.« Henriroux war nach den Jahren auf der Hotelfachschule ein paar Monate Lehrling bei einem französischen Koch in Pforzheim. »Das war ein Amateur. Da kann man nichts lernen.« Also eine strenge Lehrzeit in einem Restaurant in Bourg-en-Bresse. Dann die Wanderjahre. Zuerst ins Elsaß, um die traditionelle Küche von Grund auf zu lernen. Darauf zwei Jahre in die Bretagne, um zu erfahren, was man alles mit Fisch und Meeresgetier machen kann. Schließlich ein Jahr im Drei-Sterne-Restaurant des ambitionierten Georges Blanc, »wo ich begriff, daß ein guter Koch mehr können muß als kochen«. Dann während der sechs Jahre in Mougins zum ersten Male die selbständige Leitung eines Restaurants. Wegen des Booms der Feinschmeckerei in der Bundesrepublik während der letzten Jahre entstand hier manches ambitionierte Restaurant von Amateurköchen, das, häufig nicht ohne Erfolg, solide handwerkliche Ausbildung durch forcierte Originalitätssucht zu ersetzen versucht, verständlich in einem Land, in dem die professionellen Betriebe (vom Südwesten abgesehen) lange Zeit bis auf wenige Ausnahmen nichts zu lehren hatten. In Frankreich ist Koch ein strenger Lehrberuf mit althergebrachten, zünftigen Ausbildungsregeln. Und die Klassiker Fernand Points auf der neuen Karte? Konzession an die treuesten Kunden, oder kann man diese Gerichte wirklich modernisieren? Die Antwort kommt zögerlich, aber bestimmt. »Ich habe Respekt vor der Tradition. Eine kleine nostalgische Ecke wird es auf meiner Karte immer geben. Aber mein Stil ist anders. Meine Eltern sind Bauern, ich bin vom Land geprägt. Gemüse, Wild, Kräuter, das bestimmte die Küche meiner Jugend. Natürlich ist das, was ich hier mache, viel subtiler. Aber ich bemühe mich auch, die Dinge nicht zu weit zu treiben.« Akzeptiert ihn Points alte Kundschaft aus Vienne? »Zögernd.«

Wie gern würde man sie mal alle zusammen in einem Restaurant sitzen sehen, die sich ins Gästebuch der Pyramide eingeschrieben haben, das Henriroux zum Blättern zurückließ, als ihn die Mittagsschicht in die Küche rief. Josephine Baker zum Beispiel oder Marlene Dietrich, Charles Laughton und Jacques Prévert, Emile Hermès, der Modemacher, Gustav V. von Schweden und der Kaiser Bao-Dai, der Verleger Flammarion und Arthur Miller, Jean Giraudoux, die Schauspieler Jean-Louis Barrault, Jean Marais, Laurence Olivier, Rita Hayworth, Clark Gable, Barbara Stanwyck, Vivien Leigh, die Boxer Al Brown und Marcel Cerdan, die Erben David Rockefeller oder Charles de Polignac, Edith Piaf, Sacha Guitry, Cocteau und Picasso.

Die geschichtsnotorischen Gäste der Pyramide scheinen sich hier einmal um Geschichte nicht gekümmert zu haben.

Die Colette schreibt am 18.7.1933 von ihren Gewichtsproblemen; der Herzog von Windsor findet 1936 einen Tag nach seiner Abdankung Trost bei Point; der Volksfrontpräsident Léon Blum kehrt ebenso in der Pyramide ein wie wenig später Edouard Herriot und Albert Lebrun. Alle hinterlassen artige Dankesworte.

Aber im November 1940 mischte sich die Geschichte dann doch auch direkt in Points ureigenste Angelegenheiten ein. Vergilbte, nachlässig eingeklebte Ausschnitte aus verschiedenen Zeitungen bezeugen, daß er angeklagt wurde, vierhundertfünfundfünfzig Kilo Zucker, zweihundertfünfundsiebzig Kilo Nudeln, vierhundert Kilo Mehl und fünfundzwanzig Kilo Butter undeklariert gehortet und zudem darauf verzichtet zu haben, von einigen Gästen die Lebensmittelmarken zu verlangen. Wenn man dem »Paris-Soir« vom 14.11.1940 glauben darf, war der Angeklagte geständig, wußte aber die Verhandlung auf gastronomische Fragen zu lenken, indem er Richter und Staatsanwalt in eine Diskussion über die Frage verwickelte, ob man ein Gratin dauphinois ohne Sahne zubereiten könne. Es sollen die historischen Worte gefallen sein: »Niemand hat das Recht, das Gratin dauphinois zu verraten.« Das war keineswegs Desinteresse an der Politik. Point war es nicht egal, wem er auftischte. Er liebte das Leben, nicht das Töten, das die deutschen Erfinder der Gulaschkanonen über Europa brachten. So blieb während der Okkupation immer eine Hintertür für Verfolgte bei ihm offen, das Gästebuch hingegen geschlossen. Am 2.9.1944 dann wieder ein Eintrag: »Die ersten alliierten Truppen. Tausend Dank. Es lebe Frankreich.« Nach dem Krieg schrieben sich dann die Generäle ein. General Koenig, General Eisenhower. Sie brachten Orden mit. Einen englischen, das französische Kreuz der Ehrenlegion... Die Zeitungsausschnitte von Points Beerdigung im Jahre 1955 feiern in der seltsam gestelzten Sprache französischer Lokalblätter einen Helden. Viertausend Personen folgten dem Sarg. Points Tod war keine Privatangelegenheit. Es redeten der Bürgermeister, der Präfekt, Monsieur Savoi von der Vereinigung der Köche, Monsieur Richard für die französischen Gastronomen, ein anderer für die Klassenkameraden und viele andere – das ganze korporatistische Geflecht der alten französischen Gesellschaft zeigt sich in den Bildern von dieser Trauergesellschaft.

Nach Points Tod blieb das Gästebuch wieder geschlossen. Man hatte in der Pyramide nun einmal beschlossen, die Zeit anzuhalten. Was noch folgt in diesem Gästebuch, sind Zeitungsausschnitte aus dem Jahr 1986, Zeitungsausschnitte von Mado Points Beerdigung. Jetzt dominieren in der Trauergesellschaft die Freunde, die Schüler. So ist sie viel kleiner als die von 1955. Es war ein Mensch zu beerdigen, kein Zeitalter. Die Trauerrede von Pierre Troisgros drückt es wider Willen aus. Sie beginnt so: »Paul Bocuse ist in Japan, und Alain Chapel kommt erst heute abend aus den USA zurück... aber ich glaube für sie zu sprechen, wenn ich hier meine Trauer ausdrücke.«

Das Gästebuch wurde von den Erben an Autographensammler veräußert. Der neue Besitzer hat es zurückgekauft und stellt es jetzt mit einigen alten Photos und Reliquien in der renovierten Pyramide aus. Eigentlich gehörten diese Ausstellungsstücke als Zeugnisse des stolzen, handwerklichen, korporatistischen, bodenständigen, traditionsgebundenen, patriotischen, respektlosen, wohllebigen, eitlen, lauten, listigen, lebenslustigen, volkstümlichen Frankreich in ein öffentliches Museum, wo das heutige Frankreich das vergangene besichtigen kann.

Zwei richtige Burgunder
Alexandre Dumaine und Bernard Loiseau

urgund ist kein Land«, so hat François Mitterrand bündig formuliert, »Burgund ist das Leben.« Das Leben jedenfalls, so wie es einmal war im ländlich-traditionellen Frankreich. Das Leben, wie es mancherorts noch ist. Die romanischen Kirchen erinnern gelassen daran, daß hier im Hochmittelalter das Zentrum des Abendlandes lag. Die Landschaft ist fruchtbar, mild, unspektakulär, harmonisch. Eine reiche Gegend, hätte man früher gesagt, als der Reichtum noch aus dem Landbau kam. Die weißen Charolais-Rinder stehen malerisch auf tiefgrünen Wiesen, als hätten sie noch nie etwas von Hormonen oder Rinderwahn gehört. Selbst der Weinbau, der einige der besten roten und die besten Weißweine der Welt hervorbringt, wird von kleineren und mittleren Besitzern bestimmt, nicht von großen internationalen Gesellschaften wie im Bordelais.

Was Wunder, daß das Burgund traditionell auch als Frankreichs Schlaraffenland gilt. »Du bist ein richtiger Burgunder«, sagt man in Holland heute noch zu einem Menschen, der zu genießen versteht. Brillat-Savarin schrieb sogar, die Burgunder hätten »seidene Därme« – was selbst für einen Gastrosophen ein seltsames Kompliment ist. Seinen kulinarischen Ruf hat das Burgund, das sich von den Ausläufern des Großraums Paris bis zum Beaujolais erstreckt, bis in die neuesten Ausgaben des Guide Michelin retten können: Keine französische Region hat mehr Drei-Sterne-Restaurants.

Im Norden, in Joigny, kochen Vater und Sohn Lorain in einem Hotel-Restaurant-Komplex am Ufer der Yonne eine Küche, die nicht zu den stärksten der Drei-Sterne-Kategorie gehört. Bei Vézelay, am Fuß der großartigen romanischen Basilika, zu der im Mittelalter Pilger aus ganz Europa wanderten, um von dort nach Santiago de Compostella oder zum Kreuzzug ins Heilige Land aufzubrechen, liegt das L'Espérance (»Die Hoffnung«) des Marc Meneau. Eine erzburgundische Kombination: Romanische Kirchen und große Küche, entwickelt von einem Koch, der vor Ort im mütterlichen Café-Tabac anfing und sich Stern um Stern erkochte. Seine Austern von einem Kresseblatt und Gelee bedeckt, sein Kalbsfilet mit bitterer Karamelsauce, sein Hummer in Mandelmilch mit Curry-Vinaigrette gehören schon zu den Klassikern moderner Hochküche. Aber es ist nicht nur schwierig, drei Sterne zu bekommen, es ist auch schwierig, das Niveau zu halten. Meneau hat die Schwierigkeit in den letzten Jahren zu spüren bekommen und spüren lassen, eine Schwierigkeit, die nicht zuletzt damit zusammenhängt, daß die Sicherung der ökonomischen Voraussetzungen kulinarischer Spitzenleistungen immer mehr Aufmerksamkeit beansprucht. Nicht jeder gute Koch ist auch ein guter Geschäftsmann. Geschäftliche Probleme schlagen aber auf die Küche zurück. Immerhin ist Meneaus Restaurant nach dem Reifenhersteller Michelin und dem Hospital von Avallon der größte Arbeitgeber des Département Yonne.

Das Drei-Sterne-Restaurant von Jacques Lameloise in Chagny ist langsamer gewachsen. Es liegt gut zehn Kilometer von Montrachet entfernt, wo der beste Weißwein der Welt wächst. Auch eine erzburgundische Kombination. Vor einigen Jahren waren die Hotelzimmer bei Lameloise noch ziemlich bescheiden und billig, dafür aber die Betten durchgelegen. Jetzt gibt es auch hier viel Marmor in der Empfangshalle, eine schicke Bar und teure Zimmer. Der immer gut besetzte Speiseraum hat an Gemütlichkeit freilich nicht eingebüßt, strahlt ein ländliches und zugleich festliches Traditionsbewußtsein aus, das in seiner Kategorie kaum seinesgleichen hat. Aber der handwerklich sehr hochstehenden Küche fehlt ein bißchen der deutliche Stil. Längst nicht mehr auf örtliche Lieferanten und lokale Produkte angewiesen, macht Jacques Lameloise alles, was gefällt, manchmal auf Kosten der eigenen Identität.

Der Aufsteiger der letzten zwei Jahrzehnte burgundischer Küche ist zweifellos Bernard Loiseau von der Côte d'Or in Saulieu. Saulieu liegt mitten im Burgund, 25 Kilometer von der Autobahn Paris–Lyon entfernt. Damals, in den fünfziger Jahren, als die Autobahn geplant wurde, sollte sie direkt an Saulieu vorbeiführen. Die Schildbürger der Stadt waren sehr stolz darauf, daß sie die Verlegung erzwangen. Dabei verloren sie auf diese Weise, was traditionell die Bedeutung des Ortes ausgemacht hatte: Von den Römerzeiten bis nach dem Zweiten Weltkrieg war Saulieu ein ländlicher Verkehrsknotenpunkt, eine Art Bebra des Burgund. 25 Kilometer Entfernung von der Autobahn – das kann das ökonomische Aus bedeuten, wenn man nichts hat als die Hoffnung auf den Tourismus. Und der ist im Burgund zumeist Durchgangstourismus. Anderthalb Nächte, so haben die Statistiker errechnet, ist die durchschnittliche Verweildauer der Reisenden. Im Reiseführer steht, die Stadt habe eine Kirche aus dem 12. Jahrhundert, was im Burgund nicht als Kunststück gilt. Sie lockt auch nicht darum Besucher an, weil eine ihrer Statuen von Madame de Sévigné gestiftet wurde, ein Akt tätiger Reue, da die berühmte Briefschreiberin sich auf der Durchreise hier zum ersten Male in ihrem Leben betrunken hatte. Außerdem nennt der Reiseführer Saulieu die »Hauptstadt der Weihnachtsbäume« und »Hauptstadt der Gastronomie«. Warum Hauptstadt der Weihnachtsbäume, kann man aufs angenehmste feststellen, wenn man sich Saulieu nicht über die Autobahn nähert, sondern auf der Straße von Vézelay und Avallon durch das Tal des Cousin. Wald, Wasser, Ursprünglichkeit. Der Morvan, den man durchquert, ist die Wildnis des Burgund. Eine rauhe, dicht bewaldete, regenreiche Landschaft, die sich weder für Ackerbau, noch für Weinbau, noch für Viehzucht besonders eignet. Aber den Wald sieht man vor lauter Bäumen nicht. Im 19. Jahrhundert wurde hier gehungert, wenn man nicht als Flößer oder als Amme ein paar Sous verdiente. Die Ammen aus dem Morvan galten damals in Paris als die besten. Ihre Nachfahren blieben gleich in der Hauptstadt. Der Morvan entvölkerte sich, bis er so dünn besiedelt war, daß kaum jemand übrigblieb, der der Einrichtung des Nationalparks den üblichen borniertenen Widerstand entgegengesetzt hätte.

★ ★ ★

»Kulinarische Hauptstadt« nennt der Reiseführer Saulieu vor allem wegen der Côte d'Or. Wir finden das Haus leicht. Jeder hier im Stadtzentrum, den wir nach dem Weg fragen, kennt es. Die Kirche kennt auch jeder hier. Und die ist weniger berühmt. Nicht, daß die Leute aus Saulieu in der Côte d'Or essen würden. Man ist nicht reich hier. Dreihundert Mark pro Person für ein Essen ist, von ein paar Ausnahmen abgesehen, nicht die richtige Preisklasse für die Leute aus Saulieu. Es ist zwar wahr, daß in Frankreich auch die Arbeiterfamilien, die »kleinen Leute« schon ins Restaurant essen gingen, als das in der gleichen deutschen Schicht noch undenkbar war, weil man aufs neue Auto sparte. Aber man geht in das Restaurant, das dem eigenen Stand angemessen ist, speist am Sonntagmittag dort, wo schon die Eltern speisten. Man geht essen, aber man geht nicht in ein Restaurant, in dem Könige und Staatspräsidenten verkehren. Da gehört man nicht hin. Überkommene soziale Hierarchien werden im ländlichen Frankreich viel hartnäckiger respektiert als in Deutschland.

Die Côte d'Or liegt an der Route Nationale. Zur Straßenfront hin ein solides burgundisches Haus, das Dach mit den traditionellen Biberschwanzziegeln gedeckt. Vor dem Haus reichlich Parkplätze an diesem Mittwoch im Februar. Der Wagenknecht kommt – so heißt das noch in Frankreich –, nimmt sich des Gepäcks an und erbietet sich, den Wagen in die Garage zu fahren. »Die Zeiten, in denen man hier über Nacht die Wagentür getrost offenlassen konnte, sind leider längst vorbei, Monsieur.« Er behandelt den schmutzigen gemieteten Kleinwagen mit der gleichen Sorgfalt, mit der er auch die Mercedes, BMW und Porsche behandelt, mit denen er normalerweise zu tun hat. Man ahnt schon: Er wird den Wagen waschen und sich dabei fragen, wie es denn kommt, daß diese Gäste nur einen so kleinen Wagen haben. Zumal es Deutsche sind. Die Deutschen haben in den französischen Phantasien immer große Autos. Aber er würde nie wagen, eine entsprechende Bemerkung zu machen. Das Personal in Spitzenhotels und -restaurants ist nach wie vor streng gehalten, nur dann zu antworten, wenn man von den Gästen ausdrücklich gefragt wird. Und das knapp, sachlich, respektvoll. Mag auch häufig das Personal besser gekleidet sein als die Gäste, mag das Personal auch viel mehr vom Kochen oder vom Wein verstehen als diejenigen, denen sie dienen – es wäre undenkbar, mit ihnen von gleich zu gleich zu verkehren, gerade im Land der Egalité. Später erfahren wir, daß sich hier ein amerikanischer Küchenpraktikant, der spontan aus der Küche kam und ankommende Landsleute begrüßte, einen strengen Verweis holte, obgleich sich die Gäste über seine Herzlichkeit gefreut hatten.

Am Empfang sieht man erst, daß dies ein sehr großes Haus ist, hufeisenförmig um einen innenliegenden Garten gebaut. Die Flure und Treppen zu unserer Suite wollen kein Ende nehmen. Sie ist unter dem Dach, sehr geräumig und kombiniert modernste Sanitärtechnik, neue Betten und verkabelte Fernseher mit traditionell burgundischem Holzdekor. Gemütlich soll es sein, das gute Alte zitieren, aber doch allen Komfort bieten, an den man gewöhnt ist. Das ist der Stil, der die meisten Hotels dieser Art auszeichnet, der Stil, den wohlhabende Reisende bevorzugen und als authentisch goutieren. Beim Blick aus dem Fenster sieht man auf die Biberschwanzdächer der soliden Häuser von Saulieu, die sich um die Kirche gruppieren. Wären da nicht ein paar Autos, wäre die Illusion von befriedeter Zeitlosigkeit perfekt. Dabei ist sie eine inszenierte Illusion: »Wir verkaufen nicht nur Spitzenküche, sondern wir verkaufen einen Traum« – so wird später Loiseau seine Hausphilosophie formulieren.

Auf natürliche Weise altern durften in diesem Hause nur die Zimmer der Beschäftigten, die der Gast natürlich nicht sieht. Alles andere, was alt aussieht, ist arrangiert. Mit einer Ausnahme: der alte Speisesaal von Alexandre Dumaine, wo die Photos des Meisters an der Wand hängen, Speisekarten, die er zu verantworten hatte, Zeitungsausschnitte aus seiner großen Zeit und sogar ein Teil des Mobiliars aus den dreißiger und vierziger Jahren. Ein kleines Dumaine-Museum.

Dumaine war einer der drei berühmtesten französischen Köche der Zwischenkriegszeit. Fernand Point, Alexandre Dumaine und André Pic hießen sie. Mit ihrem Namen ist die Befreiung der französischen Hochküche vom strengen Diktat der Escoffier-Regeln verbunden. Die Küche der großen drei gilt als »romantischer« Gegenschlag gegen Escoffiers Klassizismus. Mit solchen Etiketten ist freilich wenig begriffen: Escoffier war der dominierende Koch des auf dem Gebiet der Kochkunst dominierenden Landes während der großen Zeit der Grandhotels. Die entstanden an einigen wenigen Orten Europas, in Hauptstädten und einigen Ferienzentren für Adel und reiches Bürgertum, also etwa in Paris, in Deauville, in Biarritz und an der Côte d'Azur, als die Eisenbahn die kommode Überbrückung großer Entfernungen zu erlauben begann. Die Gäste reisten mit reichlich Personal, und in den Grandhotels, in denen sie unterkamen, gab es gleichfalls reichlich Personal. Das Regina in Nizza, das Carlton in Cannes konnten zum Beispiel weit über fünfhundert Gäste unterbringen. Um diesen Gästen eine Küche gleichmäßig hoher Qualität zu bieten, mußten strenge Regeln für die Ausführung der Rezepte durchgesetzt werden. Massenfertigung verlangt nach festen Regeln für Produktauswahl und Produktionsablauf.

Escoffier war der Koch der Eisenbahn- und Grandhotelzeit. Dumaine, Point und Pic hingegen wurden die Köche des beginnenden Automobilzeitalters. In den zwanziger, noch mehr in den dreißiger Jahren unseres Jahrhunderts wurde das Automobil das bevorzugte Transportmittel der Reichen. Das Reisen individualisierte sich. Nicht zufällig ist der Michelin, der einflußreichste Hotel- und Restaurantführer, das Nebenprodukt einer Reifenfabrik. Man brauchte nun Tips, wo man während der Fahrt hochklassig speisen und angenehm sein Haupt betten konnte. Das Essen in den Speisewagen der Züge wurde schlechter, das einiger Landgasthöfe besser und besser. Nicht zufällig lagen die nun führenden Restaurants an der N 6, der klassischen Route zwischen Paris und der Côte d'Azur. Die Côte d'Or, 250 Kilometer von Paris gelegen, war die erste Etappe, die Pyramide von Fernand Point in Vienne, 200 Kilometer weiter, war die zweite, und Pic in Valence bot sich besonders Genußsüchtigen als dritte Etappe an. Mit dem Wagen in einem Tag von Paris ans Mittelmeer, das geht erst seit der Fertigstellung der Autobahn, seit gut vierzig Jahren.

Grandhotels konnten außerhalb der Großstädte nur solange gefüllt werden, wie ihre Gäste monatelang am gleichen Ort Ferien machten. Die illustren Gäste der Côte d'Azur reisten im Dezember an und blieben bis zu den letzten Bällen im März. Als sich die Reisezeiten wie die Transportmittel individualisierten und die Aufenthalte kürzer wurden, kam die Zeit der luxuriösen Landgasthäuser, gehobene Vorfahren unserer Autobahnraststätten. Natürlich mußten sie nicht groß sein. Ferienreisen machten nach wie vor nur die Wohlhabenden. Das war die Chance, die Dumaine, Point und Pic ergriffen. Auch die Gasthäuser konnten sich individualisieren und mit ihnen die Küche, die dort geboten wurde. Kein Hoteldirektor als Vertreter einer großen Kapitalgesellschaft hinderte sie daran. Sie waren Besitzer ihrer Häuser und konnten tun und kochen, was sie mochten.

Der 1895 geborene Dumaine stammte aus dem Burgund, aus bescheidenen Verhältnissen. Er absolvierte die übliche frühe und harte Lehrzeit. Aber wer hoch hinauswollte, mußte die Heimatregion verlassen und dort arbeiten, wo es die renommiertesten Küchenchefs gab. Zunächst in Vichy, dem Kurort, der später zu trauriger Berühmtheit gelangen sollte, dann im Carlton in Cannes. Eine französische Karriere führt allemal über Paris. Dumaine arbeitete im Café de Paris, einem der berühmtesten Häuser der Zeit, und dann im Elysée-Palace, einem heute verschwundenen Grandhotel. Es ist ein Photo der Küchenbrigade des Elysée erhalten, auf dem man über vierzig Köche sieht, ernst und mit gezwirbelten Schnurrbärten in die Kamera schauend. Sie sind für das Photo streng gereiht. Streng gereiht waren sie auch in der Küche, und so streng gereiht marschierten sie dann auch in den Ersten Weltkrieg, der die Welt zum Einsturz bringen sollte, der sie bisher gedient hatten. Kanonier Dumaine diente so korrekt, wie der Saucier Dumaine gedient hatte.

Bald nach dem Krieg wurde er zum erstenmal Küchenchef und heiratete Jeanne, eine studierte, polyglotte, weltläufige und offenbar überaus charmante Journalistin, die damals für »Harper's Bazaar« schrieb und Dumaine zuliebe die eigene Karriere aufgab. Ihr oblag nun der Empfang der Gäste, die

Dekoration, sie repräsentierte das Haus gegenüber den Gästen. In der Küche herrschte unbeschränkt Dumaine, der Hausherr. Köche sind bis auf wenige Ausnahmen Tyrannen, so wie die meisten Regisseure Tyrannen sind. Dumaines Wutanfälle waren legendär. Im Restaurant muß gelächelt und charmiert werden. Es ist wie bei anderen Künstlern: Man darf nicht sehen, wieviel Härte sein muß, um Perfektion hervorzubringen, sonst wäre das Fest verdorben. Dafür sind die Frauen zuständig, sowenig sie auch in der Küche gelitten sind. Daran hat sich bis heute wenig geändert.

Lehrzeit, Wanderzeit durch die wichtigen Häuser, Heirat, erste Erfahrungen als Küchenchef – eine vielversprechende Karriere. Danach leitet Dumaine neun Jahre die Küchen französischer Spitzenhotels in den nordafrikanischen Kolonien. Bemerkenswert ist dieser Umweg eigentlich nicht. In den Kolonien hielt sich über die strikte Besatzungspolitik das Grandhotel-System, das im Mutterland langsam zu Ende ging. Bemerkenswert ist auch nicht, daß Dumaines Gäste fast ausschließlich Kolonialfranzosen waren. Bemerkenswert ist vielmehr, daß die neun Jahre in Nordafrika in Dumaines Küche so gut wie keine dauerhaften Spuren hinterlassen haben. Eine bewußte Vermischung der Weltkulturen und damit auch eine wechselseitige Durchdringung von Küchentraditionen, wie wir sie heute in Europa selbst in den traditionellen Häusern beobachten, fand damals nicht statt.

1931 kam dann die Heimkehr ins Burgund. Dumaine erwirbt mit seinem Ersparten die Côte d'Or. Er macht seine Küche nicht nur für die lokale Kundschaft, sondern reflektiert auf die illustren Gäste. Sie kommen, angezogen von den drei Sternen, die der Michelin seit 1933 an die besten Chefs des Landes vergibt. Dumaine ist einer von ihnen. Aga Khan kommt, Alfons XIII., der König von Spanien, und auf seinen Spuren Salvador Dalí, der die Speisekarte mit den Worten zurückgewiesen haben soll: »Ich will essen wie mein König.« Das Gästebuch aus der Zeit verzeichnet Präsidenten über Präsidenten, Präsidenten der Republik wie Präsidenten der Nationalbank. Große Namen aus Politik, Wirtschaft, Kultur pilgern zu einem der großen Namen der Gastronomie, die gastronomischen Gesellschaften organisieren Busreisen von Paris aus, um bei Dumaine zu essen. Er wird Ritter der Ehrenlegion und bekommt auch sonst manchen Orden umgehängt.

Wie es wohl bei Dumaine geschmeckt haben mag? Wenn er auch Rezepte hinterlassen hat, so bleibt die Kochkunst doch flüchtig, die Originale sind auf immer verschwunden. Eine große Rolle spielten die Ragouts und Fricassées mit langen, schweren Saucen, wie er sie schon vor dem Krieg in Paris gelernt hatte. Kleingeschnittenes, pariertes Fleisch, mehrfach mit Wein und reichlich mit hellem Fond übergossen, reichlich Butter, karamelisierter Zucker und Mehl für die Bindung. Wie die berüchtigte »Königin-Pastete« in der deutschen Restaurantküche während der fünfziger Jahre, nur viel, viel besser. Dumaines Fricassées waren berühmt, und er wärmte sie für seine Gäste bis zu fünf Tage hintereinander wieder auf. Praktisch für den Koch. Dem Geschmack soll es nicht geschadet haben. Heute werden solche Gerichte nicht einmal mehr in der Ein-Sterne-Küche angeboten. Ein Spitzenkoch würde damit sofort seinen Ruf ruinieren. Wie die Fricassées spielten auch Braten eine große Rolle. Die ließen sich ebenfalls vorbereiten und warm halten, während das Fleisch heute *à la minute* zubereitet wird, also erst, wenn die Bestellung des Gastes in der Küche ankommt. Terrinen und Pasteten gehörten damals gleichfalls zur Hochküche, während sie heute bis auf Gänseleberzubereitungen aus den Drei-Sterne-Restaurants verbannt sind. Auch sie hatten den Vorzug, daß sie vorzubereiten waren und sich lange hielten. Die Küche war also generell »langsamer« als heute, sowohl was die Garzeiten als auch was den Verzehr anbelangt. Der Geschmack muß darum nicht »schlechter« gewesen sein, aber natürlich ging auf diese Weise der Geschmack der einzelnen Bestandteile viel stärker als heute in allgemeinem, harmonischem, buttersämigem Wohlgefallen auf – und unter.

Dumaines Küche war reicher an Butter und Sahne als die seiner Nachfolger, aber sie war auch viel ärmer an Produkten, weil sie sehr weitgehend auf die regionale Produktion angewiesen war. Das »Omelett nach der Art des Morvan«, die »Artischockenböden mit Krebsschwänzen«, die »Ente mit Rübchen aus Jarnois«, einige seiner berühmtesten Gerichte, beruhten auf lokalen Produkten. Das gilt auch für die Flußkrebsschwänze, die heute zumeist aus der Türkei importiert werden, wenn sie sich überhaupt noch auf Speisekarten finden und nicht durch Gambas bzw. Crevetten aus dem Meer ersetzt sind. Da das Burgund im Zentrum Frankreichs liegt, fanden sich keine Meeresfische auf der Karte. Der einzige Fisch war die Forelle aus den Bächen des Morvan. Dafür gab es Schinken, sowohl als kalte Vorspeise als auch warm mit Purée von Morcheln, Kastanien und Linsen. Die Gemüse, deren untergeordnete Rolle schon darin zum Ausdruck kam, daß sie als »Garnitur« galten, wechselten mit der Saison. Dies nicht aus Prinzip, sondern weil man von den Jahreszeiten abhängig war. Spargel etwa war eben nur zur Spargelzeit zu haben, während er heute im Winter aus beheizten nordafrikanischen Beeten gestochen oder gar aus dem Sommer der südlichen Halbkugel der Erde geholt wird. Und wenn Krieg war, dann hörte die Opulenz ganz auf. Im Ersten Weltkrieg bereitete der Kanonier Dumaine seinem Präsidenten Clemenceau, der sein Regiment inspizierte, einen Thunfischsalat mit Gemüsen und Eiern, gefolgt von einem Rinderbraten und Kartoffeln, die mit Schinken und Butter in der Pfanne gegart waren. Als Marschall Pétain, der Chef des Kollaborationsregimes, zur Zeit der deutschen

Besetzung von Paris nach Vichy reiste, gab es für ihn in der Côte d'Or eine einfache Gemüsesuppe, dann ein Omelett mit Pilzen und grünem Salat und ein bißchen Käse. Weil er zu wenig Eier hatte, so berichtet Dumaine, schlug er das Eiweiß zu Schaum, damit Fülle vorgetäuscht werden konnte.

Die Prinzipien der Küche Dumaines konnten die Besucher damals über der Eingangstür lesen: »Lieber Kunde! Wenn Sie zur üblichen Essenszeit bei uns eintreten, dann finden Sie immer vor: Eine Hauspastete im Teig, feine lokale Wurstwaren, Fische unserer Region in guter Butter und Kräutern... Sie können also, wenn Sie unsere Schwelle überschreiten, eines ausgezeichneten Essens sicher sein, selbst wenn Sie es ›sehr, sehr eilig‹ haben. Nebenbei: Lassen Sie uns die Zeit, Sie gut zu behandeln... Sie werden ebenfalls Tagesspezialitäten auf der Karte finden, die je nach Saison wechseln. Kommen Sie nicht zu spät, damit Sie sie noch genießen können...« Schon damals stießen hier an der Schwelle des Restaurants also die »schnelle Welt« der Reisenden und die »langsame« Küche Dumaines zusammen. Man merkt dem höflichen Text an, wie sehr sich der Meister über Gäste ärgerte, die es allzu eilig hatten. Zugleich formuliert der Text in aller Klarheit die Produktbasis der Küche der Côte d'Or: Pastete, Wurstwaren, lokale Fische in einfacher Zubereitung und dazu saisonale Spezialitäten. Der Text könnte heute über der Tür eines einfachen Landgasthofes stehen, niemals über der Tür eines Luxusrestaurants.

★ ★ ★

Dumaine endete in geistiger Umnachtung. Seine Nachfolger, die bei ihm gelernt hatten, versuchten, das Restaurant in seinem Stil weiterzuführen. Das gelingt offenbar nie so ganz. Es gelang weder bei Point noch bei Chapel. Aus Perfektion wird leicht Routine, aus Kreativität leicht Erstarrung. Jedenfalls ging es mit der Côte d'Or bergab. Ein Stern weniger, weniger

Gäste und der Ruf, altmodisch geworden zu sein. Die Autos fuhren auf der neuen Autobahn weiträumig vorbei an Saulieu, und wenn sie gastronomischen Halt suchten, dann doch eher in Collonges-au-Mont d'Or bei einem jungen Mann, von dessen Küche man Wunderdinge berichtete, bei Paul Bocuse.

Die Regel »They never come back« gilt für Küchenmeister wie für Boxweltmeister. Noch nie hatte ein Haus den dritten Stern verloren und unter einem neuen Koch zurückgewonnen, als der junge, schmale, schüchterne Bernard Loiseau 1982 die Côte d'Or erwarb und sich mit unbändigem Ehrgeiz daranmachte, ihr den alten Glanz zurückzugeben, es Dumaine gleichzutun. Spitzenleistungen sind ohne Ehrgeiz, ohne nimmermüde Suche nach Perfektion nicht möglich, aber der Ehrgeiz von Loiseau war auch unter den Ehrgeizigen ganz außergewöhnlich. Der amerikanische Journalist William Echikson, der Loiseaus Aufstieg aus der Nähe beobachtet und darüber ein lesenswertes Buch geschrieben hat, kolportiert die Geschichte, daß Loiseau jeden Morgen vor dem Bild seines Lehrmeisters Troisgros gestanden und gesagt habe: »Bald bekomme ich auch den dritten Stern.« Wenn es nicht wahr sein sollte, dann ist es doch gut erfunden. Vielleicht sogar von Loiseau selbst.

Wir haben Loiseau noch nicht gesehen, als uns der Kellner vom Dumaine-Raum zu den neuen Restauranträumen leitet. Sie sind neu, Ergebnis einer aufwendigen Renovierung, aber sie wollen wieder ursprünglich-burgundisch erscheinen. Die hohe Halle, wo man den Apéritif nimmt, die Karte studiert und die Bestellung aufgibt, beherbergt die Bar. Ein imposanter, viel zu großer Kamin soll Schloßatmosphäre verbreiten. Trotz Kamin wirkt der Raum frostig. Außer uns sitzen dort nur noch zwei eng zusammengerückte Japaner mit einem Führer in der Hand. Der Kamin macht sie noch kleiner und fragiler, als sie ohnehin schon sind. Der Speiseraum festlich, burgundisches

Fachwerk mit engstehenden, freiliegenden Balken suggerieren Tradition, mannshohe, durchgehende Glasflächen zum Garten hin geben das Licht, das heutige Gäste erwarten. Das Beste sollte es sein, das Beste aus der traditionellen Bauweise und der modernen. Dumaines Speisesaal ging zur Straße und hatte kleine Fenster, die ihn düster erscheinen ließen.

Der Speiseraum, in dem wir sitzen, ist einer von dreien, die separierbar sind, damit die Gäste nie den allemal unangenehmen Eindruck haben, sich in einem leeren Restaurant zu verlieren. Trotzdem herrscht an diesem Februarabend nicht eben die festliche Atmosphäre, die die gedämpften, aber vielfältigen Geräusche eines gut gefüllten Restaurants fast von allein hervorrufen. Fünf Tische sind besetzt. Da ist das übliche Paar, das man in allen Luxusrestaurants immer wieder trifft. Er wohlbeleibt und hoch in den Sechzigern, sie erheblich jünger, teuer angezogen, gern mit Produkten von Hermès, sorgfältig frisiert und schrecklich gelangweilt. Er zahlt die Rechnung, sie den Preis. Essen statt Liebe. Daneben zwei fröhliche Frauen um die Fünfzig, gewiß berufstätig, sicher nicht reich und nicht häufig in solchen Restaurants. Lehrerinnen vielleicht. Dann noch eine Familie auf der Durchreise, eine Familie mit zwei Kindern in dem Alter, in dem man es haßt, zweieinhalb Stunden ruhig am Tisch zu sitzen und nicht einmal einen ordentlichen Hamburger serviert zu bekommen. Und die Japaner natürlich, die sich ziemlich darüber wundern dürften, wofür die Europäer so viel Geld ausgeben.

Der Service ist untadelig. Man hat Zeit heute abend. Die Hierarchie ist, wie üblich, an der Kleidung abzulesen. Hubert, der Maître d'Hôtel, trägt eine Art kurzen Gehrock, die Kellner sind in Schwarz, der Weinkellner hat dazu eine lange schwarze Schürze umgebunden. Die in schwarzer Hose und weißer Jacke sind Lehrlinge oder Hilfskräfte. Sie dürfen die Platten aus der Küche in den Saal bringen. Dann übernehmen die

Kellner und servieren sie dem Gast. Europäer seien sehr zeremoniell, werden die Japaner zu Hause erzählen.

Als Auftakt ein paar Teelöffelchen Kastaniencrèmesuppe. Dann als Vorspeise ein Kartoffelküchlein, mit Kaviar bedeckt und begleitet von zwei Austern in einem leichten Jus. Ich probiere auch die Froschschenkel auf einem ganz milden weißen Knoblauchpüree, umgeben von einer ziemlich flüssigen, tiefgrünen Petersiliencrème. Das ist eines von den Gerichten, die Loiseau berühmt gemacht haben. Es verkörpert geradezu seine Küchenphilosophie: Froschschenkel sind eine traditionell französische Delikatesse, die früher einmal so charakteristisch schien, daß die Engländer und Amerikaner in ihrem Ekel vor derlei Getier die Franzosen »frogs« tauften, so wie die Deutschen die »krauts« sind. Tatsächlich sind die Froschschenkel heute weitgehend aus der französischen Alltagsküche verschwunden. Traditionell und mittlerweile rar, das sind gute Voraussetzungen für das Grundprodukt eines Gerichts. Froschschenkel wurden in der Hausfrauenküche Frankreichs früher mit Knoblauchbutter und Petersilie serviert. Das ist fett und deftig, kann aber wunderbar schmecken, wenn die Froschschenkel nicht fad sind. Leider sind sie fast immer fad. Knoblauch gilt in der Hochküche als ordinär. Er durfte lange Zeit nur versteckt zum Aromatisieren eingesetzt werden. Könige, Präsidenten, leitende Angestellte dürfen nach dem Restaurantbesuch nicht nach Knoblauch riechen. Selbst in Frankreich nicht. Loiseau weiß das. Er präsentiert den Knoblauch offen, aber entschärft. Er hat ihm in der Küche feine Manieren beigebracht. Die Zehen werden lange in immer wieder gewechseltem Wasser gekocht, püriert und mit eingearbeiteter Milch noch milder gemacht. Petersilie gehackt und über ein Gericht gestreut, das kennt man aus der Alltagsküche. Optisch ist es langweilig. Petersilie gebraten, das beeinträchtigt die Farbe. Gerichte in Drei-Sterne-Restaurants dürfen nicht aussehen wie in einem Lokal, wo sie nur die Hälfte kosten. Die kleinen Unterschiede machen den Luxus. Also wird die Petersilie gekocht, abgeschreckt, in den Mixer getan, gewürzt und um das Knoblauchpüree gegossen. Keine Sahne, keine Butter, damit das Ganze nicht zu schwer wird. Tradition, Seltenheit des Produkts, Verfeinerung, Beschränkung auf wenige Bestandteile, Leichtigkeit, überlegte, klare optische Präsentation, perfekte Ausführung – in der Küche gelingt Loiseau, was ihm als Bauherrn nicht gelingt, die Kombination von Tradition und Moderne.

Der Hummer ist heute ein Muß auf den Speisekarten der Hochküchenrestaurants. Loiseau serviert ihn mit einem »Paket« aus Möhrenstreifen, in das Hummerstücke gepackt sind. Der leicht süßliche Hummergeschmack paßt gut zu den leicht süßlichen Möhren. Und die Rottöne schmeicheln dem Auge. Außerdem ist es technisch schwierig. Bis man in der heimischen Küche die Hummerstücke ausgelöst und das Paket geschnürt hätte, wäre alles kalt und der Hummer zäh. Der Zander auf Schalottenpüree in Rotweinsauce gehört gleichfalls zu Loiseaus Klassikern. Zander, der Süßwasserfisch, ist heute an die Stelle von Forelle und Hecht getreten. Die Forelle hat durch massenhafte Zucht ihren guten Ruf verloren, der Hecht hat zu viele Gräten, die man in der Küche kaum vollständig entfernen kann. Und eine Gräte auf dem Teller des Gastes, das wäre hier eine Katastrophe. Die Fleischgerichte sind mit allem ausgestattet, was nobel macht. Zur weißen, wunderbar saftigen Hühnerbrust wird eine Trüffelsauce und Gänseleber serviert, und auch die Ente kommt mit Gänseleber daher. Perfektion? Manches ist Geschmackssache. Mir waren die Zandersauce ebenso wie die Gemüse zu den Jakobsmuscheln zu sauer. Aber das Kalbsbries am nächsten Mittag war zu scharf angebraten und demzufolge außen hart, die Kalbsnieren zäh. Perfektion ist auch bei den Perfekten nicht immer perfekt. Aber sicher ist, daß diese Küche unendlich viel subtiler, aufwendiger, reflektierter ist, als die von Dumaine es je war. Was nicht ausschließt, daß es Momente gibt, in denen man eine Küche à la Dumaine vorziehen würde.

Loiseau liebt die übliche »Tournee« der Küchenchefs durchs Restaurant nicht. Wir sehen ihn am nächsten Morgen. Daß er hier der Chef ist, würde man sofort sehen, auch wenn es keine Bilder von ihm gäbe. Groß, massig, ohne dabei dick zu sein, füllt er den Raum. Dabei hat seine Körpersprache nichts von Behäbigkeit, sondern alles signalisiert Energie und Beweglichkeit. »Der hat Power«, würde meine Tochter sagen. Ein großer Kopf mit wenig Haaren und viel Glatze auf einem Stiernacken. Man kann sich vorstellen, daß er in der Küche gefürchtet ist. Eine Autorität, die mit den Angestellten kaum anders umgeht als Dumaine. Lehrjahre in Luxusrestaurants sind immer noch keine Herrenjahre.

Aber er kann auch ganz anders. Eine freundliche Begrüßung mit festem Händedruck. Und dann explodiert sein Lachen. Lachen bis zu den Ohren, die Augen lachen mit, alles lacht mit. Loiseau hat Charme, ohne jeden Zweifel. Nicht den stillen, schalkhaften Charme von Guérard, sondern den deutlichen von Bocuse. Nur ein bißchen subtiler. Ich denke sofort daran, daß er der Richtige wäre, wenn man mal eine Fernsehsendung über französische Köche machen würde. Ich bin nicht der erste, der die Idee hat. Loiseau ist ein Fernsehkoch. »Jaja, ich weiß. Wenn ich hier pleite gehe, werde ich PR-Agent. Aber es reizt mich nicht, denn für die Arbeit gibt es keine Michelin-Sterne.« Lachen, viel Selbstbewußtsein, aber nicht ohne Selbstironie. Er wäre der Mann, dem man in Afrika Rheumadecken und in Grönland Eisschränke abkaufen würde. Geistige Beweglichkeit, schneller Witz, ohne wie ein Intellektueller zu wirken. »Die Intellektuelle in der Familie ist meine Frau. Sie kann Englisch und Deutsch, sie hat studiert, Lehrbücher geschrieben und als Journalistin gearbeitet. Ich war ein schlechter und fauler Schüler.« Die Geschichte mit dem berühmten Koch und der klugen Journalistin an seiner Seite hatte ich doch gestern schon einmal gelesen? Wieder das Lachen. Franzosen reden gerne über Frauen. »Natürlich, ich bin in jeder Hinsicht der würdige Nachfolger Dumaines. Nur ist meine Frau schöner. Kein Wunder, meine Küche ist ja auch besser.« Hat sie es auch besser als Jeanne Dumaine? »Na klar, sie ist ja mit mir verheiratet.« Loiseau muß sich nicht sehr anstrengen, um den Macho herauszukehren. Frauen kommen bei ihm nicht in die Küche. Das ist immer noch üblich. Aber sie dürfen bei ihm auch nicht servieren. Das ist nicht mehr üblich. »Um zum Haus und zur Küche zu passen, müßten die Kellnerinnen sehr schön sein. Wenn sie aber sehr schön sind, dann lenken sie von meiner Küche ab. Bei mir läuft ja auch keine Musik, obgleich die auch sehr schön sein kann.« Er wartet auf mein Lachen und überbietet es dann mühelos. Nein, leicht hat es auch Madame Loiseau nicht in dieser Männergesellschaft, deren Kern schon seit über zehn Jahren zusammenarbeitet. Eine Pariserin hat es ohnehin nicht leicht in Saulieu. Eine Frau, die nicht aus der Hotellerie kommt, hat Schwierigkeiten, sich in die traditionelle Rolle der »Dame des Hauses« zu fügen. Und der Charme gegenüber den Gästen bzw. der Presse wird auch nicht so dringend gebraucht, weil den der Hausherr schon selbst hat. Sie schreibt Loiseau seine wöchentliche Kolumne im »Journal du dimanche«, darf sie aber nicht mit ihrem Namen zeichnen. Den werbewirksamen Namen hat der Mann. Natürlich erzieht sie die Kinder Bastien und Bérangère. Beide Vornamen beginnen übrigens mit B wie Bernard. »Das ist praktisch, falls sie einmal das Haus übernehmen. Dann braucht man die Initialen auf den Handtüchern und den Tellern nicht zu ändern.« Auch Frau und Kinder sind fester Bestandteil des Lebensprojekts »Drei-Sterne-Restaurant«. Loiseau weiß das.

»Der Michelin gibt seine höchsten Auszeichnungen nicht gern an unverheiratete Köche. Die sind instabiler. Das habe ich selbst in der Phase erfahren, als ich mich von meiner ersten Frau trennte, mit der ich die Cote d'Or damals erworben hatte. Stabilität und Kontinuität werden prämiert.«

Loiseau erzählt routiniert seine Lebensgeschichte. Er hat sie hundertfach erzählt und weiß die Varianten dem jeweiligen Zuhörer anzupassen. 1951 in Clermont-Ferrand geboren. Er stilisiert sich gern als Kind aus ärmlichen Verhältnissen. So ganz stimmt das nicht. Der Vater war Vertreter, das Herkunftmilieu bescheiden, aber nicht arm. Aber, und das war zunächst ein Handicap auf seinem Berufsweg, die Eltern besaßen kein Restaurant. Loiseau ist kein Erbe. Er ist stolz darauf, Selfmademan zu sein. Aus dem Fenster seines Kinderzimmers konnte er auf den Stammsitz der Firma Michelin sehen. Michelin, das war der größte Unternehmer vor Ort. Um Michelin drehte sich alles in Clermont-Ferrand. Nicht um den roten Führer freilich. Aber immerhin. Loiseau ging mit den Michelin-Kindern zur Schule. Nicht lange allerdings, denn ein schlechter Schüler war er tatsächlich. Aus der Elterntraum vom Sohn, der Arzt oder Notar wird. Koch will der Junge werden. Der Vater, der als Vertreter viel herumkommt, sucht ihm eine Stelle in einer der besten Küchen der Zeit, bei Troisgros in Roanne. Kaum hatte 1968 der neue Küchenjunge mit dem Kartoffelschälen begonnen, bekamen die Brüder Troisgros den dritten Stern. Eine Himmelfahrt, tagelang mit Strömen von Champagner gefeiert. Der Küchenjunge schält weiter Kartoffeln und träumt davon, selbst einmal drei Sterne zu bekommen. Einstweilen schleppt er ab acht Uhr am Morgen die schweren Säcke mit Kohlen für den alten Herd in die Küche. Und dann stupide Hilfsarbeiten bis zum Küchenputz um Mitternacht, unterbrochen nur von einer dreistündigen Mittagspause. Seit die französische Gesetzgebung diese Form von

Lehrlingsausbeutung verboten hat, nehmen viele bekannte Köche keine Lehrlinge mehr. Ihren Platz nehmen Praktikanten ein.

Loiseau war ebensowenig Musterlehrling, wie er Musterschüler gewesen war. Es fehlte ihm die Unterwürfigkeit, die vom Lehrling verlangt wurde. Widerspruchsgeist, vielleicht auch eine gewisse Großmäuligkeit wurde in der Brigade nicht geduldet. Loiseau eignete sich gut als Sündenbock. Aus einer solchen Rolle kommt man schlecht wieder heraus. Jean Troisgros war, seiner eleganten und zurückhaltenden Erscheinung entgegen, ein überaus autoritärer Chef. Er hielt wenig von Bernard und ließ es ihn wissen: »Wenn dieser Lehrling Küchenchef wird, dann werde ich Bischof.« Er hat sein Urteil nie korrigiert. Als er hörte, daß Loiseau die Côte d'Or übernommen hatte, sagte er: »Das wird sein Alésia.« Asterix-Leser wissen, daß zu Cäsars Zeiten der Führer der aufständischen Gallier, Vercingetorix, den römischen Truppen bei Alésia unterlag. Vercingetorix stammte aus Clermont-Ferrand, Alésia liegt nahe bei Saulieu.

Loiseau will die Lehre abbrechen und bleibt dann doch. Der Militärdienst ist gegenüber der Lehrzeit die reinste Erholung. Danach geht Loiseau nach Paris. Noch nie war dieser Mann vom Lande in Paris gewesen. Paris ist bekanntlich ein gutes Pflaster für ehrgeizige junge Männer. Loiseau trifft Claude Verger, der sein Geld mit Küchengeräten gemacht hat und einige Restaurants in Paris besitzt. Beim Einstellungsgespräch antwortet ihm Loiseau auf die Frage, welche seine beruflichen Pläne seien: »Drei Sterne.« Verger kann mit dem schwierigen jungen Mann umgehen, vielleicht gerade deshalb, weil er kein Koch war. Loiseau leitet verschiedene seiner Häuser und wird allmählich bekannt in der Pariser Küchenszene. Von Verger lernt er etwas, was ihm ebenso wichtig wurde wie das Kochen. Er lernt, wie man ein Restaurant bekannt macht. Wie? »Ach, das ist doch ganz einfach. Man muß einflußreiche Journalisten umsonst beköstigen und immer dafür sorgen, daß schöne Frauen kommen. Selbst wenn die Journalisten nichts über das Restaurant schreiben – die Reklame im Milieu ist unbezahlbar.«

1975 kauft Verger die sanft auf den alten Lorbeeren eingeschlafene Côte d'Or. Er kauft einen Namen, ein altes Gemäuer, einen Mythos und zwei Sterne. Zwei Sterne immerhin. Die Chance für Loiseau, seinen Traum vom Drei-Sterne-Restaurant zu realisieren. Er arbeitet wie ein Verrückter, feuert die Angestellten, die gemächlich im alten Stil weiterschmurgeln wollen, baut sich eine eigene, ehrgeizige Equipe auf, läßt sich scheiden und kauft schließlich auf Pump 1982 Verger das Haus ab. Er fährt morgens um drei die 250 Kilometer zum Großmarkt nach Paris, um beste Ware einzukaufen, und steht um zehn Uhr wieder in der Küche. Er schickt seine Mitarbeiter aus, um die besten lokalen Produzenten zu finden, die auf traditionelle Weise außerordentliche Qualität produzieren. Er weiß, daß man ein Markenzeichen braucht, um mit seiner Küche berühmt zu werden, und lanciert das Markenzeichen »Wasserküche«, weil abgespeckte Küche gerade Mode ist. Aber »Wasserküche« klingt denn doch zu sehr nach fader Diät. Das Markenzeichen wird zurückgezogen. Was er wirklich kocht, ist das gleiche, was auch heute noch den Stil des Hauses ausmacht: geschickt modernisierte Tradition. Loiseau ist kein kulinarischer Überzeugungstäter, sondern ein Mann, der um jeden Preis den Erfolg sucht. Also grenzt er sich von der Nouvelle cuisine ab, die gerade aus der Mode kommt, und setzt wieder auf Tradition, wie es die Zeiten verlangen. Aber auf Tradition mit dem kleinen Unterschied.

Aber die Anstregungen bringen einstweilen wenig Früchte. Die Gäste, die er sucht, fahren nach wie vor an Saulieu vorbei. Sie gehen zu Marc Meneau in Vézelay, der 1983 den dritten

Stern bekommt, zu Lorain, der ihn 1986 erhält, zu Lameloise oder gleich zu Bocuse. Er weiß, wie er sie anlocken kann. Der dritte Stern muß her, damit die verwöhnten Gäste kommen. Und das Haus muß gründlich renoviert werden, damit verwöhnte Gäste eine Unterkunft nach ihrem Geschmack finden. Sein Haus muß Träume bedienen, sonst scheitert es an der Wirklichkeit.

Also beschwatzt er einen Bankier, ihm fünfzehn Millionen Francs zu leihen. Mit den Umsatzzahlen kann er ihn nicht überzeugen, aber mit seiner Persönlichkeit und mit dem Essen, das er für ihn kocht. Er bekommt den Kredit, der mit einer Zukunft abzutragen ist, die noch nicht begonnen hat. Russisches Roulette. Die Küche wird renoviert, die neuen, lichten Speiseräume werden gebaut, die Bar mit dem zu großen Kamin. Neue, luxuriöse Zimmer und Suiten entstehen. Loiseau paßt auf, daß es modern ist, aber nicht so aussieht. »Ich wollte keinen Architekturwettbewerb gewinnen, sondern bauen, was die Gäste wünschen.«

Am 14. März 1991 ist es soweit. Loiseau bekommt den dritten Stern. Der ungeschickte Lehrling, der belächelte Ehrgeizling hat es allen gezeigt. Zum Feiern lädt Loiseau seine ganze Mannschaft zu Bocuse ein. Für einmal bleibt die Côte d'Or, die sonst keinen Ruhetag hat, geschlossen. Bocuse hat »gewichtige Gäste« versprochen. »Wissen Sie, wer die beiden gewichtigen Gäste waren: zwei Elefanten. Bocuse hatte sie aus einem Zirkus ausgeliehen.« Das sind die Scherze der etwas gröberen Art, die Bocuse so liebt. Photographen waren natürlich auch bestellt. Bocuse setzte sich auf den einen Elefanten, Loiseau auf den anderen. Das hat ihm gefallen. Loiseau auf gleicher Höhe wie der bekannteste Name der französischen Küche.

Der dritte Stern brachte den erhofften Zuwachs an Gästen. Mehr als dreißig Prozent waren es. Trotzdem gab es Rückschläge. Die Krise in der Luxusgastronomie am Anfang der neunziger Jahre war auch in Saulieu spürbar. Loiseau entließ mehr als ein Dutzend Angestellte und wußte trotzdem nicht, wie er seine Schulden abzahlen sollte. Ich unterbreche: »Gestern abend waren wir zwölf Personen im Restaurant. Wieviel haben Sie gestern zugesetzt bei Ihren über fünfzig Angestellten?« »Eine vierstellige Summe.« »Wie lange kann man das machen?« »Es gibt auch andere Tage. An den Wochenenden und in der Saison sind wir ausgebucht.« »Wollen Sie kein Bistro eröffnen, um auch der weniger wohlhabenden Kundschaft etwas zu bieten, wie es viele Ihrer Kollegen gemacht haben?« »Ich werde doch nicht Jacques ausziehen, um Paul zu bekleiden. Ein Bistro würde mir die Kunden aus dem Restaurant abziehen. Die Preise müßten niedrig und das kulinarische Niveau hoch sein, weil mein Name auf dem Spiel stünde. Was wäre da zu gewinnen? Nein, wer einen Loiseau haben will, muß auch den Preis dafür bezahlen.«

Ein kurzer Moment des Nachdenkens. Und dann erläutert er zögernd, als wäre ihm bei seinen Gedanken selbst nicht ganz geheuer, seine Vorstellung von der Zukunft der Hochküche: »Es ist nicht so entscheidend, ob in meinem Speisesaal an einem regnerischen Winterabend ein paar Leute mehr oder weniger sitzen. Sicher habe ich lieber alle Tische besetzt. Es ist auch besser für die Gäste, und es motiviert die Köche. Aber entscheidend ist der Name, den ich mir mit dieser Küche hier mache. Die Namen der großen Chefs sind in ganz Frankreich bekannt. Das macht ihr eigentliches Kapital aus, selbst wenn sie es selbst nicht wissen. Mit Drei-Sterne-Restaurants kann man heute nur dann wirklich Geld machen, wenn man das Haus geerbt hat. Fast food bringt mit weniger Einsatz viel mehr Geld. Aber mit dem Namensschild, das keinen Flecken haben darf, wird man ins Fernsehen eingeladen und bezieht ganz ordentliche Honorare für wenig Arbeit. Ich habe jeden Freitag meine Sendung, jeden Sonntag meine Kolumne. Das wiederum hilft, meine Kochbücher zu verkaufen. Mein erstes, »L'Envolée des saveurs«, war mit über sechzigtausend verkauften Exemplaren ein großer Erfolg. Vor ein paar Monaten habe ich ein neues Kochbuch mit einfachen, traditionellen, leicht nachkochbaren Rezepten und praktischen Küchentips herausgebracht. Es steht auf der Bestsellerliste und wird leicht die Schwelle von hunderttausend Exemplaren überschreiten. Dafür, daß ich einer japanischen Gruppe erlaubte, mein Restaurant dort nachzubauen, und meinen Namen dafür gab, habe ich eine halbe Million bekommen. Und sie haben mir alle Bedingungen erfüllt, die ich gestellt habe, damit mein Name nicht durch einen mittelmäßigen Ableger in Verruf kommt.«

»Und die Tütensuppen?« In allen großen französischen Supermärkten finden sich Litertüten der Unilever-Gruppe mit dem Konterfei von Bernard Loiseau, lachend, charmant, gewinnend. Fischsuppe, Gemüsesuppe, Champignonsuppe auf alte Art. Ich habe sie probiert. Richtig schlecht sind sie nicht, aber gewiß auch keine Delikatesse. »Ich habe lange überlegt, ob ich dafür meinen Namen hergeben sollte. Die Ideen stammen von mir, die Realisierung erfolgte durch Lebensmitteltechniker und Lebensmittelchemiker. Ich habe die ersten Proben abgeschmeckt und Verbesserungen durchgesetzt. Aber eine Fabrik ist nun mal kein Sternerestaurant. Doch ich habe mit einem Tag Arbeit bei Unilever mehr Geld verdient als in zehn Jahren mit der Côte d'Or. Stellen Sie sich das mal vor. Mehr Geld als mit der ganzen täglichen Arbeit hier. Die Zukunft der Hochküche wird der Entwicklung in der Haute Couture folgen. Die Gründer der Modehäuser waren ursprünglich kreative Schneider, die von luxuriösen Einzelstücken für reiche Kunden lebten. Wie die Köche lange von exzellenter Arbeit auf höchstem Niveau lebten. Das ist auch heute noch so, aber macht in der Haute Couture doch nur noch einen Bruchteil des Umsatzes aus. Yves Saint-Laurent, Lagerfeld und wie sie alle heißen geben ihren Namen für Prêt-à-porter-Mode, für Parfums, Taschen, Schals, Accessoires. Das bringt das große Geld. Große Köche müssen so wenig am Herd stehen, wie Modeschöpfer selbst schneidern müssen. Sie müssen entwerfen, organisieren und sich selbst gut verkaufen, damit sich die Produkte verkaufen. Das ist die Zukunft der Hochküche, oder sie hat keine. Aber in ihrer Arbeit nachlassen dürfen sie nicht, sonst wird der Name verschlissen, und alles bricht zusammen. Deswegen kämpfen wir hier jeden Tag um die Perfektion, selbst wenn nur zwei Gäste da sind.«

Loiseau, der mit einer Energie und einem Ehrgeiz ohnegleichen alles, aber auch alles dafür getan hat, in den engsten Kreis der Tempelwächter der kulinarischen Heiligtümer aufgenommen zu werden, sieht die Zukunft des Tempels bei den Wucherern und Schacherern. Die Zukunft im Busineß. Tradition als Verkaufsargument. Statt Stilwillen Einfühlung in Kundenwünsche. Erfolg als Kriterium. Loiseau ist gewiß nicht der kreativste unter den großen französischen Köchen der Gegenwart. Auch nicht der intelligenteste und längst nicht der reichste. Aber es kann sein, daß er die Zukunft seines Metiers klarer sieht als die meisten seiner Kollegen.

Der Mann vom Lande als *global player*

Paul Bocuse

"3000 m Paul Bocuse«, dann »1000 m Paul Bocuse«. Man kann das Restaurant des berühmtesten Kochs der Welt kaum verfehlen. Von Lyon aus einfach ein knappes Dutzend Kilometer am rechten Ufer der Saône hinauf. Aber trotzdem bereiten Straßenschilder auf die außerordentliche Begegnung vor. Das erweist sich schließlich auch als nötig, denn das Haus ist ein Schock. Bocuse hat aus dem einfachen Klotz von Landgasthaus – zwei Stockwerke, vier Fenster nach vorn und hinten, zwei zur Seite, Dach drauf, fertig – eine Art großes Bonbon gemacht. Schreiendes Blutrot, sattes Grün, quietschendes Gelb bilden den Untergrund für eine Emblematik von barocker Pracht und kindlicher Einfalt zugleich: mannshoch eine Sonnenuhr, wasserfest gepinselte Teller mit Fisch und Fleisch und Naschwerk, Pyramiden aus Nahrungsmitteln, Hirschköpfe und vor allem immer wieder Gockel, Gockel auf der Fassade und Gockel in Form eines Wetterhahns auf dem Dach, auf dem außerdem riesige Leuchtbuchstaben den Namen des Besitzers abstrahlen. Der Anbau zum Parkplatz hin hat kein Fenster, aber der *trompe-l'œil*-Maler hat ihm eines verpaßt. An diesem Fenster, das keines ist, steht ganz in Farbe der Meister und begrüßt im bekannten imperialen Stil seine Gäste: groß, in weißer Kochjacke und mit der besonders hohen Haube, die er trägt wie eine Krone. Auch er ein Emblem. Ein Bild, kein Fleisch, kein Blut.

Hochküchenrestaurants in zweifelhaftem architektonischen

Ambiente, das ist eher die Regel als die Ausnahme. Aber dieses hier überbietet auf den ersten Blick alles, was die Kollegen so zu bieten haben, eine Geschmackswelt *sui generis*, zugleich kindlich und prätentiös. Der Unterschied ist wohl: Die anderen Drei-Sterne-Restaurants, zumal wenn sie in der Provinz liegen, versuchen Alter, Würde und Authentizität auszustrahlen und schummeln dabei mehr oder minder auffällig. Dieses hier *ist* ein Original, aber es kommt daher wie seine eigene Replik, wie eine Bocuse-Simulation für einen Disney-Park. Alles ist dem Wunsch untergeordnet, Effekt zu machen. Hier wird kein Stil versucht, sondern jeder Stil souverän ignoriert und beliebig erfunden. Und das in einer stillen, ländlichen Region, bestimmt von viel grüner Natur und dem sanften Lauf des Flusses. Das Haus, auf das wir zugehen, dementiert lauthals den Ruf, den die Küche des Hausherrn heute hat: regional inspirierte klassische Hochküche sehr traditionellen Stils. Wer so kocht, wie hier gebaut und dekoriert wurde, müßte tiefgefrorene Pfauenbrust mit Coca-Cola-Sauce servieren. Statt dessen gibt es Seewolf in der Kruste und andere Klassiker. Unklar meldet sich der Gedanke, daß gerade in dieser Diskrepanz zwischen traditionellem Gehalt und schreiender Verpackung eines der Erfolgsgeheimnisse von Bocuse liegen könnte.

Dem Gedanken bleibt keine Zeit, denn uns kommt zur Begrüßung ein Hausangestellter entgegen. Genauer: ein Boy. Noch genauer: ein kleiner, freudlich grinsender Negerboy in roter Zirkusuniform unter rotem Käppi. Als der Geist des Imperialismus sich noch unschuldig wähnen konnte, wurden kleinwüchsige Neger in hohen Häusern gern als Türsteher beschäftigt. Später hat man sie durch hölzerne Nickneger ersetzt, die artig den Kopf neigten, wenn man ihnen ein nicht zu leichtes Geldstück auf die Zunge legte. In meiner Jugend gab es so etwas nicht mehr. Allenfalls den Sarotti-Mohr, den kleinen Schwarzen alljährlich einmal im Zirkus und den aufziehbaren

Spielzeugkoffer auf Rädern, über dem ein roter Blechneger Kunststücke machte, solange die Feder gespannt war.

Auch wer kein Freund von *political correctness* ist, kann die Frage kaum abweisen, ob man so etwas darf, fünfzehn Kilometer von Vaux-en-Velin entfernt, der Lyoner Vorstadt, in der ausgegrenzte Jugendliche aller, vorzugsweise aber der dunkleren Hautfarben die erste große Banlieue-Revolte angezettelt haben. Darf man so etwas, wenn man niemals einen farbigen Kellner einstellen würde, so qualifiziert er auch wäre? (Dunkelhäutige Kellner gibt es meines Wissens in keinem Hochküchenrestaurant. Sie sind im Service so unerwünscht wie Frauen in der Küche.) Natürlich, man darf. Aber was bedeutet es? Ist da die Naivität eines ewigen Kindes am Werk, das sich seine Zirkusträume erfüllt, oder kaiserlicher Habitus von der ignoranten Sorte? Was bitte denkt der Herr von seinen Gästen? Denkt er gar richtig?

Der Weg ins Restaurant führt an der Walhalla vorbei. Der rotbekappte Neger als Führer ins Heiligtum der weißen Männer mit den weißen Hauben – welch ein Gag! Spaß à la Bocuse. Walhalla ist hier eine Galerie of *famous cuisiniers*: Zehn große, sehr farbige, sehr realistische Fresken, die die Geschichte der Kochkunst im 19. und 20. Jahrhundert erzählen, wie Bocuse sie sieht. Das erste ist Antoine Carême gewidmet, Leibkoch Talleyrands und stilprägender Koch der ersten Hälfte des 19. Jahrhunderts. Wir sehen Carême, den Koch, den Kochbuchautor, wir sehen typische Ergebnisse seiner spektakulären Nahrungsmittelarchitektur, wir sehen in Carêmes Küche Kaiser Napoleon mit Joséphine und – in der weißen Kleidung des Kochs – Bernard Pivot. Pivot, Literaturkritiker, ist der Reich-Ranicki des französischen Fernsehens. Er hat die Bildlegenden zu den Walhalla-Fresken verfaßt. Der berühmte Ahnherr der Zunft, der berühmteste Kaiser der Franzosen und der Medienstar. Man sieht übergroß, aus welcher Tradition sich Bocuse in aller Bescheidenheit herleitet und in welche er sich einschreibt.

Auf dem nächsten Fresko eine modernere Küche, im Vordergrund mächtig mit Frau Mado Fernand Point, bei dem Bocuse gelernt hat, im Hintergrund Alexandre Dumaine und Auguste Escoffier. Ein Bild im Bild zeigt de Gaulle im Jahre 1945 mit amerikanischer Flagge: die geistigen und der wirkliche Meister von Bocuse, Point, dessen Vollmenschentum er verehrte, seit er als Lehrjunge dem Chef seine täglichen sechs Flaschen Champagner in der Küche servierte und dabei für sich selbst listig auch ein paar Tropfen abzwackte. Ihn hat Bocuse an Bekanntheit mittlerweile weit übertroffen und mit der von de Gaulle gleichgezogen, dem französischen Kaiser seiner Zeit. Dann ein Fresko, in dessen Mittelpunkt die Lyoner Mère Brazier steht, bei der Bocuse gleichfalls einen Teil seiner Lehrzeit absolvierte. Vater und Mutter. Auf dem nächsten Fresko die Brüder. Ein Schwenk zurück in Fernand Points Küche mit vier seiner bekanntesten Schüler im Vordergrund, die alle zu ihrer Zeit einem Drei-Sterne-Restaurant vorstanden: François Bise (Père Bise in Talloires am Lac d'Annecy, unterdes teures Mittelmaß), Jacques Pic (Pic in Valence, das den dritten Stern verloren hat), Jean Troisgros und Alain Chapel. Als Bild im Bild ein gemalter Schwarzweißfernseher mit dem Gesicht von Raymond Oliver, der die ersten zwanzig Jahre lang *der* französische Fernsehkoch war. Heutige Kochkunst, das wissen alle diese Fresken, ist Handwerk plus Mediatisierung, sei es durch Pivot oder Oliver. Die beiden nächsten zeigen denn auch thematisch wie ikonographisch (gemalte Scheinwerfer und Fernsehkameras) die globale Mediatisierung der französischen Küche: durch James Beard und Julia Child in den USA, durch Shizuo Tsuji in Japan. Nachdem der Blick aus der Tiefe der Geschichte in die Weite globalen Löffelspiels ging, wird er anschließend wieder auf Collonges-au-Mont-d'Or fokussiert.

Wir sehen Roger Jaloux, Jean Fleury und Christian Bouvarel, die drei »Leutnants« von Bocuse, die in seiner Abwesenheit die Küche leiten, sowie Alfred Hocdée und François Pipala, seine langjährigen Maîtres d'Hôtel, wir sehen Bocuses wirkliche Eltern, Bobosse, seinen Gärtner, Yann Eon, den Sommelier, und dann schließlich als Schlußpunkt dieser großflächigen Erzählung den Meister selbst in imperialer Pose, Arme auf der Brust gekreuzt, eingerahmt von Frau Raymonde, Tochter Françoise und einem wenig kaiserlichen Schoßhündchen mit vielen Haaren. Die Geschichte nach Bocuse, gesponsert unter anderem von Bayer, von Hoechst/Frankreich, von Roche und der Elektrizitätsgesellschaft EDF. Teure, ästhetisch unsägliche, hyperrealistische Malkunst im Dienste der Selbstverewigung. So ridikül, daß man sich fragt, ob der Auftraggeber es ganz ernst meinte oder ob der Kaiser gab, was man vom Kaiser erwartet, und den Privatmann Bocuse dahinter versteckte.

Das genau war mein Eindruck von Bocuse bei früheren Besuchen gewesen: unfaßbar. Einerseits ein bodenständiger Bauer mit zerfurchtem Kürbisgesicht und dem listigen, immer in zwei verschiedene Richtungen gehenden Blick eines Mannes vom Lande. Monsieur Paul, der Mann vom Lande, Monsieur Paul mit Baskenmütze und Gummistiefeln, Monsieur Bocuse mit unbestreitbarer Autorität, mit Ernst und Überblick. Das war der Paul Bocuse, den Alain Chapel schätzte, mit dem er gelegentlich angeln ging. Andererseits Paul, der Clown, der Selbstdarsteller, der lärmende Späßemacher. Jeder, der ihn kennt, weiß Bubenstreiche von ihm zu erzählen. Von einem besonders hübschen hatte mir Troisgros berichtet: Paul Lacombe, der Chef von Léon de Lyon, dem besten Restaurant von Lyon, war stolz darauf, daß sich bei ihm der englische Transportminister mit zwanzig Personen zum Essen angemeldet hatte. Bocuse rief ihn an und verriet ihm unter dem Siegel der Verschwiegenheit, daß der Minister gar kein Minister sei, sondern ein von den Troisgros' angeheuerter Schauspieler mit englischem Akzent, der sich mit seinen Freunden den Bauch vollschlagen und dann die Zeche prellen wolle. Es handele sich um eine großangelegte Revanche für einen Streich, den Lacombe und Bocuse den Troisgros' gespielt hatten. Lacombe bedankte sich herzlich für den vertraulichen Tip. Als der Minister kam und sich vorstellte, schlug ihm Lacombe auf den Bauch und sagte: »Wenn du Minister bist, dann bin ich Paul VI. Geh mit deinen Jungs woanders saufen und sag dem Troisgros, mich kann er nicht reinlegen.« Das sind Geschichten, die Bocuse gefallen.

Selbst Bocuses berühmtestes Gericht, die Trüffelsuppe Valéry Giscard d'Estaing, ist eigentlich ein materialisierter Wortwitz. Er entwickelte diese tausendfach imitierte und Tag für Tag im eigenen Haus im großen Topf geköchelte Suppe 1975 für ein Essen im Elysée-Palast, das der damalige Staatspräsident anläßlich der Verleihung des Ordens des Ritters der Ehrenlegion an den Koch der Nation gab. Sie besteht, vereinfacht gesagt, aus einer aufwendig nach den Regeln der Kunst hergestellten klaren Ochsenschwanzsuppe, in der winzige Fleischwürfel und viele große schwarze Trüffelscheiben schwimmen. Bocuse füllt sie in kleine, eigens angefertigte Terrinen, die oben mit einer Schicht Blätterteig abgedeckt werden. Der Blätterteig geht beim Überbacken auf und bildet einen appetitlichen braunen Deckel über der Suppe, hält sie warm und versteckt sie zugleich bis zum ersten Löffelstich. Eine Art kulinarisches Überraschungsei für große Kinder, kulinarisch einfach, symbolisch reich (die Trüffel) und psychologisch raffiniert. Um mit dem Löffel an die Suppe zu gelangen, muß man die Kruste durchbrechen. »Die Kruste brechen« (casser la croûte) sagt man im populären Französisch, wenn man mit guten Freunden oder Arbeitskollegen ein einfaches, kaltes Mahl einnimmt – eine Formulierung, die sich ursprünglich auf das Teilen der Brotrinde bezieht. Monsieur Paul, das Schlitzohr, spielt mit der Sprache, mit der Küche, mit dem Präsidenten und vor allem mit seiner Rolle: Einerseits erfüllt er perfekt die angestammte Rolle des Kochs. Er kocht für den adeligen Herrn des Landes, obgleich er doch an diesem Tag der Geehrte ist, und er widmet seine Kreation dem Präsidenten. Trüffelsuppe V. G. E. Er positioniert sich also als Dominierter. Andererseits richtet er es so ein, daß der Präsident die »Rinde« mit ihm brechen muß. Diejenigen, die miteinander die Rinde brechen, sind aber, so will es die Sprache, gleichsam automatisch Kumpel, sie sind gleichgestellt, das Verhältnis von Dominierenden und Dominierten aufgehoben. Es gibt kein besseres Sinnbild für das, was Bocuse in der Geschichte der Kochkunst repräsentiert: Der nach Stand, Tätigkeit und Herkunft gesehen unter die Bediensteten zu reihende Koch erhebt sich durch die Qualität seiner Arbeit, vor allem aber durch seinen eulenspiegelhaften Witz neben die Herrschaft und überbietet sie schließlich. Bocuse ist jetzt schon bekannter als Giscard d'Estaing, der Expräsident. (Wußten Sie, daß der noch lebt?) Der Volkskaiser überlebt den Präsidenten. Der Mann aus dem Volk schlägt den Mann von der Eliteschule. So etwas kann nur Bocuse inszenieren. So etwas gefällt dem französischen Publikum, dessen politische Herren bekanntlich durch große symbolische Distanz vom Volk getrennt sind. Mit Bocuse kann man sich identifizieren, selbst wenn man sich sein Restaurant nicht leisten kann. Für die Dominierten einer von ihnen, der es geschafft hat; für die Dominierenden ein Koch, der trotz allen Schalks weiß, wo sein Platz ist – Bocuse kann *everybody's darling* sein. In Deutschland vermag kein Koch eine ähnliche Rolle zu spielen, denn die Rolle wird nicht vergeben. Hier gelten Köche als Angestellte mit ungünstigen Arbeitszeiten oder als Unternehmer in der Luxusbranche. Keine dieser Rollen vermag alle Schichten der Nation zur Identifizierung einzuladen. In

Deutschland heißt der Volkskaiser deshalb Franz Beckenbauer und ist ein Fußballspieler.

»Herr Bocuse ist leider noch unterwegs und kann Sie nicht empfangen. Es tut ihm ganz außerordentlich leid.« Der Maître d'Hôtel am Eingang des Restaurants, bei dem uns unser schwarz-roter Boy abliefert, ist distinguiert schwarz-weiß und von ausgesuchter Höflichkeit. Überhaupt ist das Personal hier zahlreich und die Arbeit der Kellner wohlorchestriert. Ich merke, daß ich nicht so enttäuscht bin, wie ich eigentlich hätte sein müssen. Schließlich war ich nicht nur zum Essen hergekommen, sondern auch wegen eines Gesprächs. Vermutlich ist der Kaiser noch am Strand, ohne Kleider womöglich. Wer sagt schon, daß der Kaiser ohne Kleider ist? Ich war mir wohl schon vorher sicher gewesen, daß ich ihm auch diesmal nicht auf die Schliche kommen würde. Wie beim letzten Mal. Da hatte er auf alle Fragen eine präfabrizierte Antwort, bei der der Platz für das Lachen schon einkalkuliert war wie bei amerikanischen Komödien. Und wenn man ihm ernsthaft kam, dann antwortete er auch ernsthaft. Wie es Euch gefällt. »Fragen Sie, ich sage Ihnen alles, was Sie wollen«, hatte er damals gesagt. Heiner Müller, auch er ein ebenso geschickter wie ungreifbarer Interviewpartner, hat mir einmal erklärt: »Je nachdem, wer mich was fragt, werde ich ein anderer. Was gehen mich meine Antworten von gestern an?« Die Oberfläche, die Dienstbarkeit gegenüber den Medien als Schutz einer privaten Identität, die niemanden etwas angeht? Oder *war* er einfach diese Oberfläche? Der Mann vom Lande, universell verfügbar? Der Ausverkäufer einer Tradition? Der postmoderne Koch? Wenn man es wissen wollte, müßte man irgend etwas Ernsthaftes mit ihm machen. Angeln, jagen, um die gleiche Frau werben. Vielleicht sogar kochen, wenn keine Kamera in der Nähe ist. Und selbst dann... Der Maître d'Hôtel hat zum Trost eine dicke Pressemappe mit Artikeln und Interviews vorbereitet. Biographie, Karriere, kulinarische Vorlieben, Reisen, Küchenstil, die Zukunft der französischen Küche, französische Küche und Europa – alles, was man fragen könnte, ist schon einmal gefragt worden. Dazu Photos. Dazu Hochglanzkarten mit den Walhalla-Bildern. Das Ganze in einer großen Tragetasche, auf die Hunderte von kleinen Bocuse-Abbildungen in der imperialen Pose gedruckt sind. »Meine Gäste wollen das«, hat er in einem Interview dazu gesagt. Verblüffend ist, daß alle großen nationalen Tageszeitungen mit umfangreichen Artikeln vertreten sind. In »Le Monde« vom 5. April 1990 bildet zum Beispiel ein über mehrere Seiten reichender Bocuse-Artikel den Aufmacher des Wirtschaftsteils. »Besichtigung eines Denkmals« lautet der Untertitel. Man stelle sich vor, die »FAZ« würde mit einem Artikel über – sagen wir – Harald Wohlfahrt den Wirtschaftsteil aufmachen ...

In der Bar, wo ich meine Überraschungstüte mit Bocuse-Devotionalien auspacke, hängen großartige Schwarzweißphotos von Fernand Point, seiner Familie, seiner Brigade. Der Geist der dreißiger Jahre in Frankreich, mit genauem Blick eingefangen. Bocuse hängt sich alles an die Wand, notfalls auch Geschmackvolles. Anything goes. Das war es dann aber auch schon in dieser Kategorie. Der Gang durch das noch unbesetzte Restaurant erzeugt wieder ein Gefühl wie früher die Geisterbahn auf dem Rummelplatz: Man weiß nicht, ob man erschrecken oder ob man lachen soll. Wandbespannung aus kardinalroter Seide mit allerlei Mustern gibt der Angelegenheit eine lastende Würde, der goldene Ventilator an der Decke läßt eher an Ricks als an Pauls Restaurant denken, die kassettierte Decke liebt Goldtöne, ein großer silberner Fisch reckt die Schwanzflosse in die Höhe, um einen Weinkühler zu stemmen, die Uhr ist aus dem Biedermeier, und die hölzerne Anrichte mit geschnitzten Löwenköpfen ähnelt aufs Haar derjenigen, die uns unsere gute Tante Marie hinterlassen hat, als sie ins Altersheim ging. Kein Antiquar unserer Region wollte auch nur für die Transportkosten aufkommen. Aber weiße Tischdecken, feines Glas, vielerlei Silberzeug, erwartungsvolle Gäste und würdige Kellner werden später auch diesen Speiseraum erträglich machen. Immerhin sind die wuchtigen Sessel bequem. Übrigens hängen auch viele Bilder. Die meisten zeigen Bocuse in Herrscherpose. Bocuse in Herrscherpose säumt auch die Tellerränder. Seine Gäste wollen das, hat er gesagt. Er hat auch gesagt, das meiste, was hier herumstehe, habe er auf dem Trödelmarkt an der Place Stalingrad gekauft. Ein Witz? Die Wahrheit? Die Wahrheit als Witz?

Es wäre schön, wenn man in der Küche essen dürfte. Die Küche ist weitläufig, über mehrere Räume verteilt, hell, ohne Schnickschnack. Vom Arbeitsplatz des Kochs versteht Bocuse etwas. Und er ist zwar Choleriker, aber kein Tyrann. Seine Angestellten lieben ihn. Hier werden selten Arbeitsplätze frei. »Sind die mechanischen Orgeln noch im Keller?« »O nein, die stehen jetzt in der Abbaye. Das ist unser Haus für größere Empfänge. Wollen Sie es besichtigen? Wir haben noch genügend Zeit bis zum Essen. Ein Kellner wird Sie hinfahren.« Ich will gern und bin erleichtert, daß es nicht der Negerboy ist, der mich fährt. Man weiß nie, wo man Bekannte aus der Heimat trifft. Abbaye heißt Abtei oder Kloster, aber diese Abtei hat eher etwas von Neuschwanstein auf französisch-ländlich. Ein festes, hohes Gittertor, dahinter ein Lieferwagen, natürlich mit aufgespritztem Bocuse in Kaiserhaltung. Ich weiß, die Kunden wollen das. Der Hauseingang aus mächtigen Balken. Und dann ein turnhallengroßer, hoher Raum, der einmalig auf der Welt sein dürfte. Die Wände kassettiert, fein rot und gold bemalt auf gelblich-weißem Grund. So wie ganz alte Kinderkarussells, als die Pferde noch aus Holz und nicht aus Plastik waren. Oder wie ein alter Zirkus. Nur quadratisch und ohne Manege. Aber gigantisch. Natürlich glühen auf Knopfdruck

Tausende von Birnen, natürlich wird das Licht von Spiegelkugeln vervielfacht, natürlich verbergen schwere rot-samtene Vorhänge mit goldenen Kanten den nächsten Auftritt. Eine Art quadratischer Winterzirkus. In den Kassettenfüllungen entweder realistische Gemälde der umliegenden Landschaft (Fischer auf der Saône etc.) oder mit roter Schrift die Namen von berühmten Köchen aus aller Herren Länder. Die Namen vieler Köche mit vielerlei Stilen. Im Zirkus Bocuse haben sie alle ihren Platz, der konservativste und der innovativste. Bocuse ist unterdes ein Denkmal, kein Führer einer bestimmten Richtung der französischen Hochküche mehr. Vielleicht hat auch das zu seiner Rolle des Primus unter den Köchen beigetragen: seine neidlose Integrationsfähigkeit aller Richtungen und Stile.

Die Prunkstücke des großen, leeren Raumes (»Sie müssen sich den Saal mit hundert eingedeckten Tischen, mit ein paar Hundert Gästen vorstellen – das macht erst die Festatmosphäre«) sind mechanische Orgeln. Eine kleinere, auf der sich zum Beispiel ein Baskenmützenmann mit einem gemütlichen Neger zeigt, die zusammen mechanischen Jazz machen, aber auch sehr große. Vielmehr – Bocuse ist Bocuse – die größte mechanische Gaudin-Orgel überhaupt. Das Ding funktioniert so wie früher Kirmesorgeln, ist aber so groß wie ein Eisenbahnwaggon. Es soll, so der Kellner, einem Orchster von hundertzehn Personen entsprechen, dreiundzwanzig Automaten, achthundertvierzig Röhren, achtzig Trompeten, zwei Trommeln, ein Xylophon und ein Metallophon enthalten. Dann stellt er es an. Es ertönt ein infernalischer, metallischer Lärm, der durch die leere Halle braust wie die Fanfaren des Jüngsten Gerichts. Gerade bei Hochzeiten, so brüllt mir der Kellner ins Ohr, werde dieser Marsch immer wieder gern gewählt. Das Hochzeitspaar schreite dazu langsam die breite Treppe hinunter. Wie bei der Fernsehshow Samstagabend im Ersten. Bocuse-Kunst: realisierte Kinderträume, aber ganz groß, ganz teuer, nach immer wiederkehrender Partitur mechanisch wiederholbar. Vor allem immer sehr laut. Was Bocuse macht, kann man nicht überhören und nicht übersehen. Und er schafft es, seine Träume zu vermarkten. Die Winterwochenenden in der Abbaye sind weitgehend ausgebucht. Chapel, der zwanzig Kilometer von hier kochte, liebte klassische Kammermusik. Schmeckt man so etwas? Jedenfalls kann man sich vorstellen, daß sich der Stil von Bocuse im Ausland gut verkaufen ließ. Bocuse betreibt zusammen mit Vergé und dem Feinbäcker Lenôtre ein Restaurant nahe dem Disneyland von Epcot/Florida, das mehr als dreitausend Essen am Tag herstellt, Bocuse ist mit eigenen Restaurants in Japan und in Melbourne präsent. Auf dem globalen Rummelplatz spielt Bocuse den europäischen Part. Keiner eignet sich dazu so wie er.

Dabei reichen seine Wurzeln tief in den Boden hier an der Brücke von Collonges, die nun auch nach ihm benannt ist. Seit 1765, so behauptet Bocuse, hätten seine Vorfahren in Collonges ihre Gäste bewirtet. Natürlich standen zunächst die Frauen am Herd, ebenso wie bei den Blancs oder den Haeberlins. Sie kochten für die Saône-Fischer oder für die Bauern, die ihr Korn zur Mühle brachten. Mit Großvater Joseph ging die Küche in die Männerhände über. Vater Georges lernte am Ende des Ersten Weltkrieges in den ersten Häusern die Grundlagen der klassischen Grande cuisine, im Hôtel de Paris von Monte Carlo zum Beispiel, im Impérial von Menton, im Royal von Evian. Einer der anderen Lehrlinge hieß Fernand Point. Die Mutter kam auch aus der Gastronomie. Ihren Eltern gehörte das Hôtel du Pont, in dem heute das Restaurant Paul Bocuse untergebracht ist. Klein-Paul wurde 1926 sozusagen in die Küche hineingeboren. Im Alter von acht Jahren soll er schon Kalbsnieren in Madeirasauce zubereitet haben. Familienmythen. Und dann kamen die großen und kleinen Katastrophen, die Paul vom vorgezeichneten geraden Weg in die Küche des Vaters abdrängen wollten. Aufgrund eines Familienzwists (nichts Genaues weiß man nicht) verkaufte der Großvater das Haus, das Grundstück und den Namen Bocuse. Vater Georges arbeitete in fremden Küchen und übernahm schließlich das Haus des Schwiegervaters an der Brücke. Aber nicht für lange. 1939 begann der Krieg. Georges wurde eingezogen und 1940 demobilisiert, die Saône-Brücken bei Collonges, wichtig für die Verbindung des Ortes mit Lyon, fielen einem Bombardement zum Opfer. Das Restaurant du Pont de Collonges schloß bis 1952.

Jetzt ging es darum, sich durchzuschlagen. Darin waren Vater und Sohn Bocuse offenbar ziemlich findig. Sie jagten, was ihnen vor die Flinte kam, Wildenten, Wildhasen, Kaninchen, Drosseln. Vor allem aber fischten sie in der Saône. Mit Angel, Netz und Reuse luchsten sie der Natur ab, was die damals noch so reichlich zu bieten hatte. Dazu die Pilze und Beeren aus dem Wald, die Kartoffeln über offenem Feuer – Bocuse lernte die kulinarischen Produkte seiner Heimat auf eine Weise kennen, die heute kein Koch mehr lernen muß. Die Schule spielte neben dieser Schule des Lebens keine ernsthafte Rolle. Vater hatte ein Einsehen und gab Paul in die Lehre. Als die Dienstverpflichtung nach Deutschland drohte, versteckte er sich im Gegensatz zu vielen seiner Kameraden, die häufig in die Vichy-Miliz eintraten. Nach der alliierten Landung in der Normandie schloß sich der junge Bocuse der ersten Division des Freien Frankreich an, wurde im Elsaß im Kampf gegen die Wehrmacht verletzt. Bluttransfusionen in einem amerikanischen Militärhospital retteten ihm das Leben. Er habe seither amerikanisches Blut in den Adern, pflegt Bocuse gern in Interviews zu sagen. Da hat er in einem einigermaßen platten Witz – listig? versehentlich? – viel über sich verraten: ein Erzfranzose, dem Amerika im Blut liegt. Denn erzfranzösisch ist nicht nur die Strategie der »débrouillage«, des Sich-Durchschlagens auf eigene Faust. Erzfranzösisch ist die Schwäche für die Jagd, an deren Folgen keine französische Regierung etwas zu ändern wagt, erzfranzösisch ist immmer noch der Angler, der geduldig mit seiner Rute selbst verschmutzten Flüssen noch einen kleinen Fang abzugewinnen versucht. Vor allem aber gehört der Widerstand gegen die Deutschen zum Selbstbild von Nachkriegsfrankreich, mag er manchmal auch nur ein Mythos gewesen sein. Ein Typ, der sich in schlechten Zeiten glänzend durchzuschlagen versteht, kein Held, aber vor allem kein Kollaborateur, und dann zur rechten Zeit mutig auf der richtigen Seite – eine Populärausgabe von de Gaulle sozusagen. So einer kann schon eine nationale Identifikationsfigur abgeben, wenn er in der populären Nationalkunst brilliert. Listig wie Schweijk verstand er aber de Gaulle schließlich ebenso zu überbieten, wie er Giscard d'Estaing überbot. De Gaulle hatte bekanntlich seine ökonomischen, politischen und kulturellen Schwierigkeiten mit den USA. Amerikanische Politik war ihm ebenso zuwider wie amerikanische Kultur. Die US-Amerikaner haben es ihm dadurch vergolten, daß sie ihm selbst und seinem stolzen Land zeigten, daß es nicht mehr zu den allermächtigsten gehörte und ökonomisch abhängig war. Bocuse hingegen, der nicht auf lothringer, auf lyonnaiser Blut in seinen Adern bestand, sondern dessen Herz wegen der amerikanischen Blutkonserven rechtzeitig für Amerika schlug, schaffte souverän, was de Gaulle-Frankreich nicht gelang: Frankreich in Amerika zu vermarkten, und zwar fast so erfolgreich, wie die Brüder McDonald amerikanische Küche im puristischen Frankreich verkauften. Puristen könnten sagen, er habe vermarktet, was so französisch nicht mehr war. Puristen könnten sagen, sein erfolgreicher Verkauf sei Ausverkauf gewesen. Sie hätten so unrecht nicht. Aber Bocuse könnte mit ebensolchem Recht entgegnen, er habe nur seine Kinderträume angeboten, und die hätten die Amerikaner halt gemocht. Und dann könnte er hinzufügen, daß sein Weg doch derjenige sei, den auch die französische Ökonomie gehen mußte und schließlich ging, der Weg der Integration in einen globalen Markt. Ein richtiger Franzose, der sich souverän im globalen Dorf behauptet – das ist Bocuse. Ein Nationalheld.

Das kann er sein, weil sein Erfolg keineswegs nur auf seinem Zirkustalent beruht. Bocuse ist zuallererst Handwerker im allerhärtesten Handwerk, das sich ein junger Mann wählen kann. Nach der Rückkehr aus dem Krieg bewarb er sich bei der Mère Brazier in Lyon. Sie stellte ihn ein, weil er es geschafft hatte, mit dem Rad zu ihr auf den Berg hinaufzufahren. Bocuse zählte weder die Arbeitsstunden, noch klagte er darüber, wenn er als Kochlehrling Schweine schlachten, den Garten richten, waschen, bügeln oder Kohlesäcke schleppen mußte. Dann die Zeit bei Point. Bei der Bewerbung kein Wort darüber, daß sein Vater früher mit Point gearbeitet hatte. Aus eigener Kraft soll der Erfolg kommen. Point muß bald erkannt haben, daß das ein junger Mann aus seinem Holz war. Manchmal währte die Nacht nur drei Stunden. Geschichten aus einer anderen Zeit, die die Alten den Jungen nicht mehr zu erzählen wagen. Point vermittelte den begabten Schüler nach Paris, ins Lucas-Carton, heute das Haus von Senderens. Bocuse war ein Fremder in der Hauptstadt. Aber er lernte. Und er lernte Jean Troisgros kennen. Die zünftige Welt der Hochküche war klein und ist es immer noch. Jedenfalls ist Bocuse zuallererst stolz auf seine Handwerkskunst. Die Auszeichnung, die ihm unter allen Auszeichnungen immer am meisten bedeutet hat, war die des Meilleur ouvrier de France, des besten französischen Arbeiters, die er 1961 erwarb, im Jahr seines ersten Michelin-Sterns. Das ist ein Titel, der alljährlich vom zuständigen Ministerium an den Besten der jeweiligen Zunft vergeben wird. Als die angesehenste, die härteste Zunft gilt die der Köche. Den besten Koch ermittelt man durch öffentliche Wettbewerbe, bei denen die Kandidaten vorkochen müssen. Bocuse war MOF, die drei Küchenchefs, die ihn vertreten, waren MOFs, und seine beiden Maîtres d'Hôtel waren gleichfalls irgendwann die Besten ihres Jahrgangs.

Der beste (junge) Koch Frankreichs war freilich immer noch nicht im Besitz des Erbes, das der Großvater verkauft hatte. Weder gehörte ihm das Haus der väterlichen Familie noch – schlimmer – der eigene Name. Bocuse übernahm kurzzeitig ein Restaurant in den Alpen, in Megève, bewirtete dort als künftiger französischer Star einen anderen künftigen französischen Star – Brigitte Bardot – und überlebte auch deren Ruhm. Der Stachel, der ihm im Fleisch saß, war der verlorene Name des Vaters. Der Moment, als er ihn mit Hilfe von 32 Millionen alter Francs, die ihm Freunde in Zeitungspapier als Kredit ins Haus trugen, endlich zurückkaufen konnte, war einer der wichtigsten in seinem Leben. Später, als er – schon weltberühmt – sagen sollte, sagen durfte, was denn das Besondere seiner Generation von Spitzenköchen ausmache, da nannte er keinen kulinarischen Stil, sondern er nannte stolz an erster Stelle die Tatsache, daß die Köche seiner Generation keine Dienstboten mehr waren, sondern Besitzer ihrer Häuser. Man muß, um die Bedeutung des Rückkaufs des eigenen Namens zu verstehen, nicht unbedingt auf Lacans Theorie vom Namen des Vaters zurückgreifen, der zuallererst Identität stiftet. Für Bocuse war es vor allem eine Geschichte des Patrimoine, des elterlichen Besitzes. In keinem west- und mitteleuropäischen Volk spielt das Eigene, der persönliche Kleinbesitz, eine größere Rolle als in Frankreich. Bocuse mußte sich seinen Namen erst erwerben – auch das ist eine gewichtige Voraussetzung für seine Rolle als populärer Kaiser der Franzosen. 1962 erhielt er den zweiten Stern, 1965 als erster seiner Generation den dritten. Die Auberge du Pont de Collonges konnte endlich

»Paul Bocuse« heißen. Heute werden die meisten Spitzenrestaurants auf den Namen des Kochs getauft, der für ihre Berühmtheit sorgt. Am Anfang dieser Tendenz stand der verkaufte und wiedererworbene Name Bocuse.

Überhaupt war Bocuse in den sechziger Jahren ein Neuerer, der frischen Wind in die erstarrte Welt der Hochküche brachte. Die neue Zeit hatte ihren Küchenstil noch nicht gefunden. Die fünfziger Jahre holten mit vollen Tellern und altem Pomp nach, was während der Kriegsjahre entbehrt werden mußte. Hunger ist nicht der kreativste Koch. Paul Bocuse, der erste seiner Generation, der sich drei Sterne erkochte, setzte weniger eine neue Küche als einen neuen Stil der Spitzenrestaurants durch. Der Chef zum Anfassen, der aus der Küche kommt, um mit den Gästen zu reden – das war er. Die *amuse-gueules*, die kleinen Appetithäppchen, die die Wartezeit bis zum ersten Gang überbrücken sollen – das war er. Der Nachtischwagen mit den süßen Kinderträumen in nie gekannten Massen – das war er. Die Küche selbst war hingegen keineswegs revolutionär. Sein Seewolf in der Kruste mit Hummermousse und Sauce Choron hätte auch Escoffier gefallen, das Bresse-Huhn in der Blase oder am Spieß hätte auch Point servieren lassen. Das Programm der Neuen Küche kam nicht von Bocuse, sondern von Henri Gault und Christian Millau. Den typischen Stil der Neuen Küche entwickelten praktisch Alain Senderens und Michel Guérard. Aber ihr großer Kommunikator wurde Bocuse. Bald galt er als Küchenrevolutionär – ein groteskes Mißverständnis. Aber Bocuse machte alles mit, wenn es nur interessant und erfolgreich war. Erfolg beruht häufig auf Mißverständnissen. Er »kam gut« im Fernsehen. Er ließ sich von Gault & Millau zu einer PR-Tournee durch die USA überreden, bestieg bei dieser Gelegenheit im Alter von über vierzig Jahren zum erstenmal ein Flugzeug und briet anschließend ebenso willig wie augenzwinkernd amerikanischen

Millionären Hamburger mit Gänseleber. Er hat rasch Geschmack gefunden am Fliegen. Fliegen ist ja auch ein Kindertraum. Die nächste Tournee führte durch Japan. Zurück blieben sechzehn Läden, die Bocuses Namen führten, und eine Hotelfachschule, die mittlerweile Tausende von Schülern in den Techniken der französischen Küche ausgebildet hat. Bocuse verkaufte den Generationswechsel in der Hochküche nach außen und schaffte es mit seinem gesunden Menschenverstand, seiner guten Laune und seiner neidlosen Großherzigkeit, den Haufen von individualistischen, neidischen, konkurrierenden, eitlen Küchenstars im Inneren um seine Person zu gruppieren. Wie ein guter Kaiser die konkurrierenden Fürsten. Alle wußten, daß er weder der Kreativste noch der Klügste war, aber sie wußten auch, daß keiner die Rolle des Anführers so gut spielen konnte wie er.

Als die Zeit genug hatte von Küchen- und anderen Kulturrevolutionen, sagte sich Bocuse öffentlich los von der Küche, als deren Repräsentant er weltbekannt geworden war. »Nouvelle cuisine – kenne ich nicht.« Er kritisierte die Ikebana-Teller mit Diätgemüse, die Karottenpürees, die mit dem Rasiermesser viergeteilten Erbschen, das geschnetzelte Fleisch ohne Saft und Knochen, die gedünsteten Fischfilets ohne Haut und Gräten, die schalen Saucen, die dekorativen, aber wäßrigen Kiwis, die kleinen Portionen und die großen Rechnungen. So müssen Menschen sein, die lange an der Macht bleiben wollen, seien es Politiker oder Köche. Sie müssen jeweils dem Zeitgeist das Wort führen, ohne sich um ihr dummes Geschwätz von gestern zu scheren. Bocuse blieb Kaiser, nur das Programm hatte sich geändert. Die Zeitungen hatten die Neuigkeit, die sie brauchten, und das Publikum wurde in dem bestätigt, was es in Küchendingen ohnehin dachte: Es soll schmecken wie bei Muttern, nur besser.

Die Wende, die Bocuse vollzog, ist ihm gewiß nicht schwergefallen. Es war eine Wende zum ureigensten Stil, zu »Wein, Sahne, Butter und anderen Gemüsen«, wie er zu sagen pflegt, eine Wende zu ländlichen Produkten der Saison. »Küche des Marktes« hieß nun das Schlagwort. Unter diesem Titel publizierte Bocuse ein dickes Kochbuch, das in vielen Ländern zum Bestseller wurde. Ich bin sicher, daß es viele Käufer, aber nur wenige Benutzer gefunden hat, denn im Prinzip ist es immer noch aufgebaut wie Escoffiers »Ma Cuisine«, also auf Restaurantküchenorganisation und nicht auf Amateure berechnet. Aber Bocuse ist nicht von der Art derer, die sich deshalb graue Haare wachsen lassen.

Die achtziger und neunziger sind die Jahre, in denen der Kaiser sein Reich abrundet und an der Zukunft der Kochkunst wie der seines Landes mit einer Energie und Ernsthaftigkeit arbeitet, die in seltsamem Kontrast zum clownesken Auftreten steht. Als sich abzeichnete, daß die Zukunft der französischen Küche, der französischen Agrarindustrie wesentlich von Europa abhängen würde, ließ sich Bocuse zum Präsidenten von »Eurotoques« (Toque ist das französische Wort für Kochhaube) wählen, einem Verein, der die Interessen der Hochküche in Brüssel vertreten soll. Unterdes hat er über dreitausend Mitglieder aus mehr als zwanzig europäischen Ländern. Kampf gegen die Windmühlenflügel der Geschichte war Bocuses Sache nie, lieber benutzt er die Windenergie für seine Zwecke. Und wo kein Wind ist, da wird er gemacht. 1987 erfand er den Wettbewerb um den »Bocuse d'Or«, um den Goldenen Bocuse. Einer internationalen Gastromesse, die alljährlich in Lyon stattfindet, sollte zusätzliche publizistische Aufmerksamkeit verschafft werden. César wurde mit der Verfertigung einer Siegertrophäe beauftragt, fünfzehntausend Dollar (!) wurden für den Sieger ausgelobt, eine hochkarätig besetzte Jury zusammengestellt. Der Rest war PR-Arbeit, die mit dem Namen Bocuse ein Kinderspiel ist. Es kamen Wettbewerber aus zweiundzwanzig Ländern, dreihundertdreißig Journalisten wurden akkreditiert, sechsundzwanzig Fernsehanstalten nahmen auf, wie die Kandidaten mit dem Bresse-Huhn umgingen. Wer gewonnen hat, braucht sich um seine Zukunft, jedenfalls um seinen Namen nicht mehr zu sorgen.

Ein besonderes Vergnügen muß es Bocuse gemacht haben, als Jack Lang, der damalige französische Kultusminister, ihm die Präsidentschaft der daniederliegenden Hotelfachschule in Ecully bei Lyon antrug. Er akzeptierte, »obwohl ich dort nicht aufgenommen würde, weil ich kein Abitur habe«. Er gab aber nicht nur seinen Namen, sondern nutzte vor allem seine Verbindungen, um die fünf Millionen Mark aufzutreiben, die notwendig waren, um einen dreijährigen, praxisbezogenen Studiengang für zweihundertfünfzig künftige Köche, Kellner und Hotelmanager ins Werk zu setzen. »Die französische Küche hat weltweit ihren unbestrittenen Führungsplatz verloren. Eine gute Ausbildung ist die beste Investition in die Zukunft unseres Handwerks.«

Das letzte große Projekt, das Bocuse realisierte, waren seine Bistros in Lyon. Er hat länger als seine Kollegen gezögert, seinen Namen mit einem Bistro zu verbinden. Das Risiko dabei ist, dem eigenen Hochpreisrestaurant die Gäste abzuziehen. Deswegen gibt es auch in Collonges kein Bocuse-Bistro. Aber im nahen Lyon. Und wenn Bocuse sich einmal zu etwas entschließt, dann wird geklotzt statt gekleckert. Also nicht ein Bistro, sondern gleich vier »Le Nord«, »Le Sud« und »L'Est«. Das Lokal für die vierte Himmelsrichtung wartet noch auf die Eröffnung. Die Namen sind Programm: bezahlbare Küche mit Spezialitäten aus allen Himmelsrichtungen für ein breites Publikum: Sauerkraut und eingelegte Heringe im »Nord«, Pasta, Paella und Verwandte im »Sud«, Borschtsch, Blinis und Frühlingsrollen im »Est«, das in einem alten Bahnhof untergebracht ist. Natürlich geht es nicht um authentische Küche fremder

Länder, sondern um Multi-Kulti-Küche nach der Art von Bocuse, also so, daß niemand vom Fremden abgeschreckt ist, sondern die Erfahrung macht, daß es überall auf der Welt so schmeckt, wie man es in Lyon von jeher gewohnt ist. Ordentlich organisiert, korrekt zubereitet, weltoffen – ein Erfolg auf der ganzen Linie. Die Leute aus Lyon drängen sich um die Plätze, während die Touristen die »bouchons«, die traditionellen Lyoner Bistros, bevölkern. Natürlich fährt eine Spielzeugeisenbahn durch Bocuses Bahnhofsbistro, und auch sonst ist für Spaß gesorgt.

Das eigene Hochküchenrestaurant gab Bocuse bei allen diesen Aktivitäten nicht auf, obwohl er die siebzig Kerzen auf dem Geburtstagskuchen unterdes längst ausgeblasen hat. »Ich muß nicht immer anwesend sein, damit meine Küche gut ist. Es gibt viele Kollegen, bei denen ist das Essen weniger gut, weil sie immer da sind.« Die Maschinerie des Restaurants in Collonges ist gut geölt und zuverlässig eingerichtet, funktioniert ohne Ruhetag das ganze Jahr über. Und wie ißt man dort heute? Wir waren zu zweit. Meine Begleitung ein Bekannter aus Lyon, der das Haus seit Jahrzehnten kennt. Die Karte ein Zweihänder, auf der Titelseite wieder eine Hundertschaft von Imperialbocuses auf rotem Grund und eine Sonne. A la carte klassische Rezepte, die man in keinem anderen Drei-Sterne-Restaurant Frankreichs mehr findet. Zander mit Holländischer Sauce zum Beispiel. Oder Melone mit Süßwein, ein Entree, das schon zu Escoffiers Zeiten beliebt war. Oder Lachsschnitzel mit Sauerampfer, der Klassiker von Troisgros. Oder das Kalbskotelett, wie es Chapel zubereitete. Oder das Bresse-Huhn in Morchel-Sahnesauce, wie man es bei Blanc bekommt. Und dann natürlich die Bocuse-Klassiker. Ein Museum der bekanntesten französischen Hochküchenrezepte des Jahrhunderts. Ein Sampler, wie man in der Schallplattenbrache sagen würde. Wir entscheiden uns für zwei große Menüs für zweihundertzwanzig Mark. Als *amuse-gueule* kommt ein exakt gegartes Stück Thunfisch auf Ratatouille. Perfekt und eine Ahnung davon, was diese Küche könnte, wenn sie machen dürfte, was sie wollte. Dann die Trüffelsuppe V. G. E. Meine Mutter, die sich mit Suppen auskennt, hätte gesagt: »Eine gute, kräftige Suppe hat der junge Mann da gekocht. Nur die Kruste und die schwarzen Dinger waren überflüssig.« Da hätte sie nicht ganz unrecht. Es war Spätsommer und die Trüffel demzufolge nicht frisch. Als Fischgang überbackene Krebsschwänze nach Art von Fernand Point: Krebsschwänze der besten Sorte in einem Meer von Sahne, das bis zum genau richtigen Punkt gratiniert wurde. Ein schwerer, aber leckerer Schmackofatz. Fast waren wir gewonnen für den Gedanken, daß Butter und Sahne die besten Gemüse seien. Dann kam ein provenzalischer Lammrücken, exakt gegart, und mein Rinderfilet mit Pfeffersauce. Pfeffersauce, nun ja, das ist ein Bistrorezept. Aber warum nicht. Aber hätte mein Stück so ungleichmäßig geschnitten werden müssen, daß die eine Hälfte ganz durchgebraten war? Ein Anfängerfehler in einer Küche von routinierten Profis. Die Beilage war zu beiden Fleischsorten gleich, gut gegarte Keniabohnen. Wer außer Bocuse dürfte sich das leisten – in einem Hochküchenrestaurant eine Standardbeilage, völlig ungeachtet der Fleischsorte? Dann eine Käseplatte mit Produkten der Mère Richard aus den Hallen von Lyon, deren Angebot darunter litt, daß es noch zu heiß war. Und schließlich die mehretagigen Dessertwagen mit Sorbets in einladend schwitzenden Silberkannen, Cremes, Karamelereien, Eisschneeinseln, Kompotten, herrlich einladenden Törtchen, frischen Beeren, Schokoladenmousse und vielem anderen, wofür kein Platz mehr im Magen war. Fazit: ehrliche Zwei-Sterne-Küche, auf ihre altertümliche Weise schon wieder originell, aber dafür ein wenig zu teuer, selbst wenn man den erstklassigen Service in Betracht nimmt. Daß das so ist, wissen alle aus der Zunft, wissen alle Gastrojournalisten und alle Gastroführer. Seit Jahren munkelt es, der Michelin werde Bocuse demnächst den dritten Stern entziehen. Der Gault & Millau hat Bocuse vor einiger Zeit in die Zweite Liga zurückgestuft und hatte dafür gewiß gute Argumente. Der konservative »Figaro« polemisierte gegen diese Entscheidung in einem Leitartikel, der ins Feld führte, Bocuses Küche sei eine Art Nationaldenkmal und demzufolge außerhalb des Geltungsbereichs der Eßkritik. Man kann nicht bestreiten: Da ist was dran.

Als wir uns schwergefüllt zum Parkplatz schleppten, fiel mein zittriger Blick auf die Hochwasserpegelstände der Saône, die in die Hauswand eingraviert waren. Mein ortskundiger Begleiter, dessen Vitalität und kritisches Urteilsvermögen unter dem Gewicht unseres Menüs gleichfalls deutlich gelitten hatten, schwang sich nach all unseren abgemessenen Erwägungen über die Qualität des Gebotenen zu einem definitiven Urteil über den Hausherrn auf: »Beim letzten Hochwasser hat der über siebzigjährige Bocuse hier seine Badehose über seine zweieinhalb Zentner gestreift, sein Surfbrett rausgeholt und ist unter dem Jubel seiner Angestellten die Hausfront abgefahren. So einen Koch bekommt Frankreich nie wieder.«

Der lange Schatten
Alain Chapel

Als ich zum erstenmal im Restaurant Alain Chapel gegessen habe, da lebte Chapel noch. Ich erinnere mich, daß das Essen sehr gut war, aber der Abend mißraten. Zu viert auf der Rückfahrt aus dem Urlaub. Ein befreundetes Paar mit einem Säugling, meine Frau und ich. Es war das erste Kind unserer Freunde. Es war, wie es sich gehört, das Wichtigste auf der Welt für die Mutter. Nie sollte es allein sein im Leben, nie ohne Nahrung. Wir nahmen es mit ins Restaurant, obgleich Madame Chapel angeboten hatte, das Kind für die Dauer des Abendessens in der Obhut eines Zimmermädchens im angrenzenden Hotel zu lassen. »Die Franzosen und die Italiener sind doch so kinderfreundlich, das ist kein Problem«, hatte die Mutter gemeint. Welcher Freund plädiert schon dafür, brutal Mutter und Kind zu trennen? Welches Zimmermädchen könnte schon die Mutter auch nur für Minuten ersetzen?

Zum Apéritif gab es winzige Pizzen mit Seewolf, Tomatenconcassée und einer hinreißenden Sauce, nach deren Rezept zu fragen ich mir vornahm. Pünktlich zur Vorspeise wachte das Kind auf. Natürlich wurde es am Tisch gestillt, ganz natürlich. »Fragst du den Kellner bitte, ob er die Vorspeise nicht wieder mitnehmen und zehn Minuten später servieren kann?« Manchmal sind Sprachkenntnisse auch von Nachteil, gerade in Frankreich. Die Kellner nahmen es mit ausgesuchter, professioneller Freundlichkeit. »Aber gewiß, Madame.« Die anderen Gäste nahmen es teils mit Neugier, teils mit Indignation, teils mit Kopfschütteln, teils mit tuschelnder Mißbilligung.

Alles drehte sich bei diesem Essen fortan um den Säugling. Sein »Bäuerchen« sollte er machen, sonst war mit Ruhe nicht zu rechnen. Wie schafft man es, daß Säuglinge im Drei-Sterne-Restaurant Bäuerchen machen? Gehören da Bäuerchen hin? Würde Säugling anschließend einschlafen? »Könnten wir vielleicht noch eine saubere Serviette haben?« »Nein danke, keinen Wein. Sie sehen doch, daß ich stille.« »Sehr wohl, Madame.« Spießer seien wir, sagte die Mutter, weil wir das Szenario peinlich fanden. Sie habe schon in Dutzenden von Restaurants gestillt, und niemand habe etwas dabei gefunden. Das erstere stimmte, das zweite nicht so ganz. Aber es waren andere Restaurants gewesen. Restaurants wie dieses seien ohnehin snobistisch, weit entfernt vom Leben. Außerdem, so fand unsere Freundin, während sie genußvoll ihr Kind an sich drückte, müßten immer die Frauen die Last der Kinderaufzucht tragen, während die Männer nicht von ihren luxuriösen Gewohnheiten lassen wollten. Das fand meine Frau auch, die früher nicht auf die Idee gekommen war, unsere Kinder in Drei-Sterne-Restaurants zu stillen. Wir zerstritten uns kreuz und quer, weil wir nicht verstanden hatten, daß man nicht versuchen sollte, alle Genüsse dieser Welt zu kumulieren, daß es Orte für das eine und Orte für das andere gibt, daß es sich hier um einen sinnlosen familiären Geschlechterkampf handelte, was denn wichtiger sei, der Säugling oder der Genuß, den gute Küche bieten kann. Das Haus trug es mit Gelassenheit, aber uns hat es den Genuß gekostet. An eine Schnepfe erinnere ich mich, die einen sehr deutlichen Eigengeschmack hatte. Ich glaube heute, daß sie ganz außerordentlich war. Aber Genaueres weiß ich nicht, nur noch, daß die Schokolade sehr bitter schmeckte. Und Notizen habe ich nicht. Ich bedaure die in Drei-Sterne-Restaurants recht verbreiteten Buchhalternaturen, die sofort sorgfältig notieren, was sie gegessen haben und wie gut es war – möglichst mit Noten. Sie bringen sich nicht nur um einen Teil des Genusses, sondern um einen der sichersten Maßstäbe für die Qualität eines Gerichts: ob es sich im Gedächtnis hält, wenn die Zunge den Geschmack längst vergessen hat. Das freilich hängt nicht nur von der Qualität der Arbeit des Kochs ab. Falsch gewählte Tischgenossen, und seien sie noch so klein und unschuldig, können zum Beispiel alles verderben. Auch das hatte Chapel gemeint, als er seinem Kochbuch den Titel gab: »Die Küche ist viel mehr als nur Rezepte«.

Chapel hat übrigens damals keine »Tournée« durch das Restaurant gemacht. So etwas gehört fast überall dazu, seit die Köche Stars geworden sind. Der Meister zeigt sich und damit, daß er an diesem Abend höchstselbst in der Küche war. Er zieht eine frische Jacke an und im schlimmsten Falle auch noch eine frischgestärkte Haube auf, die außerhalb der Küche nicht den geringsten Sinn hat, weil es da keine Suppe mehr gibt, in die ein Haar fallen könnte. Der Meister macht Konversation, was er meist nicht kann, ebensowenig wie die Gäste, die häufig des Französischen nicht mächtig sind. Alle fühlen sich unwohl, außer den Idioten, die sagen, sie hätten soeben das beste Rindfleisch ihres Lebens gegessen, und ein Autogramm verlangen. Der Meister weiß von seinem Oberkellner, daß er an keinem Tisch sehr viel länger bleiben darf als am anderen, weil das leicht ein Gefühl der Zurücksetzung hervorruft. Menschen, die tausend Mark für ein Abendessen zu zweit ausgeben können, sind daran gewöhnt, sich zu beschweren, wenn sie sich zurückgesetzt fühlen. Also bricht der Meister die Konversation mit denen ab, mit denen er sich unterhalten möchte. Also bemüht sich der Meister, mit denen eine Konversation zu beginnen, denen dazu die Möglichkeit fehlt – wegen der Sprache oder überhaupt. Die Tournée durch den Speisesaal ist eine höfliche Unmöglichkeit – außer für Paul Bocuse, der sich auf Anhieb mit Angehörigen aller Stämme dieser Welt versteht und das gewohnheitsgemäß auch durch eine kleine Kamera festhalten läßt – im eigenen Haus durch seinen Neger mit der roten Zirkusuniform, ansonsten per Selbstauslöser.

Chapel hat uns am Morgen bei der Abreise begrüßt. Tadellose Kochjacke, lange weiße Schürze, schlank, aber nicht dünn, ein Kopf mit wenig Haaren, teils *egg head*, teils Bauernschädel. Ende Vierzig, ziemlich vital. Daß er der Hausherr war, daran bestand schon vor der Vorstellung kein Zweifel. Er nahm Raum ein.

Bei meinem zweiten Besuch war Chapel gerade eben ein Jahr tot, der dritte Stern wie üblich verschwunden und die Küche in den Händen seines Schülers Philippe Jousse. Das Essen ausgezeichnet, aber soviel Trauer, soviel Verstörung, soviel Unsicherheit im Haus, daß ein Unbehagen nicht verschwinden wollte, für das niemand verantwortlich war außer der Tod. Wo zuviel Tod ist, zählt man nicht die Streusel auf dem Kuchen und fragt nicht nach dem Rezept.

Beim dritten Besuch immer noch die gleiche Anfahrt. Von Lyon aus am Saône-Ufer entlang, dann über richtungssinnverwirrende Autobahnzu- und -abbringer in Richtung Bourg-en-Bresse, ein Stück Autobahn, ein Stück Nationalstraße, und dann ist man in einem anderen Département. Vor allem aber ist man, achtzehn Kilometer hinter Lyon, auf dem Land. Auf dem Land mit hügeligem Grün, mit platanenüberwachsenen Straßen, mit laut schreienden, aber am Ende sehr bescheidenen Industrievierteln. Kurz hinter dem Ortsschild von Mionnay, an der nächsten Kreuzung, das Hotel-Restaurant Alain Chapel. Ein ordentliches Haus dieser Art befand sich früher am Rande einer Nationalstraße. Dies ist ein ordentliches Haus, und es liegt an der Nationalstraße, die durch die neue Umgehungsautobahn kaum vom Verkehr entlastet wurde.

Roger Chapel, der Vater, kaufte dieses Haus 1938, am Vorabend des Zweiten Weltkriegs. Damals war es ein Dorfbistro. Es hieß La Mère Charles, weil man in der Region die großen kulinarischen Genüsse wohl den Männern zuschrieb, die alltäglichen aber von den Müttern erwartete. Doch die kochende Mutter Charles gab es nur dem Namen nach. Roger Chapel war Oberkellner in Lyon, seine Frau MTA. 1937 wurde ihr Sohn Alain geboren. Es gab damals Anlaß, über Zukunftssicherung nachzudenken, und eine Dorfkneipe war nicht der schlechteste Wechsel auf eine Zukunft. Alain erwies sich als ein kluges Kind. Aber kluge Kinder haben es bisweilen schwer mit einem Schulsystem, das vor allem Anpassung und Wiederholung will. Die Eltern hingegen wollten einen kochenden Sohn, um endlich den Familienbetrieb auf eine solide Basis zu stellen. Eingeengt durch ein strenges Schulsystem einerseits und die strengen Wünsche der Eltern auf der anderen Seite, entschied sich der Abiturient, Kochlehrling zu werden. Er lernte vier Jahre bei Jean Vignard. Von den älteren Einheimischen und einigen Küchenhistorikern abgesehen, kennt niemand Jean Vignard. Fernand Point, wo Alain Chapel das vierte seiner Lehr- und Wanderjahre verbrachte, ist hingegen in Frankreich notorisch. Als Alain Chapel selbst so berühmt war, daß man sich für seine Lehrer interessierte, nannte er an erster Stelle – Jean Vignard. Die Journalisten seiner Zeit, so schrieb er, hätten sich nicht gedrängt, ihn aus seinem Schweigen zu holen. Schweigen, eine absolute Hingabe an den gewählten Beruf und ein Leben nach eigenen Maßstäben, das seien die Eigenschaften gewesen, die er bei Vignard gesehen und bewundert habe. Von Küchentechniken sprach er nicht. Küche ist mehr als Rezepte und deren korrekte Exekution.

Der zweite der Lehrer, die er nennt, ist Georges Garin. Garin hatte während Chapels Jugend einen Namen in Paris, zog sich dann in die Provinz zurück und starb dort ziemlich unbemerkt im Jahre 1979. Garin war eigentlich sein Lehrer nicht.

Er hat nicht bei ihm gearbeitet. Aber er war mit seinem Eigensinn und seinem Schweigen offenbar eine Referenz. Kein Wort über Point, bei dem Chapel gearbeitet hat, aber eine kleine Hommage an einen weit weniger bekannten Koch, bei dem er nicht arbeitete – welch ein Abstand zum heutigen System, in dem erhebliche Summen dafür gezahlt werden, daß im Lebenslauf eines Kochlehrlings ein Praktikum bei einem Koch von internationalem Ruf notiert werden kann.

Roger Chapel sorgte 1957 für den ersten Stern der Mère Charles. Sein plötzlicher Tod im Jahre 1969 machte den Sohn zum Vorstand des Familienunternehmens. Schon im gleichen Jahr erkochte er sich den zweiten Stern, 1973 folgte der dritte. Was das publizistische Echo anging, stand er immer im Schatten von Paul Bocuse, dem großen Kommunikator aus dem nahen Collonges-au-Mont-d'Or. Sie kannten sich natürlich, sprachen von »meinem Freund Paul« oder »meinem Freund Alain«, aber Chapel gehörte nie zur Bocuse-Bande, die am Anfang der siebziger Jahre in der französischen Hochküche die Macht übernahm. Er war eher ein Außenseiter, kein Bandenchef, aber auch keines Bandenchefs Gefolgsmann. Was er an Bocuse schätzte, war denn auch weniger die Geschäftstüchtigkeit oder die kaiserliche Pose, sondern es war, ganz im Gegenteil, die Verwurzelung in der ländlichen Kultur Frankreichs.

Untergründig aber war Chapel wohl der einflußreichste Küchenchef seiner Zeit. Alain Ducasse hatte einige große Lehrer, Guérard und Roger Vergé zum Beispiel, aber sein Meister, so diktiert er es täglich Journalisten in die Feder, sei Alain Chapel gewesen. Jacques Maximin nennt die Arbeit bei Chapel »unvergleichlich«. »Das Wichtigste habe ich dort gelernt.« Was ist das Wichtigste für einen Koch? »Nicht nur die Küchentechnik. Die muß stimmen, aber die beherrschen viele. Es war wohl das Vorbild.« Chapels Rezepte wurden kopiert wie die vieler großer Chefs. Sie sind ganz eigen. Einerseits die

Techniken der Nouvelle cuisine, die kurzen Fonds, die Gemüse, die Salate. Andererseits aber auch etwas bei aller Verfeinerung Bäuerliches. Joël Robuchon soll über Jahre an seinem freien Tag nach Mionnay gefahren sein, um dort zu studieren und zu schmecken.

Bei diesem Besuch, bei meinem dritten in Mionnay, wollte ich wissen, was Alain Chapel so außergewöhnlich gemacht hatte, zum Lehrer, zum bäuerlichen Avantgardisten. Dieses Jahr war der Rock von Madame Chapel hell und eher kurz, die Bluse bedruckt mit großen roten Blumen wie die Vorhänge im Speisesaal. Sehr jung sieht sie aus. Sie muß mehr als ein Dutzend Jahre jünger gewesen sein als ihr Mann. Wir sitzen im kleinen Salon. Für meine Fragen liegt eine Pressemappe bereit. Pressemappen haben fast alle großen Häuser. Meist sind sie aus kostbarem Papier, haben eingeprägte Embleme wie ein Fürstenhaus, enthalten Lebensläufe, ein paar gute Artikel und die vielen, die von den paar ordentlich recherchierten Artikeln abgeschrieben sind. Manchmal enthalten sie auch die Spruchweisheiten des Meisters. Dieses hier sind einfache Photokopien, nicht immer ganz exakt aufgeklebt und mit einem billigen Plastikrücken geheftet, so wie es die Copyshops der Universitätsstädte mit den Seminararbeiten der Studenten machen. PR-Strategen sind hier nicht am Werk. Und unbegrenzte Mittel stehen auch nicht zur Verfügung.

Ob es irgendwo gesammelte Erinnerungen an Chapel gäbe? »Ja, bei mir im Kopf. Ich würde sie gerne niederschreiben, aber kein Verlag interessiert sich dafür.« Die Stimme ist nicht ohne Bitternis. Man ahnt ein Kochwitwenproblem, weniger verbreitet als das Dichterwitwenproblem, aber ähnlich heillos. Männer, die ohne ihre Frauen nicht geworden wären, was sie waren. Frauen, die weiterführen wollen, was ohne ihre Männer bei aller Anstrengung und aller Treue nicht so weiterzuführen ist. Die mangelnde Anerkennung in der Männerwelt der

Küchen, selten durch hohe Einnahmen kompensiert. Ich frage, ob sie es bereue, das Haus nach Chapels Tod weitergeführt zu haben. Die Antwort kommt langsam. »Nein, das nicht, aber die letzten Jahre waren hart. Jetzt geht es wieder ein wenig aufwärts.« Ducasse, der überall das Loblied auf ihren Mann singe? »Ach, das ist doch kein Koch mehr, das ist ein Manager.«

»Mag sein, aber er bekommt es hin, daß in seinen zwei Restaurants außergewöhnlich gut gekocht wird.«

»Auf Dauer kann das nicht gutgehen. Küchen ohne Chef verlieren immer an Niveau.«

Da wird eine handwerkliche Konzeption des Kochens gegen eine Häresie verteidigt. Natürlich ist auch Neid im Spiel. Ducasse war hier Lehrling und hat sechs Sterne, Alain Chapel nur noch zwei. Madame Chapel hat nach dem Tod ihres Mannes Philippe Jousse, der sieben Jahre im Hause arbeitete, bevor er nach Japan ging, angeboten, die Küche zu übernehmen. Jousse kam zurück. Sein Ruf als Koch ist untadelig, seine Fähigkeiten unbestritten, aber der dritte Stern kam nie zurück. Ich wage nicht, nach den Gründen zu fragen. Es hätte sie sehr gekränkt, und eine Antwort hätte sie ohnehin nicht gehabt.

Jousse kommt dazu. Ein sportlicher, schlanker, freundlicher Mann. Aber kein Mann der Worte und der Visionen. Notfalls der Erinnerungen.

»Als ich hier als Lehrling anfing, mußte ich natürlich auch Kartoffeln schälen. Aber vor allem mußte ich zusehen. Ich stand monatelang daneben und beobachtete. Es ging nicht nur um die Rezepte. Es ging um die Gesten, die Abläufe. Chapel sagte nichts, außer dem Satz, den er zu allen sagte, die hier anfingen: ›Vergiß alles, was du vorher über das Kochen gelernt hast.‹ Irgendwann mußte man es dann selbst machen. Das war der Moment der Wahrheit, der erste.«

»Und wenn etwas schiefging? Hat Chapel gebrüllt?«

»Nein, schlimmer. Chapel kam, schaute sich die Katastrophe

an. In dem Moment war die Ruhe des normalen Arbeitsablaufs unterbrochen. Die ganze Küche hielt den Atem an. Und dann hat er hart und klar gesagt, was da Pfusch war. Nicht lange und nicht laut, aber danach fühlte man sich so klein wie nie zuvor bei der Arbeit.«

»Und wenn er nicht da war?«

»Er war nie lange abwesend. Dazu war alles zu sehr auf ihn zugeschnitten. Er suchte die Lieferanten selbst aus, besuchte sie bei der Arbeit, probierte die Weine bei den Produzenten. Erholt hat er sich beim Spazierengehen und bei klassischer Musik. Er mochte klassische Musik sehr, Schubert vor allem.«

»Und Sie, kaufen Sie auch noch selbst ein?« Daß die großen Köche selbst am Morgen auf dem Markt einkaufen, gehört zu liebgewonnenen Vorurteilen über den Kochberuf. Kein Motiv haben die einschlägigen Photographen so gerne wie das Bild des Kochs, der am frühen Morgen an den Ständen eines reichen Marktes vorbeigeht, mit den Produzenten plaudert, für seine Gäste das Beste einkauft und sich dabei spontan die Rezepte für das Mittagessen überlegt. Die Wirklichkeit ist anders. Die deutschen Spitzenrestaurants bestellen per Telephon oder Fax, werden zweimal in der Woche nachts vom Rungis-Express beliefert und sehen den Markt nur, wenn das Fernsehen in der Nähe ist. Kleine lokale Lieferanten haben kaum eine Chance, weil sie nicht genügend Ware in gleichmäßiger Qualität liefern können. In Frankreich spielen solche Food-Broker, die die Produkte aus allen Kontinenten und Weltmeeren beziehen, noch keine alles beherrschende Rolle. In der Provinz bringen zumeist lokale, seit langem bekannte Lieferanten die Ware ins Haus.

»Wenn Sie morgen früh aufstehen, können wir um sieben am Markt von la Croix-Rousse in Lyon ein Glas zusammen trinken. Oder später dann in den Hallen. Am Käsestand von Maréchal zum Beispiel könnten wir uns treffen. Ich kann mir nicht vorstellen zu kochen, ohne die Einkäufe gemacht zu haben. Außerdem sind wir ein kleiner Betrieb.«

»Haben Sie die Lieferanten von Chapel übernommen?«

»Die meisten schon. Aber das ging ganz organisch.«

»Organisch« und »Kontinuität« sind Lieblingsworte von Jousse. Er ist ein angenehmer Mann mit gutem Ruf unter den guten Köchen von Lyon. Einer, der Koch sein will, sonst nichts.

Wir verabreden ein Menü, das teils aus Klassikern des Hauses, teils aus Jousses eigenen Kreationen bestehen soll. Das ist immer ein Risiko. Meist gewinnt das Neue. Die Klassiker kommen gegen ihren Ruf kaum an, weil die Erinnerung sie noch besser gemacht hat, als sie waren. Aber hier konnten mir Erinnerungen kaum dazwischenkommen.

Es war noch Zeit bis zum Essen. Ein sonniger Augustnachmittag. Der schönste Ort, wo man in Mionnay auf die Essenszeit warten kann, ist Chapels Garten, durch hohe Mauern, durch Restaurant und Hotel umfriedet. Man tritt von der verkehrsreichen Landstraße durch ein kleines Tor hinein und ist in einer anderen, ruhigeren Welt. Der Garten ist nicht groß, aber so angelegt, daß der Blick glauben will, diese Gartenlandschaft zöge sich endlos weiter. Gepflegte Natur, aber keine gestutzte. Vielfalt der Pflanzen und Kräuter, aber keine Wildnis. Eher ein englischer Garten als ein französischer. Das rankende Grün stellt Verbindungen her zwischen den Gebäuden. Ein geschützter, ein schöner Ort für Lektüre. Der Titel von Chapels Kochbuch hatte mich neugierig gemacht: »Die Küche ist viel mehr als nur Rezepte«. Ein guter, weil seltsam paradoxer Titel für ein Kochbuch. Es erschien 1980 zum erstenmal, aber ich kannte es nicht. Ich habe das Sammeln von Kochbüchern eingestellt, seit ich bemerkte, daß es meine Küche nicht bereichert. Kochen, so ist es bei mir, kann man aus Büchern nicht lernen. Madame Chapel verkauft mir das Kochbuch ihres Mannes. »Leider nur die Neuauflage von 1995. Die ist ohne Bilder. Der Verleger wollte sparen.« Da ist sie wieder, diese leichte Bitternis, die so gar nicht zu diesem schönen Nachmittag, zu diesem schönen Haus passen will.

Das Kochbuch entpuppt sich als höchst seltsam. Einerseits ganz traditionell: ein kleines Lexikon der Küchensprache, Erläuterungen zu den Küchengeräten, ein ausführliches Kapitel zu Garzeiten, Füllungen, Gelées, Brühen, Fleischjus, zu Butter, Saucen, Nudeln, Teigwaren. Dann zwei große Teile, der eine unter dem Titel »Tradition«, der andere unter dem Titel »Imagination«, beide unterteilt in Vorspeisen, Suppen, Eierspeisen, Fisch und Schalentiere, Fleisch und Innereien, Geflügel, Wild, Gemüse und Nudeln, Nachtische. Traditionelle Kochbücher sind aufgebaut wie Hegels Ästhetik. Sie beginnen mit dem Allgemeinen und kommen dann zum Besonderen. Deshalb können Laien sie auch nicht gebrauchen. Die brauchen die Kochbücher, die bei jedem Rezept alles vom ersten bis zum letzten Handgriff erklären. Chapel besteht auf dem Handwerk, auf den Basiskenntnissen, ohne die mit den Rezepten nicht viel anzufangen ist. Und er besteht darauf, daß seine Küche beides ist: Fortführung von Tradition wie Entwurf von Neuem.

Aber das eigentlich Erstaunliche an diesem Kochbuch sind die sechzig Seiten, die es einleiten und seinen Titel begründen. Diese sechzig Seiten, von Chapel und seinem Freund Jean-François Abert verfaßt, sind ein Essay über die Kochkunst, der seinesgleichen nicht hat, denn es ist wohl der erste Versuch eines Kochs, selbst das Wort zu ergreifen und über seine Arbeit zu schreiben. »Dieses Buch verstößt in aller Bescheidenheit gegen eine etablierte Regel, die man so formulieren könnte: die Köche an den Herd, die Intellektuellen an die Feder.« Tatsächlich waren ja die berühmten Gastrosophen von La Reynière über Brillat-Savarin bis Curnonsky keine Köche. Die Gastrosophen schrieben, die Köche kochten. In der Gegenwart hat sich dieser Dualismus zu dem des Kochstars und des Journalisten gewandelt. Die Köche sind aus ihrer Küche gekommen und ins Licht der Fernsehkameras gerückt. Aber vor den Kameras kochen sie entweder oder sie reden. Bonmots mit Vorliebe. Handwerk oder Mundwerk, aber keine Schrift. Vielmehr: Schrift nur in der unpersönlichsten, am strengsten geregelten Form, als Rezept. Deshalb wohl beginnt Chapels Rezeptbuch mit einer Kritik der »falschen Rezeptpädagogik«. Was hat er gegen die Rezepte? Sie verstoßen gegen das, was das Herzstück des Kochens ausmache, die »Freiheit der Kreation, der Innovation, der Überraschung«. Und sie seien notwendig generalisierend, gleichgültig gegenüber den jeweiligen Regionen und Gewohnheiten, den Lebensstilen und Lebensrhythmen. Philosophisch gesehen ist das ein Plädoyer für die Freiheit der Kreation in bester französischer Tradition, aber zugleich auch ein Plädoyer für den Kulturrelativismus, für Regionalismus und Vielfalt, die in der universalistischen französischen Tradition eher selten ist. Übrigens vermeiden Chapel und Abert den Ausdruck »Kochkunst«. Ob das Kochen unter die Künste zu rechnen sei, unter welchen Bedingungen und an welchem Platz in welcher Rangfolge, diese Frage interessiert sie nicht. Sie rechnen das Kochen unter die Vergnügen des Lebens und bestehen darauf, daß es keine absolute Rangfolge der Vergnügen, keine Hitparade des Plaisirs geben könne. »Wir halten soviel von unseren Vergnügen, daß wir sie nicht in eine wie auch immer geartete Hierarchie zwängen wollen.«

Universalismus/Kulturrelativismus, Schnelligkeit/Langsamkeit – mit diesen Gegensätzen erfaßt Chapel vom Küchentrakt der Geschichte aus die zentralen Fragen des ausgehenden Jahrhunderts. Dabei ist er von ganzem Herzen auf der Seite der Vielfalt und der Langsamkeit. Aber wenn er auch über den Tellerrand blickt, ist der Erfahrungsbereich, von dem aus er argumentiert, vor allem die Küche. So setzt er zum Beispiel die Tendenz zu immer kürzeren Garzeiten ins Verhältnis zur allgemeinen Beschleunigung der Gesellschaft oder die Mode der Degustationsmenüs in Beziehung zu der Erwartung, der Charakter eines Restaurants (aber auch eines Kunstwerks oder der einer Frau) müsse sich auf Anhieb erschließen. Prêt-à-porter ist seine Sache nicht, dafür das Lob des Apéritifs. Nicht aus Verlegenheit, weil das Essen noch nicht fertig sein kann, sondern als Teil einer natürlichen Folge. »Keine Zeit verlieren, das heißt häufig, Etappen eines Mals zu überspringen, von der Vorspeise direkt zum Dessert, heißt ein Ritual zerstören, das sich früher... im Luxus der Geduld ausdrückte. Wir haben es mehr und mehr mit gierigen Konsumenten zu tun, für die Essen ein brüsker Akt, ein Krampf, beinahe eine Entführung oder eine Gewalttat wird. Man mißt unsere Zeit wie die der Athleten, man gibt uns zwei oder zweieinhalb Stunden, um eine verschwenderische Fülle von Genußreichtümern auszubreiten, die nichts mit dem normalen Essen zu tun haben dürfen.«

Dabei hat Chapel erst die Vorboten einer Entwicklung wahrgenommen, der sich heute kein Spitzenrestaurant mehr ganz entziehen kann. Reden wir nicht von den Business-Menüs, die sie fast alle anbieten (»Es sieht so aus, als würde die Welt denen gehören, die früh vom Tisch aufstehen«). Auch die großen Abendessen werden so strukturiert, daß die notwendige Wartezeit zum Verschwinden gebracht wird: In vielen Häusern wird die Karte unterdes in der Bar studiert, wird in bequemen Sesseln bestellt, wird dann sofort bei Tisch eine Kaskade von *amuse-gueules* serviert, Häppchen auf Häppchen, damit nur nicht auffalle, daß man hier Menschen warten läßt, die im allgemeinen so viel Geld verdienen, daß sie ans Warten nicht gewöhnt sind. Das von spezialisierten Veranstaltern angebotene, logistisch ausgeklügelte Reiseprogramm »21 Drei-Sterne-Restaurants in zwölf Tagen«, das nicht nur von japanischen Geschäftsleuten gern gebucht wird, ist der vorerst letzte Exzeß einer Entwicklung, die die ganze Speiseordnung erfaßt hat.

Die Tradition, in die Chapel seine Küche einschreibt, hat andere Wurzeln, Wurzeln in der Erde statt Luftwurzeln. Das große Essen ist Bestandteil eines Traums von unbegrenzter Großzügigkeit und unbegrenztem Glück wie bei den korsischen Bauern, die bei Hochzeitsfeiern auch zufällig vorbeikommende Reisende einladen, am Mahl teilzunehmen. Das große Essen ist ein Fest, eingeschrieben in die Stationen des Lebens von der Taufe bis zum Beerdigungsmahl, eingeschrieben in das Spiel der Jahreszeiten, es ist Teil einer Tradition und Teil einer Gemeinschaft. Das Außergewöhnliche entsteht nicht aus der Verwendung unbekannter Materialien und nie gesehener Techniken. Der Koch, gerade auch der Spitzenkoch, habe nicht die Neuigkeitswut des privilegierten Gourmets zu befriedigen, der wie der Libertin das Neue zur Anspitzung seiner stumpf gewordenen Sinne brauche und dieses Neue doch immer erneut als das enttäuschende Alte empfinden müsse. »Die größte Küche ist zugleich die einfachste.« Das ist keine Koketterie und auch kein Vorgriff auf die Traditionsmode, die sich Anfang der neunziger Jahre in den Küchen wie in den Küchengazetten breitmachte. Die größte Küche ist die einfachste, weil sie den Geschmack wiederzufinden sucht, den das Gehirn als Geschmack der Käse von Madame Bailly gespeichert hat. Oder die unvergleichlichen Bohnen von Albiez, die erste Geschmackserinnerung von Alain Chapel. »Die Küche, gleich ob in Mionnay oder anderswo, muß etwas sein wie das Zitat einer Lust, eines verlorengegangenen Geschmacks, ein anspruchsvoller Versuch, eine Erinnerung einzufangen und auf der Bühne unseres Vorstellungsvermögens spielen zu lassen.« Alles Glück ist ein Wiederfinden und der Geschmack auf der Zunge ein Medium des Wiederfindens. Im Zentrum von Chapels Theorie des gastronomischen Geschmacks steht eine Art klassischer Geschichtsphilosophie, ob er es nun weiß oder nicht. Ein verlorengegangener, primitiver, aber glücklicher

Urzustand wird auf der Höhe der Zivilisation in der Erinnerung einzuholen versucht. Das ist kein naives Lob des Einfachen und keine Verachtung entwickelter Küchentechnik. Im Gegenteil: Das Primitive ist durch die Entwicklung verlorengegangen, nur in der äußersten Kunstfertigkeit wird es für Momente wieder greifbar. Eine Landschaft, ein Gesicht, ein Augenblick des Glücks werden wieder zugänglich, wieder konkret durch die Magie des Produkts. »Das Produkt allein ist die Wahrheit.« Die Arbeit des Kochs wird so zuallererst die Suche nach dem besten Produkt. Nicht nach dem teuersten. Gute Kartoffeln haben ihren Platz in einer guten Küche, schlechte Trüffel nicht. Und die Kochtechnik bei alledem? Sie hat das Produkt zu kennen, zu respektieren. »Wenn die Fischer am Lac d'Annecy die Aale nicht mit Butter zubereiten, sondern einfach nur frittieren, so geschieht das aus dem Wissen, daß der Aal ein fetter Fisch ist, der nicht nach dem Pleonasmus der Butter verlangt.« »Die Wahl eines Geflügels sollte die Zubereitungsart bestimmen, so wie die Wahl eines Holzes eine bestimmte Form des Dachstuhls verlangt.« Der Koch, wie ihn sich Chapel vorstellt, arbeitet an seinem Verschwinden hinter dem Geschmack des Produkts. Aber gerade deshalb muß er sein Handwerkszeug und seine Techniken kennen. Und er muß sich der Welt öffnen, seiner Phantasie Auslauf geben, statt ebenso lustlos wie routiniert die immer gleichen Tournedos Rossini zuzubereiten. Der moderne Koch, der Restaurantbesitzer, der Herr seiner Arbeitsbedingungen und Herr seiner Ausdrucksmittel, steht auf den Schultern von Generationen stummer Vorgänger in den stickigen Kellerräumen einer »Klasse, die oben am Tisch ihre Opern aufführte«. Koch sein, das ist aber auch heutzutage »kein Beruf für ein Genie«, sondern verlangt Fleiß, Ausdauer und Hartnäckigkeit. Es verlangt, in seiner Würde respektiert zu werden, statt über die üblichen »Arschtritte« zu lernen. Der Koch, den Chapel meint,

Alain Chapel

ist zuallerletzt ein Star. Er ist Teil einer größtenteils unsichtbaren Kette, die von den vielen Produzenten der vielen verwendeten Materialien bis zum Kellner reicht, der das Gericht vorlegt und der übrigens, wie Chapel mit Unbehagen bemerkt, durch den sich in der Hochküche generell durchsetzenden Tellerservice immer mehr auf den Status des Tellerträgers reduziert werde, der kaum noch intensiven Kontakt zum Gast habe.

Die Bescheidenheit und Strenge anstelle der Eitelkeit, die Chapel seinem Stand vorschreibt, die schlägt er auch den Gästen vor: »Der Restauranttisch ist viel zu häufig der Ort, Sozialdünkel vorzuzeigen. Gemeinsam gelebte Gastlichkeit ... wird durch Machtdiskurse ersetzt. Ein Gast flüstert mir am Ende des Essens ins Ohr: ›Bei Ihnen habe ich besser gegessen als bei XY.‹ Er glaubt mir eine Freude zu machen, dieser Küchenschiedsrichter. Als ob Lasserre, Bocuse und ich an einer französischen kulinarischen Meisterschaftsrunde teilnehmen würden. Troisgros schlägt Chapel zwei zu null. Haeberlin spielt auf eigenem Platz gegen Bocuse. Das Spiel wird vom ersten Fernsehprogramm direkt übertragen. Schade. Dieser Gast wird niemals seine Freuden autonom bestimmen können ...«

Die Küche, von der Chapel träumt, braucht nicht nur die richtigen Produkte, die richtigen Räume, Köche, Kellner, sie braucht auch die richtigen Gäste. Sie kann sich nicht entfalten beim eiligen Esser, nicht beim eitlen Esser, nicht beim Vergleichsesser. Sie entfaltet sich, wenn schon nicht in der Gemeinschaft eines kollektiven Festes, dann doch zumindest in der herzlichen Atmosphäre eines freundschaftlichen Mahls. »Ich glaube, daß die Freundschaft ein unabdingbarer Bestandteil eines schönen Essens ist.« Essen wird hier nirgendwo als Absolutum verstanden, so sehr der Koch auch auf der Suche nach dem absoluten Geschmack sein mag, sondern als eingelassen in Ort, Zeit, Gesellschaft im engen wie im allerweitesten Sinne. Essen ist schon wegen seiner Flüchtigkeit nicht zum

Absolutum geeignet, sondern ist im besten Falle Teil eines Ensembles genußvoller Aneignung der Welt: »Eine Speise, einmal verzehrt, sollte Lust auf andere Vergnügen machen, auf die feuchte Stille einer romanischen Kirche oder auf die Töne einiger Geigen, die man dort stimmt. Das überzeugendste Gericht ist ein Wegzeichen auf dem Fernwanderweg der Kultur.«

Klügeres kann man über Küche in dieser Kürze kaum schreiben. Eine überraschende, ja beglückende intellektuelle Entdeckung, wo doch nur die Zunge auf Neuentdeckungen eingerichtet war. Widerspruch macht sich geltend. Kann die Wiederentdeckung einer frühen Geschmackssensation und der Gefühle, die sich an sie heften, überhaupt systematisch inszeniert werden, oder ist sie nicht doch Zufall, unabhängig von der Qualität des damals Verspeisten? Liegt der optimale küchentechnische Umgang mit einem Produkt wirklich in diesem Produkt selbst beschlossen, oder ist sie nicht doch auch Gegenstand von sich fortentwickelnden menschlichen Bedürfnissen und Ausdrucksmöglichkeiten?

Vor allem aber macht sich eine leichte Melancholie bemerkbar, die die vergangenen achtzehn Jahre diesem Essay zugesellt haben. Sie kommt nicht nur daher, daß ihr Autor auf dem Höhepunkt seines Schaffens verstorben ist. Sie hat wohl eher darin ihre Ursache, daß hier die Küche eingeschrieben wird in eine Welt und eine Weltsicht, die die gegenwärtige Hochküche immer weniger bestimmt. Es ist die langsame, gastliche, gesellige, handwerklich anspruchsvolle Küche, verwurzelt im Besten des ländlichen Frankreich, dabei aber intelligent, weltoffen, zutiefst kultiviert und auf weise Art genußreich. Was wird aus ihr unter dem Diktat der Geschwindigkeit, der Jagd nach dem Neuen, der geschäftlichen Repräsentationsbedürfnisse und der privaten Einsamkeit, der Rationalisierungsnotwendigkeiten und fortschreitenden Arbeitsteilung, der wurzellosen Globalisierung und frei flottierenden Genußsucht? Chapel habe das Herz eines Bauern und die Seele eines Poeten, schrieb Fanny Deschamps. Die Bauern und die Poeten, so steht zu befürchten, werden die Zukunft der Hochküche wohl nicht bestimmen, sondern eher die Köche, die außer ihrem Können auch Geschäftssinn, Organisationsfähigkeit und Mediengängigkeit vorweisen können. Aber was wird dann aus ihrem Herz und ihrer Seele?

Der Blick ins Buch intensiviert den Blick auf die Inneneinrichtung des Restaurants, die sich seit den Zeiten Chapels nicht geändert hat. Am schönsten ist der Boden. Große, unregelmäßig dimensionierte, unregelmäßig helle Steinplatten geben ihm die natürliche Struktur, das tausendfache Wachsen die Sauberkeit und Patina. Der Kamin aus dem ockerfarbenen Stein des südlichen Beaujolais hat menschliche Dimensionen statt der furchteinflößenden, die etwa Loiseaus Kaminmonster aufweist. Sonst noch bequeme Sessel eher traditioneller Art, blitzendes Silber, weißer Damast, Gläser und Teller ohne eingravierte Namenszüge des Hauses. Mehr muß nicht sein für ein festliches Essen. Die gerafften Vorhänge mit großem roten Blumenmuster wirken fast ein wenig altväterlich, die Blumengestecke auf den Tischen reichen nicht heran an die kultivierte Vielfalt der Blumenpracht im Garten. Unter den Gästen viele Franzosen, die meisten jenseits der Fünfzig. Menschen, die immer das Neueste und das Beste brauchen, besuchen kein Zwei-Sterne-Restaurant in einer Region, in der es einige Drei-Sterne-Häuser gibt. Der Service ist aufmerksam, liebenswürdig, aber ohne zeremonielle Steifheit.

Am Anfang eine mit gewürfeltem Krebsfleisch gefüllte kleine Zucchiniblüte und ein Tröpfchen Jus. Dekorativ wie Zucchiniblüten nun einmal sind, wenn man sie kunstgerecht behandelt, aber nicht nur etwas für das Auge, sondern auch für die Zunge. Dann ein Täßchen mit sahniger Crème von bretonischen Langustinen und einigen Gemüsestreifchen. Sie hat diesen wunderbaren, leicht süßlichen Gemack, der mit nichts zu vergleichen ist und mich immer wieder Krebs- und Langustinensuppen bestellen läßt, obgleich das Resultat meist enttäuscht. Und warum Sahne statt einer klaren Essenz? »Sahne ist ein idealer Geschmacksträger für den feinen Krebsgeschmack.« Chapel hatte die Butter-Sahne-Mehl-Phobie der Nouvelle cuisine nie geteilt. »Er ging sorgfältig und sparsam damit um, benutzte sie nicht zur Kaschierung von Materialfehlern.« Das geschmacklich krönende Element der Crème ist unten im Tassenboden versteckt: ein geschmacksintensives Gelée, das dem Ganzen zur geschmacklichen Leichtigkeit die Kraft gibt. Kräftige Gelées waren eine der Spezialitäten von Alain Chapel. Weniger gelungen die vom Rücken her gefüllten Rotbarben. Füllungen können Rotbarben nicht besser machen, sondern verdecken den Geschmack, der sich allenfalls mit ein paar Tropfen Olivenöl und dem der Rotbarbenleber verträgt. Als Hauptgericht ein Hummersalat. Der Kellner richtet ihn am Tisch an: In die Tellermitte kommen verschiedene grüne Salatsorten, darauf Portulak und Stücke von Taubenbrust. Am Rand große, kalte, saftige Stücke vom Hummerschwanz, bedeckt und unterlegt von mächtigen schwarzen Trüffelscheiben. Dazu eine kurze »grüne Sauce« auf Basis von Kräutern und den Hummerinnereien. Die Integration von Salaten in die Speisenfolge der Hochküche ist eine der dauerhaften Folgen der Nouvelle cuisine. Chapel nahm die Mode auf und vermählte sie mit der Tradition. Ein »Klassiker« des Hauses, der nicht alt geworden ist.

»Und warum bekommt der Jousse keinen dritten Stern, wo er doch so gut kocht?« fragt mich mein Sohn auf dem Rückweg nach Lyon. »Ist doch ungerecht.« Ich habe keine Lust auf eine Antwort, weil ich so gut gegessen habe. Ich versuche, mich herauszureden. »Er macht technische Fehler. Du hast dir doch auch die Fäden von den Erbsenschoten aus dem Mund gezogen, die vorher hätten entfernt werden müssen. Außerdem paßten sie nicht zu den Rotbarben, sondern dienten nur als Sockel, damit der Fisch nicht umkippt.« »Okay, aber der Bocuse macht doch auch Fehler und hat drei Sterne.« »Klar, aber der ist auch ein lebendiges Denkmal.« »Die Antwort gilt nicht.« Ich versuche noch einmal, mich herauszureden. »Es hängt mit Jousses Antwort auf meine Frage zusammen, welche von seinen japanischen Erfahrungen er in die Küche von Mionnay eingebracht habe.« »Was hat er gesagt?« »War doch nicht so schwer zu verstehen. Er hat gesagt, seine Küche hier habe gar nichts mit seinen japanischen Erfahrungen zu tun. Ich finde, wenn man ein paar Jahre in einem fremden Land mit hochstehender Küche gearbeitet hat, dann sollte man auch etwas mitzubringen haben.« »Aber du sagst doch auch immer, daß du von asiatischer Küche nichts verstehst, weil dir ein paar hundert Jahre Erfahrung zu ihrer Beurteilung fehlen.« Jugendliche können erbarmungslos sein. Ich spiele meinen letzten Trumpf aus, die Wahrheit. Das, was ich für die Wahrheit halte. »Weißt du, man muß die Väter erst umbringen, bevor man sie verehren darf, sonst kann man sich nicht von ihnen lösen. In Mionnay ist der Vater einfach auf dem Höhepunkt seines Lebens gestorben. Keiner konnte ihn umbringen, überflügeln und dann verehren. Er ist auch nicht langsam alt und gaga geworden. Deshalb lastet sein Schatten zu schwer auf den Lebenden. Sie haben es zu schwer, zu sich selbst zu finden. Die Lebenden können sich nur schwer entwickeln, und der Tote ist tot. Er würde heute nicht mehr so kochen wie vor zwanzig Jahren. Aber er würde auch nicht so kochen wie Jousse. Ich wüßte gerne, wie er heute kochen würde.« »Das leuchtet mir ein. Warum gibst du mir denn nicht gleich eine ordentliche Antwort?« Ich werde mich hüten, auf diese Frage auch noch eine wahrheitsgemäße Antwort zu versuchen.

Bahnhof, Lachs und Sauerampfer

Die Troisgros'

Jemand, der bei »Paris« sofort an Ducasse, Gagnaire, an Taillevent oder L'Arpège denkt, ist gewiß nicht nur ein Feinschmecker, sondern auch ein Banause. Und ob Menschen, die mit nichts anderem denken als mit dem Bauch, wirklich Feinschmecker sein können, sei bezweifelt. Wer nur Sinn für das eine hat, hat auch für das eine keinen Sinn. So wie es Hanns Eisler einmal für die Musik formulierte: »Wer nur etwas von Musik versteht, versteht auch davon nichts.« Aber es gibt Orte in Frankreich, deren Namen kennen die Franzosen nur, weil sie mit einem Spitzenrestaurant verknüpft sind. Wer würde schon Illhaeusern kennen, kochten dort nicht die Haeberlins? Wer würde über Collonges-au-Mont d'Or reden, führte dort nicht Bocuse sein Restaurant? Das gilt nicht nur für Dörfer, sondern auch für Städte. Roanne, immerhin Haupstadt des Départements Loire, ist ein solcher Ort. In Roanne kocht die Familie Troisgros, und das ist das einzige, was man unbedingt über den Ort wissen muß.

Roanne, das ist »la France profonde«, ein Ort im tiefsten Frankreich. Zwar fließt hier die Loire, aber Amboise, Blois, Chenonceaux und die Touristen sind eine Tagereise flußabwärts. Kein Ort für Stadturlauber, die lieber im sechzig Kilometer entfernten Lyon haltmachen, weil Lyon eine wirkliche Stadt ist. Trotz des nahen Klosters Ambierle auch kein Ort für Kunstreisende, die sich besser die romanischen Kirchen im nahen südburgundischen Brionnais ansehen, und auch kein Ort für Liebhaber ländlicher Idyllen, denn dafür ist die Stadt zu groß und trägt zu viele Narben der Industrialisierung. Wer so etwas will, fährt über den Berg ins Beaujolais. Wenig Touristen also, wenig lokaler Reichtum.

Und trotzdem hält sich hier seit drei Generationen ein berühmtes Drei-Sterne-Restaurant. 1968 haben die Brüder Troisgros den dritten Stern bekommen und seit dreißig Jahren nicht abgegeben. 1972 erschien ein Heft des einflußreichsten französischen Gastromagazins »Gault & Millau« mit einer Karikatur der beiden Brüder Troisgros auf dem Titelblatt. Sie saßen in einer Kasserolle, die die Welt bedeutete, und hatten Heiligenscheine über den Kochmützen. Der Titel lautete: »Das beste Restaurant der Welt«. Das hat man schon über einige Restaurants geschrieben, aber nicht über viele. Jedenfalls dürfte wohl der pochierte Lachs mit Sauerampfersauce, Rezept der Brüder Troisgros, das berühmteste und am meisten imitierte Gericht der Küchengeschichte sein.

Die Bürger von Roanne wissen, was sie an den Troisgros' haben. Deren Restaurant liegt dem Bahnhof gegenüber. Das beste Bahnhofsrestaurant der Welt, wie Journalisten gerne schreiben, kann es also im strengen Sinne nicht genannt werden. Der Bahnhof von Roanne ist nicht klein. Schließlich ist er der Bahnhof einer Départementshauptstadt. Er ist alt, aber ganz frisch in den Farben Rosa und Grün getüncht – eine Hommage an das Restaurant der Troisgros': Rosa ist die Farbe des Lachses und grün die Sauerampfersauce. Damit nicht genug. Am Bahnhofsvorplatz, der so häßlich ist, wie Bahnhofsvorplätze in Provinzstädten dieser Art zu sein pflegen, steht eine Statue von Armand, die aus riesigen Messern und Gabeln gefertigt wurde. Bezahlt hat sie diesmal nicht die Eisenbahngesellschaft, sondern die Stadt. Geehrt werden damit auch nicht allein die Troisgros', sondern die Stadt ehrt sich selbst als Ausrichterin des jährlichen »Festivals der Küchenkünste«. Ob es dieses Festival ohne das berühmteste Restaurant des Ortes gäbe?

Die Bedeutung, die Hochküche in Frankreich hat, kann man nirgends so gut studieren wie in Roanne. Dabei geht es nicht in erster Linie um ökonomische Bedeutung in unmittelbarer Form. Vierzig Arbeitsplätze sind zwar in einem solchen Ort in den Zeiten der Deindustrialisierung von Bedeutung, aber weit bedeutender ist das symbolische Kapital, das die Troisgros' für die Region erwirtschaften. Kein Koch könnte in Deutschland erreichen, daß der Bahnhof des Ortes, an dem er arbeitet, in den Farben seines berühmtesten Gerichts gestrichen würde.

Wenn Roanne auch ein Provinznest ist, so bedeutet das keineswegs, daß die Region keine natürlichen Voraussetzungen für gute Küche hätte. Im Norden, auf den Weiden des Charolais, wächst das beste französische Rindfleisch, wenn es nicht mit Hormonspritzen verdorben wird. Im Süden, auf der Hochebene von Forez, gibt es Wälder mit Pilzen und Teiche mit Fischen. Im Westen wachsen die Weine der Côte Roannaise, und das Beaujolais ist auch nicht weit. Im Südosten grenzt die Gegend an das Lyonnais, traditionell gerühmt wegen seiner kulinarischen Qualität und Produktvielfalt.

Es fehlt in Roanne also nicht an kulinarischer Tradition und nicht an Produkten für Hochküche. Aber zählt das gegenwärtig noch, wenn man die Materialien frisch aus aller Welt beziehen kann? Ist Tradition nicht etwas, was die Spitzenrestaurants der Metropolen beliebig herbeizitieren können? Ist die Tradition nicht eher hinderlich für Küchenkreativität auf hohem Niveau? Kommt nicht letztlich alles auf den Standort und damit auf die zahlungskräftige Kundschaft an? Der Weg aus dem Norden, aus Paris in den Süden, verläuft nun einmal nicht mehr wie früher über die Nationalstraßen 6 und 7, sondern über die Autobahn Paris–Beaune–Lyon. Kann ein Traditionslokal wie das der Frères Troisgros da noch mithalten? Oder lebt es nur noch von seinem früheren Ruf und der Nachsicht der Michelin-Tester, die den Entzug von Sternen noch vorsichtiger handhaben als ihre Verleihung?

★ ★ ★

Und wenn das Restaurant auch am Bahnhof liegt, wir reisen mit dem Auto an. Das tun fast alle Gäste, wie wir später erfahren. Bahnhöfe, wenn es nicht gerade Bahnhöfe für Hochgeschwindigkeitszüge sind, bringen keine Kunden mehr. Vor dem Haus keine Luxusauffahrt. Moderne Fassade, viel Glas, ein bißchen Stahl, ein bißchen Automatik. Drinnen alles großzügig und licht, aus hellem Holz gestaltet. Es ist seltsam: Viele der neuen Häuser mit Hochküchenrestaurants dekorieren auf »alt« oder »regional«, auf adelig-nobel, auf erzbürgerlich, auf englisch-gemütlich oder ländlich. Hier, wo Tradition ist, sieht alles nach gemäßigter Moderne aus. Die eine der beiden Damen an der Rezeption weiß, daß sie hübsch ist und eine wichtige Funktion in einem bedeutenden Haus bekleidet. Die Attraktivität der anderen ist von der stilleren Art. »Herzlich willkomen. Ich bin Madame Troigros.« Die Juniorchefin also, Gattin des »jungen Troisgros«, Michel, der seit 1983 mit Pierre, seinem Vater, die Küche führt. Der Vater ist unterwegs. »In den letzten Jahren hat er Michel die Küche weitgehend überlassen.« Onkel Jean, der andere der beiden Troisgros-Brüder, die das Haus in die kulinarischen Höhenregionen geführt haben, starb schon 1983.

Auf dem Weg zum Zimmer geht es an der Hausboutique vorbei. Überwiegend solide Sachen, Handtücher, Gläser, Küchengeräte, Wein, hausgemachte Konserven. Wenig Glasgokkel und sonstige nutzlose Scheußlichkeiten. Im Vorübergehen ein Blick in die unbesetzte Bar. Die Einrichtung von Bars ist im Moment in den Spitzenrestaurants Mode. Meist sind sie nutzlos wie ein Kropf. Im schlimmsten Falle muß man dort vor dem Essen die Menükarte studieren, die Bestellung aufgeben und am Ende seine Zigarre rauchen. Das bringt einen um die Vorfreude des sauberen, festlich gedeckten Tisches, aber leugnet auch die Freude, die am Ende eines guten Essens die zerknautschte Serviette, die leere Kaffeetasse, das Armagnacglas, der Aschenbecher und selbst die Flecken auf der Tischdecke und die anderen dezenten Spuren eines großen Fressens allemal hinterlassen. Der Lebenslauf eines großen Menüs wird um Anfang und Ende gebracht. Madame Troisgros beruhigt mich: »Aber natürlich können Sie Ihre Zigarre bei Tisch rauchen.«

Das Zimmer ist überraschend geschmackvoll. Wieder das helle Holz, schlicht und funktional verarbeitet. Als Badezimmer nicht das übliche Marmorungetüm, sondern Holz mit eingelassenen schwarzen Kunststoffflächen. Das könnte man auch zu Hause ertragen, wenn man jemanden hätte, der die Zahnpastaflecken vom schwarzen Kunststoff wischen würde.

Ob denn Michel noch am Nachmittag Zeit für ein kleines Gespräch hätte? Nachmittags ist eine gute Zeit, um mit Köchen zu sprechen, die noch selbst in der Küche stehen. Er hat Zeit. Wir gehen in die Bar, die bei näherer Betrachtung auch nicht schlecht aussieht. Die weißen Glaswände sind von hinten beleuchtet wie Japanpapier. Überhaupt Japan. Das Haus gegenüber dem Bahnhof von Roanne weist dezent japanische Stilelemente auf. Keine Geishapuppen, nein, aber die Klarheit, Einfachheit und Durchsichtigkeit, die japanische Gestaltung häufig aufweist.

Der Mann, der mir in weißer Kochjacke entgegenkommt, hat nichts Japanisches, obwohl er klein ist, sehr klein. Fast einen Kopf kleiner als sein Vater Pierre, seinerseits schon kein Riese, während Onkel Jean groß gewesen sein muß. Jean und Pierre waren sehr ungleiche Brüder. Jean zeigen die Bilder groß und außergewöhnlich schlank für einen Koch seiner Generation. Graue Haare, sehr gepflegter grauer Vollbart, ein Grandseigneur, der das Metier zu einer Zeit lernte, als die Köche kein Recht hatten, die Küche Richtung Restaurant zu verlassen. »Ja, er hatte wirklich eine unnachahmliche Eleganz. Nicht nur im Aussehen, auch am Herd. Seine Bewegungen waren immer präzis, beherrscht, funktional. Er arbeitete unermüdlich, hatte aber am Abend kein Fleckchen auf der Jacke. Unordnung, Nachlässigkeit jeder Art waren ihm unerträglich. Er war schrecklich zu Lehrlingen, die sich die geringste Unachtsamkeit zuschulden kommen ließen.« Pierre, zwei Jahre jünger, war und ist in jeder Weise eher rundlich. Ein runder Glatzkopf mit Schnurrbart und Doppelkinn. Darunter ein runder Körper. Das Schöne am Gesicht von Pierre Troisgros ist der Schalk in den Augen. Das Gesicht eines Genießers, der Spaß am Leben hat. »Ja, Vater lacht gerne. Über sich und andere. Und Koch ist er geworden, weil er gutes Essen liebt. Jedes andere Motiv fand er lächerlich.« Ich frage mich, wie diese ungleichen Brüder miteinander ausgekommen sein mögen. Kochen ist eine sehr hierarchische Angelegenheit. Ein Bruder Chef in der Küche, der andere im Restaurant, das geht noch an. Aber zwei gleichberechtigte Küchenchefs im gleichen Haus ist so etwas wie zwei Regisseure, die zusammen ein Stück einstudieren, also eine Unmöglichkeit. »Ach, es ging ganz gut. Mein Vater hat ein eher ausgleichendes Wesen, kann gut mit den Angestellten wie den Gästen umgehen. Der schüchterne, perfektionistische Jean wußte, daß ihm diese Seite fehlte.«

Michel jedenfalls ähnelt dem Vater. Mehr Haare, Vollbart, sehr kompakt gebaut. Es fehlt ihm die Schnelligkeit, die Unruhe, wohl auch der Ehrgeiz, die kleine Männer häufig auszeichnen. Er ist sichtlich beruhigt, als sich seine Frau zu uns setzt. Und er sucht bisweilen bei seinen Antworten nach den richtigen Formulierungen. Kein Medienprofi. Keine knappen, fernseherprobten Antworten auf Fragen, die er schon häufiger beantwortet haben dürfte. Ganz anders als etwa Bernard Loiseau, der hier im Hause lernte. Gemein haben sie nur den Humor. Aber wenn Michel Troisgros dann nachgedacht hat, sind die Antworten auch differenziert, abgewogen, interessant. Und wenn er auf die Geschichte des Hauses zu sprechen kommt, dann merkt man, daß er Geschichten mag und Geschichten erzählen kann.

Das Haus ist das Werk dreier Generationen. Großvater Jean-Baptiste stammte aus dem Burgund, war Cafetier, liebte gutes Essen und Trinken und seinen Kahn, mit dem er auf die Saône hinausfuhr, um zu angeln. So wie sich die Deutschen heute noch gern einen rechten Franzosen vorstellen. Jean-Baptiste fand nach der Geburt seiner drei Kinder die Hinterstube der Café-Bar zu eng und kaufte ein bescheidenes Hotel, das ihm außergewöhnlich günstig gelegen schien: in Roanne am Bahnhof. Durch Roanne führte die Route Nationale 7, eine Autobahn gab es noch nicht, und die Vertreter fuhren noch mit dem Zug. Unten im Haus war ein Bistro, das den Reisenden bescheidene, aber gute Küche bot. Jean-Baptiste war kein Koch. In der Küche stand seine Frau. Hausmannskost dürfen die Hausfrauen kochen, erst weiter oben wird Kochen ein männlicher Beruf. Großvater, so Michel, habe damals schon die Prinzipien moderner Küche vertreten: keine vorgefertigten Saucenfonds, die zu der Zeit gern wahllos an alle möglichen Gerichte gegossen wurden, keine Mehlsaucen, kein Chi-Chi auf dem Teller. Vielleicht konstruiert er sich da eine Genealogie. Vielleicht ist aber auch etwas dran. Jedenfalls hatte Jean-Baptiste Geschmack. Nicht nur beim Wein übrigens, sondern er kaufte auch Bilder, einen Buffet zum Beispiel, den er sich eigentlich nicht leisten konnte.

Das ordentlich geführte Hôtel des Platanes erwarb sich eine treue, aber bescheidene Klientel. 1935 taufte man es in Hôtel Moderne um. Doch, doch, modern sollte es bei aller Traditionsverhaftung schon sein. Eingekauft wurde natürlich bei den Produzenten der Gegend. Aber wenn man es sich leisten konnte, auch bretonische Austern. Die Troisgros' sind keine Dogmatiker der Küche.

Jean und Pierre sollten werden, was der Vater gern geworden wäre: Köche. Das hieß damals: eine Lehre, die man mit fünfzehn begann, und dann Wanderschaft. Die Wanderschaft war in der unmittelbaren Nachkriegszeit schwierig, zumal man keine Beziehungen zu den großen Köchen der Zeit hatte. Aber immerhin arbeiteten sie eine Zeitlang im Pariser Luxusrestaurant Lucas-Carton, damals eine Bastion der klassischen Escoffier-Küche. Dabei lernten sie übrigens einen Gesellen schätzen, mit dem sie lebenslange Freundschaft verbinden sollte: Paul Bocuse. Wie Bocuse arbeiteten sie anschließend auch bei Fernand Point in Vienne. Die Wanderschaft war damit nicht beendet: Jean schmurgelte später noch im Pariser Grandhotel Le Crillon, das später Christian Constant wieder zu einer ersten kulinarischen Adresse machen sollte, Pierre hingegen im Maxims, dem bekanntesten Pariser Luxusrestaurant der fünfziger Jahre, das mit seinem Ruhm lange seine drei Sterne konservieren konnte, als es in der Küche schon an Erneuerungskraft fehlte.

Die Großen und Reichen dieser Welt, für die die Brüder während ihrer Wanderschaft gekocht hatten, verschlug es nicht nach Roanne, und sie hätten sich im Hôtel Moderne zwischen den Vertretern und den derben Leuten aus dem Roanner Bahnhofsviertel auch nicht wohl gefühlt. Das Hôtel Moderne war trotz allen Ehrgeizes, trotz der Silberbestecke und der weißen Tischdecken immer noch ein bescheidenes Restaurant für die Leute um die Ecke und einige Reisende. Trotzdem kamen Pierre und Jean Troisgros nach Hause zurück, als ihr Vater sie brauchte bzw. zumindest so tat. Die familiären Bindungen waren damals noch stärker als die Karriereorientierung.

Das logische Ziel eines wandernden Kochgesellen war die Rückkehr an den heimischen Herd, die Übernahme der elterlichen Geschäfte und die Heirat.

Genau das tun die Brüder Troisgros. Sie kommen heim und lösen die Mutter in der Küche ab. Die Frauenküche wird Männerküche. Sie nehmen zur Modernisierung des Hôtel Moderne sogar einen Kredit auf. »Der war natürlich im Verhältnis zu den Summen, die man heute in Spitzenrestaurants steckt, äußerst bescheiden. Es galt als unsolide, hohe Schulden zu haben.« »Und wie ist das heute bei Ihnen? Würden Sie sich verschulden wie Veyrat oder Loiseau?« »Ach, wissen Sie, man entkommt seinen Familientraditionen nie ganz. Man muß unablässig modernisieren, aber ich möchte auch noch ruhig schlafen können, wenn einen Monat lang nicht alle Tische im Restaurant besetzt sind. Aber ich habe es da auch leichter als Marc und Bernard. Ich kann aufbauen auf dem, was schon existiert. Deshalb muß ich mich nicht über die Hochrisikogrenze hinaus verschulden. Außerdem konnte man früher in der Provinz auch drei Sterne bekommen, wenn man keine Millionen in Luxus investierte. Dieses war ein relativ bescheidenes Haus, als wir 1968 den dritten Stern bekamen. Heute geht das nicht mehr. Man braucht viel Geld und hat wenig Zeit, auf den Erfolg zu warten.«

Jean und Pierre Troisgros hatten Zeit. In der Provinz hat man Zeit. 1954 bekamen sie den ersten Stern. Das Haus wurde damit eine lokale Referenz. Man ging hin, um runde Geburtstage, um Taufen, Hochzeiten oder Geschätsabschlüsse zu feiern. Der Bürgermeister führte schon mal seine Gäste her, um zu zeigen, was die Region zu bieten hatte. Man ging jetzt zu den »Brüdern Troisgros«, der Name Hôtel Moderne trat in den Hintergrund. Das ergab sich so. Keiner dachte damals darüber nach, daß das eine generelle Tendenz in der Namensgebung von Spitzenrestaurants vorwegnahm, die wiederum einer veränderten Stellung der Küchenchefs entsprang. Heute heißen die meisten Hochküchenrestaurants nach ihrem Besitzer und Küchenchef. Er ist der wichtigste Mann, sein Name trägt das Unternehmen. Nur alte, große Traditionshäuser machen da noch eine Ausnahme. Wieder einmal war es Bocuse. Bei den Troisgros' ging die Entwicklung sanfter, aber das Ergebnis war das gleiche. Ähnlich organisch vollzog sich der Übergang zum Tellerservice, der mit der Nouvelle cuisine Mode wurde, während man vorher das gesamte Gericht auf eine Platte gab, die vom Kellner den Gästen gezeigt wurde, bevor er zerlegte, die Teller anrichtete und vorlegte. Das kostet Zeit, weil es zeremoniell vor sich gehen muß. Es kostet auch Platz. Das Gericht erkaltet leicht, und die Dekoration darf nicht zu kompliziert sein. »Unser Restaurant war relativ eng. Deshalb sind wir dazu übergegangen, die Teller schon in der Küche fertig zu machen, wo man zudem die Angelegenheit bis zuletzt in der Hand hat.«

Der Charakter des Familienbetriebs blieb einstweilen erhalten. Die Männer in der Küche, ihre jüngere Schwester Madelaine und die Ehefrauen an der Rezeption bzw. im Service. Die traditionelle Arbeitsteilung. Aber ist sie so traditionell? In der Generation davor kochten die Frauen. Das war nicht nur bei den Troisgros' so, sondern in der Region durchaus üblich. Die »Mères lyonnaises« waren eine Institution. Auch das Restaurant von Georges Blanc hieß ja mal La Mère Blanc. Und die Mère Besson hatte in den dreißiger Jahren drei Sterne. »Bei den Bauern gilt die Regel, daß die Frauen mitarbeiten müssen und sich nicht nur um die Kinder kümmern können. Das war bei den Kneipiers und Restaurateuren in der Provinz nicht anders.«

1968 der dritte Stern. Die Brüder Troisgros gehörten zur »Bande« um Bocuse, die der klassischen Küche den Garaus zu machen sich anschickte. Und wenn auch nichts so heiß gegessen wie es gekocht wurde, der Küchenstil änderte sich. »Mein Vater erzählt, wie überrascht sie damals waren, zwei Jahre nach dem zweiten Stern den dritten zu bekommen. Ehrgeiz hatten sie schon, auch Selbstbewußtsein, aber letztlich waren sie bescheiden geblieben. Die atemlose Jagd nach den drei Sternen ist erst in den letzten fünfzehn Jahren aufgekommen.«

Tradition, verbunden mit dem allemal notwendigen Perfektionismus und mit Kreativität, das war wohl das Erfolgsgeheimnis. Tradition ohne Erstarrung, Kreativität auf solider handwerklicher und geschmacklicher Basis. Wie die Brüder Troisgros Rezepte »erfanden«, zeigt die Entstehungsgeschichte ihres berühmtesten Gerichts, des Lachsschnitzels mit Sauerampfersauce. »Jean hatte im Urlaub im Südwesten gesehen, daß die Fischer am Adour den Lachs nicht ganz durchgarten, so daß er an der Gräte noch ein bißchen roh war. Knappe Garzeiten verlangen aber viel Präzision und gleichmäßige Stücke. Also schnitt er die Lachsfilets längs in gleichmäßige Schnitzel statt quer in Scheiben. Da der Lachs ein fetter Fisch mit eher dezentem Geschmack ist, sollte die Sauce einen leicht säuerlichen Ton haben. In unserem Garten wuchs damals reichlich wilder Sauerampfer, also hat er es damit versucht.« Versucht ist das richtige Wort. Die Troisgros' sind Handwerker, die Rezepte nicht »entwerfen«, sondern praktisch entwickeln, Lösungen verwerfen, Details verbessern. Aber um überhaupt sinnvoll experimentieren zu können, muß man die Materialien kennen und eine Vorstellung haben, wie welche Bestandteile miteinander harmonieren. Das Gericht ist immer noch auf der Karte. »Das muß sein. Manche Kunden kommen nur deshalb. Aber es ist kein Museumsstück. Wir haben es weiterentwickelt. Wir haben mit der Stärke der Schnitzel experimentiert, haben auch mit Teflonpfannen gearbeitet, um den Fettgeschmack wegzunehmen.«

Der dritte Stern brachte, was er immer bringt: neue Kunden, höhere Einnahmen, wenngleich er die Arbeit in der Küche eigentlich nicht veränderte, ebensowenig wie den Lebensstil. Aber man kaufte das Nebenhaus dazu und leistete sich eine neue

Küche. Es ist eine schöne Küche. Die Materialien sind die heute üblichen: Inox und Kacheln wegen der Sauberkeit, darüber die sorgfältig gepflegten Kasserollen. Die Kücheneinrichtung der erstklassigen Häuser ist immer schön, weil sie funktional und logisch ist, welcher zweifelhafte Geschmack auch bei der Restaurantausstattung vorherrschen mag. Das Brigadeprinzip ist beibehalten, aber alle arbeiten in einem Raum, so daß man alles leicht übersehen kann. Vor allem aber läßt eine große, zum Garten hin gelegene Glasfensterfront reichlich Licht eintreten. Diese Küche ist keine enge, lichtlose Dunstsauna, wie man sie sehr häufig gerade in Traditionshäusern antrifft. Den Köchen wurde zugemutet, was man den Gästen keineswegs zumuten wollte. Köche galten nicht viel. »Mein Vater und mein Onkel verbrachten einen Großteil ihres Lebens in der Küche. Sie wollten es sich selbst ein wenig gutgehen lassen.«

Michel und seine Geschwister wuchsen zwischen den Kasserollen auf. Wo auch sonst. So war das in Familienbetrieben. Michels Erziehung besorgte die italienische Großmutter. Seine Mutter hatte schließlich im Betrieb zu tun. Großmutter war Italienerin. Auch in Drei-Sterne-Häusern schmeckt es bei Großmuttern am besten, Großmutters Gnocchi, Großmutters Tomatensauce, die zerquetschten Erdbeeren in Crème fraîche. »Die Lust am guten Essen, die hatte bei mir nicht ihren Ursprung in den subtilen Saucen von Onkel Jean, sondern in der Familienküche von Anna Forté.« Weil kochende Großmütter auch in Frankreich seltener werden oder im Altersheim für sich allein kochen, verliert sich die traditionelle Erziehung des Geschmacks. Jetzt soll sie als Schulfach eingeführt werden. Ansätze dazu gibt es schon. Michel muß seine Großmutter sehr geliebt haben. Er ist stolz auf sein italienisches Erbe. »Ein burgundischer Großvater und eine italienische Großmutter, das sind keine schlechten Vorausetzungen für einen Koch, nicht wahr?« Monate nach meinem Besuch rief ich Michel

Troisgros zufällig an dem Tag der Fußballweltmeisterschaft an, als Italien gegen Frankreich spielte. Er war guter Laune wie immer, fast noch ein bißchen besser: »Fußballweltmeisterschaft ist wunderbar. Das Restaurant ist jeden Abend voller Funktionäre. Außerdem mag ich Fußball. Auf das Spiel Frankreich–Italien heute abend freue ich mich besonders. Entweder gewinnt meine Großvaterseite oder meine Großmutterseite, da kann ich gar nicht verlieren und habe auf jeden Fall einen Grund zur Freude.« Auf jeden Fall einen Grund zur Freude – die Troisgros' sind Lebenskünstler.

Die Ausbildung freilich war dann nicht mehr Frauensache. Wärend Jean und Pierre das Kochen von der Pike auf gelernt hatten, wurden die Kinder, die natürlich einen Beruf in der Restauration ergreifen sollten, auf die Hotelfachschule geschickt. Michel fand dort seine künftige Frau, die er mit auf die Wanderschaft nahm. Die Keimzelle eines neuen Familienbetriebs. Die Wanderschaft führte durch die besten Häuser. Als Michel soweit war, öffnete der Name Troisgros alle Türen. »Mein Vater mußte sich einen Namen machen. Ich mußte mir einen Vornamen machen. Das ist leichter, birgt aber auch seine Schwierigkeiten.« Michel war bei Vergé am Mittelmeer, bei Chapel natürlich, dann bei Guérard und lernte so die wichtigsten Küchenstile der siebziger Jahre kennen. Aber er ging auch ins Ausland. Die kulinarische Welt endete nicht mehr in Paris und südlich von Lyon wie eine Generation zuvor. Besonders beeindruckt hat ihn der Perfektionismus des Schweizers Freddy Girardet, in Brüssel lernte er bei Wynants, alles Drei-Sterne-Häuser. Im Londoner Connaught lernte er die Suppen und Terrinen verfertigen, die allmählich von den französischen Karten verschwanden. Besonders gut hat es ihm in New York und vor allem in San Francisco gefallen. »Das war eine spannende Mischung zwischen asiatischer, mexikanischer, französischer und kalifornischer Küche, viel entspannter genossen als in den meist zeremoniellen Hochküchenrestaurants bei uns. Eine schöne Zeit. Ich wäre gerne länger geblieben.«

Aber dann starb 1983 Onkel Jean, nicht ohne ihm noch die hohe Kunst der Saucen beigebracht zu haben. Also hieß es, früher als geplant nach Hause zurückzukehren. Michel verweigerte sich den Notwendigkeiten des Familienbetriebs ebensowenig wie Jean und Pierre eine Generation zuvor. Jetzt also Vater und Sohn in der gleichen Küche. Aber was den Brüdern gelungen war, gelingt auch jetzt. »Wird man von einem solchen Vater nicht erdrückt?« »Natürlich ist das die Gefahr. Aber ich hatte selbst etwas gelernt, und man brauchte mich. Dann kann man sich auch allmählich seinen eigenen Platz erkämpfen.«

»Haben Sie einen eigenen Stil?« Michel überlegt lange. »Erst seit drei oder vier Jahren habe ich das Gefühl, etwas Eigenes zu machen. Aber fragen Sie mich nicht nach dem Etikett. Regional oder national, national oder international, Kräuterküche, Gewürzküche – das trifft es alles nicht. Ich will zeitgenössische Küche machen, und die ist nun einmal international beeinflußt, in meinem Falle besonders von den italienischen Wurzeln und von den Auslandsaufenthalten. Nicht zuletzt übrigens auch von denen in Japan, wo wir ein Geschäft haben, das wir zweimal im Jahr besuchen. Aber neulich bin ich zum Beispiel zufällig auf die österreichische Küche gestoßen. Die ist spannend, darüber würde ich gern mehr wissen. Sorgfältige Produktauswahl ist selbstverständlich. Wenn es geht, nehmen wir lokale Lieferanten, aber es geht nicht immer. Roanne liegt nicht am Meer. Der Geschmack muß subtil und harmonisch sein. Das läßt sich schlecht beschreiben. Das muß man schmecken. Und dann versuche ich, die herzliche Atmosphäre des Hauses zu erhalten und die Eitelkeit in Grenzen zu halten. Ein Medienkoch möchte ich nicht werden. Dazu eigne ich mich nicht. Und die Angestellten sehe ich mehr als die vorige Generation als Team.« Da spricht kein Mann der großen

Programme oder der öffentlichen Schaukämpfe. Familie Troisgros nimmt die Arbeit ernst, aber nicht die Selbstdarstellungen der Kollegen. Und die eigenen auch nicht allzusehr. Ob er mir ein paar Rezepte aus den verschiedenen Perioden der Hausgeschichte geben könne. »Da haben Sie Glück. Vater arbeitet gerade an einem Buch, das Rezepte seit 1930 enthalten soll. Ich gebe sie Ihnen morgen. Aber jetzt sollten Sie erst mal essen. Darum geht es doch schließlich.«

Das Restaurant ist im gleichen hellen Holz gehalten wie die Eingangshalle. Gemäßigt modern. Es sind nicht alle Tische besetzt. Keine Reisesaison, und die lokale Kundschaft kommt eher am Wochenende. Das sind etwa fünfzig Prozent. Sie kommen aus Roanne, aber auch aus Mâcon und Lyon. Das will etwas heißen, denn in der Region kann man auch zu Bocuse, zu Chapel, zu Blanc oder ins Léon de Lyon gehen. Etwa fünfunddreißig Prozent Franzosen aus anderen Regionen und nur ein relativ kleiner Ausländeranteil.

Zum Auftakt eine Auster mit Meerrettichsahne, bedeckt von einem Kressegelée. Nichts Besonderes, kann man sagen, wenn man von der Küche immer Sensationelles erwartet. Auch nichts ganz Neues. Meneau hat das Patent auf Austern mit Kressegelée. Nur einfach harmonisch, gut, ausgeglichen. Dann drei grüne Spargel, in gewürztem Semmelmehl gewendet und ein Klecks leichte Holländische Sauce. Im Semmelmehl eine Spur Nelke, ein Hauch von Zimt. Aber kein auffälliger Geschmack nach Weihnachtsgebäck, sondern eine Art und Weise, den Geschmack des Spargels zu unterstreichen. Minimalistisch, riskant, gelungen. Der Langustinenschwanz kam in einem leichten Jus, in dem Venusmuscheln und Streifen von gelbem Paprika schwammen. Schon der Safrangeruch war betörend, der Jus zum Auftunken.

Am nächsten Morgen frage ich Michel Troisgros nach den Bildern im Speise- und im Frühstücksraum, die so ganz anders sind als die in den meisten Hochküchenrestaurants. Dort hängen bestenfalls Landschaften, meist aber miese Stilleben oder Gockelhähne. Hier hängen experimentelle Bilder oder Photos von Gegenwartskünstlern. Man merkt, daß ihn das Thema mehr fasziniert, als über seine Küche zu reden. Er spricht über die Documenta, erweist sich als Kenner des Werks von Gerhard Richter und fleißiger Ausstellungsbesucher. Ich erinnere mich daran, daß schon der Großvater Bilder sammelte. Vielleicht ist das neben der Erdverwurzelung und der Neugierde auf fremde Küchen die dritte wichtige Quelle von Michel Troisgros' Kochkunst: Er interessiert sich auch für anderes als für das Kochen, das Geschäft und den Ruhm. Wer nur etwas vom Kochen versteht, versteht auch davon nichts.

Und da er schon einmal bei den Bildern ist: »Kommen Sie doch mal mit nach nebenan ins Central.« Das Central ist ein Bistro mit Feinkostabteilung, das Marie-Pierre und Michel Troisgros 1995 eingerichtet haben. Auch hier kein Museum, sondern schlichte, warme, zeitgenössische Gestaltung. Die Küche ist unabhängig vom Haupthaus, die Karte einfach und kurz, aber mit einigen preiswerten Gustostückchen. Die Geflügelleberterrine zum Beispiel (warum nur sind die Terrinen aus der Hochküche fast verschwunden, wenn man von der Entenstopfleberterrine einmal absieht?), die Saltimbocca, Hommage an die Großmutter, das Huhn mit karamelisierten Zitronen und Shitake-Pilzen? Aber es geht um die großformatigen Schwarzweißportraits. Erstklassige, pure Aufnahmen von Alltagsgesichtern, die lange Geschichten über die Portraitierten erzählen. »Das sind unsere Lieferanten. Jean-Pierre Burnot liefert uns das Gemüse; Alain Gotard betreibt eine Entenzucht; Pierre Dubois ist unser Hausbäcker, Hervé Mons Käselieferant, Robert Sérol Winzer.« Unter die Winzer ist auch Vater Pierre gegangen. »Er macht einen leichten Wein, der hier verkauft wird. Nichts Großes. Der Weinberg ist allerdings genauso groß wie der von Romanée-Conti, der teuerste Weinberg der Welt. Vater sagt immer, das sei sein Romanée-Conti. Neulich hat Madame Leroy, der Romanée-Conti gehört, bei ihm angerufen und gebeten, die Verwendung des Markennamens zu unterlassen, da das Verwirrung stifte. Das hat ihm gefallen. Er hat sich totgelacht.«

★ ★ ★

Die alten Speisekarten und Rezepte sind eine faszinierende Lektüre. Ein historischer Längsschnitt und zugleich ein sozialer Querschnitt, geprägt durch den Aufstieg des Hôtel Moderne. Am Anfang die französischen Bistroklassiker: Zwiebelsuppe, pochierte Eier auf Lauch und Rotweinsauce, heiße Lyoner Wurst auf Linsensalat, Löwenzahnsalat mit Anchovis, hausgemachte Sülze vom Schwein. Die »Pochouse«, der Eintopf mit Süßwasserfisch, erinnert an die Zeiten, als die Loire noch nicht verschmutzt war. Daraus stammte auch der Hecht, mit Butter und Knoblauch im ganzen gebraten. Der Gipfel an Raffinesse: Seezunge mit gebratener Banane. Banane war damals eine rare Kostbarkeit. Alles hat seine traditionellen Beilagen, das Steak natürlich Zwiebeln und Petersilie. Zum Nachtisch u. a. süßes Omelett mit verschiedenen Marmeladen. Warum muß man solche Küche, bescheiden, deftig, aber sorgfältig zubereitet, inzwischen auch in Frankreich suchen?

In der Zeit des Sternerwerbs werden die Materialien und die Zubereitungen subtiler. Die Taubenmousse zitiert die berühmte Drosselmousse des Lehrers Fernand Point. Aber dann kommen auch die Experimente der leichten Küche (Gemüseterrine), mit ungewöhnlichen Kräutern und Früchten, mit dem Rhabarber zur Gänseleber, mit der Crithme, einer Pflanze, die auf meeresnahen Felsen wächst, zu den Jakobsmuscheln, mit dem Sauerampfer natürlich und gern auch mit dem in Frankreich wenig verbreiteten Meerrettich, der gut den traditionellen Senf ersetzen kann. Trotzdem bleibt die Tradition immer spürbar. Das bekannteste Menü aus der Zeit, als die Troisgros' zu Berühmtheiten wurden, war die Drosselmousse (heute ist der Drosselfang verboten), der Lachs mit dem Sauerampfer und ein Rinderkotelett mit einer Sauce aus Schalotten und rotem Fleurie aus dem Beaujolais. Dazu ein Rindermark und ein Gratin ohne Käse und danach ein Clafoutis, ein Eierkuchenteig mit Kirschen als Nachtisch – klassischer geht es kaum.

Das Repertoire der letzten fünfzehn Jahre ist variantenreicher geworden. Deutlich sichtbar der italienische Einfluß, so zum Beispiel bei den Lasagne mit Trüffeln und Erbsenpüree oder dem »Pani«. Die »italienischen« Materialien sind freilich nach den Prinzipien der Hochküche veredelt und damit auch teurer und komplizierter geworden. Das »Pani«, eine augenzwinkernde Anspielung auf die italienischen Panini, ist eine Art Sandwich aus Schichten gehackter Champignons, feinen Graubrots, ebenfalls kleingehackten Lauchs und einer Rosette aus schwarzen Trüffeln. Die Lasagne besteht aus zwei hauchfeinen Scheiben von Nudelteig, durch die grün das Püree aus frischen Erbsen schimmert und ein kleines Fenster Trüffelscheiben hervorblitzen läßt. Der Lachs kommt zur Abwechslung roh daher, eingelegt in eine Marinade aus Gemüsen und Ingwer. Die Kalbsnieren werden von einer Pampelmusensauce begleitet. Und natürlich finden sich auch ehemals als ordinär aus der Hochküche verbannte Produkte, so zum Beispiel der Hering. Nur sind die Zusammenstellungen nie willkürlich und allein auf Schockwirkung angelegt. So wird der Hering, ein fetter Fisch, mit roter Bete serviert, die Fülle und runden Geschmack mitbringt, während der Meerrettich mit gebändigter Schärfe gegenhält. »Da ist doch ein Unterschied zwischen der Kreativität eines Malers und der eines Koches. Schock mag man nicht essen. Kochkunst sucht auch im Ungewöhnlichen die Harmonie.«

Mit sanften Händen

Die Haeberlins

Die deutsch-französischen Beziehungen sind wahrlich ein ebenso weites wie widersprüchliches Feld. Mit einer großen Portion an Bereitschaft zur Pauschalisierung könnte man sagen: Man betreibt mit großer Selbstverständlichkeit Geschäfte mit- und gegeneinander; man macht Politik eher mit- als gegeneinander, weil es nicht anders geht. Die Kultur aber ist das Feld der Abgrenzung oder der Gleichgültigkeit. Natürlich gab es die Nietzsche-, Marx- oder Heidegger-Mode in Frankreich, natürlich beherrschten eine Zeitlang die französischen Existentialisten, Strukturalisten oder Denker der Postmoderne die Seminare einiger Fachbereiche in einigen deutschen Universitäten und einige Sparten der Programme einiger deutscher Verlage. Aber das täuscht. Vorherrschend ist seit zehn Jahren auf beiden Seiten Gleichgültigkeit gegenüber der Kultur des Nachbarn. Der offenbar unaufhaltsame Rückgang der Zahl der französischen Schüler, die Deutsch lernen, und der deutschen Schüler, die das Französische wählen, sind ein deutliches Zeichen. Und im Fernsehen sieht man überwiegend Veteranen, wenn es um deutsch-französische Kulturbeziehungen geht: ins Exil getriebene deutsche Juden wie Alfred Grosser und Joseph Rovan, immer wieder Daniel Cohn-Bendit und André Glucksman – die Zahl der Mittler zwischen den Kulturen ist offenbar äußerst begrenzt.

Von zwei der erfolgreichsten Vermittler französischer Kultur nach Deutschland ist in solchem Zusammenhang nie die Rede: von Jean-Pierre und Paul Haeberlin. Sie verdienten einen Orden für effektiven Kulturtransfer über den Rhein, denn ihre Auberge de l'Ill war die wichtigste Relaisstation, über die die französische Hochküche der Gegenwart nach Deutschland gelangte. Dieses Verdienst kann nur einschätzen, wer weiß, wie grauenvoll schlecht noch während der sechziger Jahre selbst in deutschen Spitzenrestaurants gegessen wurde, von Ausnahmen in Baden, Württemberg und Bayern einmal abgesehen. Schildkrötensuppe Lady Curzon aus der Dose, danach eine Königinpastete aus schlappem Blätterteig, Mehl und Hühnerbein mit Worcestersauce, ein durchgebratenes Châteaubriand und ein Pfirsich Melba, umgeben von der weltweit gleichen Sirupsauce, das Zeugs aufgetragen von befrackten Oberkellnern, die ebensowenig dafür konnten wie die Köche, die solches fabrizieren mußten – so war sie, die deutsche Hochküche der sechziger Jahre. Technisch gesehen: Escoffier-Küche im Grandhotel-Stil, aber die ein gutes halbes Jahrhundert verspätete, garantiert geschmacklose Ausgabe. Es fehlte in den meisten deutschen Regionen an allem, was man für gute Küche braucht: Tradition, genuß- und urteilsfähige Gäste, gut ausgebildete, kreative Köche, ordentliche Produkte. Das alles gab es in Frankreich, das alles war dort zu kaufen und zu lernen. Und so begann zögerlich der kleine kulinarische Grenzverkehr. Deutsche Köche fuhren nächtens auf den Großmarkt von Rungis, um ordentliche Ware zu finden, deutsche Gastro-Journalisten schulten ihre Zunge in französischen Häusern, und einige ganz mutige junge Köche beschlossen, in Frankreich zu lernen, was in Deutschland nicht zu lernen war. In diesem Grenzverkehr spielten (und spielen) die Haeberlins eine zentrale Rolle. Natürlich nicht nur sie. Auch Pierre Gaertner von Aux Armes de France in Ammerschwir, später auch die Hussers von Le Cerf in Marlenheim, Emile Jung oder Antoine Westermann in Straßburg – um nur die doppelt oder dreifach besternten Traditionshäuser zu nennen. Das Elsaß insgesamt war die Region, wo die Deutschen lernten, von Grob- zu Feinschmeckern zu werden, wo sie lernten, daß Weißwein auch gut schmecken kann, wenn er nicht süß ist, und was der damals überraschenden Erkenntnisse mehr waren. Aber im Elsaß eben doch vor allen anderen die Haeberlins. Der bedeutendste deutsche Koch der letzten dreißig Jahre, Eckart Witzigmann, lernte bei Paul Haeberlin, bevor er über Lyon und Washington nach München ins Tantris ging. Sein Nachfolger dort, Hans Haas, hatte gleichfalls bei den Haeberlins gelernt. Der Transfer riß nie mehr ab. Und die deutschen Gäste, zu Beginn der sechziger Jahre noch rar, begannen sich vor der Auberge zu drängen, um so gut zu essen, wie sie noch nie gegessen hatten. Natürlich spielte für die Köche wie für die Gäste die Nähe zur deutschen Grenze eine Rolle. In Frankreich, aber doch kulturell nicht ganz und gar in der Fremde. Die Haeberlins sprechen Deutsch. Das war gut gegen die Schwellenangst vor der Küche eines Landes, in dem Igitt-Igitt-Schnecken und Froschbeine und Innereien als Delikatesse gelten. Wenigstens wußte man hier, was man bestellte. Kein Grund zu fremdeln. Und dann stellte sich heraus, daß es gar nicht exotisch oder exzentrisch war, was da auf dem Teller lag. Es wurde auch hier nur mit Wasser gekocht. Und mit Butter. Und mit Sahne. Aber es wurde eben besser gekocht, mit besserer Butter, mit besserer Sahne, mit besserer Technik.

★ ★ ★

Dorothee und ich waren 1973 zum erstenmal in der Auberge de l'Ill. Seit 1967 hatte sie drei Sterne. Unser erster Besuch in einem Drei-Sterne-Restaurant. Wir waren Studenten, nicht eben wohlhabend und kamen aus einem Urlaub im Süden zurück, wo wir mit unseren Freunden darüber diskutiert hatten, ob es »bürgerlich« sei, in teuren Restaurants essen zu gehen. Das Wort »bürgerlich« hatte damals mancherorts einen ziemlich üblen Beiklang. Auch der Hunger in der dritten Welt wurde in diesem Zusammenhang häufig erwähnt, der gleiche Hunger, der bis heute dafür herhalten muß, Gäste von Spitzenrestaurants als verantwortungslose Snobs zu geißeln, während die Anschaffung einer Limousine für fünfzigtausend Mark als bescheidener Beitrag zur Arbeitsplatzsicherung und der Erwerb einer Opernkarte als vorbildlich kultiviert gilt. Die Diskussion war eher akademisch, denn bei Montpellier, wo wir Ferien machten, gab es damals kein so richtig »bürgerliches« Restaurant. Aber auf dem Rückweg lockten sie vielerorts. Zum Beispiel das Oustou de Baumanière in Les Baux oder Pic in Valence. Oder Bocuse. In den Garten des Oustou de Baumanière haben wir beim Besuch von Les Baux hineingesehen. Die Wagen auf dem Parkplatz hatten durchgehend erhebliche Beiträge zur Arbeitsplatzsicherung geleistet. Sie standen kühl unter Strohdächern, während ihre Besitzer in weißen Anzügen mit perlenbehangenen Frauen auf der Terrasse speisten. Fürwahr eine ziemlich bürgerliche Angelegenheit. Ich hatte keinen weißen Anzug, Dorothee keine Perlenkette, unser Auto war ein R4. Hier gehörten wir nicht hin. Die anderen Dreisterner am Wege haben wir uns gar nicht erst angesehen. Nicht nur aus politischer Einsicht: Wir wußten nicht, ob das Auto durchhalten oder eine Reparatur die Reste in unserer Urlaubskasse verzehren würde. Kreditkarten galten damals als etwas Amerikanisches, Euroscheckkarten gab man Studenten nicht gern, und in Rundumversorgungsautomobilclubs sind ohnehin vorzugsweise diejenigen, deren gepflegte Autos nicht kaputtgehen. Als wir im Elsaß waren, fühlten wir uns schon fast zu Hause. Nun konnte nicht mehr viel passieren. Nachdem das kleine Hotel in Ribeauvillé im voraus bezahlt und der Wagen aufgetankt war, blieben uns noch genau 152 Francs. Ich weiß nicht mehr, wer den Vorschlag machte, ins nahe Illhäusern zu fahren und mal zu sehen, ob man da für 152 Francs etwas bekäme.

Der Ort ist klein, kaum mehr als fünfhundert Einwohner. Er liegt nicht oben in den Vogesen und auch nicht an der Weinstraße zu ihren Füßen, wo es die hübschesten Städtchen und den schönen Blick über die Weinberge auf die Rheinebene bis hin zum Schwarzwald gibt. Illhäusern liegt platt, aber ansehnlich in dieser Rheinebene, ein gewachsenes, schmuckes Dörfchen bäuerlichen Charakters ohne besondere Sehenswürdigkeiten. Nach der Auberge braucht man nicht zu suchen, und wenn doch, dann weiß hier jedes Kind Auskunft zu geben. »Neben der Kirche, direkt an der Illbrücke.« Die Ill ist ein ruhiges Flüßchen, das ohne alle Aufregung Straßburg entgegenstrebt und dabei vielen schönen Bauernhäusern und noch mehr grünen Bäumen Gelegenheit bietet, sich in ihr zu spiegeln. Am Ufer keine Motorboote, sondern schwarze Kähne.

Vom jenseitigen Ufer der Ill hat man den schönsten Blick auf die Auberge: Ein leicht verwinkeltes, spitzgiebeliges Fachwerkhaus mit Biberschwanzziegeln auf den Dächern. Hinter den großen Fensterflächen im Erdgeschoß ahnt man weiß die eingedeckten Tische. Eine sorgfältig gepflegte Gartenterrasse zwischen Haus und Ufer, das Ganze beschützt von großen alten Trauerweiden, die die Spitzen ihrer Zweige ins Waser baumeln lassen. Wir fanden das Haus nicht einschüchternd, sondern einladend, gastlich. Es will sich nicht vom Dorf und seinen Menschen abgrenzen. Vor dem Eingang viele Autos mit deutschem Nummernschild, die meisten mit einem Stern auf dem Kühler. Die Gäste wurden freundlich von einem kleinen, wieselflinken Mann begrüßt, von Jean-Pierre Haeberlin. Auch er machte keinen einschüchternden Eindruck. »Die haben bestimmt keinen Tisch mehr für uns.« »Fragen kostet nichts.« »Fragen ist vielleicht umsonst, aber der Rest bestimmt nicht.«

Es war ein Mittwoch. Es war noch ein Tisch frei. Wie hätten wir da noch umkehren sollen, wo wir doch von dem kleinen Mann mit der großen Karte in der Hand ebenso freundlich an den Tisch geleitet wurden wie die älteren Herrschaften mit den größeren Hubräumen. »Ein Apéritif?« »Nein danke, wir nehmen nie einen Apéritif.« Ein Apéritif war nicht in unserem Budget. Café ebensowenig. Ich bin heute sicher, daß Jean-Pierre Haeberlin wußte, warum wir keinen Apéritif trinken mochten. Wenn man einige zehntausend Gäste zu Tisch geleitet hat, dann kennt man sie alle. Dabei hätten wir den Apéritif gut brauchen können, denn nun fing die Übersetzerei an und dauerte eine Weile. Wir fanden es gut, daß die Gerichte in französischer Sprache und nur in französischer Sprache aufgeführt waren. Das Elsaß sollte bitte endlich französisch bleiben. Aber praktisch war es nicht. Wundersamerweise kam Jean-Pierre Haeberlin zufällig gerade immer dann vorbei, wenn wir nicht so recht weiterwußten.

Nach der Übersetzung die Vorausberechnung. Die richtig teuren Gerichte waren natürlich ausgeschlossen. Also kein Kaviar für fünfzig Francs, kein Hummer »Prince Vladimir« für achtundvierzig Francs und auch keine Rehnüßchen für vierunddreißig. Aber vielleicht eine Tagessuppe für sechs Francs, danach die Forelle in Pinot Noir für siebzehn Francs und dann der Lammrücken, zwei Personen sechzig Francs? Oder doch die Entenpastete für siebzehn Francs? Und wenn nur einer einen Nachtisch nehmen würde, Pêche Haeberlin natürlich? Oder nur eine halbe Flasche Wein? Wieviel Trinkgeld gibt man hier eigentlich? »Wenn wir uns verrechnen, müssen wir heute abend Teller abwaschen.« Dorothee ist eine praktische Frau, die nicht gern Teller abwäscht. »Dann fragen wir doch einfach.« Ehe ich noch einwenden konnte, so etwas schicke sich hier nicht, hatte sie Jean-Pierre Haeberlin schon gefragt: »Wir haben noch hundertfünfzig Francs. Wenn wir Lachsforelle, Bresse-Huhn für zwei, einen Käse, einen Nachtisch und eine Flasche Riesling nehmen, kommt das hin?« Haeberlin sagte, bevor ich vor Scham in die Erde versinken konnte, mit gleichbleibender Freundlichkeit: »Ja, Madame.« Kurz darauf brachte eine ältere, in festlichem Schwarz gekleidete Kellnerin zwei Apéritif: »Das ist inbegriffen.«

Es war ein wunderbarer Abend. Festlich, sehr festlich, aber nicht einschüchternd vornehm. Die Bedienung freundlich, aber ohne alle Herablassung. Eine wunderbare Lachsforelle mit reichlich Sauce, die wir bis zum letzten Tropfen auftunkten. Sie hatte nichts, aber auch gar nichts mit jenen Fischen zu tun, die in meiner Kindheit freitags so durch unser Haus stanken, daß ich mir angewöhnt hatte zu behaupten, ich vertrüge keinen Fisch. Und so das am Rost gegarte Bresse-Huhn, saftig, schmackhaft und abermals mit viel samtiger Sauce. Keine Ähnlichkeit mit den geschmacklosen, nach Fett stinkenden Dingern aus dem deutschen Wienerwald der beginnenden siebziger Jahre. Der weiße Pfirsich Haeberlin schmeckte wie die in unserem Garten, wenn sie reif waren, und kein bißchen nach Zuckersirup. Die Pistazien dazu frisch und aromatisch statt fad und ranzig. Wir hatten nichts gegessen, was wir nicht kannten, und bis auf die wenig beeindruckenden Trüffelscheibchen beim Huhn auch keine Luxusprodukte. Und trotzdem schien alles viel besser, als wir es kannten, wie verzaubert. Hundertvierzig Francs hat es gekostet, Café eingeschlossen. Wundersamerweise blieben zehn Francs fürs Trinkgeld.

Im Jahr darauf haben wir die beiden Gerichte Paul Haeberlins gegessen, die auf lange Zeit meine Vorstellungen von Hochküche nachhaltig prägen sollten: das Froschschenkel-Schäumchen und den soufflierten Lachs. Sie haben gemein, daß sie – wenn sie denn gelingen – schierer Geschmack sind. Das Material mit seiner natürlichen Konsistenz und Erdenschwere verwandelt sich in Schaum und Hauch, der auf der Zunge zergeht. Was habe ich nicht alles angestellt, um diese Gerichte in dieser Qualität nachzukochen! Zunächst die Rezepte erfragt. (Das ausgezeichnete, von Bernd Neuner-Duttenhofer herausgegebene Rezeptbuch der Haeberlins mit dem Titel »Meisterküche im Elsaß« war noch nicht erschienen.) Paul Haeberlin hat aus ihnen nie ein Geheimnis gemacht. Köche, die aus Angst vor Nachahmung ängstlich ihre Rezepte hüten, sind schlechte Köche. Kein Rezept taugt etwas, wenn es schlecht ausgeführt wird. Also bei der Rückfahrt in Straßburg Froschschenkel gekauft, mir die Finger beim Auslösen verknotet, das Fleisch durch den Wolf gedreht, in der Moulinette püriert, mit Sahne und Eißweiß versetzt und was das Rezept sonst noch so an Komplikationen hat. Und doch war die Mousse nicht so locker, wie sie sein sollte. Oder das Lachssoufflé, das vor den Augen der Gäste zu einer zähen Masse zusammenfiel, als ich die Ofentür öffnete. Vergeblich die Stunden des Enthäutens mit ungeeigneten Messern, des Entgrätens mit der Pinzette, des Pürierens und Montierens. Aber das Lachsfleisch unter der Soufflémasse schmeckte trotzdem, und die fette Sahne-Butter-Lachs-Sauce war fast so gut wie in Illhäusern.

Beim nächsten Besuch habe ich Jean-Pierre Haeberlin gefragt, was ich denn wohl falsch mache mit den Schäumchen. »Gehen Sie doch in die Küche und fragen Sie meinen Bruder.« Bei dieser Gelegenheit habe ich ihn zum erstenmal gesehen, den Haeberlin der Küche, Paul, den Vater aller Genüsse der Auberge de l'Ill. Paul Haeberlin verläßt diese Küche nicht gern. Hier und nur hier ist er ganz bei sich. Mondänitäten, small talk, Interviews mag er nicht. Wenn ihm ein Orden an die Jacke geheftet wird, bedankt er sich artig und geht dann in die Küche, um sicherzustellen, daß die zu seinen Ehren versammelte Festgesellschaft auch ordentlich zu essen bekommt. Aber in seinem Reich ist er sichtbar ein Souverän, ein allseits geachteter, sanfter König. »Womit machen Sie denn die

Schäumchen?« »Mit dem Fleischwolf und einer Haushaltsmoulinette.« »Der Motor der Moulinette wird wahrscheinlich zu heiß, dadurch erwärmt sich die Masse, und das Eiweiß bindet nicht mehr richtig ab, weil es nicht ausquellen konnte.« »Und was soll ich machen?« »Kühlen Sie alle Zutaten bis in die Nähe des Gefrierpunktes, legen Sie den Fleischwolf und die Moulinette vor Gebrauch kurz in die Tiefkühltruhe, und arbeiten Sie schnell. So könnte es gehen.« Und dann, nach einer Pause: »Und wenn Sie die Froschschenkel einfach in Butter und Schalotten anbraten würden, ein bißchen Geflügelfond, ein bißchen Riesling, einen Teelöffel Mehlschwitze, Sahne und Butter dazu? Das ist weniger aufwendig und ebenso köstlich.« Der erste Ratschlag war der eines erfahrenen Küchenprofis, der seine Materialien kennt und Lebensmittelchemie im Blut hat. Fortan gelangen die wenigen Soufflés und Schäumchen, die ich noch versuchte. Aber ich habe bei den mißlungenen Versuchen mehr gelernt als bei den gelungenen. Der zweite Ratschlag war wegen seiner Langzeitwirkung viel wichtiger. Er bedeutete, daß sich ein Amateur nicht an allem versuchen sollte, was in der Hochküche möglich ist, weil sich manches mit vertretbarem Aufwand nur im arbeitsteiligen Zusammenhang einer gut orchestrierten und gut ausgestatteten Restaurantküche machen läßt. Aber heute findet man ohnehin kaum mehr Froschschenkel ordentlicher Qualität. Die Frösche, einst natürliche Bewohner natürlicher Sümpfe und somit natürliches Lebensmittel, wurden zu Luxusprodukten trockengelegt, der Lachs hingegen durch Züchtung demokratisiert und geschmacklich nivelliert.

Übrigens ging es nicht hektisch zu in Paul Haeberlins Küche, obwohl das Restaurant bis auf den letzten Platz besetzt war. Ich glaube, es geht nie hektisch zu, wo Paul Haeberlin bestimmt. Er ist eine Ausnahmegestalt unter den ehrgeizigen Perfektionisten, die Drei-Sterne-Köche nun mal sein müssen.

Das gilt schon für den Körper. Kaum ein großer Koch ist heute noch wohlbeleibt. Paul Haeberlin ist es. Nein, nicht dick und unbeweglich. Wohlbeleibt, wie es die Männer seiner Generation in einem elsässischen Dorf eben meist sind. Auch der Kopf ist rund, nirgendwo eine Ecke. Mehrere Kinnpartien, keine eckig. Die Augen wachsam, aber vor allem gütig; fast immer ein sanftes, eher schüchternes Lächeln. Wolfram Siebeck hat vor einigen Jahren einmal ein Treffen des Alten mit seinen besten elsässischen Schülern organisiert. Für alle war er ein gütiger, gelassener Lehrmeister gewesen, kein brüllender Tyrann. Jean-Philippe Hellmann: »Der Paul war immer da, Tag für Tag, nie hat er gebrüllt. Blieb ganz ruhig, wenn einmal etwas schiefging, da gab es keinen Terror wie in Paris.« Ehrgeiz schon, klare Arbeitsabläufe, hohe Qualitätskriterien, aber keine Unbarmherzigkeit bei ihrer Durchsetzung, kein Psychostreß. Edgar Husser, heute Chef der Auberge im nahen Artzenheim: »Einmal war ein Prinz zu Gast, und ich war für das Geflügel verantwortlich. Da vergaß ich, dem Huhn Trüffelscheiben unter die Haut zu schieben. Eine Katastrophe. Paul Haeberlin reagierte mit Gelassenheit und bestimmte, daß dann eben die Trüffel extra im Topf serviert wurden.«

Paul Haeberlin ist kein französischer Koch, der sich aus Standortgründen im Elsaß angesiedelt hat, er ist ein elsässischer Koch, der mit den Techniken der französischen Hochküche arbeitet, aber tief verwurzelt bleibt in den Traditionen seiner Region. Das Haus, das später einmal die Auberge de l'Ill werden sollte, wurde 1881 eröffnet und hieß damals Zum grünen Baum. Der deutsche Name war kein Zufall. Das deutsche Reich hatte 1871 das Elsaß besetzt und betrieb eine harte Assimilationspolitik. Im Grünen Baum kochten die Frauen. Die Männer waren auf den Feldern oder in den Weinbergen. Sie kochten, was die Umgebung je nach Saison hergab. Kraut, Sauerkraut mit Fleisch von der Hausschlachtung, Fische und

Krebse aus der Ill, Froschschenkel, Wild. Keine Meeresfische natürlich, keine Luxusprodukte wie Trüffel und Gänseleber, wenig Kurzgebratenes.

Aus dem Krieg von 1871 entstand 1914 ein neuer Krieg, und aus den Feldern wurden wieder Schlachtfelder. Das Elsaß mittendrin. Elsässer auf beiden Seiten der Front. Danach gehörten die Felder wieder zu Frankreich, und die Frauen kochten weiter mit dem, was die Männer von der Erde übriggelassen hatten. Die Frauen: Das waren die Mutter von Paul und dem zwei Jahre jüngeren Jean-Pierre sowie Tante Henriette. Im Lyonnais hätte ihr Lokal »Mère Haeberlin« geheißen. Paul zog es in die Natur, vorzugsweise zu ihren eßbaren Bestandteilen. Und in die Küche, ins Reich der Frauen. Der zwei Jahre jüngere Jean-Pierre suchte in der Natur mehr die Farben und Formen. Er wollte Maler werden, Maler und Architekt. Dann kam der neue Krieg. Die Brücke über die Ill wurde gesprengt, um die anrückenden Deutschen aufzuhalten. Das alte Gasthaus der Haeberlins brannte bis auf die Grundmauern ab. Die zweite Panzerdivision befreite am 25. Januar 1945 nur noch Ruinen. Bald darauf entstand das Gasthaus wieder, zunächst provisorisch als Baracke aus primitiven Brettern. Aber am gleichen Ort. Der Gedanke, sich lieber im größeren und schöneren Riquewihr anzusiedeln, dem Rüdesheim des Elsaß, wurde verworfen. Elsässer sind bodenständig und wandern nicht gern in die Fremde.

Paul lernte Koch. Kein Gedanke an die übliche Wanderschaft durch die besten Häuser des Landes. Kochen hatte er schon bei seiner Mutter und Tante Henriette gelernt, und was man in der Frauenküche nicht lernen konnte, das brachte ihm Edouard Weber bei, der weit in der Welt herumgekommen war, sogar am Zarenhof gekocht hatte und nun in Ribeauvillé sein Restaurant betrieb. Er war ohne Kinder und behandelte seinen begabten Schüler wie einen Sohn. Offenbar ist es in der harten Kochlehre so wie bei der Erziehung allgemein: Wer als Kind anständig behandelt worden ist, behandelt später seine Kinder zumeist auch anständig. Wer selbst unter Tyrannei litt, wird gerne später selbst zum Tyrannen. Paul Haeberlin hat später als weltberühmter Koch seine Lehrmeister nicht verleugnet, sondern auf die nobelste Weise geehrt, die ihm möglich war: Viele seiner Gerichte sind nach Tante Henriette und Edouard Weber benannt.

Daß der sanfte Paul ein guter Koch werden würde, das stand fest. Aber die Leitung eines erfolgreichen Restaurants verlangt mehr als einen handwerklich sattelfesten Koch. Wer sollte verwalten, das Haus organisieren, die Gäste begrüßen? Wo sollten die Schnelligkeit, die Bestimmtheit, das Verhandlungsgeschick herkommen? Vater Haeberlin kannte seine Kinder und wußte: von Paul nicht. Das waren die Eigenschaften von Jean-Pierre. Der bereitete sich in einem Architekturbüro auf sein künftiges Studium vor, als der Vater ihm ziemlich nachdrücklich nahelegte, doch nach Hause zurückzukehren und Restaurantchef der Auberge de l'Ill zu werden, weil das Familienunternehmen ihn brauche. Zusammen mit dem Bruder in eine kleine Firma, Verzicht auf die eigenen Lebenspläne, Verzicht auf die eigenen kreativen Bedürfnisse, zurück in ein Fünfhundert-Seelen-Dorf – da würde heute jeder Berufsberater, Lebensberater, Psychologe, Psychoanalytiker dringend abraten. Die wurden aber damals im ländlichen Elsaß nicht gefragt. Vielleicht wurden sie nicht einmal gebraucht. Jean-Pierre ging mit sich zu Rate und entschied sich für die Familie. Wohlgemerkt: Als er sich entschied, war die Auberge ein bescheidener Landgasthof, weit entfernt von Sternen und internationaler Kundschaft. Es kamen die Leute aus der Gegend. Die prominentesten Gäste waren lokale Unternehmer, Großbauern, auch mal ein paar Bürgermeister zum Festbankett. Jean-Pierre entschied sich gegen eine unsichere kreative

Zukunft, nicht weil er sicheren Wohlstand, sondern weil er seine Familie im Sinn hatte. Seinen Neigungen ist er darum nicht untreu geworden: Die Umbauten, die Erweiterungen des Hauses, die Gartenterrasse an der Ill, die Einrichtung des Restaurants, die schlichten Teller mit dem Haeberlin-Emblem, die schönen Stühle, die Bilder, die Antiquitäten – das alles trägt seine Handschrift. Die Aquarellandschaften auf der Speisekarte, viele Aquarelle an den Wänden der Auberge sind dienstags entstanden, dem traditionellen Ruhetag der Auberge.

Ehrgeiz hatten beide Brüder, jeder auf seine Weise und auf seinem Gebiet. Aber sie hatten auch Zeit. Auf dem Land hat man Zeit. 1952 erhielt die Auberge den ersten Stern. Am Stil änderte das nichts. Elsässer Tradition, aber handwerklich immer subtiler. Frauenküche verwandelte sich allmählich in männliche Restaurantküche, aber unter Pauls sanften Händen, die nicht die Wurzeln des grünen Baums kappen, sondern nur die Triebe veredeln wollten. Nur nichts Übertriebenes, nichts Lautes. 1957 der zweite Stern. Es ging stetig aufwärts, aber langsam. Zeit, die schönen, teuren Gegenstände anzuschaffen, die ein Restaurant festlich machen, ohne sich hoffnungslos zu verschulden. Kein Druck, unbedingt jede Woche in der Zeitung stehen zu müssen, um Gäste anzulocken und den Bankrott abzuwenden. Ein solider Betrieb eben. Der dritte Stern 1967 war beinahe logisch. Nun kamen auch viele Deutsche, viele Schweizer. Die Grenzlage, in den vielen Kriegen ein schrecklicher Nachteil, wurde zum Standortvorteil. Aber das ist kein Haeberlin-Wort. Die Haeberlins sehen ihr Haus eher als Brückenstelle. Das ist ihr traditioneller Ort, wo schon der Urgroßvater wirkte, der auch Bürgermeister von Illhäusern war; der Großvater mit Gattin Frédérique, der ersten Köchin der Dynastie; Vater, Mutter mit Tante Henriette; dann Paul mit seiner Frau Marie, die aus dem Nachbardorf stammt, Jean-Pierre, der neben vielem anderen auch die Funktion des

Bürgermeisters wahrnahm, und ihre Schwester Madelaine, die über Jahrzehnte die Kasse machte. Die nächsten Generationen wuchsen hinein in dieses Nest. Ohne Kampf, ohne Bruch. Marc, Sohn und Nachfolger Pauls, steht seit beinahe zwanzig Jahren neben seinem Vater in der Küche. Danielle, seine Schwester, ist im Service. Marco, der Schwiegersohn, leitet das Hotel nebenan.

Und die Enkel sind schon geboren. Man darf wetten, daß sie die Tradition der Auberge einmal fortsetzen werden. Laetitia hat der stolze Großvater Paul bereits ein Dessert-Rezept gewidmet, süß, aber nicht zu süß. Undenkbar, daß die Auberge de l'Ill in »Paul Haeberlin« oder »Marc Haeberlin« umgetauft würde, wie sich die Auberge der Mère Blanc in das Restaurant »Georges Blanc« verwandelte. Die Familie ist nicht nur eingebettet in eine Tradition und einen gemeinsamen Arbeitszusammenhang, sondern darüber hinaus auch in die Großfamilie des Dorfes. Die meisten Angestellten der Haeberlins stammen aus Illhäusern oder der unmittelbaren Umgebung. Die an Geld wie an Erfolg reichste Familie eines Ortes und darüber hinaus der größte Arbeitgeber zu sein, das macht nicht unbedingt beliebt. Neid gibt es auch im Elsaß. Aber wen haben die Bürger von Illhäusern für lange Zeit zu ihrem Bürgermeister gewählt? Jean-Pierre Haeberlin. Wer einen Betrieb ordentlich und gerecht leiten kann, warum sollte man dem nicht auch das Amt des Bürgermeisters antragen? Und so hat sich Jean-Pierre auch darum noch nebenamtlich gekümmert. So wie immer: ausgleichend, diplomatisch, Brücken schlagend. So zum Beispiel die zur Partnerstadt Collonges-au-Mont-d'Or. Selbst damit blieb man gewissermaßen in der Familie. Der bekannteste Bürger der Partnerstadt ist Paul Bocuse.

Die Familie, das Dorf, das Elsaß, die Zunft – die Haeberlins sind fest eingebunden in eine stabile Welt. Risikogesellschaft, Mobilität, Zerfall der Großfamilie, Scheidung, Bruderzwist, biographische Brüche, das alles mag ja das gegenwärtige Leben kennzeichnen. Aber nicht hier, im Gasthaus an der Ill-Brücke. Dafür ist gesorgt. Deshalb wohl auch drängen sich hier die Gäste. Hier wird nicht nur gutes Essen verkauft, sondern auch der Traum von einem ruhigen, harmonischen Leben, das langsam in seinen angestammten Bahnen dahinfließt wie die Ill. Und weil man jeden Abend auf gut hundert Gäste rechnen kann und weil man keinem Investor Rechenschaft schuldig ist und weil der Bankier respektvoll grüßt, muß man auch den guten Namen nicht verkaufen, keine Dosensuppen mit dem Label Haeberlin oder T-Shirts mit dem Konterfei von Paul Haeberlin auf den Markt bringen. Sicher, man hat nach langem Zögern ein Hotel neben die Auberge gebaut. Aber eigentlich nur deshalb, weil die Gäste heute nach dem Essen nicht mehr Auto fahren mögen und weil selbst das Wort eines Exbürgermeisters nicht mehr vor der Blutprobe schützt. Das holzverkleidete Hotel fügt sich ein in die Gartenanlage am Ufer der Ill, hat nur elf Zimmer und verzichtet auf den Schnickschnack, den man in der Luxuskategorie findet. Geleitet wird es, wie gesagt, von Pauls Schwiegersohn Marco, der einst Koch in der Auberge war. »Marc (Haeberlin) als Küchenchef und ich als sein Schwager Marco daneben – das wäre nicht gut gewesen. So bin ich hundert Meter weitergezogen. Jeder hat in dieser Familie seinen Platz. Und Hotelier zu sein macht Spaß, wenn man Zeit hat, sich um die Gäste zu kümmern.« Unter den Obstbäumen erklärt er, daß das Haus gegenüber mit der scheunenartigen, zum Fluß hin offenen Rückseite die letzte lokale Werft für die hölzernen Illkähne war und in den nächsten Monaten schließen wird. »Der Bedarf ist nicht mehr sehr groß. Zwischen den Kriegen gab es in diesem kleinen Ort noch dreißig Fischerfamilien. Das ist vorbei.« »Und die zwei Kähne hier an Ihrer Anlegestelle?« »Die dienen auch nicht mehr dazu, die Zander, Krebse oder Froschschenkel für die Gäste zu fangen, wie noch während Pauls Kindheit. Aber in der schönen Jahreszeit kann man zum Beispiel auf den Kähnen frühstücken. Der Fluß wiegt sanft in den Tag. So etwas entspricht dem Geist unseres Hauses. Dafür haben wir kein Beauty-Studio und kein Fitneßcenter. Das vermissen unsere Gäste nicht. Wer sich bewegen will, geht auf den Feldern oder in den Weinbergen spazieren.« Ein seltsamer Hotelier, der nicht an Ausbau der Bettenkapazität und mehr Marmor im Badezimmer interessiert ist, dafür aber schon mal selbst die Koffer zum Auto trägt oder eine Extrapastete zum Frühstück an den Tisch bringt. Wenn man ihn fragt, dann macht er auch kein Geheimnis daraus, daß er praktizierender Christ ist. Ich frage ihn lieber danach, ob es denn in der Familie wirklich so harmonisch zugehe, wie es scheinen will. »Konflikte gibt es in jeder Familie.« Und warum werden sie hier so bewältigt, daß jeden Tag immer wieder alle friedlich unter einem Dach und an einem Tisch zusammenfinden? »Das ist schwer zu erklären. Wenn ich es in einem Bild sagen darf: Die Haeberlins sind nicht wie Stein, sondern wie Wasser, weich und stetig.«

So hat sich auch der Generationswechsel in der Küche langsam und sanft vollzogen. Marc, der Erbe, hat seinen vierzigsten Geburtstag längst gefeiert, aber Vater Paul steht immer noch jeden Tag neben ihm. Die Auberge de l'Ill ist nicht der Ort für einen Vatermord. »Ist es nicht schwierig, so lange Zeit neben so einem Vater zu arbeiten?« »Manchmal schon. Und die Rente hat er sich ja wahrhaftig verdient. Aber die Küche ist doch sein Leben.« Ich denke an Robuchon, der im Alter von einundfünfzig Jahren aufgehört hat, weil die Arbeit des Küchenchefs so hart ist. Paul Haeberlin ist der einzige der großen Köche seiner Generation, der mit weit über siebzig Jahren noch täglich in der Küche steht. »Vater erholt sich bei der Arbeit und findet Untätigkeit schrecklich. Wir haben alles versucht. Jean-Pierre hat ihm gegenüber ein wunderschönes

Haus gestaltet. Aber er ist lieber hier bei der Arbeit. Nur für den Fußball ist er bereit, die Pfannen stehen zu lassen. Also haben wir ihm eine Dauerkarte für die Heimspiele von Racing Strasbourg geschenkt. Einmal ist er hingefahren. Am nächsten Spieltag stand er in der Küche, hatte seinen kleinen tragbaren Fernsehapparat auf das Bord gestellt, kochte und sah sich dabei das Spiel von Racing Strasbourg an. So würde man das Spiel viel besser sehen als direkt im Stadion, und außerdem könne man dabei noch was Nützliches tun, hat er gesagt. Was soll man da machen?«

Marcs Stirn ist schon sehr hoch, und doch hat er noch etwas Bubenhaftes. Und er hat weniger Gewicht als der Vater. Gut fürs Fußballspielen. Er hat das Kochen nicht mehr von den Frauen gelernt, sondern wurde als Kronprinz eines Drei-Sterne-Lokals zunächst auf die Hotelfachschule geschickt und dann auf die Wanderschaft durch die besten Häuser. Der erste Lehrer, derjenige, von dem er mit der meisten Wärme spricht, war Günter Wanka vom Erbprinz in Ettlingen, damals eines der wenigen erstklassigen deutschen Häuser. Die Wahl der Lehrstelle hatte praktische Gründe – Ettlingen war nicht weit vom warmen heimischen Nest –, aber gewiß auch etwas Symbolisches: Ein Elsässer Koch, dessen Vater wie kein anderer die deutsche Hochküche französisch inspiriert hat, lernt französische Hochküche bei einem deutschen Koch. Auch hier der kleine Grenzverkehr. Baden ist Illhäusern näher als Paris. Die nächsten Stationen lagen dann natürlich doch in Frankreich. In Collonges bei Bocuse, in Roanne bei den Troisgros', in Paris bei Lasserre und Lenôtre. Er hatte die Wahl, wo er lernen wollte, und die Wahl, die er traf, war eine rechte Haeberlin-Wahl. Deutschland und Frankreich, Neue Küche und traditionelle, neben den Köchen auch ein Patissier. Und dann gern nach Hause zurück: »Ich habe meine Rolle hier langsam gefunden. Es hat mindestens fünf Jahre gedauert.« Marc Haeberlin mußte es nicht eilig haben. Und Exzentrisches, Streitbares ist ihm fremd. Als ich ihn frage, wie er sich denn im Streit der Chefs verhalten habe, in dem die Traditionalisten um Robuchon, Ducasse, Loiseau und Blanc gegen die Neuerer um Veyrat und Gagnaire standen, antwortet er ganz im Stil des Hauses: »Das war ein dummer Streit. Ich habe gute Beziehungen zu beiden Seiten.«

Kann man bei soviel Lust an der Harmonie einen eigenen Stil entwickeln, etwas Unverwechselbares schaffen? Tradition, die sich nicht erneuert, wird leicht altbacken. »Aber wir kochen doch bei aller Kontinuität ganz anders als vor zwanzig Jahren. Wir hatten schon drei Sterne, da gab es unter den Vorspeisen noch geräucherten westfälischen Schinken. Eine Platte mit Charcuterie, die damals jedes ordentliche französische Lokal haben mußte, ohne allen küchentechnischen Aufwand präsentiert. Oder Melone mit Portwein. Oder Pâté im Blätterteig. So etwas könnten wir uns heute nicht mehr leisten. Guten Schinken gibt es in jedem Kaufhaus, gute Melonen und ordentlicher Portwein sind überall zu haben, und eine Pâté, die schon etwas Kunstfertigkeit verlangt, gilt heute als viel zu schwer, um eine gute Vorspeise abzugeben. Die Pasteten sind ohnehin bis auf die aus Gänseleber fast völlig aus der Hochküche verschwunden. Damals wollte man sich den Ranzen vollschlagen, im Drei-Sterne-Restaurant nicht weniger als im Landgasthaus.« Er sagt wirklich »den Ranzen vollschlagen«. Die Haeberlin-Kinder sprechen das allemannisch gefärbte Deutsch, das schon die Eltern sprachen, ebenso fließend wie das Französische. »Natürlich haben sich auch die Techniken verändert. Wir arbeiten beim Garen viel mehr mit den schonenden niedrigen Temperaturen. Und die Saucen sind leichter, viel leichter. Unsere Küche ist heute überhaupt viel subtiler, technisch meist schwieriger als früher. Trotzdem ist sie zugleich auch dem Elsaß näher. Es sind immer noch dreißig bis vierzig Prozent der Gäste, die aus dem Elsaß kommen. Und die aus Belgien, aus Deutschland, aus der Schweiz, die wollen hier nicht das gleiche essen wie in anderen Drei-Sterne-Lokalen. Das erlaubt uns, moderner zu werden und zugleich unsere Identität zu bewahren. Auch im Service. Bei uns gibt es Kellnerinnen, aber keine videoüberwachten Tische. Das mag praktisch sein, aber hierher paßt es nicht.«

Wir unterhalten uns in der gemütlichen Sofaecke gleich hinter dem gläsernen Eingang. Sie ist ganz vom Geschmack Jean-Pierre Haeberlins geprägt. Der blau-weiße Kachelofen, die Stilmöbel, einige der alten Karaffen, die er sammelt, und natürlich die zwei Originale von Buffet. Der Platz hat den Vorteil, daß man sehen kann, wie sich das Restaurant für den Abend rüstet. Die Kellner decken ein und strahlen in ihren Jeans noch nicht die Würde aus, die sie zwei Stunden später haben werden, so wie die Kellnerinnen hübsch daherkommen und noch nicht die freundliche Unnahbarkeit aufgelegt haben, die sie abends tragen müssen. Jean-Pierre, unterdes mit grauen Haaren, geht so rasch und so aufrecht wie immer. Und dann kommen auch Paul und Marie. Sie haben nichts von einem Rentnerehepaar außer dem Alter. Nichts von Menschen, die nicht wissen, was sie mit ihrer Zeit anfangen sollen. Aber auch nichts von modernen Rentnern, die noch einmal einen neuen Lebensabschnitt anfangen, reisen, ihren Wohlstand genießen. Genuß ohne Arbeit ist ihnen nicht vorstellbar. Es geht langsamer, das ist alles. Der Seniorchef und die Seniorchefin. Ihr Gesicht wird kantiger, der Körper steifer, wie es häufig bei alten Bauersfrauen ist, die viel körperlich gearbeitet haben. Ich bin sicher, sie hat nie davon geträumt, mit den berühmten Gästen zu tauschen, deren Bilder an der Wand hängen, mit Königin Juliane von den Niederlanden etwa oder Sonja von Schweden. Da macht sie lieber weiter die Blumen. Paul in der weißen Kochjacke ist dagegen noch runder geworden. Im Alter nähert sich das Aussehen der beiden Geschlechter einander an. Aber die gütigen Augen sind schnell und wach. Froh, daß nun Marc die Fragen der neugierigen Gäste beantworten muß, möchte er doch gern wissen, wer da fragt, was, warum. Er will sich nicht setzen, aber er bleibt, bis er es weiß, und zwar genau. Da kommt etwas von dem Geheimnis seines Erfolgs zum Vorschein. Freundliche Anpassungsfähigkeit, aber auch Überblick und Hartnäckigkeit, Hartnäckigkeit, die Zeit hat.

Die *amuse-gueules* stimmen auf den Stil des Menüs ein: eine winzige Scheibe Blutwurst, eine Mini-Quiche, eine sehr zarte Langustine, kleine Reblochon-Würfel. Ein Menü im kleinen, rustikale Produkte, sehr fein gewürzt. Der erste Gang bietet Variationen von Stopfleber. Eine Entenleberterrine, eine Gänseleber mit Trüffelsauce. Und dann noch einmal gebratene Gänseleber mit Wachtelei. Ich bin sicher, diese Stopfleberzubereitungen waren nicht nur variantenreicher, sondern auch reicher an Geschmack, als die erste meines Lebens, die ich 1974 hier gegessen habe. (In den sechziger Jahren, als man schon zwei Sterne hatte, wurde die Pastete nicht einmal selbst gemacht.) Aber nichts reicht heran an die Erinnerung eines außerordentlichen Geschmackserlebnisses. Kutteln hätte man damals hingegen der Kundschaft nicht zu servieren gewagt, obwohl man wußte, wie gut sie sein können. Aber Kutteln sind kein Nobelprodukt und hätten in den Augen der ausländischen Gäste die ganze Karte »unrein« gemacht. Jetzt gibt es einen feinen Kuttelsalat, kombiniert mit einem panierten Kuttelstück. Unter den Fischen Paul Haeberlins eine klassische Seezungenzubereitung mit Krebsfleischfarce, die im Farbkontrast zwischen weißem Filet und roter Krebskarkasse so lecker aussieht wie immer, aber in dieser abgespeckten Version mit den Kalorien auch an Geschmack verloren hat; ein Steinbutt mit kleinen, sehr zarten Tintenfischen, ein Zander mit Gambas, einem Flan von Froschschenkeln (die Anspielung auf das berühmte Froschschenkelgericht in minimalisierter Form) und reicher Morchelsauce. Der Höhepunkt aber zweifellos das Hauptgericht, die Trüffel in Kartoffelkruste: ein blonder Knödel aus Kartoffelteig, zum Igel gespickt mit frittierten streichholzgroßen Kartoffelstacheln. Das Messer dringt leicht ein und stößt dann auf etwas Hartes. Bevor man sie sieht, die schwarze Trüffel, befreit sich ihr Duft aus dem Teig und steigt mächtig in die Nase. Humus, Wald, Trüffel eben von unverwechselbarer Intensität. Eine dicke Knolle. Die Auberge de l'Ill war nie das Haus der Miniportionen. Ein wenig vom Kartoffelteig, der unterstützt, der den Geschmack verlängert und abrundet, dann wieder ein ordentliches Stück vom Trüffel geschnitten – ein pures Vergnügen. Serge Dubs, der vielleicht souveränste Weinkellner, den man in einem französischen Restaurant finden kann, brachte dazu einen Riesling 1994 von Ostertag, einen sensationellen Tokay 1994 von Josmeyer und einen Burgunder Bonnes Mères von 1976. »Oder wollen Sie statt des roten Burgunders lieber einen Pinot Noir aus dem Elsaß? Aber offen gesprochen, ich rate eher zum Burgunder. Man soll es auch mit dem Stolz auf die Region nicht übertreiben.«

Regional, aber nicht orthodox; möglichst das Beste bieten, aber vor allem nicht übertreiben – da ist es noch einmal formuliert, das Prinzip dieses einmaligen Hauses, um dessen Zukunft man keine Angst haben muß. Obwohl – wenn man ohne den Wein im Blut, die wohlige Sattheit im Bauch und das kleine Glück eines gelungenen Abends noch einmal über die Küche des Marc Haeberlin nachdenkt, dann fällt auch hier noch einmal auf, daß auch in der Küche der Stil den Menschen verrät, der dahinter steht: Nirgendwo in Frankreich habe ich so zarte, auf den Punkt gegarte Produkte gegessen, nicht nur die Schäumchen und Flans, sondern auch die Tintenfische oder die kleinen Langustinen. Hier wird den Dingen keine Gewalt angetan, und sie danken es mit Delikatesse. Aber wo bei den Saucen Marc Haeberlins nicht Trüffel oder Morcheln im Spiel sind, also zum Beispiel bei den Fischsaucen, da ist zwar sanfter Wohlgeschmack, doch es bleiben der Charakter, die Differenz, die Kreativität manchmal auf der Strecke. Wer soviel Harmonie will wie Marc Haeberlin, zahlt dafür auch einen Preis.

Der neue Liebling der Götter

Michel Guérard

Sein Bild, das ich von der Titelseite seines ersten Kochbuchs her im Kopf hatte, zeigte einen Mann mit glatten, in die Stirn und über die Ohren gekämmten Haaren, braunen schalkhaften Augen, einer großen Nase, einem breiten Lächeln, das in Grübchen auslief, darunter ein Kinn mit der leichten Neigung, sich zu verdoppeln. Er muß schon fünfzig gewesen sein, als das Photo vor etwa fünfzehn Jahren entstand, aber er hatte darauf noch etwas von einem Jugendlichen, einem Sunnyboy, einem liebenswerten Spitzbuben aus einer französischen Vorstadt mit heftigem Temperament, keinem Spaß abgeneigt, in keiner Hinsicht ein Kostverächter, ein Mann, der den Mädchen hinterherpfeift. An seiner Seite eine junge, sehr schlanke mediterrane Schönheit mit langen schwarzen Haaren und feinem, rätselhaftem Lächeln, die so aussah, als würde sie sich nie umdrehen, wenn ihr Männer hinterherpfeifen.

Der graumelierte Herr, der mir nun aus der sorgfältig komponierten Tiefe der Eingangsflucht seines Luxushotels entgegenkam, war vom Scheitel bis zur Sohle ein Patron, strahlte Selbstbewußtsein und Seriosität aus, so daß es der Kochjacke und der fleckenlosen weißen Schürze nicht bedurft hätte, um zu wissen, daß dies der Hausherr war, Michel Guérard. Die Stärke der Ausstrahlung war um so erstaunlicher, als es bei ihm vom Scheitel bis zur Sohle nicht eben weit ist, 1,62 m genau. »Ein Meter zweiundsechzig bei einundsechzig Kilo Gewicht. Ich habe auch schon mal achtundsechzig Kilo gewogen, aber das war, bevor ich auf die Cuisine minceur gekommen bin.« Ich kannte die Legende, die er um die Entstehung der Cuisine minceur gerankt hat: um seine künftige Frau, eben jene schlanke, feine Schönheit, die ich vom Photo her erinnerte, trotz ihrer Abneigung gegenüber Embonpoints zu erobern, habe er damals auf Mittel gesonnen, gut zu essen und dennoch abzunehmen.

Die Geschichte klingt ein wenig zu glatt und mediengerecht, um wirklich wahr zu sein, aber Guérard ist ein so überzeugender Propagandist seiner Cuisine minceur, daß ich schon bereit war, an die Unfehlbarkeit ihrer Wirkung zu glauben, als mir Madame Guérard vorgestellt wurde, eben jene mediterrane Schönheit mit feinem, rätselhaftem Lächeln, um deretwillen die Cuisine minceur erfunden worden sein soll. Sie war schöner noch, als ich sie vom Photo her erinnerte, aber auch anders, kein Mädchen mehr, eine Frau, deren Körperformen auf anmutige wie gewichtige Weise die Konfektionsgröße des landläufigen Schönheitsideals in Frage stellen.

Vielleicht ist es doch eher die bei kleinen Männern übliche Rastlosigkeit als die Cuisine minceur, die Michel Guérard davor bewahrt, Fett anzusetzen. Oder der Trotz, es am eigenen Leib erweisen zu wollen, daß heute die halben Portionen zählen: Fernand Point wog, wie wir gehört haben, mehr als hundertvierzig Kilo, sein Schüler Bocuse bringt es immerhin noch auf gute zwei Zentner. Guérard war mit Senderens einer der ersten Kleinen und Leichten, denen in der Küche Gewicht nicht mehr abzusprechen ist – auch hierin wurde er Vorgänger der Chibois, Ducasse, Maximin und Veyrat.

Der kleine Mann erweist sich als schneller, souveräner, gut formulierender Gesprächspartner. Seine Antworten sind wie seine Küche: leicht, aber nicht leichtfertig; sie kommen ohne Vorgefertigtes aus, verraten aber immer einen planmäßigen

Geist; sie kalkulieren die Effekte, aber auch die Substanzen; sie überraschen, aber witzeln nicht; sie bemühen sich um die Exaktheit der Sprache wie um die Exaktheit der Garzeiten und Küchentechniken. Das alles ist beste französische Tradition. Keine Spur mehr des frechen, heftigen Vorstadtcharmeurs vom Photo in meinem Kopf. Bis plötzlich irgend etwas sein Lachen auslöst. Sein Gesicht explodiert. Sein lachender Mund bestimmt das ganze Gesicht, drückt gleich drei Grübchen in beide Wangen, das Lachen zieht Krähenfüße in die Augenwinkel, legt alles in fröhliche Falten. Die große Nase tritt weiter nach vorn, und es zeigt sich, daß nichts in diesem Gesicht symmetrisch ist. Die linke Augenbraue beschreibt einen flachen Bogen, die rechte zieht sich weit hinunter, die rechte Augenhöhle erscheint größer als die linke. Vor allem aber bemerkt man die großen Ohren, das linke tiefer angesetzt als das rechte, das dafür oben weiter absteht.

Wenn Guérard lacht, strahlt sein Gesicht einen Charme aus, dem man sich schwer entziehen kann. Dabei verliert sich aber keineswegs der Eindruck von Weisheit, aber sie entpuppt sich nun als die Weisheit eines Schalks. Ein Satyr lacht da, einer jener mutwilligen Gesellen von ungeschlachter Gestalt mit struppigem Haar, aufgeworfener Nase und großen Ohren aus der griechischen Mythologie. Oder Dionysos selbst, der Herr der Satyrn, der Gott des Rausches, der Orgien, der ausgelassenen Feste? Oder der König Midas, der unermeßlich reiche und weise Priesterkönig des Altertums, der Begründer neuer Kultsitten, der von Diogenes die Bitte erfüllt bekam, daß alles, was er berühre, zu Gold werde?

Ich frage in das Lachen hinein, ob ihm je im Leben etwas mißlungen sei. »Mißlungen, wirklich mißlungen?« Zum ersten Male entsteht eine lange, eine sehr lange Pause. »Nein, wirklich mißlungen ist mir wohl nichts. Natürlich habe ich Geschäfte in den Sand gesetzt, zum Beispiel die Guérard-Schokolade in den USA, natürlich führen nur wenige meiner Experimente wirklich zu brauchbaren neuen Rezepten. Aber das ist kein Mißlingen, weil man daraus lernt.« Und dann folgt langsam der berühmte Satz der Piaf, einer anderen, dynamischen halben Portion aus der französischen Vorstadt: »Non, je ne regrette rien.«

Kein Zweifel, Michel Guérard gehört zu dem seltenen Menschenschlag, dem alles gelingt, was er anfaßt. Er ist fünfundsechzig Jahre alt und hat erreicht, was man als Koch nur erreichen kann: Kind armer Leute, gewann er früh den Titel des besten Lehrlings der Region Paris, wenig später den des »Besten Arbeiters Frankreichs«, der von einer staatlichen Jury jährlich an den besten jungen Koch und Zuckerbäcker vergeben wird; dann arbeitete er im besten Grandhotel von Paris (Le Crillon), darauf in der bekanntesten Nightshow (Lido) und mit der Königin des Pariser Nachtlebens (Regine's).

Als er in einer Arbeitervorstadt schließlich sein eigenes bescheidenes Restaurant aufmachte, kam ihm »tout Paris« hinterhergefahren (Ted Kennedy soll auf der Toilette auf einen freien Platz gewartet haben). Die »Bocuse-Bande«, die damals den Ton anzugeben begann in der französischen Gastronomie, nahm Guérard in Ehren auf, und Paul selbst nannte ihn »den Kreativsten unter uns«. Die Kritiker von Michelin, Kléber, Gault & Millau trugen ihm in seltener Einmütigkeit alles ins Haus, was sie an Sternen, Hauben und Bestnoten zu vergeben haben; das Time-Magazin widmete ihm eine Titelstory, Hunderte anderer Zeitschriften folgten. Dann kam die Heirat mit einer ebenso schönen wie reichen Frau, die zu den wenigen weiblichen Absolventen der angesehensten Wirtschaftshochschule Frankreichs zählte. Mit ihr machte er ein verkommenes Kurhotel in einem tristen Provinzdörfchen am Ende der Welt zu einem kulinarischen Zentrum Frankreichs und zugleich zu einem der schönsten Häuser der luxuriösen Relais & Châteaux-

Kette. Nebenbei wurde er Fernsehstar, Schloßherr, Bestsellerautor, Weingutbesitzer. Als der größte europäische Nahrungsmittelkonzern einen kulinarischen Berater suchte, konnte es nur Guérard sein; als der ehemalige französische Kultusminister Jack Lang einen Präsidenten für seinen Beirat zur Förderung der Kochkunst brauchte, fiel die Wahl wiederum auf Guérard, und schließlich machten ihn auch noch die handverlesenen Kollegen des französischen Berufsverbands der Haute cuisine zu ihrem Präsidenten. Die Kollegen, die Politiker, die Wirtschaft, die Kochkritiker, die Frauen, die Medien – alle Götter lieben Guérard, nicht nur Dionysos.

Guérard muß den Mythos vom König Midas jedenfalls kennen, denn er hat aus den Fehlern gelernt, die den antiken König schließlich doch noch um sein Glück brachten: Midas hatte, als er sich die Gabe erbat, daß alles, was er berührt, zu Gold werde, nicht ans Essen und Trinken gedacht. Die wurden nun auch zu Gold, und er mußte elend Hunger und Durst leiden. Darauf bat er den Gott um die Rücknahme des verderbenbringenden Geschenks. Dionysos war ihm auch diesmal gewogen und riet ihm, in einer nahen Quelle das Gold abzuwaschen. Man soll dort seither Gold finden.

Guérard vertraute nicht auf die Götter, sondern er versuchte, das Rezept herauszubekommen, wie man Essen und Trinken in Gold verwandelt. Sein Erfolg dabei steht außer Frage. Mit einem Rezept behält man die Sache in der Hand. Michel Guérard verwandelt aber nur das in Gold, was er selbst nicht braucht: »In erster Linie koche ich für mich selbst. Ein Koch, der keine Lust am Essen hat, wird niemals etwas Bedeutendes zustande bekommen.« Fürs Goldmachen bleibt allemal noch genug übrig.

Auch die nahe Quelle wußte er ökonomischer zu nutzen als der geschäftlich unerfahrene Midas. Er vermarktet sie als Heilquelle und holt listig mehr Geld heraus, als er hineingesteckt hat. Daß kein König darin badete, gleicht er mit dem Hinweis auf die Kaiserin Eugénie aus, die hier im 19. Jahrhundert Heilung von ihrem Zipperlein und Erholung von ihrem falschen Kaiser Napoleon III. suchte.

Ovid überliefert uns eine zweite Geschichte vom König Midas, die Guérard kennen muß: Midas sei, seines Reichtums überdrüssig, in die Wälder geflüchtet. Dort habe er einem künstlerischen Wettkampf zwischen Pan und dem Gott Apollon beigewohnt. Man kann sich denken, wie die Richter entschieden. Apollon ist seit je der Führer der Musen, Symbol und Hüter der klassischen Künste, Pan ein ziemlich wilder Dämon von der Art der Satyrn. Aber Midas mischte sich ungefragt ein und betrieb Urteilsschelte zugunsten des Flötenspielers, dessen bis dahin unerhörte Musik zwar »panischen« Schrecken hervorrufen konnte, aber auch von seltener, neuartiger und zugleich natürlicher Schönheit war. Apollon ließ ihm zur Strafe Eselsohren wachsen, die Midas vergeblich unter einer Tiara zu verstecken versuchte. Die Tiara kam ihm besonders geeignet vor, denn sie ist eine hohe, steife, kegelförmige Kopfbedeckung – kurz: eine Kochmütze.

Es bedürfte nicht der Kochmütze in dieser Geschichte, um zu erkennen, daß Ovid hier natürlich die Gründungsgeschichte der »neuen Küche« erzählt. Und es ist offenkundig, für welche Kunst unser moderner Midas Partei ergriff. Ebenso offenkundig ist, daß Apollon ihn deshalb kräftig an den Ohren gezogen hat, besonders am rechten. Aber irgendwie ist er auch diesmal davongekommen, ohne wegen seines Avantgardismus und seiner Waghalsigkeit vor aller Welt als Esel dazustehen, der Michel Guérard. Vermutlich hat er sich mit Apollon geeinigt. Der ist eben nicht nur der Gott der klassischen Künste, sondern auch der Gott der maßvollen Begrenzung. Und auf dem Gebiet hat Guérard einiges zu bieten.

Als ich nach Eugénie-les-Bains abreiste, hatte ich noch nie etwas aus Guérards Küche gegessen und ein paar feste Vorsätze im Kopf. Der erste war einfach: Ich wollte wissen, ob Michel Guérard als Koch so gut ist wie sein Ruf oder ob sein Erfolg einfach darauf beruht, daß er eine von ihm einst kreierte Mode, die Nouvelle cuisine, an urteilsgeschwächte, weil unter ihrem Übergewicht leidende Gäste teuer zu verkaufen versteht. Nichts ist so alt wie die Mode von gestern, und ich war fest entschlossen, Guérard einen großen Teller mit drei Kenia-Bohnen, fünf Gramm gehacktem Trüffel und einem Krebsschwanz »an« Vinaigrette nicht als große Küche durchgehen zu lassen. Der zweite Vorsatz war: Ich wollte herausbekommen, was diesen kleinen Mann zu einem der wichtigsten Repräsentanten der Küche unserer Zeit gemacht hat. Das heißt nach mehr fragen als nach Kochkünsten. Es heißt fragen nach der Persönlichkeit eines Mannes wie nach den Tendenzen des Zeitalters, das er im Küchentrakt der Geschichte repräsentiert.

Ich wußte auch, was ich *nicht* in Eugénie wollte. Zum Beispiel wollte ich nicht abnehmen. Anlaß wäre schon gewesen, aber mir kommt es verrückt vor, gerade im Umkreis eines Drei-Sterne-Herds Verzicht zu leisten, wo doch der Verzicht auf einiges von dem Zeug, das ich im Alltag bisweilen esse, viel eher angezeigt ist. Und selbst wenn die Guérardsche Schlankheitsküche sich als so fabelhaft erwiese wie der Ruf, der ihr vorausgeht, wäre da noch das Problem des Weinverbots... Und so optierte ich dann bei der Vorbestellung rigoros für die »Cuisine gourmande« (so nennt Guérard die Küche ohne Kalorienangabe auf der Speisekarte), reservierte aber immerhin aus professioneller Neugier wie aus vorauseilender Höflichkeit gegenüber dem Hausherrn auch ein kalorienverlesenes »Minceur«-Mittagessen. (Guérard weiß um die Bedeutung richtig gewählter Produktnamen: Der kompromittierte Begriff »Nouvelle cuisine« kommt nirgendwo vor, ebensowenig der Begriff

»Diät« mit seinem Anklang von in Wasser gedünsteten Karottenscheiben. »Mince« heißt auf französisch nicht nur »schlank«, sondern auch »fein«, als Ausruf gebraucht, bedeutet es unser bewunderndes »Donnerwetter!«.)

Auf andere Angebote des Hauses Guérard wollte ich hingegen gern verzichten. So auf die Dienste der Kurabteilung. Kein Gewichtsverlust durch Gurkenscheiben, keine Zellulitisdusche, nicht einmal das dekorative weiße (kaolinhaltige) Schlammbad, unter dessen Zuckerguß diejenigen so dekorativ aussehen, die kein Schlammbad nötig haben – Kuranlagen stimmen mich allemal todtraurig. Auch an »Erlebnispaketen« war mir nicht gelegen. Man kann zu Unterkunft, Essen und Thermalkur Kochkurse buchen, Einführung in den Weinbau auf Guérards Weingut »Baron de Bachen«, Einführung ins Automobilrennen auf dem nahegelegenen Kurs von Nogaro, Einführung ins Golfspiel oder in die Kräutergärtnerei. Das Erlebnispaket »Honeymoon« kam schon aus Gründen des Familienstandes nicht in Frage.

Man kommt von Deutschland aus nicht eben einfach nach Eugénie-les-Bains. Entweder muß man mit dem Auto diagonal durch ganz Frankreich fahren, oder man fliegt nach Paris/Charles de Gaulle, durchquert die ganze verstopfte Stadt, um in Orly den Anschlußflug zu verpassen, in Paris zu übernachten und schließlich am nächsten Morgen den ersten der drei täglichen Flüge nach Pau zu erwischen. In meinem Reisebüro hatte man mich gebeten, Pau zu buchstabieren. Ich fand, das ging zu weit, hatte aber selbst nicht mehr erwartet, als mich in einem sehr kleinen Flugzeug wiederzufinden, die eine Hälfte der Passagiere aus Pilgern nach Lourdes, die andere Hälfte aus Pilgern zu Guérard bestehend. Das waren jedenfalls die einzigen Sehenswürdigkeiten im Umkreis von Pau, die ich kannte. Das Flugzeug war groß und – soweit ich sehen konnte – ganz ohne Wallfahrer.

Von Pau aus sind es noch einmal sechzig Kilometer, für die es ein Taxi oder einen Mietwagen braucht. Man fährt durch viel Landwirtschaft, zumeist riesige Maisfelder, durchquert ein paar verlorene Dörfchen und kommt irgendwann am Ortsschild von Eugénie an – offiziell versehen mit dem Zusatz: »premier village minceur«. Die schnurgerade Straße läßt die Kirche links liegen und führt unter Platanen direkt zum weißen Tor eines Parks, hinter dem etwas beginnt, was die vielen Journalisten, die hier schon Spesen gemacht haben, stereotyp ein »Paradies« zu nennen pflegen.

Jedenfalls ist der Park auch bei nüchterner Betrachtung auf den ersten Blick weitläufig, der Parkplatz eine wunderbare Waldlichtung und das Hotel ein hufeisenförmig angeordneter Komplex aus einladenden weißen Gebäuden, die in die würdigen Kolonnaden des Kurtrakts übergehen. Die Begrüßung erfolgt zunächst durch eine nackte, steinerne Göttin unter den Palmen des Innenhofs, dann durch einheitlich in weite Kittel gewandete junge Damen.

Der Spaziergang, um die Zeit bis zum Abendessen zu überbrücken, vermittelt Schloßherrengefühl. Der Park ums Haus soll fünf Hektar groß sein. Fünf Gärtner sind täglich mit seiner Unterhaltung beschäftigt. Es gibt Flüßchen und Lichtungen, schmale Wege und Alleen, Tennisplätze, geheizte Schwimmbäder, Bänke, Heuschober und alles, was der Mensch so in einem Park brauchen kann. Der Kräutergarten ist ein Park im Park, liefert der Küche großzügig verwendetes Rohmaterial. Im vorigen Jahr erinnerte man sich eines kleinen, verfallenen Klosters aus dem 18. Jahrhundert auf dem Parkgelände. Die Guérards ließen es zu einer Dépendance ausbauen, in der jetzt die schönsten Zimmer sind.

Vieles mußte zusammenkommen, damit dieses Anwesen so entstehen konnte: das Vermögen von Guérards Schwiegervater, der Geschäftssinn und der Geschmack von Madame

Guérard, die Arbeit von etwa hundertfünfzig Angestellten, die vom Badearzt bis zum Zimmermädchen, vom Gärtnerlehrling bis zum Chefkoch reichen – aber es wäre alles nicht möglich ohne die Küche, die dem Haus das Ansehen und die Kunden verschafft, die keine noch so kostspielige Werbung anzulocken vermöchte.

Und wie ist sie nun, diese Küche? Als sich die Silberhaube zum ersten Mal von meinem Teller hob, lag darunter ein dünner Teigboden, regelmäßig belegt mit Tomatenscheiben, feingehacktem Basilikum, das Ganze benetzt mit Olivenöl. Darüber am oberen Rand des übergroßen Tellers ein Sträußchen in Teig ausgebackener Kräuter. Das war alles. Es gehört Selbstbewußtsein dazu, ein großes (und teures) Menü mit einem Gericht beginnen zu lassen, das nichts bietet, als die Grundbestandteile der einfachen Mittelmeerküche: Mehl, Tomaten, Kräuter, Olivenöl. Nach dem ersten Bissen weiß man, daß hier ein großer Koch am Werke ist. Der Teig nicht hart und kein bißchen durchweicht, die Tomaten nicht trocken und nicht vollgesaugt mit Öl, das Basilikum reichlich und doch den Tomatengeschmack nicht übertönend, der Ölgeschmack fein, aber die Olive keineswegs verleugnend, die Kräuter kroß, aber noch grün und knackig. Aus jedem Bestandteil wurde herausgeholt, was nur möglich ist und zugleich die Harmonie des Ganzen ausbalanciert. Als Fischgang hatte ich eine »Ile flottante« verlangt und war schon deshalb auf das Resultat gespannt, weil das eigentlich ein klassischer Nachtisch aus Eischaum, Zucker und Mandeln in einer Sauce aus Crème anglaise ist. Es kam ein Küchlein aus Hechtmousse, wunderbar leicht, in einer Marinade aus Gemüsen und kleinen Langustinen, optisch sorgfältig komponiert wie alle Gerichte Guérards. Wäre da nicht das Wasser, das einem im Munde zusammenläuft, würde man es nicht fertigbringen, dem Stilleben mit Messer und Gabel zu Leibe zu rücken. Danach ein Täubchenflügel mit einer reichlich bemessenen Beilage aus grob gehacktem, getrüffeltem Wirsing von geradezu sensationellem Wohlgeschmack, kleinen Kartoffeln und ganzer Knoblauchzehe. Zum Schluß ein Blätterteig-Füllhorn aus glacierten Früchten. »Fast tadellos«, wie der chronische Nörgler Karl Valentin in den seltenen Fällen zu sagen pflegte, in denen er trotz aller Mühe nichts zu beanstanden fand.

Und so drei Tage lang. Von gefüllten Schweinsfüßen, begleitet von Kartoffelbrei – aber was für einem Kartoffelbrei –, wäre zu reden, von kleinen Jakobsmuscheln im Pilzsud, von Hummersalat mit grünen Spargeln, überhaupt von wunderbaren Hummerzubereitungen, von einem Entencarpaccio, von der Kruste des gegrillten Lammrückens.

Und die Cuisine minceur bei alledem? Wenn man an zwei aufeinanderfolgenden Tagen zweimal täglich ein großes Menü eines großen Kochs ißt, dann wird man allmählich süchtig. Man mag es nicht mehr lassen, aber man merkt auch, daß der ganze Tageslauf von der Droge bestimmt wird. Nicht zuviel vom Frühstück, damit Hunger fürs Mittagsmenü bleibt; dann zwei Stunden Mittagessen. Die Volksweisheit weiß, wie's weitergeht: »Nach dem Essen sollst du ruhn'...« Nach dem Erwachen gilt allemal noch: »Voller Bauch studiert nicht gern.« Einzige Ausnahmen: ein leichtes Buch oder eben gleich die Speisekarte fürs Abendessen. Und so weiter.

Kurzum: Nach zwei Tagen wollte ich, was alle Süchtigen wollen, meine Sucht behalten und ihre Folgen loswerden. Darauf hatte die Cuisine minceur nur gewartet, um glänzend Einstand zu halten: als Vorspeise ein Gemüseteller mit Aïoli, ein schönes Gericht aus der bürgerlichen Küche Frankreichs. In der landläufigen Zubereitung hat es den Fehler, daß die Gemüse meist banal und wässerig sind, so daß man sie in viel zu große Mengen viel zu fetter Knoblauchmayonnaise tunkt. Hier gab es einen Stern aromatischer, knackiger Gemüse mit

Michel Guérard 191

einer leichten, übrigens deutlich knoblauchhaltigen Mayonnaise. Bei solchen Rezepten ist die Cuisine minceur traditionellen Zubereitungen nicht nur ebenbürtig, sondern zweifelsfrei überlegen. Danach ein gutes Stück Entenbrust, mit einer Sauce, der die Entfettung nichts geschadet hatte, und eine Konstruktion halbgefrorener Früchte als Nachtisch. Bei der Entenbrust fehlte mir der begleitende Wein, aber als ich vom Tisch aufstand, war ich froh, keinen getrunken zu haben, erwog, zur Abwechslung vom »Ruh'n« vielleicht einmal tausend Schritte zu tun, und machte überhaupt Pläne für den Nachmittag.

Dann wäre die Cuisine minceur also tatsächlich das kalorienarme Ei des Kolumbus, das der Hochküche alle ihre Möglichkeiten ließe und dem Körper alle seine Möglichkeiten zurückgäbe? Natürlich nicht. Zunächst einmal lassen sich manche Rezepte nicht ohne Geschmacksverlust abspecken. Nach Guérards Schätzung gilt das für etwa ein Drittel des klassischen Rezeptbestands. Gänseleber zum Beispiel kann in einer auf Gewichtsabnahme bedachten Küche niemals mehr als Dekoration sein. Dann ist da das Problem, daß sich Menschen mit normalem Einkommen ruinieren müssen, um in Eugénie einen ordentlichen Embonpoint loszuwerden. Die Rezepte einfach zu Hause nachzukochen ist auch keine Patentlösung, denn leichte Küche erweist sich als besonders schwer zu machen. Und dann gibt es da noch das kleine Problem, auf das keine noch so raffinierte Schlankheitsküche eine Antwort weiß: Bei einem kleinen Spaziergang auf der Dorfstraße von Eugénie sah ich in einem billigen Café zwei Schlankheitspensionäre von Michel Guérard, die am Nebentisch immer mit traurigem Gesicht Kurwasser getrunken hatten. Vor ihnen eine süße Scheußlichkeit von Torte, auf ihren Gesichtern Gier und Schuldbewußtsein.

Dennoch ist die Cuisine minceur mehr als eine hübsche Abwechslung für Leute, die lebenslang zweimal täglich in Drei-Sterne-Restaurants essen müssen. Sie beweist auf schwierigem Terrain, daß kalorienbewußtes Kochen und subtilster Genuß sich nicht ausschließen. Sie hat die Grenzen des bis dahin schmackhaft machbar Scheinenden überschritten. Darin ist sie vorbildlich. Wenn sich doch zum Beispiel unsere Krankenhäuser, die für horrende Pensionspreise unsägliches Essen bieten, von dieser Küche inspirieren ließen!

Guérards Cuisine minceur und seine »Cuisine gourmande« unterscheiden sich im Kaloriengehalt und in den Materialien, aber sie kommen aus der gleichen Küche und sind vom gleichen Stil geprägt: Gemeinsam ist zunächst die Suche nach optischer wie geschmacklicher Finesse der einzelnen Gerichte. Sie sind entworfen, nicht entstanden. Ihr Erfinder muß in der Küche experimentieren wie ein Alchimist. Nein, nicht wie ein Alchimist, sondern wie ein moderner Geschmackswissenschaftler. Guérards Kochbücher folgen denn auch nicht der überkommenen Escoffier-Einteilung, erklären aber auch nicht bei jedem Rezept jeden Vorgang einzeln, wie die Rezeptbücher für Amateurköche. Sie entwickeln statt dessen eine Systematik modernen Kochens von den Grundlagen auf. Guérard soll ein vorzüglicher Lehrer sein.

Soweit die Partitur. In der Ausführung ist die Freude an Höchstschwierigkeiten auffällig. Sie liegen darin – jeder ehrgeizige Amateurkoch hat es vor einem neuen, auf streng organisierte Arbeitsteilung einer Profiküche berechneten Rezept irgendwann erfahren –, viele unterschiedliche, empfindliche Materialien, die komplexe eigene Arbeitsgänge erfordern, zum optimalen Zeitpunkt gleichzeitig fertig zu haben. Guérard serviert zum Beispiel verschiedene Stücke eines kleinen Kaninchens (aus Rücken, Vorderlauf, Rippenpartie, Niere), jedes mit anderer, korrekt gemeisterter Garzeit, dazu ein logisches Arrangement winziger Gemüse, keines roh, keines nachgegart, keines kalt – von der Sauce und der Kartoffelzubereitung einmal nicht zu reden. Die Kochkunst, ein sehr konservatives, zünftiges Handwerk, vollzieht hier am sinnfälligsten die Entwicklung der modernen Produktion nach, beeindruckt nicht mehr in erster Linie wie zu Carêmes und Escoffiers Zeiten mit der Masse seltener und teurer Materialien, sondern mit der exakten Koordination komplexer Arbeitsabläufe. Deshalb kann sie »billige« Materialien bester Qualität verwenden, ohne fürchten zu müssen, ihre Legitimation (und vor allem die Legitimation ihrer Preise) zu verlieren.

Als Gelegenheit war, Guérard danach zu fragen, welche Erfahrungen oder Vorbilder seine Küche in den letzten Jahren am nachhaltigsten beeinflußt haben, überzog wieder das listige Lächeln sein Gesicht: »Sie würden es nie erraten. Es waren weder meine vielen Reisen noch bewundernswerte Rezepte großer Kollegen. Es waren die alljährlichen drei Wochen in der Nestlé-Versuchsküche, zu denen ich mich vertraglich verpflichtet habe. Übrigens ein Engagement, über das anfänglich alle die Nase gerümpft haben. Da muß ich etwas liefern. Ich arbeite mit einem klassisch ausgebildeten Koch und seiner Brigade, der aber die Gesetze der Großproduktion von Fertigmenüs kennt, also die Lebensmittelchemie, die Produktionslogik, die Kostenprobleme. Das ist hochinteressant, wirkliche Forschung und ein ganz anderer Blick auf meine Arbeit. Man muß über den Pfannenrand hinausdenken, alle Probleme antizipieren. Kein Denkfehler, keine Nachlässigkeit kann durch ein paar Butterflöckchen vertuscht werden. Seit Jahren haben wir zum Beispiel versucht, meine Torte mit Tomaten und Basilikum für die Massenproduktion reif zu machen. Es funktionierte nicht, weil es eben doch ein sehr kompliziertes Gericht ist. Neulich habe ich eine Idee gehabt, wie es gehen könnte, eine Idee, auf die mein Nestlé-Kollege noch nicht gekommen war.« Wieder das Lachen, diesmal selbstironisch gefärbt. »Das war eine Sternstunde meiner Kreativität im letzten Jahr. Natürlich ist vieles von dem, was ich vorschlage, nicht machbar. Manches wäre machbar, aber es fehlt der Mut. Jedenfalls ist die Aufgabe eine große Herausforderung, und für meine Küche fällt viel dabei ab.«

Ob denn irgendwann die gehobene Massenproduktion von Fertigmenüs Hochküchenqualität erreichen könne? »Aber nein. Dort bedeutet doch jeder Schritt auf dem langen Weg bis zum Verbraucher tendenziell einen Qualitätsverlust. Ich werde meinem Restaurant mit meinen Fertigmenüs nie Konkurrenz machen können. Im Restaurant suche ich Perfektion, in der Industrie den optimalen Kompromiß. Aber gerade weil die Bedingungen der Massenproduktion so schwierig sind, inspirieren sie meine Kreativität auf dem Feld der Hochküche.« Geschäftssinn, Neugier, Kreativität und die Lust an der Provokation haben sich in Michel Guérard glücklich zusammengefunden.

Der Rebell als Klassiker
Alain Senderens

Klar, das mußte er sein. Der Mann, der mir da im kleinen gelben Privatsalon des Pariser Luxusrestaurants Lucas-Carton entgegenkam, das war Alain Senderens. Ich kannte ihn natürlich von vielen Photos. Aber meinem inneren Bild, dem Bild, das ich mir von ihm gemacht hatte, dem entsprach er nicht. Ich hatte einen Rebellen erwartet. War er nicht der radikalste Vertreter der Neuen Küche gewesen, einer, der alles umstürzen wollte, was der Grande cuisine der Grande Nation heilig war?

Der Mann vor mir präsentierte sich nicht als Küchenstürmer, sondern demonstrativ als eleganter Großbürger mit einem deutlichen Hang zum Dandy. Sicher war da der Bart, grau geworden. Pfeffer und Salz, um in der Küchensprache zu bleiben. Aber er war sorgfältig gestutzt und exakt in Form gebracht. Das Gesicht eher asketisch. Die Haare pomadisiert und straff zurückgekämmt. Hinter der Brille – Typ »Dichter im Fernsehen« – ein paar schnelle, sehr kalte Augen. »Enchanté, Monsieur«, »entzückt, Ihre Bekanntschaft zu machen«. Französische Höflichkeit, perfekt zelebriert. Nicht lärmend, aber auch nicht herzlich. Sehr »pariserisch«.

Keine Kochjacke. Er würde an jenem Tag keinen Fuß in die Küche setzen und findet es offenbar nicht nötig, so zu tun, als ob er achtzehn Stunden täglich am Herde stünde. Ihm liegt nichts am allabendlichen Auftritt, mit dem viele große Chefs in weißer Kochjacke ihre Treue zum heimischen Herd vorspielen, derweil in der Küche die Brigade seit Jahren ohne sie kocht. Ich wußte, er war während der letzten zwei Monate, während derer ich bei seiner Sekretärin versucht hatte, einen Interviewtermin zu bekommen, nur wenige Tage im Hause gewesen.

Der blaue Anzug saß maßgeschneidert, paßte zum blaugestreiften Hemd, die Krawatte variierte das Blau bis an die Grenze des Violetten, das Einstecktuch wagte sich in Richtung himmelblau. Auf den zweiten Blick bemerkte man, daß auch das schmale Brillengestell blaufarbig war. (Später erfuhr ich von meinem Kellner, daß Senderens tatsächlich immer die Brille der Anzugfarbe entsprechend wählt.) Die Socken, die Schuhe, der Gürtel dazu – alles tadellos. Ein bißchen unheimlich wirkt solche perfekte Selbstinszenierung, wenn dem dritten Blick auffällt, daß das Blau der Kleidung dem blauen Muster auf der Tapete ziemlich nahe steht. Mindestens weiß Senderens, davon bin ich überzeugt, daß sich blaue Kleidung zur gelben Grundfarbe des Salons besonders gut macht. Zur Farbgebung des Salons passen dann wieder die Gedecke, die Bestecke...

Überhaupt der Salon. Schöner kann man auch in Paris kaum sitzen. Ein Halbrund in einem Erker des ersten Stockwerks eines noblen Gebäudes aus dem 19. Jahrhundert. Die Fenster gehen frei auf die Frontseite der Madelaine im 8. Arrondissement, dort, wo bei Fauchon die wohlhabenden Pariserinnen einkaufen. Napoleon ließ die Madelaine als Siegestempel im griechischen Stil zum Ruhme seiner Armee errichten, Teil seines Programms, Paris zur schönsten Stadt der Welt zu machen. Später wurde sie Pfarrkirche. Oben über dem Hauptportal zeigt eine Skulptur das Jüngste Gericht.

Das Jüngste Gericht à la Senderens, vielmehr den jüngsten Versuch für ein neues Gericht, das in der nächsten Saison auf der Karte stehen sollte, brachte während unseres Gesprächs ein junger Kochgehilfe. Ein Kellner leitete ihn herein. Er wartete respektvoll an der Tür, die rechte Hand auf dem Rücken, in der Linken das Tablett. Da wartete jemand auf die Gnade, sich dem Thron nähern zu dürfen. Senderens winkte ihn heran, kostete von dem, was er brachte. Es war eine Reiszubereitung als Bestandteil eines Nachtisches. Er fragte nach den Details der Zubereitung, nach den Garzeiten. Er war ganz offenbar unzufrieden, gab Anweisungen für den nächsten Versuch. »Aber lassen Sie auch Madame kosten.« »Oui, Chef.« So mußten früher die Köche antworten, wenn sie einen Befehl erhalten hatten. Das sollte sicherstellen, daß sie auch wirklich verstanden hatten. In manchen Küchen hat sich die Sitte noch erhalten, aber nur in sehr wenigen. Sie kommt natürlich von der Armee. Das Organisationsmodell der Küche in Spitzenrestaurants kommt zu einem Teil aus der Zunfttradition, zum zweiten von der vorindustriellen Manufaktur, zum dritten von der Armee. Kein Zufall, daß die ersten bedeutenden Restaurants in der napoleonischen Zeit entstanden. Was Wunder, daß da keine Frauen hineinpassen. Der Koch verließ den Raum im Rückwärtsgang. Das fand ich dann doch ziemlich stark. Dieses Prinzip stammt aus der vornapoleonischen Zeit, als das höfische Zeremoniell nicht erlaubte, dem Herrscher das Hinterteil zuzukehren.

Senderens ist kein Kumpel, aber auch kein Patriarch. Er ist auch kein Kollege und kein Meister im alten Sinne. Er steht im Ruf, arrogant zu sein. Er ist nicht populär. Einer Umfrage zufolge, die 1988 das Magazin Gault & Millau publiziert hat, kennen neunundsechzig Prozent der Franzosen den Namen von Paul Bocuse, zweiundsechzig Prozent den von Raymond Oliver, vierzig Prozent den der Brüder Troisgros, achtzehn Prozent den von Michel Guérard, aber nur drei Prozent den von Alain Senderens, der damit auch weit hinter Maximin, Robuchon und Haeberlin liegt. Senderens ist Chef, ein sehr französischer Chef, so will er von allen behandelt werden. Als später sein Sous-Chef Bernard Guerneron – derjenige, der für die gleichmäßige Qualität von zweihundert Essen am Tage verantwortlich ist – für einen Moment dazukommt und ich einige Fragen an ihn stelle, versichert er sich bei jeder Antwort der Reaktion von Senderens. Das kommt nicht nur von der Abhängigkeit des Angestellten, sondern auch von der Autorität, die Senderens ausstrahlt. Ich merke es am eigenen Leib. Ich achte darauf, wie ich esse, achte auf mein Französisch, versuche möglichst fehlerlos Bestandteile und Zubereitungsweise des jeweiligen Gerichts zu bestimmen, das wir zu zweit im Privatsalon serviert bekommen. Das Essen wird so unversehens zu einer Art Prüfungsaufgabe, Senderens zum strengen Prüfer. »Die Kritiker, die Menschen, die über das Essen schreiben«, so hatte er gesagt, »verstehen zuwenig vom Handwerk, urteilen zu schnell und haben vor allem keine Worte für das, was sie essen. Man muß die Sprache der Küche entwickeln, sonst kommt die Kritik der Küche nicht zugute.«

Senderens hat Ansprüche. An sein Personal, an die Kritiker. Er signalisiert Ansprüche mit seiner Kleidung und mit seinem Habitus. Aber er stellt diese Ansprüche auch an sich selbst. Er kümmert sich um seine Küche, obgleich er von dem Ruf, den er hat, bis ins Rentenalter zehren könnte. Nach wie vor entwickelt er Ideen für neue Gerichte, nach wie vor läßt er sie immer wieder ausprobieren, verwirft vieles, perfektioniert weniges bis zur »Serienreife«. Er sieht sich als Vorgesetzter und Trainer der Equipe seines Hauses, nicht als Mannschaftskapitän. Daß er dabei keinen »Trainingsanzug« trägt, sollte nicht täuschen. Auch der argentinische Trainer Menotti stand im feinen Zwirn am Spielfeldrand, als seine Mannschaft Weltmeister wurde.

Auch wenn ich kein Wort Französisch verstanden hätte, wäre doch nach ein paar Minuten in diesem gelben Salon viel von dem klargeworden, was Senderens zu einem außerordentlichen Koch macht: äußerste Strenge, Perfektionismus, Hartnäckigkeit, die sich nicht nur auf das erstrecken, was auf dem Teller liegt, sondern auf alles, was damit zu tun hat. Dazu Geschmack, der sich nicht auf die Zunge beschränkt. Und Intelligenz, das Wort, das immer auftaucht, wenn jemand versucht, ihn zu charakterisieren. »Früher war dieser Ruf für einen Koch eher schädlich. Man mißtraute Köchen, die schlank, und Köchen, die intelligent waren. Wie bei schlauen Frauen. Man hatte Angst vor ihnen, empfand es als Störung der eigenen Vorurteile. Das hat sich heute zum Glück geändert. Aber es gibt natürlich immer noch viele Männer, die dumme Frauen vorziehen. Ebenso wie dumme Köche. Bei beiden bleibt immer alles beim alten.«

Natürlich hat er auch eine Erklärung für den Wandel parat: »Ein Koch begann noch vor wenigen Jahren seine Lehre im Alter von vierzehn Jahren. Dann arbeitete er den ganzen Tag und die halbe Nacht. Wenn er mal frei hatte, war er nur mit Köchen und Kellnern zusammen, weil alle anderen einen anderen Arbeitsrhythmus hatten. Ein Koch war völlig abgeschlossen von der Außenwelt, vom Alltag, von der Kultur. Die Küche in den großen Häusern war im wesentlichen überall gleich. Die Chefs herrschten autokratisch. Kreativität wurde erstickt.« Er weiß, wovon er redet, denn er hat diese Ochsentour mehr oder weniger selbst durchlaufen. Zuerst im heimatlichen Südwesten Frankreichs, im Hôtel Ambassadeur von Lourdes. Aber wer mehr will, muß in Frankreich im allgemeinen »nach Paris aufsteigen« (monter à Paris), bevor er dann vielleicht seine Seniorenjahre wieder in der Provinz zubringen kann. Senderens war ehrgeizig und arbeitete sich schnell hinauf in die Offiziersränge der Pariser Küchenbrigaden. Im Tour d'Argent war er zuerst zuständig für die kalte Küche, dann für das Gebratene. Das Haus hatte damals drei Sterne und steht in jedem amerikanischen oder japanischen Parisführer. Es dauerte lange, viel zu lange, bis es seinen dritten Stern verlor. 1964 wechselte Senderens in ein Restaurant namens Lucas-Carton und lernte unter Marc Soustelle die klassische Küche. Aufstieg zum zweiten Saucier. Darauf im Berkely Chef-Poissonnier, Chef-Saucier und stellvertretender Küchenchef im Orly-Hilton.

Eine normale Karriere eines begabten Kochs, der aber immer schon ein bißchen anders war als die anderen. Zunächst deshalb, weil seine Eltern nicht aus dem Hotel- und Gaststättengewerbe waren. Er wurde nicht in eine Koch-Dynastie hineingeboren wie die meisten seiner berühmten Kollegen. Kochen lernte er von der Großmutter, der Vater war Friseur. Übrigens will auch Senderens' zwanzigjähriger Sohn nicht die Nachfolge des Vaters antreten: »Er hat am eigenen Leibe leidvoll erfahren, daß einem Vater, der als Koch arbeitet, kaum Zeit für seine Familie bleibt.« So studiert der Sohn am berühmten »Sciences Politiques«-Institut und bereitet sich auf eine Karriere in Verwaltung oder Politik vor. Dem Vater ist das nicht ganz fremd. Immerhin fing er nicht als vierzehnjähriger Lehrjunge an, sondern machte Abitur. Er studierte und las (»ich lese so gierig, wie ein Säufer säuft«), während seine künftigen Kollegen schon Karotten schnitzten.

Und er malte. »Ich wäre gern Maler geworden, aber ich hatte Angst, das Talent würde nicht reichen.« Die Angst war vermutlich berechtigt. In Senderens' kleinem, überhaupt nicht für die Öffentlichkeit bestimmten Büro stehen zwei Bilder von ihm, die von surrealistischer, beinahe esoterischer Inspiration sind. Sie nehmen in der Geschichte der Kunst gewiß nicht den Platz ein, den Senderens' Küche in der Kochkunst schon jetzt hat, aber sie sind auch nicht von der wasserfarbenen Harmlosigkeit, die etwa die Aquarelle von Jean-Pierre Haeberlin auszeichnet. Also gar nicht so schlecht. Doch Senderens' Geschmack ist auch durch seine Eitelkeit nicht korrumpierbar. In sein Restaurant darf nur das Beste. Und zu den besten Malern gehört er nicht. So hütet er sich, das Lucas-Carton als Ausstellungsraum seiner Bilder zu mißbrauchen.

1968, als die französischen Studenten zunächst gegen die anachronistischen Zwänge ihres Universitätssystems und dann gegen die Zwänge des erstarrten Gaullismus rebellierten, war auch das Jahr der Revolte gegen die überkommene Grande cuisine. Michel Guérard und Alain Senderens kochten am Herd das aus, was Daniel Cohn-Bendit auf der Straße anrührte. Voraussetzung war zunächst, den alten Institutionen und den alten Rezepten den Rücken zuzukehren. Senderens gründete in der Rue de l'Exposition das Archestrate, sein eigenes Restaurant mit bescheidener Ausstattung und unbescheidenen Ansprüchen. »Unter dem Pflaster der Strand«, das hieß ins Küchenlatein übersetzt: »Unter den Saucen das Produkt«. Oder, küchengeschichtlich formuliert: »Unter der Tradition das Neue«. Senderens, belesen wie er war, entdeckte die antike und mittelalterliche Küche, streute auf Teufel komm raus Curry an die Austern und strich Honig auf die Ente. Neubegründung *ab ovo* sozusagen. Die Befreiung von der Tradition ließ auch auf kulinarischem Gebiet die Phantasie explodieren. Senderens experimentierte, erfand, verbesserte rastlos und drängte das soeben Erfundene seinen Gästen in zehngängigen Menüs auf. Sie kamen trotzdem. Der Zeitgeist war hungrig nach Unerhörtem, und das wurde hier reichlich geboten.

Ist etwas geblieben von der alt gewordenen Nouvelle cuisine, die damals entstand? »Aber sicher. Das Wichtige ist geblieben. Die Exzesse – auch meine eigenen – sind verschwunden.« Und was war das Wichtige? »Vor allem der Respekt vor dem Produkt. Es wird nicht mehr maskiert durch Saucen. Unsere Zeit beginnt zu begreifen, daß es nicht um die Überwältigung der Natur geht, sondern darum, sie zur Geltung zu bringen. Dazu gehören hochwertige Produkte und vor allem korrekte Garzeiten. Geblieben ist auch die Aufwertung der Gemüse von einer dekorativen Beilage zu einem wesentlichen Bestandteil des Gerichts.«

Damals entstand aber nicht nur eine neue Küche, sondern ein neuer Typus von Küchenchef: der Koch als unabhängiger, kreativer Unternehmer, abhängig nur vom Erfolg. Der wiederum hing damals mehr und mehr vom Echo der Medien ab. »Ohne das ebenfalls 1968 gegründete Gault & Millau-Magazin hätte sich unsere Küche nicht so schnell durchgesetzt.« Senderens eignete sich vorzüglich für die Medien, denn er wußte nicht nur zu kochen, sondern auch darüber zu reden, und er bot der Presse, was sie allemal braucht: den Schock, die Neuigkeit. Aber bei Senderens war der Modernismus immer schon ausbalanciert durch Tradition: die Tradition solider französischer Handwerksausbildung, die Tradition der mediterranen Antike und ostasiatische Traditionen, aus denen er nicht nur die Gewürze übernahm, sondern auch das Prinzip der kurzen Garzeiten. Das Prinzip des laborartigen Experimentierens hingegen orientiert sich an den Verfahren der modernen Industrie: »Nehmen wir die Aalsuppe (»Brouet d'anguille du XIVe siècle«), die ich damals entwickelte. Die Idee stammt aus einem mittelalterlichen Pariser Kochbuch. Aber damals fehlte die Harmonie der Gewürze. Sie ermordeten sich wechselseitig. Also habe ich sechs Wochen lang zweimal die Woche diese Suppe mit immer neuen Gewürzkombinationen ausprobiert, bis das Resultat zufriedenstellend war. Am Ende schmeckt man zuerst den Wacholder, beim zweiten Löffel die Nelken, bis sich schließlich die Harmonie des Ganzen erschloß.«

Was zunächst nur so aussah wie die Marotte eines Kochs, der anders sein wollte, war, soziologisch gesehen, der Durchbruch einer neuen Küche, die sich modernen Ernährungsbedürfnissen anpaßte, eines neuen Typs von Koch und die Öffnung einer sehr starren französischen Tradition gegenüber den Köchen der mediterranen und pazifischen Welt. Senderens hat dem Zeitgeist den Löffel geführt. Spätestens als er, mittlerweile mit seinem Archestrate umgezogen in die Rue de Varennes, im Jahre 1978 seinen dritten Stern bekam, während das Maxims ihn zugleich verlor, war der Kampf der Neuerer gegen die Verteidiger des Alten entschieden. André Trichot, der ehemalige Leiter des Michelin, nannte Senderens öffentlich den »Innovativsten« unter den zeitgenössischen Köchen.

Er zählte auch zu den am meisten kopierten. Vergeblich forderte er gesetzlichen Urheberschutz für neue Rezeptkreationen. »Perikles, der weise Herrscher im antiken Athen, hat Archestrate, dem Koch, Gastrosophen und Namenspatron meines ehemaligen Restaurants, bereits vor mehr als zweitausend Jahren Urheberrechte auf seine Rezepte zugestanden. Heute werden die wenigen kreativen Köche vom Heer der Nachahmer beraubt, und die Regierenden haben nicht genügend Weisheit, das zu verhindern. Das Schlimme ist ja nicht allein, daß kopiert wird, sondern zudem wird meist schlecht kopiert.« Das ist offenbar eines von Senderens' Lieblingsthemen. Man merkt dabei, daß er verbohrt, beinahe verbittert sein kann. Ohnehin gehören Humor oder Gelassenheit nicht zu seinen Stärken, sondern eine Hartnäckigkeit, die man bei der Durchsetzung des Neuen braucht, die aber an anderen Stellen auch skurril erscheinen kann.

Das Archestrate verwandelte sich in den siebziger Jahren von einem Geheimtip in eine kulinarische Pilgerstätte. Dabei war das Restaurant klein, eng und gewiß nicht der beste Rahmen für die (damals) beste Küche von Paris. Und so willigte Senderens ein, als man ihm 1985 das Lucas-Carton anbot. Das Archestrate schloß, der Sturm und Drang war zu Ende, die Klassik begann. Freilich hat Senderens damit nicht verhindern können, daß Alain Passard, ein ehemaliger Schüler, in den gleichen Räumen unter anderem Namen (l'Arpège) heute wieder experimentierfreudige Hochküche macht. Den Einzug ins renovierte Lucas-Carton wird Senderens sehr genossen haben. Hier hatte er einst unter Soustelles Befehl in der Brigade gearbeitet, hier mußte er einst klassische Küche exekutieren, nun kehrte er triumphal zurück und kochte auf eigene Rechnung sein eigenes Süppchen.

Das Lucas-Carton dürfte neben dem Grand Véfour das schönste Restaurant von Paris sein. Ein würdiger Rahmen für die Arbeit eines Klassikers. Die Inneneinrichtung steht unter Denkmalschutz. Das Haus Majorelle verfertigte sie im Stil der Jahrhundertwende aus Ahorn und ceylonesischem Zitronenbaum. Das Holz rankt und schlingt sich wie die Eisenranken über den alten Metrostationen, für die Beleuchtung sorgen feinziselierte Bronzeapplikationen, deren Licht sich in zahlreichen Spiegeln bricht. Belle Epoque reinsten Stils, ohne den ornamentalen Überschuß, der diesen Stil häufig so unerträglich macht.

Senderens ließ alles aufpolieren und stimmte die Tafelkultur auf die Inneneinrichtung ab, die Damastdecken, das Silber, die eigens entworfenen Bestecke mit ihren umrankten jadefarbenen Griffen, die Teller. Noch die Einstecktücher der Kellner wurden einbezogen ins Gesamtkunstwerk. Ein festliches Grandrestaurant. Im ersten Stock befinden sich Privatsalons, wo mittags der »Cercle« speist. Dort wird einfache, bürgerliche Küche serviert, aber der Kreis ist exklusiver als unten im Restaurant, denn die »Cercles« im Maxims und im Lucas-Carton sind exklusive Orte der Pariser Führungskräfte. Nur als handverlesener Abonnent oder Gast eines solchen findet man Zugang zu dieser Nobelkantine. Die Küche, in der sowohl das Essen für das Restaurant wie für den »Cercle« hergestellt wird, ist übrigens klein, eng, ohne Fenster und immer überhitzt. Im Sommer müssen hier schreckliche Arbeitsbedingungen herrschen. In Traditionshäusern läßt sich schon an der

Bauweise das enorme soziale Gefälle zwischen Gästen und Köchen ablesen. Für die Gäste aller Luxus, während dem Personal unerträgliche Arbeitsbedingungen zugemutet werden. In den Drei-Sterne-Restaurants auf dem Land, wo Platz für Erweiterungen ist, wurden in den letzten zwanzig Jahren fast überall neue Küchen an- oder eingebaut. An der Pariser Place de la Madeleine ist der Platz dafür zu teuer.

Exklusivität ist im Lucas-Carton normal. 1918 haben hier der französische Marschall Foch und der amerikanische General Pershing die Waffenstillstandsbedingungen ausgehandelt. De Gaulle hatte hier später seinen Tisch, ebenfalls Pétain, der Kollaborateur. Auch die deutschen Besatzer haben hier gern gegessen. Hitlers Offiziere speisten im Parterre, während sich nach Malraux' Bericht oben die Résistance traf. General von Choltitz, der deutsche »Kommandant von Groß-Paris«, der Hitlers Befehl mißachtete, Paris vor dem Abzug seiner Truppen zu zerstören, nahm hier mit dem damaligen Pariser Bürgermeister sein letztes Mahl vor der Befreiung ein. So gut wird er dann einige Jahre nicht mehr gegessen haben. Als ein paar Jahre später Bundeswehrgeneral Hans Speidel, ins NATO-Hauptquartier versetzt, von seinen französischen Gastgebern ins Lucas-Carton eingeladen wurde, begrüßten ihn die Kellner zum Erstaunen der Franzosen mit Namen. Sie kannten ihn noch aus der Besatzungszeit ...

In diesem geschichtsgesättigten Rahmen fühlt sich der Sohn des Friseurs sichtlich wohl. Er füllt ihn mit seiner Kochkunst, aber gern auch mit Reden über deren Entwicklung, Reden, denen es an intellektueller Spannweite gewiß nicht fehlt. Sie kreisen um die Themen Gesundheit, Schönheit, Körper, Frauenemanzipation. Die Küche, so seine These, die er in vielen Interviews wiederholt, habe in den letzten Jahren eine tiefgreifende Wandlung durchgemacht, in der sich veränderte gesellschaftliche Bedingungen spiegelten: Zunächst habe sich das Schönheitsideal gewandelt. Der Embonpoint, einst Statussymbol, sei in Verruf geraten. Wer nicht schlank und sportlich aussehe, gelte heute als unbeherrscht. Wer nicht auf seine Gesundheit achte, sei in den Chefetagen nicht gern gesehen. Der Körper, einst verhüllt, werde jetzt gezeigt. Früher wurde von der Küche Opulenz verlangt, heute müsse sie gesund sein, ein Prinzip, das die pazifische Küche immer verfolgte, während sie in Europa im Mittelalter verlorengegangen sei. In die gleiche Richtung wirke die Frauenemanzipation. Früher sei die Hochküche eine Küche von Männern für Männer gewesen, heute sei sie zweigeschlechtlich. Die großen Köche sind alle nicht dumm, auch wenn sie die Schule meist früh verlassen haben. Dumme Menschen können kein Restaurant über Jahre zu Spitzenleistungen führen. Aber theoretische Höhenflüge entwickeln sich unter den hohen Hauben sehr selten, denn die Zeit für Lektüre fehlt ebenso wie die intellektuell anregende Umgebung. Senderens hingegen ist nicht nur ein Leser, der vorzeigen möchte, wie gebildet er ist, sondern er hat analytische Fähigkeiten und einen historischen Blick.

Den Garmethoden gilt seine besondere Aufmerksamkeit. Er raisoniert auf den Spuren von Lévi-Strauss über das Symbol des Feuers, beschreibt die kulinarischen Folgen der technischen Nutzung von Gas und Elektrizität in der Küche. Die gewagtesten Ideen machen ihm sichtlich am meisten Spaß. Er zitiert Desmond Morris' These, wir würden das Fleisch erhitzen, weil wir wie unsere wilden Vorfahren mit den fliehenden flachen Stirnen die Temperatur der Beute spüren möchten, er analogisiert die Erhitzung durch Reibung der Moleküle, also das Prinzip der Mikrowellenherde, mit der Befreiung von sexuellen Tabus. Das alles ist belesen, manchmal verblüffend, häufig intelligent, nicht immer sehr genau, aber allemal von jener Brillanz, die in Paris seit je als Zeichen von Esprit gilt.

Senderens weiß natürlich genau, daß es gegenwärtig den

Zeitgeist eher nach Rustikalem verlangt als nach radikalen Neuerungen. Das aber, so sagt er wohl nicht zu Unrecht, sei gerade ein Zeichen rapider gesellschaftlicher Entwicklung. Das Neue mache angst, und so suche man dann auf kulinarischem Gebiet Tradition und Sicherheit beim guten Alten.

Solcher Konservatismus war seine Sache nie. Er interessiert sich für Vakuumgarung und Lasersterilisierung, für alles, was in den Labors der Agro-Industrie für das nächste Jahrtausend ausgekocht wird. Aber ein bißchen unheimlich ist ihm auch bei einer Entwicklung, die nun seine eigenen Prinzipien – Gesundheit und präzise Fertigung – absolut setzt. »Die Gefahr ist, daß bei soviel wissenschaftlichem Kalkül das Vergnügen auf der Strecke bleibt. Wir brauchen eine Küche, die das Rustikale, das Überkommene mit den neuen Techniken verbindet. Es fehlt gegenwärtig die Harmonie, die Integration.«

Harmonie – das ist das Ziel aller klassischen Perioden der Kunst und das ist auch das Ziel des zum Klassiker gewordenen Senderens. Harmonie zwischen optischer Präsentation, Geruch und Geschmack eines Gerichts; Harmonie zwischen den einzelnen Komponenten dieses Geschmacks selbst. Harmonie auch zwischen Tradition und Kreativität. Senderens ließ zwar eine stolze Liste von ca. achtzig »Kreationen seit April 1968« drucken, die eine Zeitlang auch den Speisekarten beilag, aber die Zeiten, in denen er seinen Gästen die neuesten Kreationen aufzwang, sind vorbei. Klassisches ist erlaubt. Genauer: Erlaubt sind seine eigenen, zu Klassikern gewordenen Gerichte. Die Ente »Apicius« in ihrem gewürzgesättigten Honigmantel zum Beispiel, die der zu Unrecht berühmten numerierten Ente des Tour d'Argent längst den Rang abgelaufen hat. Senderens entwickelte das Gericht auf der Basis eines altrömischen Rezepts. Oder der vielimitierte Hummer in Vanillesauce, eine Zubereitung, die unter der Hand eines mittelmäßigen Kochs so unerträglich ins Süßliche entgleiten kann. Oder die provozierend einfach aussehende Gänseleber, eingerollt in ein Kohlblatt, begleitet nur von ein wenig Salz und Pfeffer.

»Eigentlich eine ganz einfache Idee. Aber niemand ist darauf gekommen, weil die klassische Hochküche den Kohl geringschätzt, denn er ist zu billig. Ich habe ihn schon früher verwendet, zum Beispiel bei meinem Rebhuhnsalat auf Kohl. Das Problem war nur, daß er ohne Fett nicht schmeckt. Also macht er ein Gericht notwendigerweise schwer oder schlecht. Irgendwann erzählte mir meine Frau von einem Essen, an dem sie teilgenommen hatte. Es gab Gänseleber, die in grüne Salatblätter gewickelt war. Sie fand die Kreation interessant, aber mißlungen, weil der Salat das Fett der Gänseleber nicht aufgenommen hatte. Das zündete plötzlich bei mir die Idee: Kohl müßte man nehmen! Kohl nimmt Fett auf, wird durch das Fett der Gänsestopfleber schmackhaft, ohne daß man noch weiteres Fett hinzufügen müßte. Das war der kreative Moment. Dann begann die Arbeit, bis das Gericht wirklich perfekt war.«

Wenn man im Restaurant auf die Teller der Nachbarn schaut, so ist unübersehbar, daß ein großer Teil der Gäste die »klassischen« Gerichte bestellt. »Viele Gäste kommen wegen spezieller Gerichte, von denen sie gelesen oder gehört haben. Ihre Erwartungen kann ich doch nicht enttäuschen.« Auch die Portionen haben sich den Gewohnheiten der Gäste angepaßt, sind normal, vernünftig. Hier steht niemand mehr hungrig vom Tisch auf. Die Auswahl ist nicht groß, aber vielfältig: acht Vorspeisen, vier Fische bzw. Krustentiere, acht Fleischzubereitungen, eine gutsortierte Käseplatte, neun Nachtische. Binnen einer Woche könnte man das jeweilige Saisonangebot kennengelernt haben, wenn da nicht die Preise wären. Unter tausend Francs pro Person ist nichts zu machen. Einzelne Gerichte kosten über fünfhundert Francs. Alain Senderens ist kein armer Mann mehr, wenn er auch lebhaft beklagt, daß in der Spitzengastronomie die Rendite nur bei drei Prozent des Umsatzes liege. Zweihundert Gedecke pro Tag mal mindestens tausend Francs Verzehr mal fünfundzwanzig Öffnungstage im Monat, dazu der »Cercle«, davon drei Prozent – nein, ein armer Mann ist er wirklich nicht.

Senderens hat seinen Frieden mit den Erwartungen der Gäste geschlossen. Romantische oder gar manieristische Verspieltheiten sind ihm freilich zuwider. Nichts, was auf dem Teller liegt, liegt nur wegen des optischen Effekts dort. Die Augen werden beteiligt, aber es gibt keine kulinarische Illusionsmalerei. Es regieren die Kriterien des Geschmacks, nicht die der Food-Photographen. So paradox es klingt angesichts einer so komplizierten Küche: Senderens will das Einfache (das bekanntlich schwer zu machen ist), das Logische, das Notwendige, das Klare. Das gilt auch für das Verhältnis der einzelnen Geschmackskomponenten. Alles Unklar-Geballte ist ihm zuwider, und sei es noch so wohlschmeckend. Im besten Fall führt sein Stil zu einer genau orchestrierten Komposition, deren Geschmack sich langsam auf der Zunge entfaltet, im schlechteren schmeckt da etwas Ausgedachtes durch. Da ist nichts falsch gedacht, aber es ist eben doch auch nur ausgedacht. So waren zum Beispiel meine Spargel mit Meeresfrüchten. Zuerst der klare, leicht »jodige«, salzige Meeresgeschmack der Austern, danach der Hauch Bitterkeit von den Spargeln, ausbalanciert mit dem Süß-sauer der Orangenschale. Alle Papillen der Zunge werden bedient, doch Begeisterung stellt sich nicht ein. Aber klassische Küche will vielleicht auch keine Begeisterung mehr, sie will Bewunderung.

Also gäbe es denn nichts mehr, was Anstoß erregte in dieser All-Harmonie des Alain Senderens? Kein Schock mehr, kein Projekt der Geschmackserweiterung? Doch, aber auch das, was noch Anstoß erregt, steht im Zusammenhang mit der Suche nach Harmonie, der zwischen Essen und Wein. »Hier herrschen die meisten Vorurteile. Neunzig Prozent der Restaurantkunden bestellen Bordeaux oder Burgunder. Dabei orientiert man sich mehr an der Preislage als an der Lage. Einen Chignin von 1985, der mich zwölf Francs die Flasche kostet, habe ich schwer verkauft, weil er zu billig war. Dabei paßte er perfekt zu meinen Langustinos mit Spargeln, zu denen ich ihn vorschlug.« Senderens komponiert die Gerichte so, daß sie auf einen bestimmten Weintypus hin abgeschmeckt sind, sich seiner Meinung nach erst mit diesem Wein optimal entfalten. Kurz: Er möchte dem Gast den richtigen Wein eigentlich am liebsten verordnen.

So bietet er gern Menüs mit glasweise ausgeschenktem Wein an, zu jedem Gang einen anderen. Das hat für Gäste, die nicht in Gruppen kommen, unbestreitbare Vorzüge. Auch ein einzelner Gast kann so angepaßte Weine genießen, statt darauf zu achten, daß die einzelne und einzige Flasche, die er üblicherweise konsumiert, sich mit ganz unterschiedlichen Gerichten verträgt.

Folgt der Gast Senderens' Empfehlungen, wird er wohl geschockt sein von dessen Vorliebe für alte, schwere, ja süße Weine, für Banyuls etwa, für Gewürztraminer Spätlesen, für fünffach ausgebrochenen Tokaier. Insbesondere die deutsche Zunge protestiert. Ist das nicht genau der Typ Wein, der über Jahrzehnte in unseren Lokalen den Geschmack der Gerichte verfälschte? Ist das nicht genau der Wein, zu dem man allenfalls Gänseleber oder Desserts essen kann? »Das ist ein Fehlurteil. Die Mode der jungen, spritzigen Weißweine und der fruchtigen Rotweine hat sich nur deshalb so verbreitet, weil die Lagerkosten für schwere, ausgereifte Weine so hoch geworden sind. Dabei haben die doch eine Geschmacksintensität, die einem entsprechenden Gericht wirklich zusätzliche Kraft und Harmonie geben kann. Und wenn es stimmt, was Sie sagen, daß in Deutschland solche Weine die Gerichte zerstörten, dann lag das eben daran, daß der Koch bei der Kreation nicht den Wein einbezog, sondern das Verhältnis von Essen und Wein dem Zufall überließ. Dazu kommt der Kleinmut der Gäste: Ein schlecht gewählter machtvoller Wein ist eine teure Katastrophe, ein schwacher hingegen nur eine verschenkte Möglichkeit.« Theoretisch will das einleuchten. Aber in seiner Kompositions- und Präzisionswut hat Senderens nicht daran gedacht, daß Wein eben für die meisten Esser mehr ist als wohlkomponierte Geschmacksdosage. Was hatte er gesagt in bezug auf die Küche des Jahres 2000? »Die Gefahr ist, daß bei zu viel Kalkül das Vergnügen auf der Strecke bleibt.« Besonders hartnäckig sucht Senderens nach der idealen Harmonie zwischen Käse und Wein. Und gerade hier haben seine Vorschläge meiner Zunge besonders wenig eingeleuchtet. Im Anschluß an die Studien von Jacques Puisais verzichtet er fast völlig auf den traditionellen Rotwein zum Käse und schlägt statt dessen Weißweine bzw. Brände vor. Den Bleu d'Auvergne begleitet ein Banyuls, den Bleu des Causses ein Muscat de Beaumes-de-Venise, den Camembert ein Vin de Paille aus Arbois, den Epoisses ein Marc de Bourgogne, den Livarot ein Calvados, den Roquefort ein Vin jaune von 1975 oder ein Porto. Bekömmlich mag es sein, logisch ist es vielleicht auch, aber mir hat es meist nicht geschmeckt. Welcher Genuß war dagegen der 88er Château Branda zum Käse ...

Deutsche Weine kennt Senderens' glänzend bestückte Weinkarte übrigens praktisch nicht. Zudem sind die Namen orthographisch bis zur Unkenntlichkeit entstellt (»oßerßergener ßassgeige«, »Eltviller Rheinber«). Nobody ist perfect, auch Senderens nicht. Zum Glück weiß er nicht, was ein Eiswein oder eine Riesling-Trockenbeerenauslese vom Rheingau alles mit der Zunge machen können. Sonst hätten die Käsefreunde unter seinen Gästen in der nächsten Zeit nichts zu lachen.

Nachschrift

Der vorstehende Text ist das Resultat von fünf beeindruckenden Tagen der Begegnung mit Alain Senderens, mit seiner Küche und seinen ebenso perfekten wie liebenswürdigen Kellnern im Jahre 1991. Auch heute hat das Lucas-Carton noch drei Sterne, auch heute wird es zu den besten Häusern in Paris gezählt und muß sich um Gäste keine Sorgen machen. Dabei ist bekannt, daß Senderens nicht mehr ständig in Paris lebt, sondern in seinem heimatlichen Südwesten, wo er einen Weinberg sein eigen nennt und die Energie, mit der er früher sein Restaurant leitete, nun auf den Weinbau verwendet. Man kann sich diesen so intellektuellen, so eleganten, so weltläufigen Mann kaum als Landmann vorstellen. Aber vielleicht wandelt er ja auch in feinem Zwirn durch die Weinberge und hält jedem, der es hören will, ein Kolleg über modernen Weinbau. Die Rückkehr aufs Land hat aber auch etwas Logisches: Viele Franzosen kehren nach ihrem in Paris verbrachten Berufsleben in die heimatliche Provinz zurück. Logisch ist auch das Interesse am eigenen Weinberg. Der Senderens der neunziger Jahre interessiert sich vor allem für die ideale Beziehung zwischen Essen und Wein. Da liegt der Wunsch nahe, den idealen Wein nicht nur auszuwählen, sondern zu produzieren. Alles in einer Hand, alles geplant, alles in perfekter Abstimmung. Freilich soll es Schwierigkeiten geben, nicht nur ökonomische. Das kann man sich vorstellen. Ein Wein, der das Niveau der Senderens-Küche erreicht, kann nicht so schnell gezüchtet werden, wie man Michelin-Sterne erwirbt. Da ist die Natur vor. Aber der Winzer Senderens interessiert hier nicht, sondern die Frage, was ein Spitzenrestaurant macht, wenn der Chef in der Ferne weilt und den Gästen nur noch sein Haus, seine bewährten Angestellten, seine Rezepte und seinen guten Namen zurückläßt.

Der Michelin reiht auch in seiner neuesten Ausgabe das Lucas-Carton noch unter die 21 Häuser der Drei-Sterne-Kategorie. Aber Senderens gilt schon seit langem nicht mehr als einer der besten, ehrgeizigsten, attraktivsten Köche. Die Journalisten leben von (realen oder produzierten) Neuigkeiten. Senderens sitzt auf seiner Wolke, sonnt sich im Glanze einer großen Vergangenheit und schert sich nicht um Neuigkeiten und nicht um Journalisten. Wo Meinungsführer nicht mehr hingehen, wollen auch die nicht mehr gesehen werden, die sich von Meinungsführern führen lassen. Meine Pariser Freunde sind fest davon überzeugt, daß sie nicht zu denjenigen gehören, die sich von Meinungsführern führen lassen. Als ich vorschlug, im Lucas-Carton zu reservieren, machte sich dennoch Unbehagen breit. »Ins Lucas-Carton? Senderens soll nicht mehr im Haus sein und das Publikum schlecht. Wollen wir nicht zu Ducasse? Ist auch nicht teurer. Oder, wenn du aus Sentimentalität zu Senderens willst, gehen wir doch lieber zu Passard ins Arpège. Als das noch Archestrate hieß und Senderens Küchenchef war, da war die Küche sensationell. Aber Passard soll auch nachlassen.« Wir gingen zu Ducasse. Ins Lucas-Carton ging ich allein. Der Oberkellner begrüßte mich wie einen alten Freund, der in der letzten Woche zum letzten Male dagewesen war. So muß es General Speidel gegangen sein. Die Inneneinrichtung schön wie immer. Das Publikum war nicht »schlecht«. Es war reiches Publikum aus aller Welt. Viele Asiaten, Amerikaner, Italiener, Franzosen eher gehobenen Alters. Aber kaum jüngere Pariser, die es gerade geschafft haben und vor Ehrgeiz brennen, noch mehr zu schaffen, keine Rastignacs. Gesetztes Publikum nennt man so etwas wohl. Ungefähr die Hälfte der Gäste aß die Ente Apicius. Das ist ein schlechtes Zeichen. So hat es beim Tour d'Argent auch angefangen. Ein vergleichbares Publikum bestellte dort eine der numerierten Enten nach der anderen, schaute auf die Apsis von Notre-Dame, ließ sich von einem perfekten Service verwöhnen und verbrachte einen unvergeßlichen Abend. Bis sich herumsprach, daß diese Ente, stilvoll vor den Augen des Gastes in einer silbernen Entenpresse von Christofle gepreßt, so gut nicht schmeckte, wie es heute gut schmecken kann. Es dauerte lange, bis sich das herumgesprochen hatte. Irgendwann aber war es so, daß der stolze Bericht, man habe aus dem Tour d'Argent ein Zertifikat über die ordnungsgemäße Vertilgung der einemillionsechshundertunddreißigtausendfünfhunderteinundvierzigsten Ente mitgebracht, nicht nur im sechsten, siebten und sechzehnten Arrondissement von Paris, sondern auch in New York und vielleicht sogar in Dallas als ordinär galt. Da konnten auch die Michelin-Inspektoren, die schon lange wußten, daß dies eine luxuriöse, aber erstarrte Küche war, nicht umhin, dem Tour d'Argent den dritten Stern wegzunehmen, obgleich sie so etwas gerne zu vermeiden suchen. Jetzt kommen nur noch die Gäste, die ältere Michelin-Ausgaben haben. Ich fürchte, irgendwann wird es auch mit der Ente Apicius so gehen. Der Gault & Millau-Führer reiht das Lucas-Carton schon nicht mehr unter die ersten achtzig französischen Restaurants. Das kann man eine Übertreibung nennen, aber nur, wenn man Luxus und Service in die Beurteilung einbezieht, das Preis-Leistungsverhältnis hingegen nicht. Das Lucas-Carton ist heute ein Haus ohne Hüter. Das macht sich an Dutzenden von Kleinigkeiten bemerkbar. Der letzte Ehrgeiz fehlt, denn es wurde alles erreicht, was erreicht werden konnte. Der Stil verwischt sich. Man lebt von der Vergangenheit, aber die braucht sich unmerklich auf.

Bedeutet es also automatisch den Niedergang eines Spitzenrestaurants, wenn der Chef nur selten im Hause ist? Kann ein Haus eigentlich nur eine kurze Generation lang ganz oben sein? Gegen die erste These spricht das Beispiel von Ducasse, der zwei Drei-Sterne-Restaurants führt. Gegen die zweite spricht das Beispiel Troisgros. Senderens aber hat keinen Nachfolger aus der Familie, und er hat keinen zweiten Mann, der mehr wäre als ein zweiter Mann. Guerneron, der die Küche führt, ist ein zweiter Mann, der kein erster Mann werden, über seinen Meister hinauswachsen will. Deswegen hält er Senderens die Treue, und deswegen hält Senderens treu an ihm fest. Guerneron kann nur Senderens kochen, aber da Senderens nicht mehr kocht, wird das Ganze langsam, aber unaufhaltsam museal. Und der Ehrgeiz von Senderens? Er ist nicht verschwunden, aber er verpufft in einer Don Quichotterie. Einmal im Leben ist es ihm gelungen, mit seiner Vision moderner Küche eine Küchenrevolution anzuzetteln. Das gelingt nur, wenn eine Revolution reif ist und nur der Mann fehlt, der sie vollzieht. Senderens war der richtige Mann zur richtigen Zeit. Dann wollte er ein zweites Mal die Verhältnisse umwälzen, indem er das Verhältnis von Küche und Wein neu definierte. Das ist gewiß schwierig, doch *a priori* nicht aussichtsloser als die Durchsetzung der Nouvelle cuisine. Aber es war gegen die Ökonomie, und es war gegen den Zeitgeist. Daß es gegen die Ökonomie war, merkt man an den absurd hohen Preisen für die im Glas ausgeschenkten Weine, die im Lucas-Carton heute verlangt werden. Alte Weine müssen viel Geld kosten, aber da sie verschlossen sind und es schon vorher viel teures Training verlangt, sie genießen zu können, ist die Zahl derer, die Senderens hier mit Genuß folgen, sehr niedrig. Nicht einmal im eigenen Hause hat er sich mit seinen Ideen wirklich durchsetzen können. Oder habe ich mich getäuscht, als ich auf dem Gesicht des Weinkellners eine Andeutung von Zustimmung las, als ich zur Hauptspeise und zum Käse einen (übrigens recht preiswerten) Flaschenwein wählte, der Senderens' Weinphilosophie gewiß nicht entsprach? Beim Wein führt nicht Senderens dem Zeitgeist das Wort, sondern Parker, Verfasser von Weinführern, deren Einfluß mit denen des Michelin zu vergleichen ist. Parker mag fruchtige, massige, relativ junge, aber künstlich gealterte Weine, ziemlich genau jene also, die Senderens mißachtet. Aber die Winzer, die Ehrgeiz haben, bemühen sich, Parker-Weine zu produzieren. So wie Köche früher versuchten, Senderens-Gerichte anzubieten. So wurde das, was sich Senderens als seinen zweiten großen Beitrag zur Geschichte der Hochküche dieses Jahrhunderts gedacht hatte, zur privaten Marotte. Ich wette, daß in spätestens zehn Jahren das Lucas-Carton keinen dritten Michelin-Stern mehr hat.

Bresse-Adel

Georges Blanc

Kennen Sie jemanden, der seinen Urlaub in der Bresse verbringt? Ich kenne Liebhaber der Côte d'Azur, der Provence, der Pyrenäen, der Atlantikküste, der Bretagne, der Normandie, der französischen Alpen, selbstverständlich auch des Elsaß. Aber die Bresse? Wer ländliches Frankreich will, der fährt auch schon mal ins Burgund. Da kann man, wenn man die grünen Wiesen satt hat, romanische Kirchen besuchen. Im Beaujolais kann man wenigstens Wein einkaufen. Aber in der Bresse? In der Bresse gibt es fast nichts, was man unbedingt besucht haben muß, wenn man von der Eglise de Brou in Bourg-en-Bresse einmal absieht. Überhaupt hat die Gegend wenig Spektakuläres. Keine Städte, kaum Industrie. Die Landschaft sanft, hügelig, grün und nirgendwo atemberaubend. Die Dörfer sind noch keine Museumsinseln, das heißt aber auch, sie sind häufig nicht besonders schön. Die Bauernhöfe funktionieren noch als Bauernhöfe, legen also weniger Wert darauf, besonders schmuck zu erscheinen, als darauf, die Maiskolben praktisch zum Trocknen unterzubringen. Eigentlich kennt man die Bresse nur wegen der weißen Hühner und wegen des Restaurants von Georges Blanc.

Die Bresse-Hühner sind die einzigen in Frankreich, für die das Parlament eigens ein Gesetz gemacht hat, das festlegt, welcher Rasse sie sein dürfen, wie und wo sie aufgezogen und wann sie geschlachtet werden dürfen. Sie sind sozusagen ein

Nationalheiligtum: blau die Füße, weiß die Federn, rot der Kamm – der gallische Hahn. Sie haben, verglichen mit Batteriehühnern, ein wunderbares Leben. Zehn Quadratmeter Wohnung stehen ihnen zu und ein Auslauf von fünftausend Quadratmetern. Sie bekommen Mais und Korn statt Fischmehl und dürfen sich auf der Wiese Zubrot suchen. Gemessen an den Industriehühnern, die man in der vierten Lebenswoche schlachtet, haben sie ein langes Leben vor sich – die Hühner fünf Monate, die Hähne sogar acht. Ein strenges Gremium aus Bauern, Züchtern, Geflügelschlachtern, Händlern und Restaurateuren achtet darauf, daß alles mit rechten Dingen zugeht. Der Präsident ist der bekannteste Mann der Region und heißt Georges Blanc.

Ich hatte ihn von einem Besuch am Ende der achtziger Jahre in Erinnerung. Damals gehörten ihm schon drei Sterne. Er war mir sehr jung vorgekommen, sehr ehrgeizig, seine Frau sehr schön. Das Haus befand sich sichtbar auf dem Wege der Transformation in Richtung auf etwas sehr Luxuriöses. Ich hatte es ein bißchen schade gefunden. Das Lokal der Mère Blanc, mitten im Ort gelegen, begann sich deutlich abzuheben von der Bar und den Läden an dem großen Platz, an dem es lag. Es sah so aus, als würde hier der Ehrgeiz eines begabten Sohnes ein solides, altes Restaurant in die Schulden treiben. Wie, bitte, wollte er hier, in einer so wenig touristischen Region, Abend für Abend ein Luxusrestaurant füllen?

Aber eigentlich, so mußte ich diesmal feststellen, liegt das Hotel-Restaurant Georges Blanc nicht weit von der Hauptautobahn, die vom Norden, von Deutschland oder von Paris in den Süden führt. Abzweig nach Osten, drei Abfahrten in Richtung Bourg-en-Bresse, dann zur Einstimmung noch gut zehn Kilometer über Nebenstraßen durch die Bresse, ein paar Dörfer, ein paar Wiesen mit weißen Hühnern, und dann ist man schon in Vonnas. Am Ortseingang kündigt stolz ein offizielles

Schild an, man betrete soeben eine der »blühendsten« Städte Frankreichs. »Unser Dorf soll schöner werden« hieß dieser Wettbewerb früher in Deutschland. Aber Vonnas ist eigentlich kein Dörfchen, sondern ein ländliches Städtchen. »Marktflecken« heißt so etwas in alten Texten. Jedenfalls blüht es an allen Ecken aus vielen subventionierten Blumenkübeln. Hohe, neue, aber in der Form altertümelnde Straßenlaternen setzen alles ins rechte Licht. Georges Blanc braucht man nicht zu suchen. Die Straße leitet direkt auf den Platz, der früher ein Marktplatz war, wo die »Coquetiers«, die bäuerlichen Hühnerzüchter, ihre Gockel zu Markte trugen und sich freuten, daß sie einmal in der Woche Ausgang hatten. An dem Haus, das früher »Chez la Mère Blanc« hieß, steht nun in großen, geschmackvoll angepaßten Buchstaben »Georges Blanc«. Das Haus sieht heute älter aus als auf den alten Photos: Der Putz ist entfernt, die schmalen, unregelmäßigen Backsteine und die schönen Balken des Fachwerks sind freigelegt. Der Marktplatz ist nun ein baumumstandener Parkplatz, links von einem Flüßchen begrenzt, auf den drei anderen Seiten durch schmucke, bunte alte Häuser.

Vor der Tür des Hotels wartet ein junger Mann auf die Koffer der Gäste. Kein Wagenknecht mit Phantasieuniform wie in Paris oder Nizza, sondern dezent mit weißem Hemd und bunter Weste. Ich wundere mich darüber, wie sich der Platz vor uns verändert habe. »Das gelb-blaue Haus gegenüber?« »Gehört Monsieur Blanc, Monsieur. Unser zweites Hotel. Im Erdgeschoß seine Weinhandlung.« »Das daneben?« »Dort wird Monsieur Blanc demnächst sein Café eröffnen.« »Das Backsteinhaus rechts?« »Das ist die neue Boutique von Madame Blanc, Monsieur.« »Das lila getünchte Haus daneben, auf dessen Fassade *Fabrique de Limonade. Entrepôt de Bières. Café Restaurant Blanc Aîné* steht?« »Ist das Bistro von Monsieur Blanc. Es wird von seinem Sohn und seiner Schwiegertochter geleitet.«

»Daneben?« »Das Haus wird von Monsieur Blanc als Verwaltungsgebäude genutzt.« »Also gehört alles hier um den Marktplatz Monsieur Blanc?« »Ja Monsieur, wenn Sie gestatten.«

Auf dem langen Weg von der Rezeption aufs Zimmer entdeckt man noch mehr, was Monsieur Blanc gehört. Hinter dem Haupthaus ein schon früher übernommener Nebenbau, dann eine private Fußgängerüberführung in das gegenüberliegende Gebäude am Cours aux Fleurs, wo weitere bequeme Zimmer und Suiten eingerichtet sind. Von der Fußgängerbrücke hat man einen schönen Blick auf das offene Schwimmbad und vor allem auf den Hubschrauberlandeplatz in einem gepflegten parkartigen Gelände, auf die, wie ich später lesen werde, »Staatlich zugelassene Helistation auf dem Gebiet des Hotels Georges Blanc«. (Wenn Sie hinfliegen wollen: Die Helistation liegt laut Hausprospekt auf 46° 13,120 min. nördlicher Breite und 4° 59,030 min. östlicher Länge.) Im Moment ist kein Hubschrauber zu sehen. »Aber beim G7-Gipfel von Lyon, da ging es hier zu wie auf einem richtigen Flughafen.« Man reibt sich die Augen. Wie hat es Georges Blanc geschafft, innerhalb von zwei Jahrzehnten ein Gastro-Imperium in einer Region zu errichten, in der man eigentlich nur Hühnern beim Picken zusehen oder den Fröschen der Dombes-Seen beim Quaken zuhören kann? Vergleichbares ist in Frankreich, ja in Europa nur Michel Guérard gelungen.

Der Herr über diese kleine Stadt in der Stadt kommt in tadellos weißer Kochjacke, aber ohne Haube. Er trägt die Jacke immer, besonders wenn er nicht in der Küche war. Er muß um die Fünfundfünfzig sein, ist klein, eher schlank, hat volles Haar und sieht immer noch ziemlich jung aus. Er ist gewandt, sicher, voller Selbstbewußtsein. Er versucht sofort, mit ein paar Fragen herauszubekommen, was den Besucher wohl wirklich interessiert und welcher publizistische Ertrag von dem Besuch zu erwarten ist. »Sie sind natürlich mein Gast. Ich zeige Ihnen jetzt ein wenig den Betrieb. Dann essen Sie eine Kleinigkeit im Bistro. Leider kann ich Ihnen dabei nicht Gesellschaft leisten. Für Ihre Fragen stehe ich Ihnen um vier im Büro zu Verfügung. Und heute abend sind Sie im großen Restaurant. Ich komme in die Bar, um mit Ihnen über das Menü zu sprechen.« Man merkt, daß Georges Blanc zu planen und zu bestimmen weiß. Wir merken beide auch sofort, daß wir uns nicht besonders mögen. Er ist mir ein wenig zu kalt, zu diplomatisch. Ein Koch mit dem Habitus eines Geschäftsmannes, der auch leicht einen Politiker abgeben könnte.

Als wir über den Platz gehen, erzählt er, daß hier seit 1882 Hühnermarkt war und noch in seiner Jugend hier eine Kurzwarenhandlung, eine Eisenwarenhandlung, ein Hufschmied, ein Tischler, eine Schneiderin, ein Schuhmacher, ein Schlachter, ein Lebensmittelgeschäft, drei Cafés und ein kleines Hotel waren. »Brauchen Sie nicht aufzuschreiben. Ich gebe Ihnen Dokumentationsmaterial mit.« »War es Ihr Jugendtraum, das alles einmal aufzukaufen?« »Überhaupt nicht. Das hat sich so ergeben. Viele Läden schlossen, weil sie nicht mehr in die neue Zeit paßten. Die Häuser drohten zu verfallen. Das war nicht gut für uns. Man mag nicht von einem festlichen Essen aufblicken und durch das Fenster auf bröckelnden Putz oder zugemauerte Türen schauen.« »Die Häuser sind Ihnen sozusagen in den Schoß gefallen?« »Nicht immer. In dem Gebäude dort war bis vor einigen Jahren eine Café-Bar, wo sich am Wochenende die Jugendlichen aus der Region trafen, laute Musik hörten, manchmal betrunken randalierten und dann spät in der Nacht mit viel Lärm davonfuhren. Da habe ich natürlich etwas unternommen. Ich bin der größte Arbeitgeber hier, und das bin ich wegen meiner Gäste. Wer meine Gäste vertreibt, schädigt den ganzen Ort. Was in dem Café passierte, war eine Art soziale Umweltverschmutzung. Das wollten nicht alle einsehen. Es gibt viel Neid. Ich will Sie nicht mit Details langweilen, aber es ist für alle gut, daß das Café jetzt uns gehört.« Ich beschließe, mir den Terminus »soziale Umweltverschmutzung« zu merken.

»Hatten Sie ein langfristiges Konzept für das Ganze hier?« »Nein, das hat sich nach und nach entwickelt. Zunächst einmal ging es um die drei Sterne. Dann um die Renovierung des Hotels. Auf dem Land können Sie heute kein Drei-Sterne-Restaurant mehr betreiben, ohne über ein entsprechendes Hotelangebot zu verfügen. Jedenfalls wußte ich von Anfang an, daß es unabdingbar war, dem Feinschmecker nicht nur gutes Essen zu bieten. Wie es schwierig ist, die Theateraufführung vom Bühnenbild zu trennen, so kann man die Kochkunst nicht von dem Rahmen scheiden, in dem sie sich ausdrückt. Man muß also demzufolge eine festliche, harmonische Atmosphäre herstellen. Das betrifft das Arrangement auf dem Tisch, die Blumen, schöne Möbel und kostbare Objekte, Bilder, Licht, Farben und vieles mehr.«

»Dann habe ich immer mehr auf Synergieeffekte gesetzt.« Er sagt wirklich Synergieeffekte. »Ich habe meinen guten Namen als Koch benutzt, um schöne Dinge zu verkaufen. Aber alles unter eigener Regie, fast alles nur hier vor Ort.« Wir treten ein in sein neuestes Geschäft, die Boutique Jacqueline Blanc. Das Fachwerkgebäude frisch renoviert, also demonstrativ alt und bäuerlich. Ebenerdig große neue Schaufenster und die klassischen französischen Holzverkleidungen. Schöne Stoffe, Handtücher mit »Georges Blanc«-Aufdruck, überhaupt viel fürs Bad. Ebenso T-Shirts, Kochjacken, genau wie die, die Blanc trägt. »Georges Blanc« ist aufgestickt. Es sind auch größere Größen verfügbar. Geschirr, Porzellan, Steingut, Bestecke, Gläser, Laguiole-Messer der besseren Qualität. Ein separater kleiner Raum mit der Küchengerätekollektion einer deutschen Firma. »Das sind die besten.« Kurz: Hier gibt es alles zu kaufen, was man bei einem Aufenthalt im Haus gerne klauen würde. Personalisierte Mitbringsel oder Erinnerungen. Es fehlt nicht an Kunden. Aus Vonnas sind sie nicht. Man hört viel Englisch.

»Wo kommen eigentlich Ihre Gäste her?« »Etwa fünfzig Prozent sind Ausländer. Viele Schweizer. Genf liegt nur eineinviertel Stunden entfernt, wenn man sich an die Geschwindigkeitsbegrenzungen hält.« Man merkt an der Art, wie er es sagt, daß er sich nicht gern an Geschwindigkeitsbegrenzungen hält und schon schneller nach Genf gekommen ist. »Aber auch Engländer, Belgier, Holländer, Deutsche. Neuerdings auch viele Italiener. Italien ist über den Mont-Blanc-Tunnel zwei Stunden entfernt. Dann natürlich Pariser. Vom TGV-Bahnhof Mâcon sind es eineinhalb Stunden nach Paris. Und Lyon liegt quasi vor der Tür.« Hier denkt jemand großräumig. »Es gibt Spitzenköche, die ihre ökonomischen Probleme darauf zurückführen, daß die Autobahn 25 Kilometer entfernt ist.« »Natürlich hat die Autobahn Mâcon–Bourg-en-Bresse–Genf–Chamonix den Weg zu uns erleichtert und neue Kunden gebracht. Aber entscheidend ist das nicht. Wir sind keine Autobahnraststätte. Man reist extra an und weiß, daß man vor Ort alles findet, was man sucht.«

Nebenan ist die Weinboutique. Auch hier wieder das Prinzip: Was mir gefallen hat, davon nehme ich ein bißchen was mit. Wenn es ein Pétrus von 1976 war, dann kostet das Mitnehmsel leider etwa zwölfhundert Mark, aber es gibt auch korrekte Weine um fünfzehn Mark. Blanc will nicht mit dem Supermarkt konkurrieren, aber auch keinesfalls nur Luxus verkaufen. »Wenn Sie Zeit haben, dann kann ich Sie gern zu einem Besuch auf der Domaine d'Azenay anmelden.« Die Domaine d'Azenay ist sein Weingut. Siebzehn Hektar in der Nähe von Mâcon, 1985 erworben und mit Chardonnay bepflanzt. Kein Meursault und kein Montrachet, aber ein Schnäppchen, das mit moderner Vinifikation ordentliche Ergebnisse bringt.

Wer weiße Burgunder mag und kein Nabob ist, hat sich immer schon im Mâconnais umgetan. Ich begnüge mich hier einstweilen mit dem Hochglanzprospekt: sanfte Weinberge mit Georges Blanc mittendrin, blendende Stahltanks und ein ultramodernes Gebäude auf achttausend Quadratmetern, auf dessen weißen Fassaden sich der Name Georges Blanc in Blau gebührend abhebt. Der Name des Weinguts in roter Schrift. Bleu-Blanc-Rouge. Wie die Gockel. Wie die Tricolore. Vor allem aber Blanc.

In der Boutique wie im Weinladen liegen die Bücher des Hausherrn aus. Ein erstes Rezeptbuch vom Anfang der achtziger Jahre, erschienen kurz nach dem dritten Stern. Dann »Meine Küche der Jahreszeiten« in der weißen Reihe der Editions Robert Laffont. Das ist für die Köche so etwas wie die Pléiade bei Gallimard für die Dichter. Wer hier veröffentlicht wird, ist ein Klassiker. Die seriösen französischen Kochbücher sind bis heute ein wenig spröde: sehr technisch dargestellte Gerichte, schöner Bleisatz, wenige, ziemlich dilettantische Photos. Das nächste Kochbuch hieß »Die Natur auf dem Teller«, war in Frankreich ein Bestseller und wurde in fünf Sprachen übersetzt. Danach das »Blanc-Buch der vier Jahreszeiten«, ein Jahr später die Familien-Saga der Blancs (»Les Blanc«). Dann natürlich »Das große Buch des Geflügels«. Weniger verbreitet »Was mir auf die Gabel kommt«, während der »Weinberg auf dem Teller« die »Natur auf dem Teller« fortsetzt. »Ich bin ein passionierter Autor«, sagt der Autor.

Aber es gibt nicht nur Wein in der Weinboutique, sondern vieles mehr, was eßbar ist und worauf sich der Name Georges Blanc drucken läßt: Konfitüren, Pasteten, Terrinen, Öl, Essig und so weiter. Es gibt sogar eine Theke mit frischen Produkten: Gänseleberpastete zum Beispiel und natürlich Bresse-Hühner. Auch hier zielt die Preispolitik nicht nur auf die Kunden, die mit dem Hubschrauber angereist sind. Jeder kann in dieser Boutique einen authentischen Blanc erwerben, und sei es nur eine Geflügelleberpastete für zehn Mark. »Nebenan im Café, das noch nicht fertig ist, wird der Espresso nicht mehr als drei Mark kosten. Ordentlicher Espresso. Gäste, die sich ausgenommen fühlen, kommen nicht wieder.« In Paris gibt es unterdes Straßencafés, wo der Espresso zehn Mark kostet. Überhaupt zielt Blancs Geschäftspolitik darauf, nicht nur die Luxuskategorie, sondern auch mittlere Preissegmente abzudecken. Über der Weinboutique hat er ein kleines Hotel eingerichtet, wo das billigste Zimmer hundertsiebzig Mark kostet. »Es gibt Gäste, die wollen ihr Geld lieber für ein großes Menü im Restaurant ausgeben als für ein teures Hotelzimmer. Es gibt aber auch Gäste wie Cathérine Deneuve, die Hotelluxus gewohnt sind, aber Feinschmeckerrestaurants satt haben. Die mieten dann eine Suite für tausend Mark und essen drüben im Bistro. Hier ist das alles möglich.« Blanc will niemandem seine Konzeption von Küche oder von Stil aufdrängen. Er ist alles andere als ein Ästhet oder ein Erzieher. Er bietet an, was verlangt wird und woran sich verdienen läßt, immer in korrekter Qualität.

Das Bistro ist voll bis auf den letzten Platz. Man sitzt eng, aber wer würde sich im Bistro darüber beklagen? Schöner alter Fliesenboden, Bugholzstühle, rot-weiße Tischdecken, viel Holz, alte Werbeplakate, die dicken alten Michelin-Reifenmännchen und Vergrößerungen von vergilbten Familienphotos an den Wänden. Draußen im Hof wird es noch etwas rustikaler mit Futterkrippen und dem einen oder anderen Joch an den Wänden. Nichts, das mit der Zeit gealtert wäre, sondern eine geschickte Inszenierung. Falsch, aber nicht schlecht. Vor allem wegen der Küche. Hier wird gekocht, was früher hier auch gekocht wurde, die traditionelle Küche der Bresse. Froschschenkel zum Beispiel, vor allem jedoch das klassische Bresse-Huhn: in Butter goldbraun angebraten, dann bedeckt mit einer Mischung aus Sahne und Eigelb und sanft zu Ende gegart. Keine küchentechnische Heldentat, aber zart, saftig und heftig nach Huhn schmeckend. Einige Ausländer verlangten nach dem Saucenlöffel und bekamen einen ordinären Teelöffel, die Franzosen taten das, was sie in ihrer Jugend zu Hause getan haben. »Saucer« heißt es. Man stippt die Sauce mit dem Weißbrot auf, bis der Teller so sauber ist, daß der Käse darauf gegessen werden kann. Doch, doch, Franzosen gab es. Nicht wenige von ihnen offenbar aus der Region. Die Blancs gehören zur Region, und wenn man sich etwas Gutes tun will, dann geht man dort essen. Im Bistro natürlich. Das Restaurant ist etwas für Schweizer, Staatschefs, Schauspieler und besondere Gelegenheiten.

Der Verdauungsspaziergang führt durch den Teil des Ortes, der Georges Blanc nicht gehört. Auch da viele Blumenkübel, aber sonst das Übliche: Kirche, Post, Tabakladen mit der stilisierten roten Zigarre über der Tür, Zeitungsladen mit dem Schild »Le Progrès en vente ici« – »Hier ist der Fortschritt zu kaufen«. »Progrès« heißt das Lokalblatt. Die Kneipe, in der ich meinen zweiten Café trinke, ist ein wenig heruntergekommen (wohl eher: nie heraufgekommen), der Café schlecht, der Stil der Inneneinrichtung so häßlich, daß man sich schon wieder wohl fühlt. Man findet leicht Anschluß an die Männergespräche vor blonder Dame hinter der Theke. »Der kleine Blanc«, sagt die blonde Dame mit leicht bitterem Blick auf ihren gläserspülenden Gatten, »der hat es geschafft.« Der gläserspülende Gatte läßt sich in Gegenwart von Fremden nicht zu Unvorsichtigkeiten verleiten und sagt: »Von seinem Erfolg fällt für uns alle etwas ab. Heute ist unser Haus voll, weil es bei ihm keine Zimmer mehr gibt.« Aber es ist deutlich, daß man den kleinen Blanc hier nicht so sehr mag. »Er ist ja auch bei der Wahl durchgefallen.« Der Mensch ist neidisch und schadenfroh, auch hier. »Unser früherer Dorfpolizist hat einmal einen

Hubschrauber stillgelegt, der auf Blancs damals ungenehmigtem Landeplatz angekommen war. Hubschrauber machen viel Krach, und die Leute hatten sich beschwert. Aber am Abend erhielt er die Anweisung, das Ding fliegen zu lassen. Blanc hat einen direkten Draht nach Paris. Da kann doch ein kleiner Polizist nichts machen.« Das Thema, einmal angeschlagen, gibt noch manche Geschichte her. Die schönste: »Als die Schulklasse meines achtjährigen Sohnes in Heimatkunde über den Montblanc sprach, fragte eine Klassenkameradin, die nicht besonders hell im Kopf ist und nicht aufgepaßt hatte, den Lehrer: ›Gehört der auch Georges Blanc?‹«

Blancs Büro ist, gemessen an den hier üblichen Dimensionen, eher klein, sieht nach Arbeit aus und nicht so, als sei es zum Vorzeigen eingerichtet. Aber vielleicht stimmt das nicht. Vielleicht wird auch hier eine Selbstdarstellung inszeniert, die Selbstdarstellung als Unternehmer: Ducasse und Blanc, die beiden besten Manager unter den großen Köchen, sind die einzigen, die mich zum Gespräch in ihr Büro baten. Außer Brief- und Rechnungsstapeln gibt es in diesem Büro Zeichnungen, Bilder, Plastiken, fast alle über das gleiche Thema: Georges Blanc. Georges Blanc sitzt am Schreibtisch und schaut auf Georges Blanc als Rötelzeichnung. Wenn er aus dem Fenster schaut, sieht er seinen silbernen Mercedes 500. Blanc weiß, mit welchen Fragen zu rechnen ist, hat Antworten parat, weiß sie geschickt zu formulieren. Nur wenn er lacht, lachen die Augen nicht mit.

»Ach, die Geschichte mit der Wahl. Das war eine üble Angelegenheit. Ich habe für den Posten des Bürgermeisters kandidiert, und man hat eine Kampagne gegen mich inszeniert. Ich hätte mich auf Kosten des Orts bereichert, die schönen Straßenlampen seien nur wegen meines Restaurants angeschafft worden, und was der Lügen mehr waren. Reden wir nicht drüber.« »Sind Sie gewählt worden?« »Nein, es hat nicht ganz gereicht.« Er sagt es unwillig, bitter. Schon 1989 hat eine Umfrage des ersten französischen Fernsehprogramms Georges Blanc als bekannteste Persönlichkeit seines Départements ermittelt, er ist Präsident von vielem, unter anderem von der kleinen, aber feinen Kammer der französischen Hochküche – der Chef der Chefs sozusagen –, er ist Ritter der Ehrenlegion und hat noch ein paar weitere Orden vorzuweisen. Und dann lassen ihn die Bürger von Vonnas bei der Wahl durchfallen. »Es gibt viel Neid. Kommen wir auf anderes.«

Auf seinen Erfolg zum Beispiel. »Der hat mit Qualität zu tun, mit moderner Betriebsführung, aber auch mit Tradition. Wir haben Tradition und pflegen sie.« Er kennt die Saga der Blancs aus dem Kopf. »1872 haben sich die Blancs hier angesiedelt und die erste bescheidene Kneipe eingerichtet. Der Donnerstag war der wichtigste Tag. Da kamen die Hühnerzüchter in aller Frühe auf den Markt. Bei uns wärmte man sich mit einer Suppe, nahm ein spätes Frühstück und einen kleinen Roten.« Solche Hühnermärkte gibt es nicht mehr. Der im nahen Louhans verwandelt sich gerade in eine Angelegenheit für Touristen. Aber drüben, im Charolais, gibt es noch einen riesigen Rindermarkt, der ganz bäuerlich ist. Einmal in der Woche kommen morgens um fünf Hunderte von Bauern und Züchtern mit Tausenden von weißen Rindern, um sie hier zu verkaufen. Am späten Vormittag, wenn sich ein paar Touristen nach Saint-Christophe verirren, ist schon alles vorbei, und die Männer (es sind nur Männer) drängen sich in der Kneipe vor einem Ballonglas mit Beaujolais oder Cassis. So war es hier auch. 1902 übernahmen die Großeltern den Betrieb. Er war immer noch bescheiden, aber jetzt wurde richtig gekocht. Am Herd stand Elisa, die »Mère Blanc«. Er zeigt ein Photo von Adolphe und Elisa. Er jovial mit Schnurrbart und Maurice-Chevalier-Strohhut, sie eine schlanke Frau mit intelligenten Augen. »Es war damals in solchen Häusern ganz selbstverständlich, daß die Frauen kochten. Sie kochten natürlich mit den Produkten, die es hier gab, nach den Rezepten, die sie von ihren Müttern gelernt hatten. Die Küche war einfach, traditionell, aber zugleich von hoher Qualität, denn das, was es bei den Bauern oder im eigenen Garten gab, war eben sehr gut. Der Ruf der Mère Blanc verbreitete sich. 1933 schrieb Curnonsky, Elisa Blanc sei »die beste Köchin der Welt«. Die Leute kamen am Sonntag von Mâcon herauf. Mit der Zunahme der Automobile und der Gastroführer kamen aber bald auch schon Gäste von weit her. Die Blancs verdienten jedenfalls genug, um sich 1929 ein eigenes Auto anzuschaffen und sich darin stolz vor der Haustür photographieren zu lassen. Der Enkel wird sich später mit dem gleichen Auto, unterdes zum gepflegten Oldtimer aufpoliert, an gleicher Stelle ablichten lassen.

Als 1934 Paulette und Jean Blanc das Hotel-Restaurant übernahmen, änderte sich nicht viel. Paulette, die Bäckerstochter, kochte unter den Blicken von Elise, der Vater kümmerte sich ums Geschäft. »Nicht nur um das Geschäft. Er war auch lange Zeit Bürgermeister.« »Bürgermeister?« »Ja, Bürgermeister. Er war hier sehr beliebt.« 1965 kehrt ihr Sohn Georges nach Hotelfachschule und einigen Wanderjahren als Koch in den elterlichen Betrieb zurück. Er hatte keine berühmten Lehrer. Wie man kocht, das wußte man zu Hause. Aber er hatte große Pläne. Als er mit seiner Frau Jacqueline 1968 den Betrieb übernahm, begann er bald zu bauen und hörte bis heute nicht auf. Der äußere Rahmen für ein Drei-Sterne-Restaurant sollte geschaffen werden. Daß Georges Blanc drei Sterne haben wollte, war ein offenes Geheimnis. 1981 bekam er sie. Und die Konkurrenz von Gault & Millau wählte ihn zum Koch des Jahres. Seither steht seine Küche an der Spitze, und es gibt niemanden, der ihr diesen Platz unter den Besten streitig machen würde. Die Nachfolger stehen schon bereit. Frédéric und seine Frau arbeiten im väterlichen

Betrieb, und Alexandre hat auch Koch gelernt. Sie haben es nicht ganz leicht gehabt mit diesem Vater, und sie werden es nicht leicht haben, ihn aufs Altenteil zu setzen, denn viel Macht hat er ihnen noch nicht abgegeben: »Der Name allein tut es nicht. Sie müssen sich durch Charakterstärke und durch ihre Arbeit auszeichnen.«

★ ★ ★

Der Weg ins Restaurant ist sorgfältig kalkuliert. Aus der Eingangshalle wird man in einen gläsernen Gang geleitet. Rechts unten fließt schön, träge und sehr grün die Veyle. Links hinter durchsichtigen Glastüren die High-Tech-Küche. Eine sehr große Küche, mit fünfunddreißig Köchen wohl die größte dieser Art in Frankreich. Rechts Natur, links Kochkunst, die nichts zu verbergen hat. An den wenigen freien Flächen Photos von der Entwicklung des Hauses Blanc. Natur, moderne Kochkunst, Tradition. Am Ende des Gangs eine große Bar mit roten, bequemen Sesseln. Aber sie hat nichts Städtisches, sondern wird überwölbt von einer hohen hölzernen Decke mit freiliegenden alten Balken. Blanc hat sein Interieur genau kalkuliert: sehr großzügig, sehr bequem, aber das Einfache, das Rustikale ist erhalten. Vielmehr: Es ist natürlich nicht erhalten, sondern wird geschickt architektonisch zitiert. Es ist natürlich auch nicht einfach, aber es wirkt gemütlich, intim. Genau das ist der Sinn. Diese Bar haben einige Sterne-Kollegen kopiert, Bernard Loiseau zum Beispiel. Aber bei ihm ist sie ein wenig zu pompös geraten. Zu große Kamine machen die Gäste kleiner. Gäste haben es nicht gern, wenn sie sich klein vorkommen. Das Restaurant ist nach den gleichen Prinzipien eingerichtet. Kostbare Wandteppiche, Antiquitäten, goldene Spiegel, eine große alte Messingwaage, große Blumenbouquets. Aber durch die rotbraunen, sorgfältig gewachsten Kacheln am Boden und die schweren Holzdecken werden die noblen Einzelstücke wieder in einen Rahmen eingebunden, der den Luxus »gemütlich« macht. Der Service ist von der gleichen Art. Der Oberkellner von seltener Perfektion, zugleich aber locker, gelassen und nicht zeremoniell.

Das Restaurant ist sehr groß, wirkt aber nicht so, weil sich die Tische über verschiedene, ineinander übergehende Zimmer verteilen. Kein Bankettraum, sondern der Eindruck von Initimität, ohne eng zu erscheinen. Hundert Gedecke lassen sich hier schon unterbringen. Alle Tische sind besetzt. Für hundert Leute erstklassig zu kochen ist eine ganz andere Aufgabe, als das für vierzig Gäste zu tun. Restaurants können am Mißerfolg, aber auch am Erfolg scheitern. Jedenfalls bin ich gespannt auf das Essen, das da kommen wird. Ich warte mit dem Gefühl, das Fußballfans haben, wenn Brasilien spielt, oder Musikfreunde, wenn sie die Berliner Philharmoniker hören: in Erwartung einer außerordentlichen Leistung, aber ohne Bereitschaft zur Nachsicht. Diese Haltung habe ich selten. Sie verdirbt leicht den Genuß. Aber viel Ehrgeiz, viel Erfolg und viel Selbstbewußtsein lösen so etwas wohl aus.

Um es vorweg zu sagen: Es war tadellos von Anfang bis Ende. Das ist auch in dieser Kategorie selten. Schon die Gänseleberzubereitungen: eine Art Terrine aus saftigem Bresse-Huhnfleisch und Gänseleber zum Beispiel – technisch schwer wegen der Garzeiten. Oder die Schichtkonstruktion aus Crêpes und *foie gras*, ein veredeltes Zitat der berühmten Crêpes Vonnasiennes der Mère Blanc. Oder die mutige Kombination mit einer Liebstöckelkruste. Die Fische: ein Seewolf, in dünne Scheiben geschnitten, und eine kurze, samtige Sauce, in der sich Öl und Sahne mischen; eine sensationelle Seezunge, ein Fisch, der leicht etwas fad schmecken kann und leicht trocken wird. Hier nicht. Der Poissonnier beherrscht auch das Mittelmeerrepertoire: Steinbuttstreifen von Pommes-frites-Größe mit Pesto. Sie sehen trocken aus und sind saftig. Die Pinienkerne, die dem Pesto in Ligurien Fülle geben, sind mit Erfolg durch heimische Nüsse ersetzt. Über die sanft pochierten Rotbarben läßt sich streiten: Beim Grillen oder Braten bleibt die Haut knuspriger und der Lebergeschmack deutlicher. Die Langustinos kommen in einer leicht cremigen Sauce, in der Sellerietöne dominieren. Dazu kontrastiert spektakulär ein Turm aus Trüffelgelée, oben dick mit einer Rosette aus Trüffelscheiben belegt. Die Täubchen, das Kalbfleisch, das alles hat eine Perfektion, vor der der Amaturkoch resigniert. Auch die roten Saucen deutlich differenziert, klare Wahl passender Gemüse (Rübchen zur Taube), nichts Überflüssiges auf dem Teller. Dazu ein Pouligny-Montrachet »Les Carrious« von 1993, ein Volnay »Les Caillerets« von 1990 und ein Vosne-Romanée »Aux Brûlées« von 1991. Der »Wine-Spectator«, das führende Eß-Wein-Journal der USA, hat 1996 eine Ranking-Liste der französischen Drei-Sterne-Restaurants veröffentlicht, ein sehr amerikanisches Unternehmen. Auch die Weinkarten wurden natürlich evaluiert. In der Kategorie »Wein« lag Georges Blanc an der Spitze. Tatsächlich ist die auch im Format überdimensionierte Weinkarte ein Lesevergnügen besonderer Art. Ich habe mehrere Herren mit sehr ansehnlicher weiblicher Begleitung gesehen, die sich wie Ehemänner beim Frühstück hinter der Zeitung hinter dieser Weinkarte versteckten und sich nur widerwillig von der Lektüre lösten, um ihre Konversation wiederaufzunehmen.

Ob es geschmeckt habe, fragte am Ende der Hausherr. Er wußte die Antwort schon. So richtig zufriedene Gesichter lassen sich nicht verbergen. Warum auch? Kein Haar in der Suppe. Ich sage, daß mir die Rezepte mit neu interpretierten klassischen Materialien am besten gefallen hätten und ich hier auf die mediterranen Exkurse am leichtesten verzichten könnte. »Ja ja, aber man braucht eben auch leichte Fischgerichte. Menüs mit mehreren langen und schweren Saucen darf man heute nicht mehr vorschlagen. Aber wenn Ihnen die Seezunge so gut gefallen hat, dann müssen Sie wiederkommen, wenn die neue Speisekarte fertig ist. Da biete ich Hechtklößchen, einen der Klassiker unserer Region. Aber nicht, um wie üblich auf diese Weise das Problem mit den vielen feinen Hechtgräten zu lösen. Das Gericht wird grätenfreie Filets mit feiner und lockerer Mousse kombinieren.« Worauf man sich verlassen kann.

Gibt es einen Stil Georges Blanc? Kräuterküche, Gewürzküche, Mittelmeerküche, Asienküche, Traditionsküche – trifft alles nicht zu. Der Küchenstil von Blanc hat kein anderes Programm, als Wohlgeschmack zu produzieren. Blanc will den Gast zu nichts überreden, will seine Gewohnheiten nicht ändern, will die Palette des Geschmacks nicht erweitern, und er will schon gar nicht schockieren. Seine Küche ist ruhig, selbstbewußt, ohne Lärm und Getöse. Sie ist konservativ im Geist, aber modernen Verhältnissen perfekt angepaßt. Sie ähnelt der Bresse, dieser ruhigen, sanften, ausgeglichenen Landschaft. Zugleich aber ist sie in der Durchführung exakt, sehr kultiviert und ohne Scheu vor technischen Schwierigkeiten. Nichts macht Georges Blanc mehr Spaß, als ein »sehr technisches Rezept« zu erklären. Handwerkerstolz gegenüber Amateuren. Berechtigter Handwerkerstolz.

Nach dem Café kommt die Einladung »zu einer kleinen Überraschung«. Ein sichtlich gutgelaunter Georges Blanc (immer noch in Dienstkleidung) lädt mich und einen auf kulinarische Fragen spezialisierten französischen Fernsehredakteur in seinen Mercedes. »Ja, wir transferieren das Geld wieder nach Deutschland, das unsere deutschen Gäste hier lassen. Wir fahren in der Familie neben dem Mercedes einen Porsche, einen Audi und einen BMW. Die deutschen Autos sind die besten.«

Wir biegen am Ortsrand von Vonnas in eine herrschaftliche Toreinfahrt, fahren unter hohen Bäumen auf knirschendem

Kies an einem See entlang und halten vor dem Portal eines festlich erleuchteten Schlosses. Wie in der Werbung. »Epeyssoles, mein Schloß«, sagt Blanc. »Es war ziemlich heruntergekommen, als ich es kaufte. Ich habe es renovieren lassen, die Seen angelegt, den Rasen, den Steg ans Wasser, sogar die kleine Insel mit der beleuchteten Statue.« Eine teure Liebhaberei? »O nein. Der ideale Ort für Seminare, Tagungen, Taufen, Hochzeiten, Bankette. Es gibt kleine, intime Salons, aber insgesamt kann ich achthundert Personen unterbringen. Es ist alles dafür eingerichtet. Neben Bocuse bin ich der einzige Drei-Sterne-Koch in Frankreich, der für kulinarische Großveranstaltungen gerüstet ist.« Und die Qualität? »Leidet nicht, wenn man die richtigen Materialien und Rezepte wählt. Neulich waren hier die wichtigsten zweihundert Köche der Region zu Gast und fanden nichts einzuwenden. Die Gerichte werden unten im Restaurant vorbereitet und dann mit exakt vorgegebenen Garzeiten hier zu Ende gegart.« Blanc zeigt uns mit geradezu kindlicher Begeisterung große Wärmeöfen und Dämpfer. »Man muß auch für viele Leute kochen können, wenn man sein Handwerk beherrscht. Die Küchentechnik hat enorme Fortschritte gemacht. Die meisten Kollegen gehen aber zu nachlässig mit den Geräten um.«

An diesem Abend sind zwar keine achthundert Personen im Schloß, aber doch immerhin dreihundert. Eine englische Hochzeitsgesellschaft. Vierhundert Mark pro Person für Essen, Wein und Miete. Bei hundertzwanzigtausend Mark Umsatz und einer Rendite von fünf Prozent ist der geschäftstüchtige Schloßherr an diesem Abend um sechstausend Mark reicher geworden. Rechnet man die Einnahmen aus den beiden voll belegten Hotels, aus Boutique, Bistro und Restaurant dazu, dürften es rund zehntausend Mark gewesen sein. Blanc, der Geschäftsmann, ist nicht weniger gut als Blanc, der Koch.

Mit Schloß Epeyssoles hat Georges Blanc sich ein Marktsegment erobert, das mit Restaurant und Bistro allein nicht abzudecken war. Zugleich hat der Erbe einer kleinen ländlichen Dynastie von Kneipiers und kochenden Müttern sich damit in eine Tradition eingekauft, die bis ins Mittelalter reicht: Epeyssoles wird im Jahre 1229 zum erstenmal urkundlich erwähnt. Im 16. Jahrhundert gelangte das Schloß in die Hände nobler protestantischer Familien aus Bourg-en-Bresse. Der berühmteste Besitzer war der preußische Graf Dohna, Cousin der Prinzen von Oranien und Protegé des Kardinals Mazarin. Pierre Bayle hieß der Hauslehrer seiner Kinder. Man merkt: Georges Blanc hat die Geschichte des Hauses mit gewohnter Gründlichkeit erforschen lassen. Ein kunstvoll gemalter Stammbaum der verschiedenen Herren von Epeyssoles, der in der Eingangshalle des Schlosses hängt, zeugt davon. Am Ende eines langen, noblen Stammbaums aus Gutsherren und Grafen mit dem »von« vor dem langen Doppelnamen steht: »Georges Blanc, Koch.«

Ein Preuße als König der Köche

Joël Robuchon

Januar 1996. »And who is the best one?« Der Amerikaner neben mir an der Pariser Hotelrezeption wollte den Namen des besten französischen Kochs wissen. Er erhielt die Antwort, die zu erwarten war: »Joël Robuchon«. »Dann reservieren Sie mal vier Plätze für heute abend.« Die Dame an der Rezeption rief pflichtgemäß mit leicht gequältem Gesicht die 01 47 27 12 27 an und sagte dann, was sie schon vorher gewußt hatte: »Das Restaurant ist auf drei Monate ausgebucht.« Als der Gast nach mehrfachem ungläubigen Nachfragen verstanden hatte, machte er ein Gesicht wie Obelix, wenn er sagt »Die spinnen, die Römer«. »Und warum macht dieser Rrrobuschen sein Restaurant nicht größer?«

Daß Joël Robuchon der größte Koch von Paris, also von Frankreich, also der ganzen Welt sei, war 1996 jenseits des Rheins beinahe ein Gemeinplatz geworden. Wer sonst? Bocuse etwa, dieses Denkmal seiner selbst? Freddy Giradet? Aber der ist doch Schweizer und kurz davor, sein Restaurant in jüngere Hände zu geben. Marc Veyrat oder Pierre Gagnaire? Zu exotisch, zu verrückt. Nein, the best one was Rrrobuschen. In allen Gastroführern hatte er die Höchstnote. Edouard Balladur aß bei ihm Langustinos im Würzsud, als er noch Regierungschef war, und erst recht, als er den Kampf um die Präsidentschaft verloren hatte, während Isabelle Adjani bei den Desserts (insbesondere, so das Gerücht, bei der Schokoladentorte) die schlanke Linie vergaß. Die Pariser Prominenz strömte in Scharen. Ihr folgten alle, die einen Platz ergattern und einen Tausender verschmerzen können. Tausend »Deutschmark« für zwei mußten es schon sein, wenn man bescheiden war. Sollte es dazu ein Romanée-Conti von 1961 sein, mußte man freilich noch einmal sechstausend Mark drauflegen.

Die Warteliste war in den Monaten zuvor noch einmal beträchtlich länger geworden, denn es rückte der 7. April heran, der einundfünfzigste Geburtstag des Meisters. Schon an seinem fünfzigsten Geburtstag, so seine Ankündigung, hatte er aufhören, die Schürze für immer an den Nagel hängen wollen, um im Zenit seines Ruhms abzutreten. Rücktrittsankündigungen der Stars aller Branchen entpuppen sich häufig als PR-Gags. Nicht nur die Borgs, McEnroes oder Connors' machen weiter, bis sie ins Bodenlose der Weltrangliste gefallen sind, sondern auch berühmte Köche, bei denen der Formverlust weniger auffällt, weil sie Ersatzleute hinter den Kulissen placieren können, die in ihrem Namen den Kochlöffel führen. Aber von der Art, so wußte man, war Robuchon nicht. Robuchon war nicht der Mann, seine Schüler in seinem Namen weiterwerkeln zu lassen, ohne selbst regelmäßig in der Küche zu stehen. Fünfzig Jahre – das bedeutet für einen Koch dieser Generation sechsunddreißig Jahre hinter dem Herd. Da ist es nicht abwegig aufzuhören, ehe langsam die Qualität nachläßt. Andererseits hatte Robuchon erst vor gut zwei Jahren unter seinem Namen ein neues Luxusrestaurant eröffnet, dessen Financier, die Immobiliengesellschaft Phenix, sich ja wohl der weiteren Mitarbeit des Paten versichert haben dürfte, bevor man die vielen Millionen für den beispiellos aufwendigen Umbau des Stadtpalais zum Tempel der Grande cuisine lockermachte? Außerdem schlachtet bekanntlich niemand ein Huhn, das goldene Eier legt. Eine unübersichtliche, so in der Geschichte der

Hochküche einmalige Situation. Jedenfalls trieb die Ankündigung des bevorstehenden endgültigen Rückzugs Robuchons Restaurant noch weitere Kunden zu. Die Spekulationen über Robuchons Rücktritt fanden am 5. Juli 1996 ihr definitives Ende, als unter lebhafter Anteilnahme der Presse das letzte Gericht in seinem Restaurant serviert wurde und der Meister ein letztes Glas Champagner mit seinen Köchen trank.

Die Frage, was denn diesen Mann zu einem von seinen Kollegen zumindest geachteten, von den Gastroführern hochgelobten, von den Gästen sehr gefragten und von der Kritik teilweise enthusiastisch gefeierten Modellkoch seiner Generation hat werden lassen, ist schwer zu beantworten. Auf den ersten Blick wird man ihn kaum als besonders eindrucksvolle Persönlichkeit empfinden. Er ist im Gespräch ein eher schüchterner Mensch ohne den unwiderstehlichen Charme von Guérard, ohne den raumfüllenden, derben Witz von Bocuse, ohne die kühle, arrogante Küchenintelligenz von Senderens. Im vereinbarten Gespräch hatte er wenig Lust, mir etwas zu erzählen. Und was er sagte, klang so neu nicht: »Wahl der besten und frischesten Produkte«; »den Eigengeschmack der Produkte respektieren, statt ihn zu maskieren«; »auf das Detail achten«; »das Einfache respektieren«. Das sagen sie alle (wenn es auch nicht alle machen). Auffällig war allerdings das wiederholte Lob preußischer Sekundärtugenden: »Arbeitsdisziplin«, »Geduld«, »Organisation« und immer wieder: »Sauberkeit«. Was sein Ratschlag an einen begabten jungen Koch sei? »Sauber arbeiten. Sauber arbeiten kann man nur in einer sauberen Küche. Die Arbeitsgeräte in Ordnung halten. Vorher einen genauen Arbeitsplan machen. Geduld haben statt zu hasten. Sorgfalt vom ersten bis zum letzten Arbeitsschritt.« Aufregend klang das nicht, eher wie aus dem Lehrbuch der Hotelfachschule. Er hatte nicht nur keine Lust auf ein Gespräch, sondern auch keine Selbstdarstellungslust, keine Ironie, keinen

Witz. Ich fühlte mich nach zehn Minuten unbehaglich und am Ende meines Fragenkatalogs, der auch für einen langen Abend hätte reichen können. Wir waren froh, als wir uns los waren. So etwas gibt es. Über die Qualität eines Kochs sagt es nichts.

Aufregender war schon der nur zögernd gewährte Einblick in die zweihundert Quadratmeter große High-Tech-Küche, die ein ganzes Stockwerk seines Koch-Palais einnahm. Fünfundzwanzig Köche (für fünfundvierzig Gäste) bildeten die Brigade. Warum die Brigade Brigade heißt, hier erfuhr man es. Alles war aufeinander abgestimmt wie beim Exerzieren. Jeder Handgriff mußte »sitzen«. Keine Pause, kein Schritt aus der Reihe, keine Ungenauigkeit. Alles wurde aufs Gramm abgewogen, nichts der Intuition überlassen. Und über allem wachte Robuchon. Zweimal am Tag, außer Samstag und Sonntag. Unnachsichtig. Ohne Kompromiß. Sein Zeigefinger war allgegenwärtig. Zeigefinger zum Abschmecken. Zeigefinger, um jemanden heranzurufen, der bei einer Nachlässigkeit beobachtet wurde. Wehe ihm, denn jetzt spießte ihn der Zeigefinger aus der Nähe auf, bis das Herz vor lauter Angst mit doppelter Geschwindigkeit schlug, das Herz, in das der Vorsatz gehämmert wurde, sich einen solchen Fehler nie wieder zu gestatten. Dieser schüchterne Koch war der tyrannischste unter den Tyrannen. Man merkte: Er sieht sich selbst nichts nach, aber den anderen ebensowenig. Er fordert alles von sich selbst, aber ebensoviel vom jüngsten Küchenjungen.

Der unnachsichtige Perfektionismus dieses Mannes hing mit seiner eigenen Ausbildung zusammen. Wie die meisten Köche kam er von unten. Der Vater war Maurer, die Mutter Hausfrau. Mit zwölf trat er in ein katholisches Seminar ein, in ein von Geistlichen geleitetes Jungeninternat. Das sind bekanntlich keine Orte für Lustbarkeit und Müßiggang, sondern für Zucht und Ordnung. Ora et labora. Herde zu reinigen und Karotten zu putzen war da noch die angenehmste Abwechslung im Seminaristenleben. Architekt wollte er werden. Wie der berühmteste Koch des 19. Jahrhunderts, Antoine Carême, was er damals gewiß noch nicht wußte. Es gibt offenbar besondere Affinitäten der Meister des Flüchtigen (was die kunstvolle Verfertigung von Speisen nun einmal ist) und dem Festen, Beständigen, das die Architekten schaffen. Mit fünfzehn Jahren dann der Beginn einer Kochlehre im ländlichen Poitou und anschließend die härteste Ausbildung, die es für einen Handwerker gibt. Für Kost und Logis zog er als Wandergeselle von Betrieb zu Betrieb. Wie im Mittelalter. Die »Compagnonnage« ist in Frankreich natürlich auch nicht mehr verbreitet, aber sie besteht fort. Wer dazugehört, begreift sich als Teil einer Handwerkerelite. Nicht nur Fertigkeiten werden gelernt, sondern vor allem eine rigide Berufsmoral. Dazu paßt, daß Robuchon sich den Freimaurern anschloß. Freimaurerei, das war im Ursprung der mittelalterlichen Bauhütten die Sakralisierung und Ritualisierung des Handwerks. Die Arbeitsstätte wird zum Tempel, die (gelungene) Arbeit zu einer Art geheimer und weihevoller Dienst an der eigenen Perfektionierung wie zur Wohltätigkeit gegenüber dem anderen.

Seine Lehrer – Delaveyne und Barrier sind die bekanntesten – waren nicht die Stars der Nouvelle cuisine, und sein Weg verlief auch anders als der Normalweg der Bocuse-Generation, weil lange Zeit das eigene Restaurant nicht das oberste Ziel gewesen zu sein scheint. Robuchon kochte sich höher in der Hierarchie der Brigaden, er war zuverlässiger, arbeitsamer als die anderen. Auf einem Seine-Boot wurde er zum erstenmal Küchenchef. 1974 übernahm er die Leitung der Küchen des Tausend-Betten-Hotels Concorde-Lafayette. Wer in einer solchen Position als Chef von neunzig Köchen bestehen will, braucht Übersicht, Disziplin und Härte. Wer eine Küche für dreitausend Essen am Tag leiten kann, versteht zu organisieren. Keine Kür, eher das große Pflichtprogramm. Robuchon bestand. Anschließend erkochte er sich im Pariser Hotel Nikko den ersten Stern. Nebenbei Preise bei wichtigen Kochwettbewerben. 1976 war er »Meilleur Ouvrier de France«, gewann die höchste Auszeichnung, die ein französischer Handwerker gewinnen kann. 1981 eröffnete er dann sein eigenes Restaurant, das Jamin, das unter seinen Händen einen rasanten Aufstieg erfuhr.

Die achtzig Plätze im bescheidenen Rahmen des Jamin galten rasch als Geheimtip. Das lag zunächst am sensationell günstigen Preis-Leistungs-Verhältnis (Menüs um hundertfünfzig und zweihundert Francs). Aber da war noch mehr. Da war ein neuer Küchenstil. Was Senderens' Archestrate für die siebziger Jahre gewesen war, wurde jetzt das Jamin. Die Zeitgeistritter der Metropole versammelten sich bei Robuchon. Die Karrieren der großen Hauptstadtköche verlaufen so ähnlich wie die großer Künstler: Der entscheidende Moment ist der, in dem ihre Namen sich im Kreis der Meinungsführer, der In-Crowd und der dazugehörigen Adabeis von Mund zu Mund verbreiten. Sind die Namen erst bekannt, dann folgt die große Oper oder der Roman mit den sicheren sechsstelligen Auflagenzahlen – oder die Luxuslokale wie das Lucas-Carton bzw. das Robuchon. Dann kennen alle den Namen, der nun den Hochglanz des Klassischen bekommt, die vielen unter den wenigen anzieht, während die Pfadfinder des Unerhörten sich in anderen Lokalen treffen, in andere noch unentdeckte Viertel umziehen, andere Autoren lesen, sich andere Tips zuflüstern. Die Herren vom Michelin gaben dem Jamin 1982 den ersten Stern, 1983 den zweiten und im Jahr darauf den dritten. Siebenundzwanzig Monate, nachdem Robuchon sein Restaurant gekauft hatte. Weltrekord. Am Ende des Jahrzehnts kam ihm Ducasse nahe, der 1990 für sein Louis XV. in Monte Carlo dreiunddreißig Monate nach Übernahme der Küche den dritten Stern erkochte. Bekanntlich wurde Ducasse später der

Nachfolger Robuchons und brach dabei einige neue kulinarische Weltrekorde. 1994 erhielt der Chef des Jamin das Angebot von Phenix, jener erwähnten Immobiliengesellschaft, ein Luxusrestaurant in einem luxuriösen Privathaus des luxuriösen 16. Arrondissements von Paris zu leiten. Ein Traumangebot. Robuchon bekam zur Krönung seiner Arbeit nun auch optimale Arbeitsbedigungen und den architektonischen Goldrahmen. Die Vorschußlorbeeren wußte er in der üblichen kurzen Zeit zu vergolden. Seit er sich vom Herd zurückgezogen hat, arbeitet er als »Berater« für die Gastroindustrie, leitet eine eigene Fernsehsendung, publiziert Kochbücher und plaziert mit Geschick seine Schüler, von denen keiner zu den ganz Großen wurde. Es gibt Väter (auch Doktorväter übrigens), deren Strenge es nicht zuläßt, daß ihre Söhne sich ganz frei bis ganz oben entwickeln.

Im Grunde also ist Robuchon in erster Linie ein perfekter Handwerker und anspruchsvoller Organisator. Sein rasanter Aufstieg beglaubigt, was leicht in Vergessenheit gerät: Kochen ist ein schwieriges Handwerk und keine Beschäftigung für genialische Dilettanten. Freilich kam die Zeit diesem Aufstieg zu Hilfe. Die Gäste hatten in den achtziger Jahren die Nase voll von den Exzessen der Nouvelle cuisine und folgten gerne einem Koch, der bekannte, aber subtil verfeinerte bürgerliche Gerichte auf die Karte setzte. Gebratenes Bresse-Hühnchen auf Großmutterart, Rinderbraten mit Karotten, Schweinerücken mit Lauch – wie einst bei Muttern, aber eben doch handwerklich viel besser. Der Geist der Zeit verlangte nach solider Nahrung, nach *gastronomical correctness*. Da war er bei Robuchon richtig.

Den Wechsel gastronomischer Moden zu erklären ist ebenso kompliziert, wie den Wechsel vorherrschender gesellschaftlicher oder künstlerischer Tendenzen überhaupt zu erklären. Das Modell vom Fortschritt diente dem beginnenden bürgerlichen Zeitalter als wichtigstes Interpretationsmuster. Brachte Robuchons Küche wirklich einen Fortschritt der kulinarischen Ausdrucksmittel und Techniken, war das, was Robuchon im Jamin machte, wirklich entwickelter, reicher an Geschmack als das, was Senderens im Archestrate gemacht hatte? Man darf es bezweifeln, auch und gerade in bezug auf die Gerichte aus der bürgerlichen Küche, die er am Anfang anbot. Also eine Periode der Reaktion nach einer Periode der Revolution am Ende der sechziger und zu Beginn der siebziger Jahre? Cuisine traditionelle statt Nouvelle cuisine? Oder war da überhaupt die Pendelbewegung zu konstatieren, die man seit Nietzsches Gegensatzpaar vom Dionysischen und Apollinischen in der Geschichte erkennen wollte? Dionysische Mutterküche statt apollinisch-gebändigter Männerküche? Aber was wäre an Robuchons geometrischer, organisierter, nichts dem Zufall überlassender Küche dionysisch? Oder ein neues romantisches Zeitalter nach dem Vorherrschen der Klassik? Aber was wäre klassisch gewesen an den Menüs von Guérard, Senderens, Vergé?

Und dennoch war er da, der Wechsel des vorherrschenden Stils der Hochküche, und Robuchon war der Held dieses neuen Stils. Er kam im Namen des Einfachen daher. Einfach, wahr, klar. Nicht zufällig ist das berühmteste Gericht Robuchons ein Kartoffelpüree. Man braucht dazu Rattes-Kartoffeln (als »Hörnchen« auch auf deutschen Märkten zu finden), Butter, Milch und Salz. Die Kartoffeln werden in der Schale gekocht, gepellt, passiert. Dann wird bis zur Sättigungsgrenze Butter eingerührt, Milch dazugegeben, das Ganze mit dem Schneebesen geschlagen und durch ein Sieb gestrichen, damit es locker wird und man nicht sofort merkt, wie schwer die Angelegenheit ist. Schmeckt gut, ist aber als Beilage ziemlich ungeeignet, weil zu fett, als Hauptgericht ziemlich ungeeignet, weil vom Geschmack und von der Textur her nicht variantenreich genug. Dieses Püree wurde tausendfach imitiert. Es wurde ein Programm-Gericht. Amerikanische Bauern und amerikanische Journalisten reisten zu Jean-Pierre Clot, der für Robuchon die Rattes-Kartoffeln am ländlichen Rand des Großraums Paris anbaut, nahmen Bodenproben und bestaunten die gelben Knollen mit der dünnen Schale wie Wunderdinge.

In Robuchons Küche wurde das Püree meist von neuesten Küchenjungen oder Praktikanten vorbereitet, denn es verlangt zwar etwas Arbeit, aber gewiß keine große Kunstfertigkeit. Ein wirklicher Schritt von der handwerklich hochschwierigen Grande cuisine zurück zur einfachen Großmutterküche? Und das zu Höchstpreisen? Wenn so etwas ginge, wäre es in der Tat die eierlegende Wollmilchsau der Hochküche. Auf Dauer geht es nicht, denn auch das schönste Silber und die feinste Damastdecke bewegen keine zahlungskräftigen Gäste, den Gegenwert eines monatlichen Sozialhilfewarenkorbs für ein Essen auszugeben, das sich weder durch teure Materialien noch durch diffizile Zubereitung vom normalen häuslichen Essen unterscheidet. Tatsächlich waren Schlagwörter wie »Tradition« und »Schlichtheit« der Küche von Robuchon auch keineswegs angemessen. Sein zweites berühmtes Gericht, der Gelée mit Kaviar und Blumenkohlcrème, ist zum Beispiel eine teure, hochkomplizierte Angelegenheit. (Schmackhaft ist sie schon, aber das soll hier für einen Moment nicht interessieren.) Da wird ein Gelée aus Kalbsfuß hergestellt und mit Blumenkohl weiterverarbeitet, was aber voraussetzt, daß man vorher eine reiche Hühnerbrühe hergestellt hat. Dann braucht es das Symboltier der Hochküche, den Hummer, der ausgelöst, angeröstet, mit Gemüse versetzt, mit Kräutern gekocht wird, bis ein Jus entsteht, der durchgeseiht, abgekühlt, geklärt, entfettet und vieles andere wird, bevor er lauwarm als klare rötlichsirupöse Flüssigkeit über den Kaviar fließen darf, worauf dann eine Schicht Blumenkohlgelée kommt, die sich mit der ersten natürlich nicht vermischen darf. Kurzum: Höchstschwierigkeiten der Hochküche, privat nur für Fortgeschrittene zu meistern, die, die unvermeidlichen Fehlversuche eingerechnet, ein paar Wochenenden frei haben. Nichts für Mütter, Großmütter, Tanten oder sonstige Verfertiger leckerer Sonntagsbraten.

Überhaupt verraten Robuchons »Klassiker« viel über den Stil, für den er steht. Die in der Schale gegarten Jakobsmuscheln zum Beispiel. Jakobsmuscheln gehörten zu den Lieblingsmaterialien der Nouvelle cuisine, denn sie sind der schönste Beweis dafür, daß in letzter Minute frisch zubereitete Speisen alle anderen Zubereitungsvarianten an Konsistenz und Wohlgeschmack übertreffen. Wer es nicht glaubt, der kaufe einmal in einem französischen Feinkostgeschäft die vorbereiteten Jakobsmuscheln unter einer dicken Bechamelsauce, überzogen mit Käse und Semmelbrösel, und dann zum Vergleich frische Jakobsmuscheln im Fischgeschäft. Er stecke die vorgefertigten in den Ofen und brate derweil die frischen kurz in der Pfanne. Die einen werden fischig und pastös, die anderen werden weich und dennoch konsistent fein nach Meer schmecken. Außerdem sehen sie nackt besser aus: rund die weiße Nuß, halbmondförmig dazu das rote Corail. Robuchons Zubereitung hat nichts zu tun mit Bechamel und Semmelbrösel und Käse. Er kennt seine Materialien und Garmethoden. Sie ist eine subtile Ingwer-Dill-Thymian-Komposition. Aber er bereitet die Nuß in der Schale zu, und er entfernt das angeblich zu grobe Corail. Die »nackte« Zubereitung der Nouvelle cuisine, das hat feinsinnig Senderens bemerkt, entsprach der Befreiung der Frau von den Fischgrätstäbchen der Korsetts und verhüllenden Kleider. Robuchon hingegen fügt das Fleisch wieder ein in das »Natürliche« der Muschel. Und das Corail, der weibliche Teil der hermaphroditischen Muschel, wird als minderwertig ausgesondert. Robuchons Küche war eine männliche Küche, eine Antwort auf die Feminisierung, die sich in dem Bereich im vorausgehenden Jahrzehnt vollzogen hatte.

Traditionell, männlich, kostbar und sehr technisch. So die Blätterteigtorte mit Zwiebelmus, Speck und Trüffeln. Zwiebelmus und Speck, das gehört zur deutlichen, ländlich-deftigen Küche. Robuchon kombiniert diese Bestandteile mit den edlen, teuren schwarzen Trüffeln. Die werden in gleichmäßig feine Scheiben geschnitten und mit äußerster Regelmäßigkeit (»Legen Sie acht Scheiben blütenförmig in die Mitte des Tellers. Legen Sie dann in entgegengesetzter Richtung vierzehn andere darumherum«) auf Teig, Speck und Zwiebel gelegt. Eine Ringform sorgt dafür, daß alles seinen vorbestimmten Platz einhält. Überhaupt muß bei Robuchon alles von harmonischem Gleichmaß sein. Auch die Steinpilze, die für sein Gericht »Gegrillte Steinpilze mit Thymian und Auberginenkaviar« Verwendung finden, erfüllen alle das gleiche Regelmaß und bekommen auf dem Grill das gleiche Muster eingebrannt.

Das Geheimnis von Robuchons Erfolg bestünde also keineswegs in der immer wieder reklamierten »Einfachheit« oder »Wahrheit«. Die Wahrheit wäre komplizierter: Robuchon entwickelt eine Sekuritätsküche für ein Zeitalter globaler Verstörung. In Krisenzeiten mag der Magen besonders dasjenige, was ihm vertraut ist. Und die achtziger bzw. beginnenden neunziger Jahre waren Zeiten der Verstörung, nicht Zeiten reformerischen Aufbruchs (die ersten zwei Hoffnungsjahre der Ära Mitterrand waren – auch – küchengeschichtlich ohne Folgen). Zugleich aber muß die Hochküche Distanz wahren zur »normalen« Restauration und zur Küche auch noch der besten Großmutter, oder sie verliert mit dem kleinen Unterschied ihre Existenzgrundlage. Robuchon bietet also Vertrautes mit viel Butter, Speck und Sahne. Aber er bietet es mit unübertroffener handwerklicher Qualität, und er verbindet es mit traditioneller Ästhetik (Regelmaß) wie mit überkommenen Luxusprodukten (Hummer, Kaviar, Trüffel, Jakobsmuscheln etc). Alles wie es immer war, aber doch ganz exklusiv.

Journalisten können Tendenzen nicht einfach beliebig machen, sie können sie aber rechtzeitig erahnen und nach Kräften verstärken. Der Erfolg Robuchons war auch ein Hauptstadt- und ein Medieneffekt. Das ist nicht neu. Ohne Gault & Millau wären Bocuse & Co. nicht so schnell so berühmt und auf ihrem Feld hegemonial geworden. Natürlich gibt es einen engen Zusammenhang zwischen dem Einfluß der jeweiligen Journalisten im journalistischen Bereich und dem Einfluß des jeweiligen Kochs in der Konkurrenz der Restaurants. Vor allem aber verrät die Art und Weise, verraten die Argumente, mit denen ein Koch journalistisch lanciert wird, sehr viel über seinen Stil und seine Berufsauffassung. Der Stil von Gault & Millau war zum Zeitpunkt, als sie die Nouvelle cuisine propagierten, vor allem programmatisch und kritisch (gegenüber der Tradition). Darin waren sie Genossen der Studenten des Mai 1968, die Manifeste und Polemiken gegen das Alte veröffentlichten. Robuchon hingegen wurde von anderer Seite publizistisch »gemacht«. Seine treueste Anhängerin unter den Journalisten war Patricia Wells. Sie hat lange Zeit die Restaurantkritiken des »Express« geschrieben, des französischen Pendants zum »Spiegel«. Heute schreibt sie die Kochkolumne der »International Herald Tribune« und besetzt einen wichtigen Platz auf dem Kochbuchmarkt. 1991 veröffentlichte sie einen preisgekrönten Band über Bistro- und Trattoriarezepte, vor allem aber widmete sie sich der Popularisierung der Rezepte Robuchons (»Das Beste und das Einfachste von Robuchon«, 1991; »Das Atelier von Robuchon«, 1996) und wurde sozusagen dessen Stellvertreterin auf Erden.

Wells hat meines Wissens nie ein kritisches Wort über Robuchon veröffentlicht. Ihr Tenor ist vielmehr einer der Verheiligung des Profanen. Robuchon ist natürlich ein »kreatives Genie«, von höherer Stelle vorbestimmt, um unsere Gaumen »in einen Zustand des Entzückens« zu versetzen. Er ist nicht einfach nur ein guter, fleißiger Handwerker, sondern »Ruhm und Erfolg waren ihm bestimmt«, seine Perfektion ist so perfekt, daß man glauben könnte, »daß jeder seiner Herzschläge kalkuliert und vorher gewogen worden wäre«. Der Prozeß der Perfektibilität war unaufhaltsam und fand auch an Ruhetagen statt: »Die Küche von Joël Robuchon wurde jeden Tag präziser, ausdrucksstärker, kreativer.« Die Geschwindigkeit, mit der er zu den Sternen gelangte, war unübertrefflich. Seine Trüffelzubereitungen waren von »mystischer Inspiration«. Überhaupt war das, was er herstellte, nicht nur »einfach« und »rein«, sondern heilig und unberührbar, »zu schön, um mit dem Löffel berührt zu werden«. Ökonomische Interessen oder ordinäre Konflikte sind dem Heiligen bekanntlich fremd. Robuchon war zu seinen Köchen »wie ein Vater, der seine Kinder beaufsichtigt«, ausgestattet mit einer solchen Weitsicht, daß seine »Entscheidungen... nicht immer gut verstanden wurden«. Wenn er mit einundfünfzig Jahren die Schürze an den Nagel hängte, dann nicht, weil ihm die schwere Arbeit zuviel wurde und er seinen guten Namen vermarkten wollte, sondern um sein Genie zu »universalisieren«, um »seine Lehren dem großen Publikum nahezubringen«.

Nun könnte man sagen, daß solch unsägliches Geschreibe allein von Patricia Wells zu verantworten sei und Journalisten nun mal ein enges Verhältnis zum Superlativ haben. Aber Gott sucht sich eben seine Propheten aus und begabt sie mit seinem Wort: Auch für Robuchon ist eine Trüffel eben nicht nur eine Trüffel, sondern das einzige »ganz und gar französische Produkt«. Auch Robuchon sagt nicht einfach, daß er einen Beratervertrag – also letztlich eine Werbeabmachung – mit dem Lebensmittelkonzern Fleury Michon abgeschlossen habe, weil ihm das gutes Geld einbringe, sondern er stellt es dar als Ergebnis höheren Ratschlusses: »Ich habe schließlich gemerkt, daß die Fabrik von Fleury Michon in fünfzehn Kilometer Entfernung von Mauléon lag, wo ich im katholischen Seminar war. Offenbar hatte das Schicksal entschieden, daß ich für sie arbeiten solle.«

Die Strategie der Verheiligung wird begleitet von der der diskursiven Transformation der Tätigkeit des Kochs zu einer Tätigkeit des Künstlers. Auch darin ging Robuchon voran, indem er die Arbeit seines Lehrers Delaveyne als Arbeit eines Künstlers ausspricht. Er habe begriffen,»daß der Chef wie ein Künstler ist«. Wie welcher Künstler? Wie »van Gogh«. Warum gerade van Gogh? Wohl, weil man van Gogh irgendwie kennt und seine Bilder teuer sind. Wells setzt auch da noch einen drauf. Robuchon ist nicht nur ein Künstler, sondern, man ahnt es, ein »kreatives Genie«. Und er ist natürlich der beste Künstler: »Zu sagen, daß Joël Robuchon ein Chef sei, ist das gleiche, wie zu sagen, daß Pablo Picasso ein Maler, Frédéric Chopin ein Pianist und Luciano Pavarotti ein Sänger war.«

Alle ideologische Arbeit will erreichen, daß ihr Objekt aus den alltäglichen Zusammenhängen herausgelöst wird und als gleichgültig gegenüber materiellen Interessen erscheint. Dabei ist die wirksamste Strategie der Versuch, dieses Objekt in die höheren Sphären der Kunst und der Religion zu versetzen. Noch nie wurde das mit einem Koch so systematisch (und so durchsichtig) versucht wie mit Robuchon. Der lange Weg der Kochdomestiken aus dem dunklen Keller adeliger Paläste zu den lichten Höhen der Erwähltheit hat mit dem, was Wells/Robuchon uns auftischen, einen Höhepunkt gefunden.

Wie alle Texte, die verhimmeln wollen, verrät auch der von Wells wider Willen etwas von der Wirklichkeit. Etwa dort, wo er zu bestimmen versucht, was denn Robuchons »auf der Welt« einmaligen Stil charakterisiere: »Was den Unterschied zwischen Joël Robuchon und den restlichen Köchen der Welt ausmacht, das ist die Anrichtung seiner Gerichte: diese zu perfekten Kreisen gelegten Rosetten aus feinen Trüffelscheiben.« Oder: »Muß man nicht verrückt sein« (natürlich ist die Verrücktheit gemeint, die van Gogh beflügelte), »um zwanzig Zitronen Stück für Stück aufzuschneiden mit dem alleinigen Ziel, eine Torte herzustellen, eine Zitronentorte wie ein Sonnenfächer natürlich?« Muß man nicht, man braucht nur fleißige Küchenjungen. Und für den Geschmack ist es nicht entscheidend, ob die Kreisform, in der sich Trüffel oder Zitronenscheiben präsentieren, ganz perfekt ist. Aber ausgesprochen ist damit, daß Robuchons Stil zuallererst mit perfekter Dekoration zu tun hat. Freilich nicht mit Dekoration im Stile von van Gogh. Moderne Malerei ist gerade Widerstand gegen die dekorative Tradition der Gattung. Nein, mit klassisch-regelmäßiger, gefälliger Dekoration, der ein Hauch von symbolischer Überhöhung beigemischt wird. Robuchons dekorative Obsession ist die Rosette, sei sie aus Trüffeln, Zitronen oder Kartoffeln, die Rosette, die eines der großen Kunststücke der mittelalterlichen Bauhütten beim Kathedralenbau war. In einer Stadt, in der gleichzeitig Derrida an der Dekonstruktion arbeitete, in der Lyotard vom »Ende aller großen Erzählungen« schrieb, hieß Robuchon seine Küchenjungen der (wohlhäbigen) Welt zum Trost wohlschmeckende Kirchenfenster auf die Teller konstruieren.

★ ★ ★

»The proof of the pudding is in the eating.« Dieses englische Sprichwort hat Engels als erkenntnistheoretisches Leitmotiv artikuliert, wenn ihm die philosophischen Fragen zu abstrakt wurden. Wie also war es denn bei Robuchon?

Vor dem Stadtpalais im vornehmen 16. Arrondissement standen zwei Wagenknechte in Phantasieuniform, bestens gerüstet, dem Gast die Last seiner Zylinder abzunehmen. Man klingelte am monumentalen Portail, durchquerte, glücklich identifiziert, eine ebenerdige Galerie mit Jugendstilkostbarkeiten unter Gallé-Lampen, stieg denkmalgeschütze Treppen hinauf, um schließlich ins Restaurant einzutreten, das aus drei Räumen besteht, die die Intimität einer Privatwohnung, eines Clubs auszustrahlen versuchen. Der größte von ihnen ist durch Illusionsmalerei in eine Art englische Bibliothek verwandelt worden. Der Raum nebenan wird von einem durch aufwendige Schnitzereien veredelten Kamin beherrscht, der intime kleine Salon zitiert holländische Stilelemente. Das postmoderne *anything goes*, aber ohne das mindeste ironische Augenzwinkern. Überall ranken tiefe Teppiche, beeindrucken schwere Tapeten, bauschen sich kostbare Stoffe: eine ideale Theaterkulisse für ein Stück, das im Großbürgermilieu der letzten Jahrhundertwende spielen könnte. Natürlichkeit, Einfachheit, Wahrheit? Im Dekor jedenfalls waren sie nicht zu finden. Escoffier würde sich in diesem Restaurant wohl gefühlt haben. Nur die Videokameras, mit denen Robuchon die Räume überwachen ließ, damit dem Service kein Wunsch des Gastes entgehe, wären ihm fremd gewesen.

Den Auftakt des kleinen Menüs für 890 Francs machte eine cremige Fenchelsuppe mit Seeigelfleisch und winzigen Gnocchi. Dann die in der Schale gegarten Jakobsmuscheln, über denen ein Hauch von Koriander und Zitrone schwebt. Der Butt ist auf die Sekunde genau gegart und versteht sich prächtig mit dem Klecks aus Paprika- und Olivenmus daneben, ebenso dann die leichte Süße der Hummerscheiben mit der Spur Bitternis, für die vor allem der Rosmarin verantwortlich ist. Zum Kräuterlamm das berühmte Kartoffelpüree und ein kleiner gemischter Salat. Aber was für ein Salat! Frisch, perfekt angerichtet, fein ausbalanciert mit Spurenelementen von Kerbel, Salbei, Estragon, Fenchel, Dill, Basilikum, Petersilie und Anis. Natur auf der Zunge, von der Vinaigrette eben genug, um ihren Geschmack zu entbinden. Reiche Käseplatte. Schließlich die Träume auf dem Nachtischwagen, die Früchte im hauchfeinen karamelisierten Blätterteigmantel, die Apfeltorte, die Zitronencharlotte, die Sorbets (besonders das aus Bitterschokolade), überhaupt der Schokoladenkuchen mit den winzigen Streifen von Orangenschalen...

Im Trüffelmenü für zwölfhundert Francs auch eine Crèmesuppe, auch eine Hummerzubereitung (diesmal mit Trüffeln und Kastanien), als Hauptgang ein Gratin, das aussieht wie Lasagne beim Italiener um die Ecke, aber hier geschichtet ist aus Makkaroni, Sellerie, Gänseleber und natürlich wieder Trüffeln. Am besten aber das Trüffeltörtchen. Ein Hauch von sehr lockerem Teig, der sofort im Mund zergeht, Zwiebelmus, geräucherter Speck, und das dicht belegt mit sehr vielen der kleinen, schwarzen, feinmarmorierten Scheibchen. Subtil, aber durch den Speck auch zugleich sehr deftig. Einfach, aber doch schwer zu machen. Fehler? Auf Fehler wartet man vergebens. Am Ende des Essens glaubt man nicht mehr daran, daß hier überhaupt welche vorkommen könnten.

Besser als fehlerfrei geht nicht. Aber Perfektion, die allen Zufall und alle Ekstase und alle Verrücktheit ausschaltet, führt die Kochkunst zwar auf höchste Gipfel, raubt ihr aber auch Leben und Sauerstoff zum Atmen. Es ist wie beim Eiskunstlauf: Da können manche in der Pflicht noch so perfekte Kringel drehen, in der Kür noch so hoch springen und noch so korrekt landen – es fehlt ihnen an der Ausstrahlung, die bei anderen auch dann noch unwiderstehlich ist, wenn sie einmal abstürzen. Robuchon war ein Meister der wohlorganisierten Ausführung, der phantasievollste, kreativste, eigensinnigste Koch war er nicht. Er hinterläßt als Erbe vor allem die Erfahrung, daß man die französische Hochküche durch preußische Tugenden zu einem Grad von Perfektion führen kann, den nach ihm wohl niemand mehr erreichen wird.

Joël Robuchon

Der Spieler

Alain Ducasse

Mehr als drei Sterne geht nicht. Mehr vergibt der Michelin nicht. Alain Ducasse war der jüngste aller Köche, die jemals drei Sterne erhielten. Damals war er dreiunddreißig. Jetzt hat er sechs. Sechs. Nicht vier, nicht fünf, nein – sechs. Zweimal drei. Drei für sein Restaurant Louis XV im Hôtel de Paris neben dem Casino von Monte Carlo. Die anderen drei für sein Pariser Restaurant, das er am 12. August 1996 übernahm und bescheiden in Ducasse umtaufte.

Die Pariser Gastro-Presse ist voller Lob für das neue Lokal, die Gäste drängen sich. Und das Louis XV gilt ohnehin als eines der besten Restaurants der Welt. Die Amerikaner mit ihrem Faible für Ranking-Listen haben das Restaurant ganz oben placiert, Patricia Wells hinter einem chinesischen Koch aus Hongkong und Freddy Girardet aus der Schweiz an weltweit dritter Stelle, der »Wine-Spectator« mit 98 von 100 Punkten an der Spitze aller französischen Drei-Sterne-Restaurants.

Für die Herren vom Michelin ist Ducasse eine einmalige Herausforderung. Als sie ihm die sechs Sterne gaben, hatten sie hochoffiziell gebrochen mit einem Dogma, das galt, solange es Restaurants gibt, und das da lautet: Wenn der Meister nicht selbst am Herd steht, dann mag das Essen gut sein, vielleicht auch sehr gut – aber auf Dauer nicht absolute Spitze. Und die Erfahrung lehrt, daß da was dran ist. Gute Handwerker brauchen einen kreativen Geist, um nicht in Routine zu erstarren, brauchen einen Perfektionisten im Rücken, um alles zu geben.

Natürlich wissen auch die Inspektoren des Michelin, daß Bocuse den Salat nicht selbst wäscht, sondern lieber Interviews gibt. Eine Zeitlang geht das gut. Aber irgendwann nicht mehr. Als Ducasses Lehrer Alain Chapel starb, fehlte seinem Haus die Person, die alles zusammenhielt, das Selbstbewußtsein. Als Ducasses Lehrer Roger Vergé keine Lust mehr hatte, da verließ die Lust auch seine Angestellten. Irgendwann merken es die Gäste und haben ihrerseits keine Lust mehr, hohe Rechnungen für etwas zu bezahlen, das gut ist, aber mehr nicht. Jacques Maximin hat auf der Höhe seines Ruhms etwas Ähnliches versucht. Er eröffnete mit größten Ambitionen sein eigenes Restaurant in Nizza und übernahm »nebenbei« das Ledoyen in Paris. Er scheiterte mit beidem.

Ducasse sechs Sterne zu geben, das hieße am Ende des Jahrtausends den Spitzenkoch neu zu definieren: nicht mehr nur als Handwerker, sondern vor allem als Rezepteerfinder und Organisator von kulinarischem Hochgenuß.

★ ★ ★

Voraussetzung für den Griff des Alain Ducasse nach dem halben Dutzend Sternen war, daß Joël Robuchon mit einundfünfzig auf der Höhe des Erfolgs seine Schürze an den Nagel hängte. Er hat es lange im voraus angekündigt und damit nicht enden wollende Spekulationen über seine Nachfolge genährt. Die Stelle, die da vakant wurde, war die des angesehensten Kochs der Welt. Über all das kann man streiten, aber so wurde es nun einmal von den meisten Kritikern wie den zahlungskräftigsten Kunden gesehen. Also war es so.

In Frankreich jedenfalls löste die Frage der Robuchon-Nachfolge mehr Diskussionen aus als beispielsweise die Nachfolge des Direktors der größten Bank, des Crédit Lyonnais, der Milliarden verwirtschaftet hatte. Es ging um die Besetzung eines Lehrstuhls, ja beinahe eines Throns. Namen von Robuchon-Schülern wurden gehandelt. Aber Hausberufungen sind auf diesem Gebiet wenig üblich. Wer bisher Zweiter war, der kann nicht sofort Erster der Ersten werden. Ein großer Name mußte her. Aber die meisten Träger von großen Namen sind selbst älter als fünfzig, haben ein eigenes Restaurant und keine Lust auf weitere riskante Herausforderungen. Man wettete auf Gyslaine Arabian. Aber eine Frau auf dem Thron? Dann machte Pierre Gagnaire als erster Drei-Sterne-Koch pleite und suchte ein neues Restaurant in der Hauptstadt. Aber Gagnaire ist ein Experimentator. Ein junger Wilder als Nachfolger des Erztraditionalisten Robuchon? Das ging nicht. Blieb nur Ducasse. Aber der wollte nur, wenn er zugleich das Restaurant in Monaco behalten konnte. »Man hat viele Kollegen gefragt, ob sie sich vorstellen könnten, die Robuchon-Nachfolge anzutreten. Niemand wollte. Ich habe die Herausforderung angenommen und den Einsatz verdoppelt.« Und so machte sich denn der monegassische Küchenprinz auf, um sich in Paris krönen zu lassen.

Erstaunlich war das nur insofern, als Robuchon der »Neoklassiker« ist, Vorkoch der zentralfranzösischen Grande cuisine, angereichert mit einigen veredelten Rezepten der bürgerlichen Küche. Ducasse, hundert Meter vom Mittelmeer entfernt an der Grenze zwischen Frankreich und Italien arbeitend, entwickelte hingegen eine konsequent mediterrane Küche. Kaum Butter, keine Sahne, statt Sauce ein bißchen Jus und ein Faden grünen Olivenöls aus dem benachbarten Ligurien. Er entwickelte vor den Augen der italienischen Kollegen die Kunst der Pastazubereitung weiter (zum Beispiel seine mit Kräutern gefüllten, gebackenen Cannelloni mit kleinen Artischocken), servierte Risotto und Gnocchi, kleine Rotbarben mit Olivenmus und Anchovis, ein Gericht, das sich zum Klassiker entwickelt hat, er machte Salate mit allen Kräutern und Pilzen, die die Provence hergibt, und servierte im gußeisernen Topf alle Gemüse aus dem Garten des Südens. Nur das Beste ausgewählt, exakt gegart, ein bißchen Trüffel darübergerieben, etwas Olivenöl, Aceto balsamico natürlich, grobes Salz. Fertig.

Fertig und herrlich. Aber umstritten. Paul Bocuse zum Beispiel fand es weder hinreichend kompliziert noch hinreichend französisch: »Das ist italienisch-provenzalische Küche. Sie ist mit guten Zutaten gemacht, sieht gut aus und hat einen guten Geschmack, aber es ist einfach nur gute Küche.« »Bonne cuisine« sagte er. Nicht »haute cuisine«, nicht »grande cuisine«. Den Gästen hingegen hat es geschmeckt bei Ducasse, allen voran dem Prinzen und seinen Märchenprinzessinnen, die indirekt am Hôtel de Paris beteiligt sind.

Ducasse als Nachfolger von Robuchon, das schien einen geradezu epochalen Sieg eines neuen Küchenstils in Frankreich zu bedeuten, den Sieg der mediterranen Küche über die des Lyonnais, des Elsaß, der Normandie; den Sieg der Auberginen über die Rübchen, der Rotbarben über die Seezungen, der Kaninchen über die Charolais-Rinder, des Ziegenkäses über den Camembert, des Olivenöls über Butter und Sahne.

Aber Ducasse tat in Paris keineswegs das, was alle von ihm erwarteten. Er kopierte sich nicht selbst, sondern machte sich auf, etwas ganz anderes zu entwerfen. In der Hauptstadt angekommen, wollte er nicht der Usurpator aus dem Süden sein, sondern der gute König aller französischen Esser. Der Einstand am 12. August 1996 war ein Medienereignis ersten Ranges. Albert, der Juniorprinz aus Monaco war gekommen, Maximin, Blanc und Loiseau waren von dem Kollegen geladen – und alle einflußreichen Journalisten. In der Küche waren zeitweise mehr Kameraleute als Köche. Loiseau erzählte mir später, Ducasse soll ihm feixend gesagt haben: »Siehst du, Bernard, ich organisiere an einem Tag mehr Medienaufmerksamkeit als du in zwanzig Jahren.« Ducasse servierte den Prinzen, den Industriellen und den Journalisten Flußkrebse in einer leichten Rahmsuppe, durch die sich Steinpilzaroma zog; Schweinskopfsülze (ein Bistrogericht, zu gleichsam substanzlosem Geschmack veredelt) mit karamelisierten Kartoffeln und knackigem Speck; Nudeln mit Kalbsbries, Nieren und Kämmen vom Hahn; ein dickes Stück Steinbutt aus der Bretagne auf Algen, ein paar Meeresfrüchten und einem Stück Butter darauf. Rahm also, ja, Rahm; Butter, Flußkrebse, als gäbe es noch saubere Flüsse; Schwein, aber vom Feinsten; einfache Nudeln, aber trotz Rinderwahn mit den klassischen Innereien und mit dem roten Kamm vom Hahn, dem gallischen. »Une certaine idée de la France«, lautet die bekannteste Formulierung de Gaulles. »Paris ist die Hauptstadt aller französischen Provinzen. Meine Hauptstadtküche soll die besten französischen Produkte mit den Mitteln einer modernisierten französischen Grande cuisine verarbeiten.«

So war denn auch die erste Karte, die Ducasse in Paris vorlegte. Nur ein Gericht, der provenzalische Gemüsetopf, verwies auf das Mittelmeer. Sonst statt Rotbarben bretonischer Steinbutt, Käse aus den Pyrenäen, Gänseleber aus den Landes, der Heimat von Ducasse, Lamm aus Pauillac. Natürlich gab es auch die klassischen Luxusprodukte, die Robuchon so liebte: Schwarze Trüffeln aus dem Périgord oder Hühner aus der Bresse, freilich in leichteren, einfacheren Zubereitungen. Mischung aller Landschaften, aber auch Mischung aller Stile. Die Krebssuppe hätte Escoffier alle Ehre gemacht, andere Gerichte beriefen sich schon im Namen auf den Klassiker Brillat-Savarin. Aber es gab auch reichlich Grünes: der Steinbutt mit Algen, die gefüllte Taube mit Salbei, die in Feigenblättern gegarte Ente. Und der Tendenz zum »Leichten«, zur Diätküche, der »weiblichen« Küche entsprechend ein reines Gemüsemenü mit Namen »Arcimboldo«. Ein bißchen Guérard, ein bißchen

Veyrat, ein bißchen Klassik, und natürlich die Referenz an Robuchon, dessen »Kaviargelee mit Blumenkohlsauce« auf die Karte seines Nachfolgers übernommen wurde. Gilles Pudlowski, einer der bekanntesten französischen Gastrokritiker, schrieb in »Le Point« kritisch, Ducasse sei einer, der alle Stile aufnehme, aber keinen eigenen habe. Und wenn das sein Erfolgsgeheimnis wäre?

»Ein Interview mit Monsieur Ducasse hätten Sie gern? Und Plätze im Restaurant? Wenn Sie mir das per Fax bestätigen könnten, möglichst mit genauer Terminangabe?« Die adelige Dame im Pariser Sekretariat von Ducasse ist schnell und wohlorganisiert. Einen Tag später kommt ihr Fax: »Monsieur Ducasse wäre es eine Ehre, Sie zu einem Interview empfangen zu dürfen, wenn Sie die Freundlichkeit hätten, neben dem Restaurant in Paris im gleichen Zuge auch die in Monaco und in Moustiers besuchen zu wollen. Was den Besuch in Paris angeht, würden wir Sie, wenn Sie es einrichten können, gerne mittags bewirten.« Ein Brief in gehobenem Französisch, durch die Blume formuliert, aber leicht zu verstehen: Am Abend, so bedeutete er, war das Restaurant auf Wochen ausgebucht. Und der Meister bestand darauf, daß ich mir sein ganzes Imperium anschaue, bevor er mir einen Teil seiner Zeit widmet. Das war als Probe gedacht, als Probe auf meine Seriosität. Und es zeigte, daß er seine drei Küchen als Teile eines Gesamtwerks sah.

Dabei kannte ich Ducasses Küche ganz gut, weil ich während seines Aufstiegs in Nizza lebte. Ich konnte mich gut daran erinnern, daß wir, 1980 muß es gewesen sein, gerne in Roger Vergés rustikales Zweitrestaurant in Mougins gingen, in den Amandier de Mougins. Dort waren die Preise niedriger als in der Moulin de Mougins, es gab weniger Amerikaner am Nebentisch, die Aussicht über das Hinterland von Cannes war besser und die Küche ebenso regional wie intelligent. Der blutjunge Chefkoch, von Vergé abgeordnet, hieß Ducasse. Er blieb nicht lange, sondern erkochte sich ab 1983 im La Terrasse im Hôtel Juana von Juan-les-Pins zwei Sterne. Mit einer klaren und deutlichen mediterranen Küche. Ich hoffte damals, er werde bald ein kleines eigenes Restaurant aufmachen, einfacher und mit bescheideneren Preisen. Das hat er nicht getan, ganz im Gegenteil. Fünf Jahre später bot ihm die Société des Bains de Mer, der in Monaco so ziemlich alles gehört, was mit Spiel und Hotellerie zu tun hat, die Küchenleitung im Louis XV des renommierten Hôtel de Paris an. Ducasse unterschrieb den Vertrag für sieben Jahre, der die Geheimklausel enthielt, daß er gekündigt werden konnte, wenn er nicht binnen fünf Jahren drei Sterne erkoche. Ducasse brauchte nur dreiunddreißig Monate. Ich fand die Küche im Louis XV immer noch großartig, aber ich war kein häufiger Gast. Natürlich spielten da die Preise eine Rolle, aber auch der Stil: zuviel ostentativer Luxus, um mich wirklich wohl zu fühlen.

Das Restaurant in Moustiers kannte ich nur von einem Besuch sechs Monate zuvor. Wunderbar in der Nähe der Gorges du Verdon und der Fayencen von Moustiers gelegen, von Ducasse-Schülern geleitet, bezahlbar auch für Menschen, die keine Ölquelle geerbt haben.

Auftakt also in Paris. Das Ducasse liegt im vornehmen 16. Arrondissement und nimmt vier Stockwerke eines großzügigen Privathauses ein. Le Parc, ein Hotel gehobener Preisklasse, liegt direkt daneben und gehört den gleichen Besitzern, einer Immobiliengesellschaft. Reiche Geldgeber im Rücken zu haben ist günstiger für große Küche als hochverschuldetes Eigentum. Das hat sich in den Krisenzeiten des letzten Jahrzehnts deutlich gezeigt. Ducasse hat ein glückliches Händchen, was seine Financiers angeht.

Köche reden über nichts so ungern wie über ihre Einkommensverhältnisse. Außer natürlich sie klagen, daß die Geschäfte nicht gut gehen. Sie klagen über das, worüber Unternehmer aller Branchen gerne klagen: über die zu hohen Steuern, über die Arbeitszeitregelungen, über die reduzierten Möglichkeiten, Geschäftsessen abzusetzen, über anspruchliches Personal... Von Ducasse weiß man, daß er in Monaco ohne Prämien und Zulagen ca. 250 000 Mark jährlich verdient. Rechnet man Paris dazu, die Kochbücher und sonstigen Nebeneinkünfte, dann dürfte er schon auf ein Monatsgehalt von 40 000 bis 50 000 Mark kommen. Gemessen am Einkommen vieler seiner Gäste ist das keine enorme Summe, gemessen an den Existenzsorgen einiger Kollegen mit eigenen Restaurants ist es ganz außergewöhnlich.

In der Avenue Poincaré klingelt man wie in einem Privathaus. Der Eingang ist so wie zu Robuchons Zeiten. Nur eine Bar ist dazugekommen, wo man nach dem Essen rauchen und den Digestif nehmen kann. Professioneller Empfang, ein langer Gang durchs Treppenhaus mit seiner Tannenzapfendekoration bis zum Restaurant im ersten Stock, lang genug, um die Lampen und Gläser von Daum, Gallé, Legras zu bewundern. Hierher verläuft sich kein Zufallsgast. Die Einrichtung wird gern gelobt in den vielen Artikeln, die über das Restaurant erscheinen. »Cosy« sei es, schreiben die Amerikaner, ein bißchen so wie in einem englischen Club. Ich finde die Inneneinrichtung häßlich. Falsche Clubatmosphäre und ein Stilmischmasch von Neo-Gotik, Renaissance, Louis XV, dazu holländische Stilelemente, ein riesiger, holzverkleideter Kamin, eine Bibliothek als *trompe-l'œil*-Wandmalerei von Alberto Bali. Überall auf dem Teppich, an den Wänden, an den Vorhängen rankt es. Eklektizismus, aber alles sehr teuer und nobel.

Der Meister ist nicht da. Aber er hat organisiert, daß der untadelige Oberkellner mir ein Menü vorschlägt, der Jahreszeit angepaßt und so etwas wie seine augenblickliche kulinarische Visitenkarte. Es ist eine Komposition um das Thema »weiße Trüffel«. Zur Einstimmung ein Espressotäßchen mit einer leicht cremigen Kastanienessenz. Die noch ohne Trüffel. Dann zwei Jakobsmuscheln, drum herum eine Crème aus grünem Salat, darüber Trüffel geraspelt. Jakobsmuscheln zu garen ist nicht schwer. Man darf sie nur nicht verbrennen, sonst werden sie zäh. Trüffelraspeln ist auch nicht schwer. Die Kunst steckt in dem Klecks grünem Salat. Der sollte sein, weil er zum Norden gehört wie Rucola zum Süden. Schmeckt aber bekanntlich nach weniger. Hier schmeckt er. Sehr fein, aber sehr deutlich.

Dann Ravioli, mit Gänseleber gefüllt und darüber wieder die feinmarmorierten Trüffelscheibchen. Sieht einfach aus, ist es aber nicht, weil die Gänseleber und der Teig genau abgestimmte Garzeiten brauchen. Probieren Sie es einmal: Entweder ist der Teig noch hart oder viel zu weich und die Gänseleber zu Fett zerlaufen. Hier nicht. Wer die paar öligen Tropfen reinsten Gänselebergeschmacks auf dem Teller nicht mit dem Brot aufsaugt, ist ein Snob. Dann ein Stück Fasanenbrust, im Topf gegart mit einer Sauce in Café-au-lait-Farbe und weichgedünstetem Mangold (von den Trüffeln nicht wieder zu reden). Die Sauce ist kurz, gut und sahnig. Die bleiche Fasanenbrust macht optisch nichts her und ist doch ein kleines Wunderwerk, denn Fasanenbrust, so gut sie schmeckt, wird beim Garen fast immer trocken. Deswegen bindet man gern Speck darum. Aber dann schmeckt sie leider nach Speck, weniger nach Fasan. Oder, in der modernistischen Variante, die Brust ist noch roh. Dann schmeckt sie nach nichts. Diese Fasanenbrust hatte innen einen hauchzarten rosa Rand, war saftig und schmeckte nach Fasan. Und wie. Ich nehme mir vor, Ducasse unbedingt zu fragen, wie er das macht. Danach eine ordentliche Käseplatte und zwei Nachtische, einer um herbstlichen Birnengeschmack gebaut, der andere um Schokolade. Das Prinzip, wie häufig bei Ducasse: der gleiche Geschmack in verschiedener Konsistenz und Form. Mal weich als Eis, mal knackig in ausgebackenen hauchfeinen Scheibchen.

Alain Ducasse

Gesamteindruck: auf seine Art perfekt. Perfekt war es hier auch bei meinem Besuch vor einem Jahr, als Robuchon noch am Herd stand. (Doch, doch, er stand wirklich am Herd. Ich habe es gesehen.) Aber es war eine ganz andere Perfektion. Sie bestand wesentlich darin, daß er mit jedem Teller bewies, daß er technische Höchstschwierigkeiten zu meistern wußte. Er liebte die auffälligen, die »Das-macht-mir-so-schnell-keiner-nach«-Gerichte. Schon die Dekoration verriet es. Jedes Kartoffelscheibchen, jeder Tomatenring mußte gleich groß sein und wurde mit enormem Arbeitsaufwand von Küchenjungen ganz gleichmäßig in Hunderten von Schuppen auf Teigscheiben gelegt.

Ducasses Teller hingegen sehen einfach aus. Das Produkt in seiner natürlichen Farbe, daneben oder darunter ein Gemüse. Basta. Keine komplizierten Stilleben, keine Zusammenhäufung von beliebigen Gemüsen, keine dekorativen Schnittlauchstreifen, kein Ikebana. Das Einfache, das so schwer zu machen ist. Mit bekannten Produkten, mit französischen Produkten, wenn man von den weißen Trüffeln einmal absieht, die aus Piemont kommen. Es schmeckt so, wie es am Sonntag bei Mutter hätte schmecken sollen und doch nie geschmeckt hat. Höchstens in der Erinnerung.

Im Moustiers ist alles ganz anders als in Paris. Moustiers ist ein provenzalisches Nest in den dünn besiedelten Alpes de Haute Provence, im Sommer von Touristen auf der Durchreise zu den Gorges du Verdon für ein paar Stunden bevölkert, im Winter kalt und verschlafen. Keiner will hier auf Dauer leben, die jungen Leute gehen an die Côte d'Azur, nach Marseille oder Paris. Und die Städter von der Côte d'Azur, aus Marseille oder Paris kommen für einige Tage hierher, wenn sie die Stadt satt haben. Sie finden Moustiers schön. Moustiers ist schön: eng an den Hang gebaut, mit weitem Blick über die bewaldeten Berge, graue Kalkfelsen, oben auf einem Felsensporn eine alte Kirche, ein Dorf mit alten Häusern und engen Gäßchen und Platanen und allem, was so dazugehört zu unserem Bild von der Provence. Die Provence von Giono. Zusätzlich gibt es Fayencen, schöne und häßlich-industrielle. Moustiers ist das Zentrum der handwerklichen Fayencenherstellung in Frankreich.

Ducasse kam als Tourist nach Moustiers, verliebte sich in den Ort und beschloß, sich hier ein Wochenendrefugium zu kaufen. Am Fuße des Städtchens fand er mittem im Grünen ein ziemlich verfallenes Haus aus dem 17. Jahrhundert und ließ es richten. Auch andere berühmte Köche haben Ferienhäuser im Süden. Die kosten viel und werden wenig genutzt. Ducasse hingegen machte aus seinem Ferienrefugium ein kleines Hotel-Restaurant. Er ist ein großer Organisator, ein kühler Rechner, und er weiß um die Bedürfnisse der zahlungskräftigen Städter. »Es gibt genug Hochküchenrestaurants in Frankreich«, wird er mir später sagen. Damit hat er wohl recht. Wovon es aber zuwenig gibt, sind kleine, geschmackvoll eingerichtete Hotel-Restaurants auf dem Lande, einfach, raffiniert und zugleich mit allem modernen Komfort. Es entstanden sieben Zimmer, keines wie das andere. Sie heißen »Sonnenblume« und »Lavendel«, »Mandel« und »Himbeere« und sind in den entsprechenden Tönen dekoriert. Die provenzalischen Stoffe kommen von den besten Händlern, die Betten aus Nußbaum, Kastanie oder Eiche sind vom lokalen Schreiner gefertigt, der Eisenschmied reproduzierte die alten Formen, die umliegenden Antiquitätenhändler machten gute Geschäfte. Alles sorgfältig kalkuliert bis hin zu den Lavendelsäckchen im Bad. Das Geschirr natürlich traditionelle Fayencen von den besten Produzenten des Ortes. Draußen Platanen, ein üppiger Lust- und ein Kräuter- bzw. Gemüsegarten. Gespeist wird in drei zusammenhängenden Räumen, einem mit altem Kamin, einem mit alten Kacheln und einem abgeschlossenen »Salon des Amoureux«. Ein Traum für die Photographen von gehobenen Frauen- und Inneneinrichtungsmagazinen. Aber natürlich gibt es auch Telephon, Fax, Farbfernseher, Minibar, Safe und ein geheiztes Schwimmbecken. In der Ferne die eindrucksvolle Gewalt einer mächtigen, harten Natur, in der Nähe die angebaute, vom Menschen gepflegte Natur, drinnen die handwerkliche Provence und die Annehmlichkeiten der modernen Welt – ein Luxus ganz anderer Art als der in Paris oder Monaco, aber letztlich nicht weniger artifiziell.

Die Köche stammen aus der Ducasse-Schule, darunter auch eine Frau. Sie bieten täglich zwei Menüs. Keine Karte. Es soll so sein wie in der Familienküche. Es wird gegessen, was auf den Tisch kommt. In den Gasthäusern der Region, die noch von Familien betrieben werden, gibt es hingegen lange Speisekarten mit allen möglichen Gerichten, die mit der Region nichts zu tun haben und nicht frisch gemacht werden können. Die Küche der Bastide de Moustiers hält sich an die Produkte und die Rezepte der Region. »Am Spieß gegrillte Kaninchenkeule von der Farm nebenan«, »Milchlamm aus Sisteron im Kamin gebraten«, »Tauben der Haute Provence über der Glut gegrillt«, »Steinpilze und Kartoffeln aus der Asche«, »Eier mit fettem Speck und Trüffeln von Riez« – das Wesentliche stammt aus der Gegend. Die Zubereitungen sind einfach und rustikal. Kein Drei-Sterne-Ehrgeiz in Moustiers. Und dennoch findet man das Einfache, das hier geboten wird, ansonsten in der Region nicht. Wie man hier auch keine Hotelzimmer findet, die so erzprovenzalisch eingerichtet sind. Es ist sozusagen eine bewußte Simplizität, von einem Koch inspiriert, der durch das Komplizierteste hindurchgegangen und wieder bei einer neuen, raffinierten Einfachheit angekommen ist.

Monaco ist nur hundert Kilometer entfernt, aber eine ganz andere Welt. Karg und unfruchtbar ist die Natur hier eigentlich auch. Bis ins 19. Jahrhundert hinein war der kleine Staat ohne alle Bedeutung, ein kleiner Hafen unter steilen Felsen, wo man allenfalls Schafe weiden konnte. Aber dann kamen mit der Eisenbahn die wohlhabenden Touristen zur Winterfrische an die Côte d'Azur. Da sie sich langweilten und Geld hatten, war es ihnen nur allzu recht, daß in Monaco, anders als in Frankreich, das Glücksspiel erlaubt war. Ein üppiges Spielkasino entstand, daneben eine schöne kleine, von Garnier entworfene Oper und ein Grandhotel, eben das Hôtel de Paris. Das Geld ist in Monaco geblieben. Das meiste in der Schatulle des Fürsten, aber einiges auch in den Smokingtaschen der wenigen eingeborenen Monegassen, die traditionell Croupiers werden. Und die Reichen dieser Welt blieben auch, denn hier zahlt man wenig Steuern und wird durch viele Polizisten gesichert. So wuchsen im Minifürstentum auf den kargen Felsen die luxuriösen Hochhäuser in den Himmel.

Grandhotels gibt es viele in Monaco. Neben dem Hôtel de Paris das Hermitage und unterhalb ins Meer gebaut das Loews, eine moderne Hotelstadt. Nur gute Küche hielt sich hier nicht. Vor zwanzig Jahren gab es im Fürstentum der Reichen kein einziges Zwei-Sterne-Restaurant. In den Luxushotels servierte man mit Pomp die überladenen Saucenrezepte von anno dazumal. Bis der Fürst auf die Idee kam, das Louis XV zu eröffnen und Ducasse anzuwerben mit der Auflage, drei Sterne zu erkochen, koste es, was es wolle. Bocuse hat schon recht, wenn er sagte, Ducasse arbeite unter ganz anderen Bedingungen als die Mehrzahl der großen Chefs, die ihre eigenen Restaurants besitzen: »Ducasse hatte finanziell völlig freie Hand. Seine Küche ist eine Roulette-Küche, denn sie basiert auf den Einnahmen aus dem Spielbetrieb.«

Den Weg zum Hôtel de Paris findet man leicht. Immer nur dem Schild »Casino« folgen. Vom Hafen den Weg, den die Formel-I-Fahrer nehmen, die Rampe hinauf, und dann ist man schon direkt vor dem Zuckerbäckerungetüm. Normalerweise hätte man jetzt eine gute Viertelstunde mit der Parkplatzsuche zu tun. Hier fährt man vor, gibt dem livrierten Wagenknecht die Schlüssel, bekommt eine Nummer und ist das Problem los. Er fährt ihn weg. Vor dem Hause bleiben die Ferrari, die Rolls-Royce und allenfalls mal ein großer Mercedes. Es gibt viele Ferrari. Italiens Reichtum flüchtet sich zum Amüsieren gern nach Monaco. Dort ist man vor Entführungen sicher. Die Eingangshalle ist in den alten Grandhotels immer das Beeindruckendste: eine hohe, säulengetragene Kuppel mit Bleiglasrosette, darunter ein riesiger Kronleuter, überall überreicher Stuck, der blitzende Fußboden aus eingelegtem Mamor, hin und wieder eine klassizistische Statue und Stilmöbel. Eine Art Tempel des frühen Tourismus. In den meisten Grandhotels, die die Zeit überstanden haben, ist die alte Pracht etwas angenagt vom Zahn der Zeit. Hier blitzt und blinkt alles. Fünfundzwanzig bis dreißig Millionen Umsatz soll das Haus machen, davon ein Viertel mit dem Restaurant.

Der Maître d'Hôtel erwartet mich, um mir das Haus zu zeigen. Er macht es, als habe er sich das ganze Jahr über genau darauf gefreut. Distanziert, aber herzlich, aufmerksam, aber nicht devot – ein Muster seiner Gattung. Im Speisesaal decken gerade die Hilfskellner die Tische ein. Sie tragen weiße Handschuhe: »Damit sie keine Fingerabdrücke auf dem Silber des Bestecks hinterlassen.«

»Wir haben höchstens fünfzig Plätze und etwa vierzig Angestellte, ungefähr zur Hälfte Köche und zur Hälfte Kellner.« Die Küche ist im Keller, völlig neu eingerichtet, als Ducasse kam. Die Arbeitseinteilung freilich ist ganz klassisch. Da ist zunächst die Abteilung, die für die Vorräte zuständig ist (»Garde-manger«). Sie sind die Logistiker. Alles muß reichlich vorhanden sein, aber es darf auch möglichst nichts verderben. Und Frische der Produkte ist eines der Grundgesetze dieser Küche. Das Problem wird nicht kleiner, weil es keinen zentralen Lieferanten gibt wie den deutschen »Rungis-Express«, der fast alle deutschen Spitzenköche beliefert. Ducasse hat auch mittlere und kleine Lieferanten. »Wenn sie nicht viel liefern können, aber von ausgezeichneter Qualität, dann kommt ein entsprechendes Gericht auf die Tageskarte.« Die kleine Abteilung hinten im Raum ist für die Suppen zuständig (»Potager«), dann gibt es die Rôtisserie, wo alles Gebratene entsteht, auch der gebratene Fisch. Für alle anderen Fischzubereitungen gibt es eine eigene Abteilung, die Poissonnerie. Bleiben noch die Saucenköche und diejenigen, die für Beilagen und Nudeln aller Art zuständig sind. Und natürlich die Pâtisserie. Die Küchen in den großen Häusern sind nach dem Prinzip der Manufaktur arbeitsteilig organisiert. Die eigentliche Schwierigkeit besteht in der Abstimmung der Zubereitungen. Alles muß zum gleichen Zeitpunkt fertig sein, darf nicht nachgaren und nicht kalt werden. Das ist leicht gesagt und nur mit penibler Organisation zu bewältigen. Nicht Improvisation und Kreativität sind gefragt, sondern Genauigkeit und Zuverlässigkeit.

Die Funktionen sind streng hierarchisch gegliedert. Der »Chef de rang« ist eine Art Abteilungsleiter mit mindestens einem Helfer und meist auch noch einem Praktikanten. Praktikantenplätze bei großen Köchen sind sehr gesucht, weil sich ein solches Praktikum gut macht im Lebenslauf. Ducasse hat mehrere hundert Anfragen pro Jahr. Ausgewählt wird nach persönlichen Verbindungen. Andere berühmte Köche verlangen von den Praktikanten erhebliche Summen. Über den Abteilungsleitern wacht Franck Cerutti. »Wachen« ist der richtige Ausdruck, denn es gibt, von der Küche durch eine Glastür abgetrennt, das sogenannte »Aquarium« mit sechs Videobildschirmen, die die gleichzeitige Überwachung der verschiedenen Arbeitsgänge möglich macht. Cerutti, aus Nizza gebürtig, ist in Monaco Ducasses »Second«, der zweite Mann, der immer präsent sein muß und die Verantwortung für die tägliche Arbeit trägt. Es ist nicht leicht, diese Position gut zu besetzen.

Man muß alles können in der Küche, Autorität haben, konfliktfreudig sein und bis tief in die Nacht arbeiten. Man braucht Ehrgeiz, aber auch nicht zuviel, denn sonst wirft man Schatten auf den großen Chef, und das wird nicht gern gesehen. Das System Ducasse funktioniert nur, weil er gute Hilfs-Chefs hat, die selbständig arbeiten können und die er selbständig arbeiten läßt. In Paris ist es Laurent Gras, in Monaco eben Franck Cerutti. Gras war in Monaco der »Zweite«, bevor er nach Paris »versetzt« wurde. Auf seinen verlassenen Platz holte Ducasse Cerutti zurück, der nach langen Jahren bei Ducasse versucht hatte, in der Altstadt von Nizza sein eigenes kleines Restaurant zu eröffnen. Don Camillo war eines der besten von Nizza, aber ein großer Erfolg war es trotzdem nicht. Weder Luxusrestaurant noch ein wirkliches Bistro, hatte es außerhalb der Saison Schwierigkeiten, Gäste zu finden. Zu einem erfolgreichen Restaurant gehört viel mehr als ein guter Koch. Jedenfalls rief ihn Ducasse zurück nach Monaco, und Cerutti folgte. Schlecht bezahlt ist der aufreibende Job nicht. Zwischen zwölf- und fünfzehntausend Mark dürften Gras und Cerutti schon verdienen.

Der Service ist auf die gleiche, hierarchische Weise organisiert. Da sind die Helfer, die die Platten mit den Gerichten aus der Küche bringen, die eigentlichen Tischkellner und über ihnen mein Maître d'Hôtel, der die Gäste begrüßt und ein Auge auf alles haben muß. Die Kleidung ist elegant: Graugestreifte Hose, schwarze Jacke, weißes Hemd, schwarze Fliege. Nur der Maître d'Hôtel trägt einen normalen Anzug mit Krawatte. Die Arbeit der Kellner ist wie die der Köche nicht auf die Stunden beschränkt, in denen serviert wird. Sie müssen eindecken und darüber wachen, daß die etwa fünfzig Teile – Teller, Gläser, Bestecke usw. –, die jeder Gast während des Essens benutzt, rechtzeitig und in untadeligem Zustand zur Verfügung stehen.

Die Weinkellner verwalten in Monaco Schätze von unermeßlichem Wert. Der Weinkeller ist immens. Mein Führer beobachtet wohlgefällig das Staunen auf meinem Gesicht: Einen Kilometer lang sind die unterirdischen Gänge, alles gepflegt, sorgfältig geordnet, beschriftet. Temperatur und Feuchtigkeit werden natürlich regelmäßig kontrolliert. Der Weinetat ist größer als der Gesamtetat der meisten Spitzenrestaurants. Diesen Keller gibt es seit 1874, und es wurde regelmäßig nachgekauft, auch zu den Zeiten, als die Küche im argen lag. So verfügt das Haus über einen großen Vorrat rarer und sehr rarer Flaschen (so die Rubriken auf der telephonbuchstarken Weinkarte), die sich kein Restaurateur leisten kann, dessen Haus erst seit zwanzig Jahren besteht, weil er sie auf Auktionen zu viel höheren Preisen einkaufen müßte. Wo sonst findet man fünfundzwanzig bis dreißig Jahrgänge von Pétrus, Lafite-Rothschild, Mouton-Rothschild, Margaux, Haut Brion oder Yquem? Liebhaber alter Weine sind in den Grandhotels richtig.

Es ist schwindelerregend, wenn man sich vorstellt, wie viele Menschen hart arbeiten müssen, damit – im Höchstfall – hundert Menschen beköstigt werden können. Dabei habe ich viele noch gar nicht gesehen: die Telephonistin, die die Reservationen entgegennimmt, die Floristin, die täglich für alle Tische frische Blumen bringt und das meterhohe Imponierbukett in der Mitte des Restaurants betreut, die Putzkolonne, die Wäscherei für die Tonnen von Tischwäsche. Und die Lieferanten, die Handwerker, die für die Instandsetzung zuständig sind.

Aber das alles ist unter der Bühne, hinter der Bühne verschwunden, wenn die abendliche Inszenierung beginnt. Und mit der Inszenierung bekommt der Speiseraum erst richtig seinen Glanz. Das Licht aus den Kerzenbirnen ist hell und festlich. Es beleuchtet einen quadratischen Raum, der so tut, als stamme er wirklich aus der Zeit des fünfzehnten Ludwig. Die Farben sind dezent: weiß die Tischwäsche, braun das Holz, crèmefarbene Wände, Stuck und Vorhänge und die tiefen Teppiche. Und reichlich Gold. Blattgold auf den Säulen, auf den Uhrenkonsolen um die Rahmen, auf den Vasen und sogar auf den Pfeffermühlen. Die Vorhänge sind großzügig gerafft wie die Abendkleider der Frauen aus dem Grand Siècle. Wie die von Madame Pompadour und Madame Dubarry zum Beispiel, die als Statue und Gemälde dem Treiben zuschauen. Natürlich ist dieser Raum nicht wirklich aus den Zeiten von Louis XV. Der Stil sollte den Großbürgern des 19. Jahrhunderts, die zu den Königen ihres Zeitalters wurden, das Gefühl von Tradition und adeligem Glanz geben. Ein doppeltes Zitat also: Die Gegenwart zitiert das Zitat des 19. Jahrhunderts.

Aber beeindruckend ist es, nicht nur für die Amerikaner und Japaner im Raum. Es sind nicht alle Tische besetzt. Es sind keineswegs immer alle Tische besetzt, vor allem mittags nicht: Die Japaner gibt es übrigens wirklich. Sie sitzen schwarzgewandet zur viert an einem Ecktisch und staunen dezent. Dann gibt es eine Gruppe von zehn besserverdienenden Deutschen, eher fröhlich als würdig. Die Männer sind zu bunt angezogen, die Frauen tragen die Abendkeider so, daß man merkt, wie wenig Übung sie darin haben. Übung mit Abendgarderobe hat hingegen die junge Freundin des gutaussehenden italienischen Mittfünfzigers am Nebentisch. Die beiden kennen sich schon eine Weile und langweilen sich unauffällig. Seltsam unpassend wirken die sechs russischen Herren mit den strammen Bäuchen (jawohl, alle haben einen ordentlichen Embonpoint) unter schlechtsitzenden Anzügen. Sie sind bei der Vorspeise und haben schon eine Magnumflasche Rotwein geleert. Der Weinkellner muß dann ziemlich rasch nachliefern. Für den Probierschluck bleibt kaum Zeit. Das Flaschenetikett sieht auf die Entfernung nach Château Pétrus aus. Nach der fünften Flasche frage ich den Sommelier. »Ja, das ist Château Pétrus. Jahrgang 1945. Pétrus ist bei uns beliebt«, sagt mit feinem

Lächeln der Weinkellner, »der Name läßt sich in allen Sprachen so gut aussprechen.« Der russische Herr am Kopfende des Tisches zahlt am Ende mit zwei großen Päckchen Bargeld. Ein paar hunderttausend Francs müssen es schon gewesen sein. Frischer, gerade eben zusammengeraubter, noch nicht mit kultureller Patina überzogener Reichtum wirkt immer revoltierend, zumal wenn er aus einem armen Land kommt.

Dabei macht das Haus vor, wie dezent man mit Luxus umgehen kann. Der Luxus ist überall präsent und erscheint doch ganz normal. Die Handtaschen der Damen liegen auf kleinen Hockern, damit die Damen sie immer zur Hand haben, ohne sich bücken oder umdrehen zu müssen. Wer die Brille vergessen hat, bekommt vom Maître d'Hôtel eine Ersatzbrille in der richtigen Dioptrinzahl gebracht. Am Ende erhält jeder Gast eine eben ausgedruckte Speisekarte mit seinem persönlichen Menü und den von ihm gewählten Weinen. Oder einfach der Brotwagen mit hausgemachtem Brot, der zu Beginn des Essens heranrollt: Brötchen mit Olivenöl, Nizzaer Fladen mit Speck, kleine Baguettes mit Olivenstückchen, Nußbrot, Roggenbrot, Kastanienbrot, Maisbrot, Fünfkornbrot, sogar ein Pfefferbrot mit getrockneten Tomaten. Alles Köstlichkeiten, die allein schon eine ordentliche Mahlzeit machen würden. Aber zugleich ohne exotische Übertreibungen, die den Geschmack der Gerichte überlagern könnten. Oder die fünfzehn Mineralwasser, die die Karte zur Auswahl bietet. Oder die sechs Schokoladen, das gute Dutzend Kaffeesorten zur Auswahl, die frischen Kräutertees – von den Zigarren zu schweigen. Luxus ist auch die dezente, aber nie nachlassende Präsenz des Service. Dabei hasten sie nie, kommen sich nicht sichtbar in die Quere, lassen nichts fallen. Auf dem Gesicht ein leichtes, unbewegtes Lächeln, ihre Maske. Von der Schreierei mit den Köchen, von ihrer Eile, von ihren Rempeleien oder gar von ihren Sorgen oder ihrer schlechten Laune darf man nichts, gar nichts sehen. Das ist der eigentliche Luxus hier: Alles, aber auch alles dreht sich für zwei oder drei Stunden um den Gast und sein Wohlbefinden.

Und das Essen? Die Karte hat den üblichen Umfang. Sieben Vorspeisen, drei Suppen, vier Nudel- bzw. Reiszubereitungen, acht Fische, sieben Fleischsorten, sechs Desserts mit roten Früchten, sechs mit Schokolade. Die Karte wechselt mindestens zweimal im Jahr. Zudem gibt es Tagesmenüs. Ducasse gehört nicht zu den Chefs, die sich auf fünfundzwanzig Zubereitungen konzentrieren und mit ihnen alt werden.

Ja, es gibt schon einen Stil Ducasse. Einfach, klar, deutlich, perfekt. Aber dies ist Mittelmeerküche, ganz anders als in Paris. Die Bohnensuppe, der berühmte Gemüsetopf, die beinahe pastöse Polenta, der Risotto, die Gnocchi, der Stockfisch, ein an dieser Küste beinahe schon vergessenes Arme-Leute-Essen, der große Steinpilz, eingewickelt in Kastanienblätter und einfach im Herd gebraten, all das ist von mediterraner Inspiration. Die klaren, strengen Zubereitungen einfacher Produkte kontrastieren seltsam mit dem opulenten Luxus des Hauses, auch wenn ihnen häufig ein Luxusprodukt beigesellt ist, Trüffel zumeist. Saucen gibt es kaum. Die Jakobsmuscheln kommen mit einem Faden Olivenöl, der bretonische Hummer wird von einem Jus aus den ausgepreßten Karkassen begleitet, die Rotbarben von einem Bouillabaissesud, der mit Öl aufgeschlagen wurde, die kurze Sauce zum Meerwolf ist mit Artischokkenjus gebunden, die zum Fasan mit Äpfeln. Manchmal bearbeitet die Küche nur zwei Grundprodukte und kombiniert sie mit einem Gewürz. Viel besser kann man nicht kochen. Dabei werden keine Wunder geboten, keine einmaligen Geheimgerichte und keine Genialität. Beste Produkte werden klug und ohne Übertreibungen kombiniert und optimal behandelt. Mehr ist Küche nicht. Nur werden hier die meisten der vielen Fehler vermieden, die man dabei machen kann.

»Monsieur Ducasse erwartet Sie.« Der Kellner geleitet (anders kann man das nicht sagen) mich durch die golden schimmernden langen Gänge des Grandhotels. Drei Sekretärinnen im engen Vorzimer. »Wenn Sie noch einen kleinen Moment Geduld haben wollten?« Die Pressemappe auf edlem Papier antwortet schon mal auf alles, was man nur fragen könnte: Ducasse stammt von einem Bauernhof aus dem Südwesten. Die Eltern wollten nicht, daß er Koch werde. Er sollte den Hof übernehmen. Aber der Sohn war immer schon etwas eigensinnig. »Na ja, immerhin hast du dann ja immer genügend zu essen.« Später werde ich ihn auf diesen Satz ansprechen, aber er wird nicht lachen. Der Impuls, es den Eltern zeigen zu müssen, der ist immer noch nicht erloschen. Ducasse liebt Herausforderungen.

Die Hotelfachschule in Bordeaux verläßt er vorzeitig, weil das Lernen da nicht schnell genug geht und er ohnehin den Eindruck hat, daß man Kochen nicht auf der Schule lernen kann. Schnell muß es bei ihm gehen, immer noch schneller. Dann Lehre bei den Besten, die es damals gab. Guérard im nahen Südwesten. Der hatte nicht auf ihn gewartet, aber Ducasse war hartnäckig. Er wurde als Lehrling akzeptiert. Die nächste Station war Alain Chapel. Wieder mußte er ziemlich laut anklopfen. Ducasse sieht Chapel als seinen eigentlichen Lehrer an. Dann Vergé im Süden, von dem er die Mittelmeerküche lernte. Dann die Stationen, die ich kannte. Mougins, Juan-les-Pins, Monaco. Die Pressemappe erzählt auch vom Unfall der kleinen Piper-Aztec, die auf dem Wege von Saint-Tropez nach Courchevel am 12. August 1984 an einem Felsen zerschellte. Der einzige, der schwer verletzt überlebte, war Alain Ducasse. Seine Freunde waren alle tot. Hat er nicht am 12. August 1996 sein Restaurant in Paris eröffnet? Doch, am 12. August.

Das Büro, in das ich eintrete, ist ein Chaos aus Papier, Büchern, Plakaten. Keine Spur von der peniblen Ordnung, die in der Küche und im Speisesaal herrscht. Der Mann, der einen

Stuhl freiräumt, könnte auch als Broker oder Werbefachmann durchgehen. Amerikanische Pferdelederschuhe, frisch glänzend, feiner grauer Zwirn, eine elegante Kochjacke ohne das kleinste Fleckchen, aber keine Kochmütze in der Nähe. Er trägt nie eine, auch nicht für die Photographen. Schlank (»ich habe im Moment drei Kilo zuviel«), ein grau-schwarzer Dreitagebart, der nur bei sehr gepflegten Menschen gut aussieht, kleine Armani-Brille, (»mein Stil ist mehr Armani als Versace«), Haare straff zurückgekämmt. Keine Spur mehr von den bäuerlichen Wurzeln, die man Bocuse noch so sehr ansieht.

Der junge Mann ist liebenswürdig, aber distanziert. Nichts verrät auf den ersten Blick den Ehrgeiz, der ihn umtreiben muß. Der kleine Mund wirkt ein bißchen weiblich. Man versteht den Bart. Er weiß jedenfalls zu reden. Nur wenige Köche können mit Worten umgehen. Die meisten erzählen die Banalitäten, von denen sie glauben, daß die Journalisten sie hören wollen. Ducasse arbeitet mit Worten. Das ist eines der Geheimnisse seiner Effektivität. »Ich entwerfe meine Rezepte im Kopf. Ein neues Rezept ist zu achtzig Prozent fertig, bevor ich an den Herd trete.« Vor allem aber vermittelt er seinen Willen über das Wort. »Ich rufe meine Sous-Chefs an und sage, was ich will. Wir kennen uns seit mehr als zehn Jahren. Die wissen es umzusetzen. Denen muß ich die Handgriffe nicht vormachen. Da ist es egal, ob ich in Monaco, Paris oder in New York bin.« Kochen mit dem Telephon. »Geht das?« »Hat es Ihnen nicht geschmeckt?«

Trotzdem fliegt er im Jahr zweihundertfünfzigmal zwischen Paris und Nizza hin und her. Ganz ohne Präsenz geht es nicht. »Beide Restaurants haben zwei Ruhetage. Dienstag und Mittwoch in Monaco, Samstag und Sonntag in Paris. In beiden bin ich also einen großen Teil der Zeit präsent. Ich habe eine Sieben-Tage-Woche.« Ich frage nach dem Flugzeugabsturz. Keine Angst vor dem Fliegen? »Doch, aber es ist eine Herausforderung. Herausforderungen muß man sich stellen.« Und das Privatleben? »Meine Freundin teilt mein Leben. Meine dreizehnjährige Tochter ist auf einem Schweizer Internat. Sie kommt meist am Wochenende.«

Das Telephon klingelt. Ein ehemaliger Pilzlieferant, ein fünfundachtzigjähriger Mann, möchte ihn fünf Minuten sehen. »Ja, er soll warten.« Zu mir, entschuldigend: »Manchen Menschen muß man die Treue halten, auch wenn man wenig Zeit hat.« Die wenigsten der Anrufer haben das Recht auf eine Audienz. Die Sekretärin bekommt noch einmal eingeschärft: »Sagen Sie keinesfalls, daß ich hier bin. Sagen Sie niemals, wo ich bin.« Wenn er zum Telephon greift, sieht man seine Hände. Weiche Hände – mit kurzen abgekauten Fingernägeln, die in seltsamem Kontrast zur Eleganz der Person stehen. Es ist nicht schön, aber beruhigend: Dieser Mann, der alles im Griff hat, der alles plant, der muß auch Momente kennen, wo er sich selbst nicht kontrollieren kann, nicht weiß, was an ihm und in ihm nagt.

Ich frage nach dem Geheimnis der saftigen Fasanenbrust, verspreche mich aber und benutze das französische Wort für Rebhuhn. Er korrigiert: »Fasan war es, Fasanenbrust.« Das Essen war vor einer Woche. Aber sein Gedächtnis ist ebenso gefürchtet wie seine Genauigkeit. »Das Geheimnis der Fasanenbrust ist keines. Es läßt sich in einer Zahl ausdrücken: 54 Grad.« »54 Grad?« »Ja, bei dieser Temperatur wird sie optimal. Wir haben ein elektronisches Thermometer an die tiefste Stelle des Brustbeins gesteckt und alle Temperaturen zwischen 50° und 65° ausprobiert. Bei 50° ist sie zu lau, bei 65 längst trocken. 54° müssen es sein. Einmal ausprobiert, kann das jetzt jeder Küchenjunge nachmachen. Perfektion in der Küche besteht aus Tausenden von optimierten Kleinigkeiten, nicht aus Improvisation und Inspiration.«

Die Hände sind längst wieder hinter den Worten verschwunden. Auf die Frage, die ihm in den letzten Monaten hundertfach gestellt worden ist, die Frage, ob man denn zwei Spitzenrestaurants leiten könne, kommt eine fertige Antwort: »Ich mache die Partitur. Ich leite die Opernhäuser. Aber Dirigent will ich nicht sein. Und jeden Tag durchs Restaurant laufen, um die Gäste zu begrüßen, das muß nicht sein. So geht es. Zwei Restaurants machen nicht doppelt soviel Arbeit wie ein einziges, wenn man zu organisieren und zu delegieren weiß.«

»Mein großer Vorteil ist, daß ich viele Köche ausgebildet habe. Ich habe Schüler auf allen Kontinenten. Ich mag es, wenn sie gehen, woanders anderes lernen. Aber wenn ich einen Koch oder einen Kellner brauche, dann muß ich nur anrufen und habe binnen einer Stunde jemanden, der zurückkommt und meinen Stil kennt. Ich habe nicht einfach Robuchons Brigade übernommen, sondern an allen wichtigen Stellen Köche meines Vertrauens placiert.«

Auf diesem Gebiet ist er souverän. Nur manchmal mischt sich ein spitzer, streitlustiger Ton in seine Stimme. Etwa, als ich ihn nach den Differenzen zu den »jungen Wilden« Pierre Gagnaire und Marc Veyrat frage. »Ganz einfach, wir sind Profis, das sind Dilettanten, die sich für genial halten. Küche hat mit Genialität nichts zu tun.« Da spricht stolz der Schüler großer Chefs, der von der Pike auf gelernt hat, über zwei Autodidakten ohne Kochlehre.

Aber Außenseiter finden manchmal besser neue Wege? »Darum geht es nicht in erster Linie. Es geht darum, die französische Tradition zu erhalten, die Vielfalt der Produkte, die regionalen Traditionen, die Gartechniken. Sie ist unendlich reichhaltig. Man muß sie nur kennen und behutsam modernisieren. Meine Restaurants sind lebendige Museen französischer Tradition.« Ein Staatsmann spricht, ein seltsam junger Staatsmann.

Nur einmal bricht der Ehrgeiz durch die staatsmännische Haltung, kommt der Sohn zum Vorschein, der es seinen Eltern und aller Welt immer wieder zeigen will, der Mann mit Flugangst, der sein Schicksal immer wieder herausfordert. Das ist, als ich ihn danach frage, ob er wohl die zweiten drei Sterne bekommt. Da zieht sich der Mund schmal zusammen, der Ton wird höher, und es folgt die Drohung, er werde sonst aufhören. Er sagt es, als würde er zur ganzen Welt sprechen. Er sagt es, als sei die französische Küche, als sei Frankreich dann verloren.

Nachschrift 1997

Als der Direktor des Michelin seine Pressekonferenz abhielt, auf der der neue Führer vorgestellt wurde, standen mehrere Kamerateams in der Küche des Pariser Ducasse. Direkt sollten die Reaktionen auf die kulinarische Haupt- und Staatsfrage des Jahres übertragen wurden. Sechs Sterne? Oder einstweilen doch nur zwei für das Pariser Restaurant? Oder, angesichts des besonderen Falles, einstweilen gar keine Bewertung? Die Entscheidung des Michelin überraschte selbst die Eingeweihten: Ducasse bekam für sein Pariser Restaurant die drei Sterne, aber dafür verlor er den dritten in Monaco. »Wegen kleiner Unregelmäßigkeiten«, wie Bernard Naegellen sagte, der Direktor und einzige öffentlich bekannte Mitarbeiter der roten Gastronomiebibel. Man sah Ducasse auf dem Bildschirm die Enttäuschung an, die mühsam unterdrückte Wut.

Ein halbes Jahr später, als ich ihn in Monaco sprach, war die Wut noch nicht verraucht. »Das war eine rein prinzipielle Entscheidung. Man wollte einfach nicht eingestehen, daß ein einzelner Koch zwei Häuser besser leiten kann als die meisten Konkurrenten ein einziges. Sie wollen sich nicht von der Illusion verabschieden, daß ein Koch täglich am Herd stehen muß, damit sein Haus Spitzenleistungen vollbringt.«

»Schauen Sie doch mal, wer hier in der Region in die gleiche Zwei-Sterne-Kategorie gestuft wird wie das Louis XV. Maximin ist ein großer Koch, aber mit den vier Leuten, die er in der Küche hat, kann er doch nichts Vergleichbares bieten. Und die Gäste sitzen auf Plastikstühlen aus dem Kaufhaus.« Natürlich hat er recht. Sein Mangel an Gelassenheit ist jedoch schwer zu ertragen. Aber ein Chefkoch muß seine Gefühle auch nicht im Zaum halten. Der Maître d'Hôtel hingegen hatte mir mit seinem freundlichsten Lächeln gesagt, daß die Entscheidung natürlich das ganze Haus sehr getroffen habe, aber man sei sich doch sicher, die Scharte im nächsten Jahr auswetzen zu können.

Ducasse hingegen holt einen großen Ordner hervor: »Das sind die Briefe, die ich wegen der ungerechten Michelin-Entscheidung bekommen habe. Hunderte sind es. Lesen Sie doch mal das Fax hier. Der Mann ist Manager, sitzt tagsüber in seinem Büro und findet am Abend die Zeit, mir zu schreiben. Lesen Sie mal, was er über meinen Steinbutt mit Kapernsauce schreibt. Und hier.« Ein neuer Brief. »Und lesen Sie das hier.« Es hört nicht auf. Er überzieht die Interviewzeit, was sonst seine Art nicht ist. Er vergißt, die Wirkung seiner Worte auf den Gesprächspartner zu kontrollieren, was sonst seine Art auch nicht ist. Ich versichere ihm noch dreimal, daß die Entscheidung absurd sei. Es fällt mir nicht schwer. Ich sage ihm tröstlich, immerhin hätte sich doch die Formulierung seiner Eltern angesichts seiner Berufswahl bewahrheitet, er habe immer noch genug zu essen. Kein Lächeln. »Sie müssen heute abend unbedingt im Louis XV essen. Die Karte ist besser als je zuvor. Ich lade Sie ein. Aber lassen Sie dann ganz ehrlich bestellen, was sie davon halten. Versprochen?« Ich verspreche alles. Am Abend ist alles so gut wie immer im besten aller denkbaren Zwei-Sterne-Restaurants.

Nachschrift 1998

Am Dienstag, dem 3. März 1998, melden alle großen französischen Zeitungen, daß Alain Ducasse in Monaco den dritten Stern zurückgewonnen und die drei Sterne in Paris behalten habe.

Damit hat ein neuer Typ von Koch die höchsten Weihen der Kochkunst erhalten: ein Food-Designer und Küchenorganisator. In gewisser Weise ist der Typ Koch, den Ducasse verkörpert, freilich auch ein Revival des Berufsbildes, das Escoffier verkörperte. Escoffier arbeitete als Angestellter, als Berater in verschiedenen Grandhotels zugleich. Er wirkte als Lehrer, und er wirkte als Kochbuchautor. Nach Escoffier kamen mit Point, Dumaine und Pic die Spitzenköche, die am Herd ihres eigenen Restaurants standen. Die Qualität, die hier entwickelt wurde, hatte im anonymen Großbetrieb der Hotels nicht ihresgleichen. Aber wenn nun die Zeit vorbei wäre, in der kleine Privatbetriebe, von geschäftsunerfahrenen Köchen geleitet, die idealen infrastrukturellen Voraussetzungen für Hochküche bieten können? Kehrt die Spitzenküche in die Spitzenhotels zurück? Ducasse ist nicht das einzige schlagende Exempel für diese These.

Auch Ducasses Kochstil weist in die Zukunft. Der künftige Koch sieht sich nicht mehr als »Autorenkoch«, fest verbunden mit seinem persönlichen Stil und den Traditionen seiner Region. Ducasse ist Eklektizist, er zitiert alles, kann alles, was in der »neuen Unübersichtlichkeit« der Gegenwartsküche existiert. Regionales, Nationales und Internationales, Mediterranes und Klassisches, Gemüseküche und Nudelküche, Einfaches und Luxuriöses. Er kocht auf hohem Niveau, was Erfolg hat.

Seine Arbeitsweise ist neu. Auch vor ihm sind Köche schon nach Japan geflogen und haben ihre Restaurantküchen bewährten Helfern überlassen. Aber nur ausnahmsweise. Bei Ducasse hingegen ist es Prinzip geworden. Er entwirft, delegiert und organisiert. Das Flugzeug und das Telephon werden wichtige Arbeitsmittel. Das Wort ersetzt die Geste des immer präsenten Handwerkers. »Der Professor« nennen die Lehrlinge ihren Meister. Der Kontakt mit den Medien ist wichtiger Bestandteil seiner Arbeit, keine ungeliebte Nebenbeschäftigung.

Und nicht zuletzt ist der Koch, der so wortreich die Tradition der französischen Küche verteidigt, ein Vorreiter gastronomischer Globalisierung. Als er 1995 im New Yorker Luxusrestaurant Le Cirque eingeladen war, zusammen mit Bocuse, Boyer und Vergé das »Essen des Jahrhunderts« zu kochen, stahl er den älteren Kollegen mühelos die Show. Zu der erzamerikanischen Angelegenheit, die der in-crowd von New York für einen guten Zweck »the very best« bieten sollte und die knapp hundert Gäste immerhin dazu bewegen konnte, hunderttausend Mark für einen guten Zweck zu spenden, brachte er nicht nur einen fünfhundert Kilogramm schweren Gasgrill mit, sondern im Diplomatengepäck auch fünfzig Ortolane, in Frankreich traditionell sehr geschätzte, aber streng geschützte Singvögel. Die Gäste mußten sie essen, wie man sie in Frankreich ißt: mit einer großen Serviette über dem Kopf, damit der Duft nicht verströmt. Die Gäste hatten ihr »girlty dinner«, die Presse ihre Provokation, Ducasse die Gelegenheit, die französische Tradition zu verteidigen und die wunderbaren amerikanischen Produkte zu loben. Die Arbeit in New York war freilich in gewisser Weise ein Heimspiel für ihn, denn Sylvain Portay, der Chef des Le Cirque, hat bei ihm gelernt. Auch in Paris, in Hongkong und in Japan hat Ducasse Schüler. Ein Koch als Spieler, nicht nur in Monaco, sondern global.

Napoleon, mein Lieblingskoch

Jacques Maximin

Was macht denn eigentlich dein Lieblingskoch? Bekommen wir da noch kurzfristig einen Platz? Gib mir doch mal die Nummer.« Ein Freund war am Telephon und holte sich Tips fürs Rahmenprogramm eines Ärztekongresses an der Côte d'Azur. »Lieblingskoch?« »Na, Maximin. Das ist doch dein Lieblingskoch, oder?« »Quatsch, ich habe keinen Lieblingskoch. Und wenn, dann nicht ausgerechnet Maximin.« »Reg dich doch nicht so auf, es ist doch keine Schande, einen Lieblingskoch zu haben.«

Es hat mich aber aufgeregt. Ausgerechnet Maximin. Der hat nicht einmal drei Sterne. Und beständig ist er in keiner Weise. Und er kann nicht mit Geld umgehen. Und, es muß gesagt werden, er ist ein Angeber. Und er interessiert sich für Autos mindestens ebenso wie für Küche. Politisch nicht korrekt. Er war mit Jacques Medecin befreundet, dem ehemaligen Bürgermeister von Nizza, dem Gauner. Na gut, seine Küche habe ich immer gemocht. Aber Lieblingskoch? Nie hatte ich mir die alberne Frage nach meinem Lieblingskoch gestellt, so wie ich es auch immer albern fand, auf die Frage zu antworten, ob ich Blonde oder Brünette lieber mag.

Sicher ist jedenfalls: Maximin hat nicht das eleganteste Restaurant. Und nicht das geschmackvollste. Er ist kein Intellektueller am Herd. Er ist kein Manager vieler Küchen. Er ist kein Medienstar. Aber vielleicht ist er wirklich mein Lieblingskoch. Man wählt nicht zu seinem Liebling, wen man will. Es muß

Annäherungen in günstigen Momenten, es muß verläßliche Erfahrungen, es muß eine Geschichte geben.

Meine Geschichte mit Maximin fing 1980 an, als ich in Nizza zu arbeiten begann. Nicht direkt, mitnichten. Ich war von den Märkten in Nizza begeistert, von dem am Cours Saleya, an der Place de la Libération. Gemüse, Früchte in einer Vielfalt und Qualität, wie es sie damals in keiner deutschen Großstadt gab, von Nordhessen ganz abgesehen, wo ich herkam. Ich entdeckte die kulinarische Welt neu. Die Salade Mesclun zum Beispiel, eine wilde grüne Mischung mit viel wilder Rauke, herrlich zu Olivenöl von der Firma Alziari gleich neben der Oper. Ganz was anderes als die schreckliche Salade Niçoise, die ich bisher allein mit Nizza verbunden hatte. Ganz was anderes auch als die faden deutschen »grünen Salate«. Oder die kleinen, aromatischen, auch roh eßbaren Artischocken, die schwarzen, häßlich aussehenden Oliven, die so unendlich viel besser waren als die großen, glatten, grünen Dinger, gefüllt mit Paprika oder Mandeln, die bei uns zum Apéritif gereicht wurden. Ich entdeckte den Pistou, eine Mischung aus Pinienkernen, Öl, Petersilie, Basilikum, Knoblauch, Salz, Pfeffer und notfalls auch Käse, der Gemüsesuppen und Nudeln zu Köstlichkeiten machen kann, was man damals in Deutschland nicht wußte. Ich entdeckte, daß Hausfrauen große Mengen von Zucchiniblüten kauften, die dann angeblich zu Hause in eine Art Krapfenteig getaucht und kroß ausgebacken wurden. Ich entdeckte Lamm in mir bis dahin unbekannter Qualität und stellte fest, daß Fische nicht nach Fisch riechen müssen, sondern nach Meer. Bis auf einen, den Stockfisch, der hart, salzig und stinkend in großen Bottichen gewässert wurde, die mitten in den Altstadtgassen standen. Die kulinarischen Produkte hier waren ganz anders als dort, wo ich herkam, sie waren auch ganz anders als im Elsaß, das bis dahin meine kulinarische Referenz gewesen war. Viele Nudeln, viel Gemüse, Olivenöl statt

Butter, kaum Wild, kaum Hühner, kaum Gänse, kaum Rind, kaum Sahne.

Nur die Restaurants paßten nicht zu den Produkten. Konservierte Gnocchi, schlappe Pizzen, ab und zu Ravioli mit einer gulaschartigen Fleischsauce, Daube genannt, ab und zu im Straßenverkauf eine Socca, ein dünner Pfannkuchen aus Kichererbsenmehl – das war das Äußerste, was von den regionalen Köstlichkeiten in den Restaurants auftauchte. Ich ging auf die Suche. Die Annäherung an eine fremde Region über den Magen ist nicht die schlechteste Art. Schließlich stieß ich auf Madame Barale, eine resolute alte Dame, die in einem etwas bizarren häuslichen Rahmen für ihre Gäste täglich ein einziges Menü mit Nizzaer Spezialitäten kochte. Es wurde gegessen, was auf den Tisch kam. Und wehe, wenn nicht! Ich lernte bei der »Mère Barale« Panisses kennen, einen Blätterteig aus Wasser und Kichererbsenmehl, die Pissaladière, eine Art Zwiebelkuchen mit Anchovis und Oliven, köstliche Kutteln, die mit verschiedenerlei Hackfleisch gefüllten Gemüse, mit Mangold gefüllte Ravioli. Trotzdem bin ich nicht häufig hingegangen. Ich fühlte mich zu fremd dort. Ich hatte schon reichlich Schwierigkeiten mit dem korrekt ausgesprochenen Französisch, das lokal eingefärbte verstand ich gar nicht, und das Nissart, das Madames ältere Stammgäste sprachen, noch weniger als gar nicht. Und dann schmeckte mir auch keineswegs alles, was auf den Tisch kam. Madame Barales Hausfrauenküche hatte wie jede Hausfrauenküche ihre Stärken bei den Produkten, die lange Garzeiten vertragen. Wo es auf kurze, exakte Garzeiten ankam, da fehlte es an Genauigkeit, an Frische.

Am Ende fand sich in Nizza genau ein Bistro, wo aus den Köstlichkeiten, die man auf dem Markt sah, auch eine köstliche regionale Küche entstand. Es hieß (und heißt) La Merenda und liegt in der Nizzaer Altstadt. La Merenda war ein seltsames Bistro. Ein Raum von der Größe eines Sozialbauwohnzimmers, vollgestopft mit eng stehenden Tischen, die Nachbarschaftskontakt unvermeidlich machten. Keine Stühle, sondern unbequeme Hocker, wohl weil davon mehr hineinpaßten und sie die Gäste daran hinderten, allzulange zu bleiben, so daß man pro Mahlzeit zweimal besetzen konnte. Auf dem engen Raum war ferner eine offene Küchenecke untergebracht, wo gekocht, gespült, angerichtet und die Vorräte untergebracht wurden. Außerdem eine Toilette für Magersüchtige. Als Dekoration weiße Wände, als Fußboden rote Kacheln.

La Merenda war samstags, sonntags und montags geschlossen, also eigentlich fast immer, wenn man sich spontan entschloß, essen zu gehen. Man konnte nicht reservieren, weil es kein Telephon gab, Schecks und Karten wurden nicht akzeptiert. Es gab nur einen Wein, und der war nicht besonders. Geführt wurde das Lokal von Monsieur und Madame Guisti. Er in der Küche, sie servierte. Sie war nicht mehr jung, aber eine schöne Frau. Wie die meisten schönen Frauen war sie ebenso charmant wie launisch, vor allem, wenn andere schöne, vielleicht sogar jüngere und alleinstehende Frauen einen Platz haben wollten.

Die Guistis arbeiteten hocheffektiv, waren aber Amateure. Jean Guisti hatte Goldschmied gelernt, bevor ihm seine Schwiegermutter das Kochen beibrachte, das Kochen mit lokalen Produkten nach lokalen Rezepten. Gute Minipizzen zum Beispiel, nur aus Teig, frischen Tomaten und etwas Mozzarella. Phantastische grüne Nudeln mit Pesto. Nirgendwo in Italien gibt es solche grünen Nudeln mit Pesto. Oder warme Knoblauchwurst auf Linsen mit einem ordentlichen Schuß aromatisiertem Olivenöl. Und sogar Estocaficada, wie Stockfisch in der ehemaligen Grafschaft Nizza heißt: das Zeugs, das in den Bottichen der Altstadtgäßchen stank, in ein herrlich frisch schmeckendes Fischgericht verwandelt. Keine Edelfische wie Dorade und Loup de Mer, die anderswo von mittelmäßigen Köchen ruiniert wurden, keine Gustostückchen vom Kalb, Rind oder Lamm, aber das, was es gab, war immer erstklassig. Was heute alle suchen, regionaltypische, traditionsbewußte und zugleich moderne Küche, ohne Chi-chi zu bezahlbaren Preisen in einem unverwechselbaren Rahmen serviert – bei den Guistis gab es das. Übrigens war es nicht wirklich billig, und da keine Luxusprodukte verwendet wurden, keine Gehälter zu bezahlen waren und die Miete bescheiden gewesen sein muß, haben die beiden ziemlich gut verdient. Warum es niemandem gelingt, so etwas anderswo auf andere Art – aber ebensogut – nachzumachen, ist mir bis heute ein Rätsel.

Was ich damals nicht wußte: Ich lag mit meiner höchst privaten Entdeckungsreise durch die Küche Nizzas, also durch französisch-italienische Mittelmeerküche, in einem generellen Trend. Mittelmeerprodukte und -rezepte hatten traditionell in der französischen Hochküche nur eine marginale Rolle gespielt. Die Gegend um Lyon galt als die der besten Produkte. Das Lyonnais plus die Atlantikfische bzw. -krustentiere plus Gänseleber und Trüffel aus dem Südwesten, das war der klassische Produktkanon, und entsprechend waren die vorherrschenden Rezepte. Im Südosten – da gab es kein ordentliches Fleisch (vom Lamm einmal abgesehen, das man aber auch lieber von den Weiden der Normandie nahm), kein ordentliches Geflügel, keinen ordentlichen Wein. Im Südosten, da war mehr Italien als Frankreich. Mit der Feminisierung der Küche in den siebziger Jahren (wachsende Bedeutung von Gemüse und Salat, schwindende von Fleisch und Innereien in der Hochküche), dem damit einhergehenden Schlankheitsideal, mit der Öffnung der französischen Gesellschaft gegenüber dem Ausland, ja vielleicht sogar mit der Verlagerung des Reichtums aus den Kohle-Stahl-Werft-Regionen in die neuen Technologie-Regionen des Südens wurde auf einmal die Küche des französischen, italienischen und später auch spanischen Mittelmeerraums in wortwörtlichem Sinne salonfähig.

Freilich vollzog sich das nicht automatisch. Auch Küchengeist der Zeit braucht Protagonisten, um sich durchzusetzen. Die Pioniere der Hochküche an der Côte d'Azur waren vor allen anderen Louis Outhier und Roger Vergé. Outhier stammte noch aus dem Kreis der Point-Schüler, wo er mit Bocuse, Pic, Troisgros, Chapel und vielen anderen gelernt hatte. Dann siedelte er sich in La Napoule bei Cannes an und betrieb dort sein Oasis, ein Drei-Sterne-Restaurant, dessen Garten im Sommer zu den magischen Orten der Côte d'Azur gehörte. Als ich mir notfalls hätte leisten können, seine Küche zu entdecken, schloß er sein Haus, das dann nach ein paar Jahren unter einem aus Japan zurückgeholten Schüler wieder eröffnete. Aber sein Name ist seit einem Dutzend Jahren völlig aus der Gastrowelt verschwunden. Kein Restaurant mehr, keine Kochbücher mehr, keine Fernsehauftritte. Es gibt nicht wenige Köche, die einige Jahre lang Spitzenleistungen vollbringen und sich dann zurückziehen, ohne Familienimperien oder Schülerseilschaften zu hinterlassen. Dauerhaft wirklich an der Spitze zu sein, das halten nur ganz wenige durch. Denen, die sich zurückziehen, muß es nicht unbedingt schlechtgehen. Bei meinem letzten Besuch in Maximins Restaurant saß, ein paar Tischlängen entfernt, ein freundlicher älterer Herr, der Outhier ähnlich sah. »Ja, ja, das ist er«, bestätigte der Kellner. »Er ist einer unserer Stammgäste.«

Roger Vergé führt hingegen sein Lokal noch, zumindest dem Namen nach. Am Herd steht er schon lange nicht mehr. Vergé war zu seiner besten Zeit einer der wichtigsten Männer der »Bocuse-Bande«, sozusagen ihr meridionaler Statthalter. Seine Bedeutung für die Entwicklung im französischen Südosten ist kaum zu überschätzen. Ducasse, Maximin und viele andere, die fortan zu den großen Köchen an der blauen Küste zählten, haben bei ihm gelernt. Die klassische Küche in moderner Form bei Chapel, dann die Mittelmeerküche bei Vergé lernen – das war der Königsweg.

Zu Vergé und zu Maximin hat mich Jean Guisti geschickt. »Wenn Sie das essen wollen, was es bei mir gibt, nur ein paar Trüffelscheiben draufgelegt, dafür aber dreimal so teuer, dann gehen Sie ruhig hin. Das sind keine schlechten Köche.« Er redete über die Spitzenrestaurants der Côte d'Azur so wie Prousts Köchin über das Café de la Paix, das damals berühmteste Resturant von Paris. Sie sprach von dem »kleinen Café«, aus dem man notfalls auch mal Essen kommen lassen könne. Ob er es ernst meinte, wußte man nie. Er wußte es wohl selbst nicht so genau.

In Vergés Moulin de Mougins war ich mehrfach – und wurde mehrfach enttäuscht. Die Küche empfand ich als Kompromiß zwischen dem klassischen Drei-Sterne-Repertoire und mediterranen Einflüssen. Als Kompromiß eher denn als wirkliche Integration. Kompromisse sind in der Politik notwendig, in der Kunst fast immer von Übel, sogar in der Kochkunst. Vielleicht ging das am Anfang auch nicht anders, wenn man die Kundschaft nicht verlieren wollte, die den Stamm dieser Häuser bildet. Dann gefiel mir auch seine zu edel renovierte Mühle mit den Aluminiumfenstern nicht. Mag sein, daß ich Pech hatte. Einmal war ich jedenfalls mit den falschen Leuten dort, ein andermal, während der Filmfestivalzeit, saßen zu viele »Who-is-the-best«-Amerikaner laut am Nebentisch. Große Essen hängen von vielen Faktoren ab, die der Koch nur zum Teil zu verantworten hat.

Der Vergé, den ich mag, das ist der Vergé, der die Rezepte des Kochbuchs »Ma cuisine du soleil« geschrieben hat. Die Rezepte sind zum erheblichen Teil einfach, konsequent, schmackhaft. Zum Beispiel der Sankt-Peters-Fisch nach der Art der Fischer von Le Suquet. Le Suquet ist der kleine Fischereihafen von Cannes. Vier oder fünf von den Dutzenden von Fischerbooten, die hier früher lagen, sind noch übriggeblieben. Das Rezept könnte einfacher nicht sein. Einen »tian«, einen Tontopf, mit etwas Öl und Knoblauch bestreichen, eine dicke Schicht Kartoffelscheiben draufgeben, dann die Filets vom eben angelandeten Sankt-Peters-Fisch, dann wieder eine Schicht Kartoffeln, salzen, pfeffern, einen Schuß Olivenöl darüber, und ab in den Ofen. Wenn die Kartoffeln goldbraun sind, ist das Ganze fertig. Besser kann Fisch nicht schmecken, selbst wenn man den Topf nicht, wie es die Fischer taten, in den Ofen eines Bäckers gestellt hat. Aber, wie gesagt, von solchen Gerichten gab es zu wenige in der Moulin de Mougins.

Blieb Maximin. Der war, 1949 geboren, damals ein junger Mann Anfang Dreißig, also eine knappe Generation jünger als Vergé und Outhier. Er stammte nicht aus dem mediterranen Frankreich, sondern aus dem äußersten Norden, dem Pas-de-Calais. Die Eltern hatten dort eine Café-Bar mit äußerst bescheidenem Restaurant. Übrigens kamen alle Erneuerer der Mittelmeerküche aus dem Norden und Westen. Offenbar bedurfte es des Abstands, um eine Perspektive einzubringen, die über die von Madame Barale hinausging. Beginn der Lehre mit vierzehn, zunächst im Norden, dann in Monte Carlo, dann in Paris. 1972 mit dem Eintritt in die Küche von Vergé die Entscheidung für den Süden. 1975 warb ihn Jo Rostang als Chefkoch für die Bonne Auberge von Antibes an, damals das dritte große Haus der Region.

Der entscheidende Durchbruch kam jedoch 1978, als Monsieur Palmer, der Hoteldirektor des Hotels Negresco in Nizza, ihn als Küchenchef für das Hausrestaurant Chanteclerc anwarb. Das war ein völlig überraschender Coup, denn die Küche in den Grandhotels war damals die langweiligste und konventionellste, die man für viel Geld bekommen konnte. Dort saßen, nicht nur meiner Vorstellung nach, reiche alte

Leute, von allem gelangweilt, selbst von ihrer Spielsucht, und aßen Schildkrötensuppe Lady Curzon, dann Seezunge, darauf ein Châteaubriand, wenn es das Gebiß erlaubte, sonst ein Tournedos Rossini und zum Abschluß einen Pfirsich Melba. So war es an der Côte d'Azur, und so muß es gewesen sein in Paris, in Deauville und in Biarritz. Seit Fernand Point, seit fünfzig Jahren waren alle wesentlichen Impulse zur Erneuerung der Hochküche von kleinen Restaurants ausgegangen, die sich im Besitz der Köche befanden. Ein junger Wilder aus dem Norden, was sollte der in der Küche eines bis zur altersschwachen Dekadenz kultivierten Grandhotels an der Côte d'Azur?

Dabei erwies sich der Coup von Monsieur Palmer als Geniestreich, der der Hochküche einen der wenigen möglichen Wege in die Zukunft eröffnete. Die jungen, kreativen Köche, wenn sie denn keine Erben solider Landgasthäuser waren, litten unter dem Problem, daß sie ohne Christofle-Silber, Limoges-Porzellan, feinen Damast und feine Gläser nicht ganz nach oben kommen konnten. Vor allem nicht ohne einen exzellenten Weinkeller. Das bedeutete Resignation oder Sparen auf den dritten Stern zum hundertsten Geburtstag oder riskante Überschuldung. Die Grandhotels, die – den Zeitläuften entgegen – das Jahrhundert überlebt hatten, verfügten über reichlich Silber, Porzellan, Glas und Tischwäsche, verfügten über langsam und demzufolge ökonomisch gewachsene Weinkeller, verfügten auch über Kunden, die zum Essen schon aus Gründen der Bequemlichkeit gerne im Hause blieben, verfügten sogar über Angestellte, die sich mit Buchhaltung auskannten, aber sie drohten mit ihren bejahrten Kunden auszusterben. Da bot sich eine sozusagen natürliche Allianz an: Mediengängige junge Köche bekamen eine perfekte Infrastruktur für ihre Kreativität gestellt und mußten dafür mit wilden Bewegungen ihrer Kochlöffel das Parkinson-Image der Häuser vertreiben, die sie anstellten. Auf dieser Basis funktionierte die Allianz Maximin–Palmer, auf dieser Basis arbeitet auch Ducasse mit dem Hôtel de Paris in Monaco, arbeitet Christian Willer mit dem Carlton in Cannes, arbeitete Christian Constant mit dem Crillon in Paris.

Daß ich mich zu einem historischen Punkt der Küchengeschichte begab, an dem sich die Nord-Süd-Bewegung der Hochküche mit ihrer historisch neuen Rückbewegung vorwärts in die Grandhotels überschnitt, ahnte ich natürlich nicht, als ich zum erstenmal den Mut und die Barschaft besaß, die mir für ein Essen im Chantecler als unabdingbar erschienen. Ich sparte am Taxi, fuhr mit der Linie 1 bis zur Seeuferpromenade und näherte mich dann dem seltsamen Negresco, dem einzigen Grandhotel dieser Region, das sich noch ganz und gar in Privathand befindet. Die Privathand kann man übrigens bis heute dort täglich am Werke bzw. am Befehlen sehen – sie gehört Madame Augier, die gern und täglich im hauseigenen Restaurant ißt, im Chantecler.

Das Negresco wurde im Jahre 1912 eingeweiht, ein relativ kleines und recht spätes unter den Grandhotels der Côte d'Azur, aber mit seinen Kuppeln und Türmchen und Säulen unverwechselbar unter den verwechselbaren Appartementbauten, die sonst die Uferpromenade beherrschen. Ornamente, wo sich nur Ornamente anbringen lassen, über dem Haupteingang das geschwungene Vordach aus Eisen und Glas, das damals technisch wie ästhetisch der letzte Schrei war. Davor ein Knecht in der Uniform der Schweizer Garde, der mir den Wagen abgenommen hätte, wenn ich mit dem Wagen gekommen wäre.

Innen entdeckt man das Bauprinzip des Ganzen: vier Flügel um einen großen, glasüberdachten Innenhof. Die Glaskuppel darüber wurde immerhin von Gustave Eiffel entworfen. Darunter der Salon, sechshundert Quadratmeter groß und von

Kollonaden umstanden. Mit dem Teppich, der ihn bedeckt, und der zur Zeit der Erbauung ein Zehntel der Gesamtkosten verschlang, könnte man bequem den Centre Court in Wimbledon abdecken. Der Lüster ist viereinhalb Meter hoch und war eigentlich für den Zaren bestimmt, der ihn wegen unerwarteter Probleme welthistorischen Charakters nicht mehr abnehmen konnte. Das Ganze leer, beeindruckend und häßlich zugleich, so zum Beispiel die Toiletten im Kolonialstil.

Im gleichen Stil das Restaurant. Überaus zuvorkommende Bedienung, kassettierte Wände (das Holz ist von Madame Augier bei irgendeiner Schloßversteigerung erworben worden), Imponiereinrichtung, aber unter dem Damast einfache Gartentische. An den Wänden mittelmäßige Stilleben und pseudomodernistische Gockel. Der Boden roter, dicker Teppich. Ins Ohr tropften vom Endlosband Claydermans Mozart-Süßlichkeiten. Kurzum: Ich fand es bis dahin schrecklich. Mehr noch: Ich entwickelte mit einiger historischer Verspätung eine ordentliche Wut auf die Menschen, die genug Geld hatten, sich so etwas als Feriendomizil zu leisten, und zugleich so wenig Zeit, ihren Geschmack ein bißchen zu bilden.

Und dann kam das Essen. Als Vorspeise Zucchiniblüten mit Trüffeln. Maximin hatte die Farbe der Blüten erhalten und sie mit einer gut durchgemixten Mischung von Basilikum, Eiern, Semmelmehl und Sahne gefüllt. Dazu eine leichte Sahnesauce mit Kräutern, Trüffeln und Trüffelsaft. Es war ein Augenschmeichler und für die Zunge eine Premiere. Das Rezept wurde unterdes hundertfach imitiert und noch häufiger variiert. Es ist nicht so gut, wie es mir damals vorkam (das Semmelmehl ist zum Beispiel völlig überflüssig). Aber die Botschaft war neu und unerhört: Klassische Hochküche (die Trüffeln) kann sich aufs schönste und angenehmste mit regionalen Produkten verbinden, ohne daß es dazu enormer Sahnemengen als Bindemittel bedürfte. Danach kam ein Lachs. Der Lachs galt damals als

Edelfisch, weil die Lachszucht noch in den Anfängen steckte. Er war enthäutet und ohne Gräten. Dazu exakt gegarte Gemüse: eine Karotte, ein Rübchen, ein Gürkchen, ein Stück Fenchel. Das lag überaus gefällig als Farbsymphonie auf dem Teller. Am Tisch streute der Kellner ein wenig grobes Salz und kleingewürfelte, in Olivenöl gegarte Tomaten dazu. Das war damals eine unerhörte Provokation. Ein teures Gericht in einem ambitionierten französischen Restaurant ohne Sauce. War nicht die Sauce das, was die Identität der französischen Küche ausmachte? Wurde da nicht etwas serviert, was ich auch selbst hätte herstellen können? (Ich habe es natürlich versucht. Die Kunst liegt im Detail: beste Produkte und exakte Garzeiten. Der Aufwand lohnt sich aber nur, wenn man einen guten Lieferanten für Wildlachs hat).

Danach gab es eine gebratene Entenbrust mit Koblauch. Ein Schauspiel aus dünnen, im genau richtigen Farbspiel braun/rosa gefärbten Scheibchen von Barbarie-Entenbrust. Von heute aus gesehen: keine kulinarische Heldentat, sondern ein klassisches Fleisch, in die unziemliche Gesellschaft von Knoblauch gebracht. Damals war es mutig. Und wenn der Mut nur darin bestanden hätte, den Knoblauch auf der Speisekarte zu benennen, der vorher heimlich schon so viele Entenbrustzubereitungen der Hochküche gewürzt hatte.

Jedenfalls fand ich diese Küche großartig. Sie ähnelte auf der einen Seite der von Jean Guisti. Sie war konsequent regional. Auf der anderen Seite versuchte sie etwas noch nie Dagewesenes. Sie nahm regionale Produkte, Formen, Materialien als Sprungbrett für neue Ideen, die nie ganz ohne Bodenhaftung waren.

Den jungen Koch, der später von Tisch zu Tisch ging, mochte ich auf Anhieb nicht allzusehr. Er trug die Trikolore am Kragen und einen eingestickten Namenszug über dem Herzen, was ich in beiden Fällen und an beiden Orten deplaziert fand.

Er ähnelte ein bißchen den modernistischen Gockeln an den Wänden. Angenehm war, daß er einen unverlierbar proletarischen Zug in seinem Abenteurergesicht hatte, etwas von Belmondo. Monsieur Guisti habe ich auf seine Frage, wie es denn bei Maximin gewesen sei, wahrheitsgemäß geantwortet: »Maximins Küche ist größer als die der Merenda, aber bei Ihnen ißt man angenehmer.«

Maximin rückte rasch unter die besten Chefs Frankreichs auf. 1979 wurde er »Meilleur ouvrier de France«; eine Jury aus prominenten Köchen und Kochjournalisten wählte ihn 1984 zum »Besten jungen Koch Frankreichs«, der Gault & Millau-Führer gab ihm die Höchstnote. Nur der dritte Stern des Michelin ließ auf sich warten. Den bekommt man nicht nur für Küchenleistung, sondern auch für Konstanz. Die Konstanz war nicht die stärkste Seite des besten jungen Kochs Frankreichs. Aber für Maximin war der dritte Stern nicht so wichtig wie für Köche, die Besitzer ihrer eigenen, verschuldeten Restaurants und demzufolge dringend auf den Werbeeffekt des roten Führers angewiesen waren. Er bezog ein hohes Angestelltengehalt und zeigte das auch ungeniert, indem er mit roten Sportwagen italienischer und schwäbischer Provenienz über die Promenade des Anglais kurvte. Und finanziell hatte er freie Hand, denn der erhoffte Werbeeffekt für das Negresco war weit über das erhoffte Maß hinaus eingetreten. Bald darauf sollte das Gespann Ducasse–Rainier II. in Monte Carlo das Negresco-Modell in noch größerem Maßstab kopieren. Heute haben fast alle Grandhotels in Paris und an der Côte d'Azur wieder eine nennenswerte Küche. Mehr noch: Die Grandhotels sind wieder zu einer wesentlichen Subsistenzquelle der Hochküche geworden.

1985 kam dann völlig überraschend die Nachricht, daß Maximin das Negresco verlassen werde. Nachfolger wurde der junge Dominique Le Stanc, der einen vergleichbaren Küchenstil pflegte, obwohl er aus dem Elsaß kam. Le Stanc trat eine begehrte, aber keine leichte Stellung an, zumal er kein manischer junger Wilder, sondern ein junger Sanfter war, der sich am liebsten nur ums Kochen kümmert. Er hielt die zwei Sterne. Zehn Jahre später gab er sie freiwillig ab, um ein Bistro zu übernehmen: Er wurde Nachfolger der Guistis in La Merenda und ist seither wieder ein glücklicher Koch.

Der Weg, den Maximin nach dem Chantecler einschlug, sollte hingegen ein Weg aufwärts zu weiteren Sternen und weiteren Sportwagen sein. Ein eigenes Restaurant, wie es die anderen Großen hatten. Die Bedingungen schienen günstig. In der Spitzengastronomie wurde hübsch verdient, Maximin hatte jung schon einen guten Namen und genoß die Protektion von Jacques Medecin, dem allmächtigen Bürgermeister Nizzas, der ein paar Jahre später gleichfalls überraschenderweise über eines seiner vielen undurchsichtigen Geschäfte stolperte, vor dem Staatsanwalt nach Paraguay floh und dort dann sein Geld als T-Shirt-Verkäufer am Strand verdiente. An Ehrgeiz hat es Maximin nie gefehlt, der seinen Spitznamen »Küchen-Napoleon« damals durchaus ganz gern hörte. Und für diesen Ehrgeiz fand sich auch eine passende Bühne, nämlich ein ehemaliges Theater, dessen dreitausendsechshundert Quadratmeter Maximin zum ambitioniertesten Gastrokombinat der achtziger Jahre umbauen ließ. Wo einst die Folies Bergères tanzten, entstanden um eine Zentralküche herum zwei voneinander unabhängige Restaurants: im ehemaligen Zuschauerraum ein Luxusrestaurant, das endlich den dritten Stern im Michelin einbringen sollte, daneben ein Bistro für fünfzig Gäste mit regional orientierter Küche, wo man mit zweihundert Francs davonkommen konnte, und schließlich – das war an dieser Kombination neu – das Geschäft des »Traiteurs« Maximin, ein Feinkostladen mit Fertiggerichten für den gehobenen Geschmack. Auch hier war groß geplant: Der Feinkostbereich sollte auf andere französische Städte und ab 1992 auch auf das Ausland ausgedehnt werden. Das Geschäft mit Kongreßtouristen, Firmenfeiern und noblen Hochzeitsgesellschaften wurde nicht vergessen. Sechs ehemalige Chambres séparées, wo früher die Folies Bergères nach dem Cancan auf der Bühne fröhlich ihre Tätigkeit fortgesetzt hatten, boten noch einmal insgesamt vierhundert Personen Platz, Speis, Trank und Plaisir.

Das Aushängeschild war natürlich das Hochküchenrestaurant. Achtzig Plätze in einem zehn Meter hohen Saal vor einer Bühne mit roten Samtvorhängen. Die Gestaltung übernahm Maximin nach einem Krach mit Stararchitekt Wilmotte selbst. Grundfarben Gold und Purpur, die Stühle Art Deco, ringsum Gewächshäuser mit mediterranen Pflanzen. Und reichlich Kunst. Glas von Navaro aus der Glasbläserstadt Biot, Plastiken von Arman und César. Mischung aller Geschmäcker, wie es seit der Belle Epoque an der Côte d'Azur üblich ist.

Die Inszenierung erreichte allabendlich ihren Höhepunkt, wenn sich nach dem Dessert der Theatervorhang hob, um den Blick freizugeben auf die blitzblanke Küche hinter einer Glaswand, während die Brigade der Köche auf die Bühne trat und sich die Gäste zum Applaudieren von den Stühlen erhoben. »Opera buffa« haben Lästerzungen diese Inszenierung in Anspielung auf das französische Wort »la bouffe« genannt: »Freßoper«. Das war nicht so ganz richtig: Die klassische Opera buffa wußte, daß sie komisch war, während sich hier über das Zeremonielle etwas unfreiwillig Komisches herstellte. Maximin hatte den Plan, noch einen draufzusetzen: Die amerikanische Bildhauerin Marina Valeriani nahm in seinem Auftrag Gipsabdrücke von zwölf großen Köchen und verarbeitete sie zu Büsten, die dem Gesamtkunstwerk ums Abendmahl auch noch einen Beigeschmack von Walhalla geben sollten.

Ich war nur einmal zum Essen dort. Es war lächerlich. Die Küche war immer noch ausgezeichnet, aber wenn der Rest nicht stimmt, schmeckt auch das Essen nicht mehr gut. Außerdem litt die Karte darunter, daß Maximin allen alles bieten wollte. Bistromenü, Busineßmenü, Degustationsmenü. Regionale Komponenten? Bitteschön, das mediterrane Menü. Lieber klassische französiche Köche? Bitte schön, das Menü »Tradition française«. Die Gefahr beim Versuch, allen alles zu bieten, ist der Verlust von Authentizität. Eine Pseudooper, ein Pseudobistro, eine Pseudoregionalküche – alles vom Feinsten, aber alles aus zweiter Hand für die Besitzer von Zweitwohnungen.

Das »Maximin« war freilich nicht nur eine komische Entgleisung, sondern reflektierte wichtige Trends der Küche der achziger Jahre. Zuallererst den Übergang zur »Erlebnisgastronomie«, wie das zur gleichen Zeit auf andere Weise in Deutschland Hans-Peter Wodarz mit seinem kulinarischen Zirkus versuchte. Dann aber auch durch die Kombination von Hochküchenrestaurant für besondere Gelegenheiten mit einem Bistro für traditionelle Regionalküche. »Schnelle« Feinkost zum Mitnehmen ist seit Jahren in den deutschen wie französischen Großstädten ein Wachstumsbereich. Nicht einmal die Chambres separées für private Feiern waren eine abwegige Idee. Georges Blanc und Paul Bocuse verdienen in ihren Kochabteien und Gastroschlössern mit geschlossenen Gesellschaften viel Geld.

Trotzdem ging Maximin pleite. Das Rad, das er drehen wollte, war vor allem ökonomisch zu groß für ihn. »Es konnte nicht gehen«, sagte er später. »Als wir anfingen, war das gesamte geborgte Geld verbaut. Es blieb nichts zur Vorfinanzierung der laufenden Kosten. Wir waren eigentlich schon pleite, als wir anfingen.« Das Hochküchenrestaurant wurde geschlossen, der Pariser Brasseriekönig Boucher, Besitzer der Flo-Gruppe, übernahm Bistro und Feinkostladen, was immerhin zeigte, daß ein Teil der Idee realisierbar war, wenn sie in die Hände von ökonomisch sattelfesten Profis kam.

Und dann hörte und sah man einige Jahre über nicht mehr viel von Maximin. Es ging das Gerücht, er habe sich von einem ehrgeizigen Hotelbesitzer im Diamant Rose bei Saint-Paul-de-Vence anstellen lassen. Es dauerte nicht einmal hundert Tage wie 1813 bei Napoleon. Als ich hinkam, war er schon wieder entlassen. »Differenzen mit der Geschäftsleitung«, sagte der vornehme Kellner im leeren Restaurant. Der Besitzer war Korse. Zwei Hitzköpfe in einem Haus, das konnte nicht gehen. Man hörte von Beraterverträgen für Casinoküchen. Beraterverträge von Köchen sind zumeist nicht mehr als Resteverwertung von einem einstmals großen Namen. Man konnte sich leicht denken, warum man von Maximin nichts mehr hörte: Er galt als zu schwierig, um einen wohlhabenden Arbeitgeber zu finden, und die Banken wollten ihm nach seiner Pleite mit den gepumpten fünf Millionen Mark nichts mehr leihen. Die Restauration mußte ohne Napoleon auskommen, der sein Sankt Helena in seinem Privathaus bei Vence gefunden hatte, das ihm vom finanziellen Waterloo geblieben war.

Und dort fing er vor vier Jahren wieder an – in einem Alter, in dem berühmte Kollegen langsam ans Aufhören denken. Das Haus vor den Toren von Vence war schwer zu finden, weil es für Hinweisschilder noch nicht gereicht hatte. Ein schönes, aber keineswegs besonders großes Privathaus in einem üppigen mediterranen Garten. Dort war eingedeckt. Man saß auf Plastikstühlen aus dem Supermarkt. Das weltweit verbreitete Modell. Maximin war ein wenig älter geworden und ein wenig dicker. Er kam aus der Küche mit Schweiß auf der Stirn, verflecktem T-Shirt und verfleckter Hose, Handtuch im Hosenbund. Und mit schwieligen Händen. Fingernägel wie die eines Arbeiters. Auf den ersten Blick nichts mehr von der Napoleon-Attitüde, nichts mehr vom Star der Opera buffa.

Die zahlreichen Freunde seines Erfolgs waren weggeblieben, als er in der Klemme steckte: »Und die, die mir blieben, die Künstler vor allem, die haben mir immer wieder das gleiche gesagt: Mach doch, was du kannst. Was du kannst, ist kochen. Von Geschäften hast du keine Ahnung. Also laß die Finger davon. Schließlich habe ich vor einem Jahr das Erdgeschoß meiner Villa hier geräumt, die Wände gelb gestrichen, die groben provenzalischen Vorhänge aufgehängt und neun runde Tische hineingestellt. Die Glasskulpturen von Novaro aus Biot konnten auf dem Kamin stehenbleiben, die Plastiken meiner Freunde und Nachbarn Arman und César habe ich wieder aufgehängt – das ist mein Speisesaal. Mit dem Garten war es schwieriger. Ich habe die fünfzigtausend Francs, die noch auf meinem Konto waren, eine Schaufel und eine Schubkarre in die Hand genommen und daraus diese Terrasse gemacht. Mein Sohn hat mir geholfen und die beiden Köche, mit denen ich jetzt arbeite.« Seine Frau macht den Empfang, sein Sohn parkt die Wagen. Im Restaurant ein schüchterner, distinguierter Maître d'Hôtel und eine hübsche junge Kellnerin, noch nicht so ganz erfahren im Geschäft. In der Küche macht Maximin wieder alles selbst, assistiert von Gilles Domerengo, der auch die Karre schieben half, und von Gil Girard, der bei Gagnaire die Zuckerbäckerei lernte.

Maximin, der wieder selbst kochte, das war ein Glücksfall. Und ein extrem preisgünstiger dazu. Kein Schnickschnack mehr, nur das Notwendigste. Das einzige Menü kostet siebzig Mark. Das ist kaum mehr als die Hälfte des billigsten Menüs, das er in seinem Theater anbot. In einer Gegend, wo man für eine schlechte Salade Niçoise zwanzig Mark bezahlt und für die verkochten Spaghetti danach nochmals zwanzig, sind das Dumpingpreise. Es gab dieses Menü und eine sehr kleine Karte. Zwölf Gerichte insgesamt, Vorspeisen und Desserts mitgezählt. Ich habe für etwa achtzig Mark als Entrée ein »Millefeuille« gegessen, eine Schichtkonstruktion aus Kartoffelscheiben und Sardinen, danach Täubchenfilets mit frischen

Erbsen und Frühlingsgemüsen, eine begrenzte Käseauswahl mit gutem, hausgemachtem Nußbrot und als Nachtisch viele rote Früchte auf einer feinen Blätterteigscheibe, Vanilleis und Sangriasirup. Aber die Karte wechselt täglich. Das Menü kann auch aus Spargelspitzen auf Mesclun-Salat bestehen, aus sorgfältig pochierten Landeiern, aus kleinen Felsenrotbarben in einer feinen Butter, aus der Mandarinen sanft herausschmekken. Wenn der Fischer in Nizza keine anlandet, gibt es keine. Dann kann es das »Fricassée du Printemps« sein, ein Teller mit Makkaroni, Gemüsen, Streifen von Dorade, von Artischokkenböden, Würfeln von Hummerfleisch, durchmischt und gewürzt mit frischen Morcheln.

»Kann man mit vier Leuten in der Küche ebenso kochen wie mit einer Brigade im Rücken?« Maximin reagierte heftig wie Napoleon, wenn man diesen gefragt hätte, ob man auch mit einer kleinen Armee einen Krieg gewinnen könne: »Klar, natürlich, alles geht. Wenn man kochen kann.« Und dann, nachdenklicher, der weiser gewordene Maximin. »Na ja, Sachen, die technisch sehr kompliziert sind, die gehen unter diesen Bedingungen nur mit längerer Vorbereitung.« Maximins Küche war die moderne mediterrane Küche, die sie immer war. Aber sie war einfacher geworden, weniger spektakulär. »Ich versuche, die Produkte so wenig wie möglich zu bearbeiten.« Schnörkellosigkeit, aber nicht als Mode, sondern als notwendige Anpassung an veränderte Verhältnisse.

Daß sie bezahlbar bleibt, dafür sorgt die Weinauswahl. Man kann auch Château Pétrus bekommen, aber der Schwerpunkt der fast dreihundert Posten umfassenden Weinkarte liegt auf Weinen um die fünfzig Mark. Die schönste Entdeckung ist dabei der weiße »Le Mas de Bézaard« für achtzig Francs, also knapp dreißig Mark, den Adrien Maeght unterhalb seiner berühmten Stiftung im benachbarten Saint-Paul anbaut. Ein leichter Sommerwein aus traditionellen Rebsorten des Var-

Tals, aber keine Nichtigkeit, sondern mit ausgeprägt fruchtigem Charakter, in dem die Töne von schwarzer Johannisbeere dominieren. Auf dem Markt ist er nicht zu haben. Die gesamte Produktion geht an Maximin. Auf meine Frage, ob der stolze Weinkeller denn auch von den fünfzigtausend Francs bezahlt worden sei, die vor einem Jahr noch auf dem Konto gewesen sein sollen, bekam Maximin sein Lausbubengesicht und erzählte stolz, das seien alles Kommissionsweine der Produzenten. Er müsse nur bezahlen, was er auch verkaufe. »Nur nicht wieder Schulden...«

Maximins Restaurant in Vence war ein Erfolg vom ersten Tage an. Hochwertige, regional beeinflußte und dabei bezahlbare Küche, von einem großen Koch höchstselbst zubereitet – was will man mehr? Maximin hatte aus der Not eine wunderbare Küche gemacht. Aus der Pleite heraus war er zum Avantgardisten eines neuen Küchenstils geworden: einfach und perfekt zugleich, ohne Showeffekte, ohne große Brigade zu realisieren. Und der bescheidene Rahmen störte nicht. Auch diejenigen, denen es aufs Geld nicht ankommt, gehen nur noch selten in sehr zeremonielle Restaurants. Maximins Küche ist eine Küche ohne Schlips, und so dürfen denn auch die Gäste sein. Sie ist die Küche einer Generation, die für befrackte Kellnersteifheit keinen Heller gibt. Und was heißt schon bescheidener Rahmen, wenn man das halbe Jahr über in dem mediterranen Paradiesgarten aus Palmen, Olivenbäumen, Mimosen, Bougainvilea, Bambus und Zypressen sitzen kann?

Die Journalisten kamen wieder. Journalisten lieben Lebensläufe mit Kurven. Und der Guide Michelin gab auf Anhieb zwei Sterne, obgleich der Komfort des Hauses den üblichen Zwei-Sterne-Normen gewiß nicht entsprach. Zwei Sterne – wie im Negresco. Napoleon war wieder da.

Es gibt Spitzenköche, zu denen kehrt man ohne alles Bangen zurück, daß das Essen, auf das man sich seit langem gefreut hat, auch so gut sein werde wie beim letzten Mal. Maximin gehört nicht zu dieser Sorte. Würde mit dem Erfolg die raffinierte Schlichtheit wieder verschwunden, die Terrasse zur Freilichtbühne verwandelt worden sein? An Hinweisschildern auf das Lokal fehlt es nicht mehr. Das Grün im Garten ist noch dichter geworden. Ein Pool ist dazugekommen, provenzalische Kacheln auf dem Fußboden, neue, geschmiedete Stühle, dezente Messinglampen. Aber überladen wirkt es nicht. In einer Abstellkammer neben dem Pool stehen verstaubt die Büsten von Chapel, Bocuse und Robuchon aus dem Nizzaer Theater. Dafür lugen hinter den Büschen bunte Skulpturen zeitgenössischer Künstler hervor. Die Bildhauerei ist die Kunst, von der Maximin meint, daß sie ihn am meisten beeinflußt habe. Jedenfalls erinnert der spielerische Umgang mit Kunst, die in Maximins Garten gepflegt wird, eher an die Fondation Maeght oben in Saint-Paul-de-Vence, das schönste Museum moderner Kunst in dieser an schönen Museen so reichen Gegend, als an die Gockel von einst. Nur eines von diesen Dingern steht noch kupfern-realistisch hinter einem Busch und sehnt sich nach dem Kirchturm. Das Team ist wieder größer geworden, etwa zwanzig Personen insgesamt. Junge Leute ohne Frack und Smoking. Die Küche freilich ist immer noch winzig. Für einen Laien bleibt unbegreiflich, wie hier achtzig Menüs pro Service hergestellt werden können. Aber eine neue Küche ist in der Planung.

Maximin läuft mit der üblichen Hektik durch Haus und Garten, das Handy immer am Ohr. Offenbar geht es um die Bestellung von Autoersatzteilen für einen Renault-Sportwagen. »Sonst fahre ich aber immer noch Porsche«, sagt er entschuldigend, als hielten alle Deutschen Anteile an der Porsche-Produktion. Die alten Dämonen. »Ja ja, aber meine Frau paßt

Jacques Maximin

auf, daß ich keine Dummheiten mache.« Er ist im bunten T-Shirt, duzt das Personal und die meisten seiner Gäste. Die Hände sind immer noch Arbeiterhände. Er wirkt bei aller Hektik entspannt. Die Lust an der großen Oper ist ihm offenbar dauerhaft abhanden gekommen. »Wir sprechen uns nach dem Essen, ich muß noch die Mittagskarte machen.« Die Karte ist reichhaltiger geworden. Es gibt auch wieder ein großes Menü für hundertsiebzig Mark. Aber das kleine ist darum nicht zum ungeliebten Stiefkind geworden. Man kann nach wie vor ohne Unbehagen hier nur ein Gericht essen, ein Glas Wein dazu trinken und es sich im Garten sehr wohl sein lassen.

Auch kulinarisch hat Maximin endgültig zu sich selbst gefunden. Seine Küche ist so gut wie nie zuvor. Als *amuse-gueule* gibt es eine Stockfischbrandade, eine umständlich herzustellende pastöse Angelegenheit, die es sonst nur bei einigen Nizzaer Großmüttern noch zu kosten gibt. Brandade kann schrecklich nach verdorbenem Kaviar mit Lebertransauce schmecken. Hier ist sie leicht, locker und deutlich. Danach eine kalte Zucchinisuppe um einen Geléekloß mit klein gewürfelten Gemüsen. Es sind die Gemüse, die man in die Ratatouille macht, das klassische Gemüsegericht des Südens. Nicht schlecht, aber auch nicht umwerfend. Wahrscheinlich wurde die Geléemasse warm abgeschmeckt. Kalt fehlt es ihr an Intensität. Dazu ein Pan Bagnat, das traditionelle Sandwich des Südens. Gutes Brot, darauf ein Faden Olivenöl, Petersilie, Zwiebel, Tomate, Ei und ein Anchovisröllchen. Anchovisröllchen lege ich in den meisten Lokalen beiseite, weil sie fast immer einen salzig-tranigen Geschmack haben, der sich erst nach langer Zeit von der Zunge verliert. Diese Anchovis hier war hingegen weit besser als die meisten teuren Edelfische. Ein »Schnittchen« ohne alle küchentechnische Schwierigkeit und dennoch in dieser Qualität ist bei keinem der tausend Schnellimbisse dieser Küste zu haben. Man braucht Selbstbewußtsein, um so etwas zu servieren. Natürlich kommen auch die Zucchiniblüten, aber nicht das Rezept mit den Trüffeln, sondern gefüllt mit Polenta und nach Hausfrauenart in Krapfenteig ausgebacken. Der war dünn und knackig und die zugehörige Fischsauce aus Krebsen, Rotwein, Fenchel und einigem anderen, was nicht so leicht zu schmecken war, von begeisternder Intensität. Der anschließende Dorsch – ein exakt gegartes Stück, ein kurzer Fond, kleine Violet-Artischocken und frittierter Sellerie. Schon optisch übersichtlich, klar, einfach. Auch die Wachtel kam wieder mit den regionalen Gemüsen, diesmal vor allem Paprika und Auberginen. Dies war keine Menüfolge, die die Mittelmeerküche nur zitiert hätte. Hier kam kein Lachs mehr vor und keine Barbarie-Ente. Es war ganz und gar die Küchentradition der Côte d'Azur und doch auch nicht, weil sie hier neu erfunden wurde.

Ja, vielleicht ist dieses wirklich meine Lieblingsküche: erstklassige Produkte aus einer sonnenreichen Region am Meer, traditionelle Rezepte, aber ohne die Schwere, die sie in der Hausfrauenküche haben, ohne die ungenauen Garzeiten der Privatküche, Vielfalt, aber keine Addition, sondern Klarheit. Saucen, die nicht alle gleich schmecken, sondern etwas wagen, ohne auf Exzentrik abzuzielen. Maximins Küche ist letztlich schlicht, klar und logisch. Natürlich ist es keine Hausfrauenküche und keine Bistroküche. Das ist immer noch Hochküche, von einem souveränen Koch gestaltet. Maximin schaut sich wirklich am späten Vormittag an, was die Lieferanten gebracht haben, entwirft in ein paar Minuten die Karte und spricht dann mit seinen Köchen durch, wie die Gerichte zubereitet werden sollen. Man hat das Gefühl, er könnte aus dem Kopf Hunderte von Rezepten ohne Vorbereitung realisieren. »Natürlich kann ich das. Freilich hängt alles davon ab, wie viele Gäste es sind. Wenn ich im November weniger Gäste habe, mache ich ganz andere Sachen.« Auf die Weise fehlt bisweilen die letzte Exaktheit, auf diese Weise lassen sich manche Rezepte natürlich auch nicht realisieren, aber es entsteht daraus eine frische, spontane Küche ohne Effekthascherei.

Mein Freund, der mich anläßlich des Ärztekongresses nach Maximins Nummer fragte, hat übrigens noch einen Tisch bekommen. Er ist ein hervorragender Amateurkoch, der angefangen hat wie die meisten guten Amateurköche: mit komplizierten Gerichten von Spitzenköchen für Restaurantküchen, die ihn schon mal das Wochenende kosten konnten. Jetzt steht der teure Profi-Cutter, extra angeschafft für sachgemäße Pastetenherstellung, weitgehend unbenutzt in der Küche und wartet darauf, bisweilen mal alte Brötchen zu Semmelmehl zerkleinern zu dürfen. Seit er wirklich kochen kann, wird gekocht, was sich binnen einer Stunde aus eben auf dem Heimweg in der Markthalle gekauften Produkten herstellen läßt. Täglich, mit Lust und fast immer gut. Dieser Freund, der kein Freund komplizierter Gerichte mehr ist, war noch nie ein Freund großer Worte und großen Lobs. »Na, wie war es denn bei meinem Lieblingskoch?« »Gut, der Mann kocht keine Förz.« »Förz« ist Frankfurterisch. Was es heißt, merken Sie, wenn Sie das Wort mit viel Luft aussprechen.

Der Stolz des Pizzabäckers

Michel Trama

»Wie ich Koch geworden bin? Ganz einfach: Mit achtundzwanzig war ich Kellner in einer ziemlich runtergekommenen Pariser Kneipe. Eines abends kam der Koch nicht, weil er besoffen war. Da mußte ich eben in die Küche und irgend etwas gegen den Hunger verbraten. Ich hatte keine Ahnung vom Metier, aber beschwert hat sich keiner. Na ja, da bin ich eben dabeigeblieben. Ich brauchte einen Job, schließlich hatte ich gerade Maryse geheiratet.« Die Geschichte klingt nach Legende, aber ich wette darauf, daß sie stimmt. Michel Trama kann nämlich schlecht erfinden. Außer in der Küche. »Ich bin kein großer Kommunikator.«

Man möchte natürlich wissen, wie aus diesem ungelernten Aushilfskoch in ein paar Jahren einer der – sagen wir – zehn oder zwölf besten französischen Köche wurde, die außergewöhnliche Geschichte darüber hören, wie spät ein Genie erwachte und von einem großen Meister das Nötige lernte. Fehlanzeige. »Einen wirklichen Lehrer hatte ich nicht. In meinem Alter hätte mich auch niemand als Lehrling genommen. Ich habe mir ein paar Kochbücher gekauft und angefangen, die Rezepte nachzukochen. So schwer ist das nicht, wenn man hart arbeitet.« Aber die Wahl zum »Koch des Jahres« durch Gault & Millau, die Sterne im Michelin, die sind doch nicht vom Himmel gefallen? »Als ich hier 1978 anfing, wußte ich gar nicht, was ein Gastroführer ist und was die Sterne oder Hauben bedeuten.«

Dafür war er ziemlich weit herumgekommen. Kind italienischer Vorfahren, die ersten vierzehn Lebensjahre aufgewachsen in Marokko, dann ein Pariser Gymnasium, anschließend drei Jahre Washington. »Da habe ich Soziologie und Psychologie studiert. Aber geschadet hat es mir nicht.« Rückkehr nach Paris, Studium der Kunst und der Innenarchitektur. Das hat auch nicht geschadet. Später hat es sogar genützt, denn sein Restaurant und sein kleines Hotel gehören zu den geschmackvollsten Frankreichs. Zunächst aber konnte von Nutzen keine Rede sein. Michel Trama interessierte sich mehr für Abenteuer als fürs Studium. Er tauchte, wollte sogar Cousteau bei einer Expedition begleiten. Es zog ihn auch zur Hochseefischerei. Ein Photo zeigt ihn stolz neben seiner Beute, einem überlebensgroßen Schwertfisch. Ein bißchen wie Hemingway. So sieht er heute noch aus, ein großer, stämmiger Macho mit Dreitagebart, viel Muskeln und einer dicken Zigarre im Mund. Er könnte Rubgyspieler sein, die beliebteste Sportart in der Gegend, wo er sich angesiedelt hat. »Dabei ist er ganz schüchtern«, sagt seine Frau Maryse. Sie hat recht. Er ist ein schüchterner großer Junge. Nur unter Freunden oder im Kreise seiner Familie kommen seine Warmherzigkeit und sein verschmitzter Witz zum Vorschein.

Maryse hatte damals wohl auch recht damit, seine Abenteuerlust auf Näherliegendes zu lenken, auf Broterwerb in der Gastronomie. Nichts Nobles zunächst: Kellner, Pizzabäcker, Kaffeeröster, Kneipier in einem Bistro an der Pariser Rue Mouffetard, wo damals noch nicht so viele Touristen waren. 1977 bei einer Ferienreise in den französischen Südwesten machen die Tramas halt in Puymirol, einem winzigen Dörfchen des Départements Lot et Garonne, malerisch auf einem Hügel über dem Tal der Séoune gelegen. Es ist wie viele dieser Dörfer im französischen Süden. Von Ferne sehen sie gut aus wie lauter Mittelalter, aus der Nähe merkt man, daß sie in Schönheit langsam sterben. Der Ort, 1246 vom Grafen von Toulouse gegründet, galt früher als uneinnehmbar. Heute will ihn kaum mehr jemand einnehmen. Eine Kirche gibt es, die viel zu groß ist für den Glauben der verbliebenen Einwohner, eine gleichfalls viel zu große Markthalle, die von großen Messen und Märkten vergangener Jahrhunderte kündet, und einen schönen Brunnen, an dem sich niemand mehr zum Wasserholen trifft. Man kann in die ebenerdigen Fenster der bescheidenen Häuser sehen, erblickt ärmliche Wohnküchen mit alten Frauen am Herd und alten Männern vor dem Fernseher.

Das Schmuckstück von Puymirol ist der befestigte Landsitz des Grafen von Toulouse aus dem 13. Jahrhundert. Der war im Mittelalter ein mächtiger Mann, und wenn er sich einen Landsitz bauen ließ, dann mußte der gut befestigt und luxuriös sein. Damals, als die Tramas ihre Ferienreise machten, war die Bastide von Puymirol eine jener ebenso schönen wie nutzlosen Antiquitäten geworden, die sich im ländlichen Frankreich so reichlich finden. Für einen Appel und ein Ei zu haben, aber mit Aussicht auf nicht enden wollende Renovierungsarbeiten. Die Tramas, die »wie alle Pariser« davon träumten, auf dem Land zu wohnen, boten aus einer spontanen Laune die Hälfte des verlangten Kaufpreises. »Als da der Besitzer überraschend zustimmte, konnten wir nicht zurück.«

»Es sollte nur ein einfacher Landgasthof werden, ehrlich.« An dieser Stelle darf man dann doch aufhören, dem treuherzigen Gesicht von Michel Trama zu glauben, und hört besser auf seine Frau: »Man sieht es ihm nicht an, aber er ist ungeheuer ehrgeizig. Was er macht, macht er ganz.« Zunächst restaurierten sie den heruntergekommenen Grafensitz, die imposante hölzerne Renaissance-Treppe, den hohen Speiseraum mit seinen Bruchsteinwänden und gotischen Spitzbögen. Respekt vor dem Überkommenen, aber keine Spur von Brokat, Plüsch und dem anderen üblichen Edelkitsch. Auch keine Ritterromantik, kein Versuch, den Gästen Theaterdekor zu bieten. Statt dessen Vergangenheit und Gegenwart, unverputzte Steinmauern aus dem Mittelalter und entschieden gegenwärtiges Material in hartem Kontrast in Beziehung gesetzt. Was die Tramas in das alte Gemäuer gestellt haben, ist konsequente Moderne, sparsam und funktional: bequeme schwarze Lederstühle, ein leuchtend blauer Teppich. Dieses Yves-Klein-Blau, die Lieblingsfarbe von Maryse Trama, ist in der Aubergade überall dort, wo Farbe sein muß. Dieses Blau und rote Kirschen, Hommage an den Kirschgarten der Großmutter von Maryse.

Es war (und ist) ein enormes Risiko, in dieser Gegend ein so ehrgeiziges Projekt zu beginnen. Keine Großstadt weit und breit, keine Geschäftskunden. Bordeaux und Toulouse sind jeweils über hundert Kilometer entfernt, die Pyrenäen und der Atlantik noch ein bißchen weiter. Kein Meer also und keine Berge, die Touristen anlocken würden, sondern eine hügelige, fruchtbare Landschaft, gut geeignet für leichte Wanderungen und für Golfplätze. Aber sonst? Im Ort selbst ist nicht einmal genug Kundschaft, um eine kleine Bar zu nähren. Zudem waren die Tramas »keine Leute von hier«, sondern wurden anfänglich mißtrauisch beäugt. Und trotzdem ging es aufwärts mit der Aubergade. Die Führer und die Gastronomiepresse wurden aufmerksam auf den Dilettanten, der den Profis zeigte, daß man nicht fünfzehn Jahre Möhren geschnitzt und sich in der Brigade hochgedient haben muß, um Außerordentliches zu leisten. »Es hat Vorteile, wenn man nicht aus der Zunft kommt. Man muß sich dann nicht erst mühsam von ihren Zwängen befreien, sondern nimmt nur das, was man brauchen kann.« Zehn Jahre später war er dann ganz oben, der ehemalige Pizzabäcker. »Mein Rezept? Es gibt kein Rezept. Höchstens das, was ich in einem chinesischen Sprichwort fand: ›Wenn du einen Berg besteigst und am Gipfel ankommst, mußt du immer noch weiter gehen.‹«

Weiter ging es auch mit dem Plan, für die Restaurantgäste ein kleines Hotel zu bauen. Das Nebengebäude, gleichfalls aus dem Mittelalter, gleichfalls aus dem weißen Bruchstein der Region, gab neun Gästezimmer her, keines wie das andere, aber alle unübersehbar im Stil des Hauses. (Die beiden Erkerzimmer sind besonders schön.) So entstanden auch zwei kleine Innenhöfe, in denen Pinien und Zypressen stehen, Rosen und Lavendel blühen. Im einen kann sommers gegessen werden, im anderen sorgt ein kleiner Pool für Erfrischung. Überlaufen ist es hier nie. Von wem auch? Selbst in der Hochsaison behält der kleine Betrieb seinen familiären Charakter. Maryse und Michel Trama sind überall präsent, ihr ältester Sohn ist der Maître d'Hôtel, die Tochter hilft bisweilen aus. Dazu kommen vier Leute im Service, sechs in der Küche, zwei im Hotel – von der Größe und vom Stil her ein erweiterter Familienbetrieb. »Nur so läßt sich ein solcher Betrieb hier überhaupt führen. Wenn die Personalkosten viel höher wären, müßten wir immer zittern, wenn mal nicht alle Tische besetzt sind.«

Und die Küche bei alledem, die Kochkunst des Michel Trama, die dies alles letztlich trägt? Trama mag sich nicht gern erklären. »Aber lesen Sie doch diesen kleinen Text von Michel Serres über die Aubergade.« Serres ist Mitglied der Académie française, einer der berühmtesten französischen Wissenschaftler der Gegenwart und erklärter Verehrer der Küche von Trama. Serres stellt Trama über alle Pariser Köche, verweist auf die regionale Verwurzelung und die Vielfältigkeit seiner Rezepte, auf die Handwerkskunst, mit der er sie ausführt. Vor allem aber lobt er den Stil Tramas: »die Vermählung der regionalen, bäuerlichen Küche mit einer anderen, futuristischen, unerwarteten«. Das ist klug gesprochen aus unsterblichem Munde. Man könnte es auch so sagen: Trama kocht genauso, wie die Aubergade eingerichtet ist. Das Uralte, aufs Wesentliche reduziert, wird bewahrt, aber zugleich mit resolut Modernem konfrontiert. Der Ehrgeiz ist äußerste Konzentration des Geschmacks. So sein berühmter »Hamburger mit Gänseleber«, die augenzwinkernde Herausforderung der Hochküche an McDonald's. An die Stelle des gummiartigen Brötchens, das das Original auszeichnet, tritt eine große, in der Mitte geteilte und in bestem Gänsefett goldbraun und knusprig gegarte Kartoffel. Darauf eine Scheibe warmer Gänseleber, ihrerseits bedeckt von kleingehackten, separat gegarten Steinpilzen. Obendrauf kommt der braune Kopf eines großen Steinpilzes. Das Gericht stützt sich auf die besten Produkte der Gegend (Trama sucht in der Saison selbst Pilze), bezieht Rustikales ein, ist eine Geschmacksbombe und obendrein schön anzusehen. Tramas Thema kann aber auch ein im Ausgang ganz traditionelles Gericht sein wie der gefüllte Schweinsfuß mit Pilzen: Der »Schweinsfuß« wird aus Teig nachgeformt, in seinem Inneren in winzig kleinen Würfeln das ausgelöste Fleisch und die Pilze. Besser schmeckt Schweinsfuß nirgends. Nach einem ähnlichen Prinzip sind der mit Gänseleber und Linsen gefüllte Taubenschinken und die mit Kohl und Wachtelstücken gefüllte Blätterteigkugel konstruiert: Den Geschmack gibt die Natur, aber die Kombination der Geschmacksnuancen und die Form des Ganzen sind Aufgaben des Kochkünstlers, der sich bei der Kreation alle Freiheiten nimmt außer der, den natürlichen Geschmack zu zerstören. So wäre Tramas Küche dann eine hochkomplizierte, eine manierierte, am Reißbrett entworfene Küche? Das Reißbrett bzw. der Zeichenblock spielen schon eine Rolle. Trama zeichnet seine Gerichte, bevor er über ihre endgültige Form entscheidet. »Ich will allen Sinnen etwas bieten, auch dem Auge.«

Aber er sucht die technische Schwierigkeit nicht um jeden Preis. Wer will, kann auch »Fisch frisch vom Markt, einfach gebraten und mit einem Faden Olivenöl« bestellen. Die Basis dieser Küche ist einfach und mediterran. Zu ihren Glanzstücken gehören ein Risotto mit Meeresfrüchten und ein Hummer mit hauchfeinen Lagen von Lasagneteig. Die Saucen sind kurz, hochkonzentriert und immer ohne Sahne. Trama ist mit Alain Ducasse befreundet.

Nur manchmal geht die Lust am komplizierten Spiel mit ihm durch. So wie bei seiner jüngsten Nachtischkreation »Doppelte Corona mit Würzeis und gepfeffertem Tabakblatt«. Auf dem Teller die Nachbildung einer dicken Zigarre (mit goldener Banderole natürlich), mit Eis gefüllt und von einem feinen, täuschend echt imitierten Tabakblatt aus Schokolade begleitet. Man glaubt ihm sofort, daß er an dieser Kreation jahrelang gearbeitet hat, denn Zigarren sind seine Leidenschaft. Sein Zigarrenschrank dürfte wohl der größte und am besten sortierte sein, der sich in einem Restaurant finden läßt, und er selbst ist sein bester Abnehmer. Nach dem Rezept für die Dessert-Zigarre gefragt, bringt er mit hintergründigem Lächeln drei engbeschriebene Din-A-4-Seiten: »Das Rezept können Sie gern haben – die Corona kriegen Sie nicht hin, auch wenn Sie einen Koch zu Hilfe rufen.« Da schimmert er dann doch durch, der Stolz des Pizzabäckers darauf, daß er alle Schwierigkeiten der Hochküche gemeistert hat.

Der Verrückte von Saint-Etienne

Pierre Gagnaire

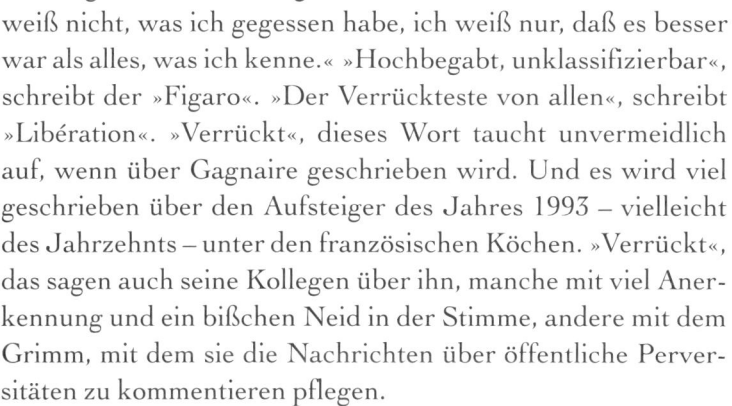

»Einmalig und unvergleichlich« sei Pierre Gagnaires Küche, sagt Paul Bocuse: »Ich weiß nicht, was ich gegessen habe, ich weiß nur, daß es besser war als alles, was ich kenne.« »Hochbegabt, unklassifizierbar«, schreibt der »Figaro«. »Der Verrückteste von allen«, schreibt »Libération«. »Verrückt«, dieses Wort taucht unvermeidlich auf, wenn über Gagnaire geschrieben wird. Und es wird viel geschrieben über den Aufsteiger des Jahres 1993 – vielleicht des Jahrzehnts – unter den französischen Köchen. »Verrückt«, das sagen auch seine Kollegen über ihn, manche mit viel Anerkennung und ein bißchen Neid in der Stimme, andere mit dem Grimm, mit dem sie die Nachrichten über öffentliche Perversitäten zu kommentieren pflegen.

Verrückt muß man sein, wenn man in Krisenzeiten ein wunderbares Luxusrestaurant eröffnet. Dies auch noch in einer recht kleinen Stadt wie Saint-Etienne, die die höchste Arbeitslosenrate in der Region hat. Und die Touristen rauschen auf der fünfzig Kilometer entfernten Rhônetalautobahn vorbei in Richtung Süden. Zudem hat die Region um Lyon große Köche und teure Restaurants zuhauf: Troisgros, Chapel, Bocuse. Pierre, den Verrückten, hat das nicht davon abgehalten, seinen Traum zu verwirklichen: die Wiederbelebung einer zum Lager heruntergekommenen Art-déco-Villa aus der »guten« Zeit von Saint-Etienne, als die Industrialisierung noch Reichtum garantierte. Tausend Quadratmeter, davon ein Drittel Küche. Der junge Marcelo Julia, Träger des Großen Europäischen Architekturpreises, hat die Pläne geliefert, den gläsernen Eingang hat François Seigneur gestaltet, der auch den französischen Pavillon auf der Weltausstellung in Sevilla konzipierte; das Pariser Studio Narço entwarf u. a. bizarre, aber bequeme Sessel, Scott Scagermann blies die verspielten bunten Lüster, Zitate alter Murano-Entwürfe. Die Art-déco-Substanz wurde nicht nur gewahrt (zum Beispiel die Treppenhäuser), sondern ins rechte Licht gesetzt, zugleich aber resolut auf die Moderne bezogen, wozu auch lokale Künstler beitrugen, von denen Gagnaire viele zu seinen Freunden zählt. Das Ganze ist hinreißend, ist durchgestaltet vom vielfarbigen Stucco veneziano bis zu den Wasserhähnen auf der Toilette, aber dennoch weder museal noch einfach nur modisch, sondern frech, witzig und zum Wohlfühlen. »Gerade vierzig geworden, wollte ich eine neue Seite aufschlagen, weiß, glatt und schön, wie ein Schüler, der eine neue Arbeit anfängt und sie besonders gut machen möchte.«

Der Raum, den Gagnaire für seine Gäste geschaffen hat, verrät schon viel über seine Küche: Gagnaire ist entschieden anders als die anderen, weit entfernt vom behäbigen Antiquitätenstil. Gagnaire betreibt Gastronomie als Gesamtkunstwerk, nicht nur als Kochhandwerk. Gagnaire ist ein Fanatiker der Perfektion. Und er ist jemand, der nach seiner eigenen Zeitrechnung arbeitet, sich nicht um Standortlogik und Krisenangst kümmert, sondern seine Umgebung mit seiner Leidenschaft zu gewinnen versucht. Und zu gewinnen versteht er. Die Kritiker vom Gault & Millau haben ihm im neuen Restaurant sofort die Höchstnote 19,5 gegeben. Damit war vielleicht zu rechnen. Aber daß ihm gegen alle Gewohnheit der solide, vorsichtige Michelin, der herausragende Köche wie Michel Bras oder Roellinger seit Jahren auf die höchsten Ehren warten läßt, auf Anhieb drei Sterne gab, das war eine noch nie dagewesene Sensation. Man kann sich denken, welches Argument den Ausschlag gegeben hat.: »Dieser Mensch wird nie gehobenes Mittelmaß abliefern. Der kann nicht anders, als immer die Perfektion zu suchen.«

★ ★ ★

Auf den ersten Blick hat Pierre Gagnaire, als er mir in der Eingangshalle seines Hauses entgegenkommt, nichts besonders Beeindruckendes. Kein Yuppie, auch keiner, der den großen Chef vorzeigen muß, kein Medienroutinier. Ein großer, schlanker, sehr jung wirkender Bursche mit rundem Gesicht und langer, blonder Tolle. Charmant, herzlich, sanft. Natürlich stehe er für das vereinbarte Gespräch bereit, aber es mache mir doch nichts aus, ihn vorher kurz zu einem Abschiedsschluck mit dem Personal zu begleiten, das nächste Woche in die Sommerpause gehe? Es macht mir nichts aus. Sechsunddreißig meist sehr junge Männer, etwa zur Hälfte Köche und Kellner, warten im Personalkeller auf den Chef. Daß er der Chef ist, daran bleibt kein Zweifel. »Ich sehe Küche als Teamwork. Die Einteilung in Brigaden hat zwar einen funktionellen Sinn, aber der Geist der Armee, der so lange in der Küche herrschte, erschlägt die Selbständigkeit und Arbeitslust. Aber dennoch muß klar sein, wer bestimmt, sonst kann ein Haus keinen Stil entwickeln.« Ein gemütlicher Chef ist er nicht. Er scheint selbst hier ständig in Bewegung, stößt die Worte schnell hervor, redet nicht mit der blumigen Rhetorik, die das Französische für solche Anlässe bereitstellt. Ein paar Flaschen Champagner werden ausgeschenkt. Gagnaire macht ein saures Gesicht dabei. Schluß, die Arbeit wartet. Kaum sitzen wir wieder oben im Büro, bestellt der Chef den Sommelier – und explodiert. »Der Champagner war viel zu warm. Wie konnte das nur passieren?« und nochmals: »Viel zu warm, verstehen Sie?« Der Getränkekellner zieht den Kopf ein und stottert dann entschuldigend, es sei ja schließlich nur für das Personal gewesen, da sei es nicht so schlimm. Die Entschuldigung bringt Gagnaire nur noch mehr auf. »Wer sich selbst nicht achtet, kann auch andere nicht achten. Wenn sich schon die Profis mit Nachlässigkeit zufriedengeben, dann geht das Haus bald unter.« Er meint das mit dem Untergang völlig ernst, jedenfalls in diesem Moment. Während der Sommelier abzieht, donnert es immer noch über seinem Haupt. Warum er nicht gleich gesagt habe, daß der Champagner zu warm sei? »Man darf nichts durchgehen lassen, aber man sollte auch niemanden vor den Kollegen demütigen, wie ich das in meiner Lehrzeit immer wieder erleben mußte. Angst ist kein guter Koch, ebensowenig wie Nachlässigkeit.« Ein Pâtisserielehrling kommt und zeigt Gagnaire eine dekorativ verpackte Schachtel mit Petits fours, die ein Kunde für eine häusliche Einladung bestellt habe. Gagnaire bemängelt die Verpackung, öffnet die Schachtel, stellt mit einem Blick fest, daß es nicht die Mischung ist, die er angeordnet hatte. Wieder eine gute Entschuldigung. Wieder Donner und diesmal auch Blitze. Sanft ist Gagnaire nur auf den ersten Blick. Bei der Arbeit aber ist er ein anderer Mensch: schnell bis zur Hektik, fordernd, auch und vor allem sich selbst antreibend, die Augen überall. Hier begreift man seinen Erfolg. Er ist einer, der sich um alles kümmert, der sich und anderen nicht den geringsten Fehler durchgehen läßt, der täglich fünfzehn Stunden kämpft gegen Trägheit, Nachlässigkeit, Routine, als ginge es um sein Leben. Es geht um das Leben, so wie er es versteht.

Zwischendrein wird er von Gästen verlangt. Repräsentanten eines großen Reiseveranstalters versuchen, ihn für ein Schaukochen auf Tahiti zu gewinnen. Fahrt für zwei Personen, ein hübscher Urlaub, ein großzügiges Honorar winken. Die Arbeit werde natürlich von lokalen Kräften gemacht, es gehe vor allem um die werbewirksame Anwesenheit des neuen

Küchenstars. Gagnaires Gesicht verfinstert sich. Dann kommt ein entschiedenes, beinahe trotziges Nein. »Meine Frau hat keine Zeit. Die arbeitet als Anästhesistin im Krankenhaus. Und ich habe doch gar keine Beziehung zu Tahiti, kenne weder die Produkte noch die Küche. Jede Geschichte braucht einen echten Kern, Schaukochen mag ich nicht. Entschuldigen Sie mich, ich muß in die Küche.«

Gagnaire kommt immer schnell auf den Punkt. Und ist offen. »Entscheidend für mich waren die Erfahrungen im elterlichen Restaurant. Man hat mich als Ältesten hineingezwungen, mir schon als Kind die weiße Jacke angezogen und mir einen Deckel auf den Kopf getan. Ich habe dort gründlich mein Handwerk gelernt, aber in einer Küche ohne Lust, ohne Leidenschaft. Mit fünfundzwanzig bin ich im Krach geschieden und habe dann besessen daran gearbeitet, zu beweisen, daß Kochen Liebe, Geselligkeit, Witz ausstrahlen kann, wenn man sich freimacht von Routine, Denkverboten, falschen Traditionen, wenn man sich öffnet gegenüber der Welt und gegenüber den anderen Künsten.«

Berühmte Lehrmeister? »Keine. Vielleicht war das auch ganz gut so.« »Wen ich bewundere? Sigmund Freud, zum Beispiel.« Köche? Die Antwort kommt zögernd. »Girardet vielleicht. Aber es gibt wenige, deren Küche eine Geschichte erzählt.« Welche Geschichte denn seine Küche erzähle? »Das müssen Sie schon selbst ausprobieren, selbst schmecken und eine Sprache dafür finden. Die Gastrokritiker begnügen sich viel zu häufig damit, einfach Rezepte nachzuerzählen.« Das hätte im Falle von Gagnaire wirklich wenig Sinn. Er hat jedenfalls keine Klassiker. »Ein Rezept langweilt mich schon, wenn ich es zehnmal realisiert habe.« Er experimentiert systematisch, entwickelt Rezepte, aber er schafft auch aus dem augenblicklichen Einfall heraus und bringt zum Schrecken der Mitarbeiter häufig alles durcheinander. Ich habe im Abstand von drei Monaten zweimal das große Menü gegessen, die Visitenkarte des Hauses. Es wiederholte sich keine einzige der fünfzehn Speisen. Alle, auch die *amuse-gueules*, sind außerordentlich, doch keineswegs gleichmäßig gut. Aber das sichere Gleichmaß ist auch kein Ziel dieser Küche.

Der Stil läßt sich dennoch bezeichnen. Er ist weit entfernt vom klassischen Repertoiretheater der Hochküche. Natürlich ist das auch keine reif gewordene Nouvelle cuisine, obgleich sie etwas vom Geist aus deren Gründungszeit hat. Aber es ist auch keine veredelte, überarbeitete Regionalküche. Dazu sind schon die regionalen Traditionen in einer Gegend wie Saint-Etienne nicht ausgeprägt genug. Es ist eine Küche der Vielfalt. Gagnaire ist besessen von der Vielfalt. Vielfalt der Produkte (bis zu achtzig verschiedene pro Menü) und der Techniken. Ziel ist nicht, ein Produkt klar ins Zentrum zu setzen und Beilagen zuzuordnen, sondern ein Konzert verschiedener Produkte zu organisieren. Konzert, das wäre vielleicht das richtige Wort, obgleich die Teller optisch eher Malerpaletten ähneln. Konzert mit großem Orchester, Gagnaires Kochlöffel der Taktstock. Konzert der Aromen, der Texturen, der Farben. Ins Konzert ist alles einbezogen. Die Teller zuallererst (zehn verschiedene Sorten), der Wein natürlich, Raum, Licht, die ganze Villa. Entscheidend ist, daß es Gagnaire nicht auf die perfekte Harmonie ankommt, sondern auf die Spannung. Gagnaire liebt Jazzmusik und moderne Malerei. Das Problem dabei ist sein spezifisches Material. Disharmonien oder beziehungslose Additionen zu weit auseinanderliegender Geschmacksnoten, das schmeckt nicht. Gagnaires Küche braucht Genauigkeit als Gegenelement zur Vielfalt, sie braucht Virtuosität: »Wenn ich eine Woche lang keine Kasserolle in der Hand gehabt habe, werde ich schlechter. Wie ein Pianist, der nicht täglich übt.«

Zum Beispiel die »Poissons bleus du Lamparo«: Hering, Sardine und Anchovis. Die Anchovis werden mit Zitronenstreifen und Lorbeer zehn Stunden eingelegt und dann zu einer Art Tapenade verarbeitet, einer köstlichen Paste, die Gagnaire in ein Salatblatt rollt. Der Hering wird in gesalzener Butter pochiert und kurz vor dem optimalen Garpunkt beiseite gestellt. Dazu eine sehr kurze Reduktion von Schalotten, Wein, Tomatensaft, mit Butter aufgeschlagen. Auf den bläulich-transparenten Meeresgrund des Tellers kommt ein kleiner Gemüsesalat aus Erbsen und Bohnenwürfeln (in der Sauce ist Balsamico und Anchoviöl). Im letzten Moment wird der Hering im Dampfofen fertiggegart, während die Sardinen mit einem Faden Olivenöl unter dem Grill liegen. Dann kommt die knusprige Sardine auf den geschmeidigen Hering, das Ganze zum Salat, die Reduktion dazu – fertig. So etwas liebt Gagnaire: Drei verwandte Fische, die eher als ordinär gelten, werden kombiniert, aber jeder auf seine Weise gegart. Nordseeküche kontrastiert mit Mittelmeerküche, Sahne mit Olivenöl. Das Rohe (Salat) kontrastiert mit dem Gekochten (der Reduktion); das Knusprige (Sardine) mit dem Weichen (Hering und Anchovis). Das verlangt lange Vorbereitung und große Schnelligkeit im Moment der Fertigstellung. Solche Schwierigkeiten hat Gagnaire gerne. Mir sind sie egal. Aber das Resultat nicht.

Grenzüberschreitungen reizen Gagnaire immer. Etwa die zum Exotischen: Der gegrillte Sankt-Peters-Fisch wird mit indonesischem Basilikum, Trockentomaten, gegrillten Mandeln und einer Mousse aus Fenchel und Kerbel serviert. Die Jakobsmuscheln in einer perlenden Zitronenmilch, dazu zusammen mit Birnen eingelegte Schwarzwurzeln; die Entenleber in einer Bouillon aus Artischocken und Pampelmuse, dazu Hühnermagen mit Koriander. Auch an der heimischen Küchentradition interessiert Gagnaire das Ungewöhnliche: Hahnenkämme, dazu ein winziger Nierenspieß, ein kleiner Hühnerleberkuchen mit Kastanienhonig. Freilich gibt es auch traditionelle

Gerichte auf der Karte. Meine vier Nachbarn am Nebentisch bekamen gefülltes, trüffelgespicktes Bresse-Huhn, einfach sanft und lange mit Sellerie im eigenen Saft geschmort. Der Duft war unwiderstehlich. Beim nächsten Mal wird die Karte ganz anders aussehen. Die Handschrift aber wird bleiben, die »Geschichte«, die in immer neuen Varianten erzählt wird.

Will man sie auf Begriffe bringen, dann gehört der des Risikos dazu. Gagnaires Küche hat sich wie unsere Gesellschaft insgesamt frei gemacht von vielen Traditionen. Sie ist entschieden modern zu einer Zeit, wo gerade auf kulinarischem Gebiet die Tendenz zum guten Alten geht. Und die Hochküche braucht Erneuerung, sonst erstarrt die Zunft unter den Händen von fähigen, aber furchtsam-konventionellen Meistern. Und sie braucht Leidenschaft, gepaart mit Vitalität und Professionalität. Die hat Gagnaire für zehn. Seit den Tagen, als Senderens im Archestrate und Guérard in Asnières die Küche neu erfanden, hat keiner so besessen versucht, kulinarisch Neuland zu erschließen. Gagnaires Küche ist Autorenküche in dem Sinne, wie man vom Autorenfilm sprach. Einstweilen undenkbar, ihn am Herd zu ersetzen, wie das in den Küchen der Stars üblich ist. Schnelligkeit gehört gleichfalls unverzichtbar zu Gagnaires Geschichte. »Träumen, vor allem handeln, so viele Ideen wie möglich entwickeln, ohne Zeit zu verlieren. Das ist meine Definition von Modernität.« Zur Bezeichnung von Gagnaires Stil ist endlich einmal ein Wort am Platz, das so häufig für Secondhand-Ideen mißbraucht wird: Kreativität.

Als ich Gagnaires Restaurant verließ und mein Bedauern andeutete, daß es in Saint-Etienne kein Hotel gibt, das auch nur halbwegs das Niveau von Gagnaires Küche hätte, kam die Antwort prompt: »Ich weiß. Schreiben Sie es nicht, aber ich habe schon ein Objekt im Auge, in dem sich ein wunderbares Hotel unterbringen ließe. Die Pläne für die Renovierung habe ich schon im Kopf. Aber es fehlt mir einstweilen der Bankier, der mir das Geld gibt.«

★ ★ ★

Ja, der Bankier. Am 1. Februar 1996 stand in der Zeitung, was vorher schon gemunkelt wurde: Pierre Gagnaire hat seinen Bankrott erklärt. Auch hier war er der erste. Der erste Chef eines Drei-Sterne-Restaurants, der pleite ging. Bankrott des Versuchs, in einer mittleren Stadt in ökonomischen Schwierigkeiten eine akrobatische, phantasieorientierte Hochküche zu machen. Plötzlich war das Restaurant in der Art-déco-Villa gegenüber der Halle der Antiquitätengeschäfte selbst wieder Antiquität geworden statt Versprechen einer Verbindung des Alten mit dem Zukünftigen. Gagnaires Ehrgeiz war gewesen, das unvereinbar Scheinende zusammenzubringen, die Pfifferlinge und die Pfirsiche, die Eier und die Auster, Saint-Etienne und moderne Hochküche. Was ihm *in* der Küche häufig gelang, gelang ihm *mit* der Küche nicht. »Der letzte Dezember war wegen der Streiks eine Katastrophe, und einen bedeutenden Asienvertrag mußten wir wegen der französischen Atombombenversuche abschreiben. Das hat uns fünfhunderttausend Francs gekostet. Und uns fehlen nur vierhunderttausend Francs zum Überleben. Aber ich will auch nicht mehr. Es erscheint mir einfach nicht mehr möglich, hier auf Dauer zu machen, was ich machen möchte. Man könnte hier auch keine Haute Couture machen. Nehmen Sie nur die Situation der Hotellerie. Außerhalb von Paris haben alle Spitzenrestaurants unterdes ein angegliedertes Hotel gleichen Niveaus. Die Gäste wollen nicht einfach nur gut essen. Und ausländische Gäste kommen ohnehin überhaupt nicht in die Stadt. Am Ende habe ich versucht, dem Restaurant durch die geplante Eröffnung eines Bistros eine etwas breitere Basis zu geben. Aber das ist auch eine sehr unsichere Strategie. Sicher ist nur, daß es am Anfang erhebliche Investitionen bedeutet.«

»Dabei liebe ich Saint-Etienne. Hier habe ich meine Wurzeln, meine Familie, meine Freunde. Seit ich sechsundzwanzig Jahre alt bin, kämpfe ich dafür, hier bleiben zu können. Ich habe alle Angebote von außerhalb abgeschlagen, zum Beispiel die Leitung des Grand Véfour in Paris.« Eine gewisse Bitterkeit ist nicht zu überhören. »Die Stadt hat nichts getan, um mir zu helfen.« Er meint die lokale Wirtschaft, vor allem aber die Stadtverwaltung. Die Stadtverwaltung wußte natürlich, was sie verlieren würde. Auch in Saint-Etienne hat ein Drei-Sterne-Restaurant hohe symbolische Bedeutung. Der Bürgermeister erklärte, er wolle einen runden Tisch mit allen Betroffenen organisieren, um zu sehen, was sich machen ließe. Aber selbst mit Bankgarantien helfen wollte man nicht. In einer notleidenden Region mit hoher Arbeitslosigkeit ein Luxusrestaurant zu subventionieren, das ist selbst in Frankreich politisch prekär. Subventionen für die Spielzeuge der Reichen, Suppenküche für die Sozialhilfeempfänger? Das bringt keine Wählerstimmen. »Ich wollte keine Subventionen, ich brauchte Garantien und Unterstützung. Man hat hier so vieles subventioniert, was seine Zeit gehabt hat, aber den Blick für die Zukunft hat man nicht. Mein Restaurant war ein Versuch, hier, wo alles allmählich einschläft, einen Weg in die Zukunft zu realisieren. Ich werde etwas anderes finden, Angebote habe ich genug. Aber was machen meine Angestellten? Sind ihre Arbeitsplätze nichts wert, nur weil sie bei der Arbeit einen Smoking tragen?« Ob er nicht einfach die falsche Küche mache in dieser Zeit, wo man Angst vor dem Neuen habe? »Völlig falsch. Veyrat hat seine Gäste, obgleich er viermal höher verschuldet ist als ich. Und sogar Michel Bras im abgelegenen Laguiole kann existieren.« So ganz falsch war es wohl doch nicht. Sechs Monate nach diesem Gespräch geriet Veyrats Restaurant finanziell ins Schlingern. Aber der fand einen Bankier, der länger stillhielt ...

Ein Jahr später war Pierre Gagnaire wieder da. Wer ihn je bei der Arbeit gesehen hat, der wußte es. Gagnaire hält es ohne Herd sowenig aus wie Pollini ohne Piano.

Jetzt hat er also wieder ein Restaurant und stürzt sich zweimal am Tag in die Arbeit wie ein Süchtiger. Der Ehrgeiz ist ungebrochen, hat sich aber mit mehr ökonomischer Vernunft verbunden. Das fängt schon damit an, daß er das französische Gesetz akzeptiert hat, daß man sich in Paris ansiedeln muß, wenn man in Frankreich Erfolg haben will. Das neue Restaurant liegt im Untergeschoß des Hôtel Balzac nahe den Champs-Elysées im vornehmen 8. Arrondissement, wo sich auch die meisten Pariser Luxushotels und die Geschäftskunden aus aller Welt finden. Der Weg die Pariser Prachtstraße hinauf zum neuen Restaurant hat wenig gemein mit dem Weg vom Bahnhof von Saint-Etienne zum früheren »Pierre Gagnaire«. In Saint-Etienne heißen die Straßen gerne Rue du Repos (Straße der Ruhe) oder Rue de l'Eternité (Straße der Ewigkeit). Auch Gagnaire, der Einzelkämpfer, ist also bei einem großen Hotel untergekrochen. Freilich nicht als Angestellter. Das Restaurant sei völlig selbständig. Aber Genaueres will er nicht sagen. Er sagt nur, daß ihm Jacques Fournier, der Chef der großen Handelskette Carrefour, geholfen habe, seinen neuen Herd zu finden. Die Hochküche, je künstlerischer und zugleich ökonomisch unattraktiver sie wird, bedarf des Mäzenatentums, zumindest der Unterstützung mächtiger Geldgeber. Vermutlich wollte Monsieur Fournier einfach seinen Lieblingskoch in der Nähe haben. Das rechnet sich dann schon. Schließlich hat Gagnaire einen guten Namen, wenn auch wenig Geld. Carrefour hat keineswegs einen so edlen Namen, aber viel, viel mehr Geld. Das lohnt sich publizistisch, selbst wenn Gagnaire nicht persönlich in der Werbung auftaucht.

Das Restaurant war von Anfang an ein Erfolg, obgleich Gagnaire seine Sterne zurückgegeben hatte und wieder neu anfing. Die Sterne gelten immer der Küche eines bestimmten Hauses unter einem bestimmten Küchenchef. Geht der Chef in ein neues Haus, muß er sie sich erst wieder neu verdienen, ebenso sein Nachfolger im Restaurant, das er verlassen hat – wenn es denn einen gibt. Für den Erfolg gibt es ein sicheres Kriterium: die Schwierigkeit, einen Platz zu bekommen. Bei einer kurzfristigen Reise nach Paris war nichts, aber auch gar nichts zu machen. »Zwei bis drei Wochen sind wir ausgebucht«, sagte die Dame am Telephon. Beim nächsten Mal versuchte ich es beim Chef persönlich. Er weiß, daß ich seine Küche mag. Zumeist jedenfalls. Und trotzdem war er gequält. »Ich weiß wirklich nicht, wo ich einen Tisch für Sie finden soll. Aber ich mache Ihnen etwas an der Bar.« Zum Glück hat dann doch noch jemand abgesagt.

Das neue Restaurant ist weniger schön als die Villa von Saint-Etienne, aber gleichfalls mit zeitgenössischer Inneneinrichtung. Helle, gelackte Holzwände, in die die Innenarchitektin Michèle Halard auf verschiedenen Ebenen eines einzigen Raumes die Tische untergebracht hat. Als Dekoration moderne Kunst, von Alechinsky zum Beispiel. Der Maître d'Hôtel ist der gleiche geblieben, die Ehefrau auch und Pierre Gagnaire allemal. Die lange, ins Gesicht fallende blonde Locke, die blauen, unruhigen Augen, das bleiche Gesicht, der schlanke Körper – alles unverändert. Jemand, der so schnell, so umtriebig ist, kann selbst als Koch kein Fett ansetzen, höchstens einen Herzinfarkt bekommen. Alles ist ein bißchen kleiner als in Saint-Etienne: nur fünfundvierzig Plätze, nur sechs Köche, eine kleinere Weinkarte.

Und das Angebot ist diversifiziert. Der Stadtneurotiker kann mittags an der Bar ein kleines Menü um zweihundert Francs haben und dann eilig zu neuen Geschäften aufbrechen. Für vierhundertfünfzig Francs (mittags) bzw. vierhundertachtzig Francs (abends) gibt es ein Menü »Tradition« (jawohl!) mit Gerichten, deren Namen französischen Essern seit der Kindheit geläufig über die Zunge gehen, aber mit einer technischen Raffinesse zubereitet, von der Großmutter keine Ahnung hatte. So ein reiches Gericht aus Innereien: Hahnenkamm, Hühnerleber und Lammbries mit Gänseleber. Aber lassen wir uns nicht täuschen: So richtig in seinem Element ist Gagnaire mit dem großen Degustationsmenü, bei dem seine Kreativität explodiert wie eh und je, wo er experimentiert mit allem, was Meer und Erde hergeben, gleich, ob es Made in France ist, versetzt mit Kräutern und Gewürzen, die die geduldigen Kellner auch den einheimischen Gästen erläutern müssen. Wir hatten nach einer Kaskade winziger *amuse-gueules* knackige Jakobsmuscheln mit Salzkruste und einer grünen Rahmsuppe mit Seeigelfleisch, danach »Bouillon« von kleinen pfeffrigen Artischocken, begleitet von einer Fischmousse aus Saibling, ein Süßwasserfisch, den man vor allem in den Alpenseen findet. Es folgte ein dickes Stück von blauem Hummer, mit Zitronelle gebraten, von chinesischen Pilzen und grüner Mango begleitet. Danach noch einmal Meeresfrüchte in der Pfanne, mit »lange geräucherter« Schweinebrust gegart und mit ihrem Saft serviert, der mit Pistazien aromatisiert war. Unser Tischnachbar, dessen Unmut von Gang zu Gang gewachsen war, ließ das Gericht wegen Ungenießbarkeit in die Küche zurückgehen und zeigte uns eine Karte, auf die er »3/20« geschrieben hatte. Das bezieht sich auf das französische Notensystem und bedeutet so etwas wie sechs minus. Schließlich Lammnüßchen »einfach gegrillt«, das Lammbries auf Zwiebelmus und dazu ein Küchlein aus getrüffeltem Maismehl. Natürlich gab es auch eine ordentliche, wenn auch in der Auswahl nicht überragende Käseplatte und mehrere Nachtischzubereitungen. Gagnaires Zusammenstellungen hat man garantiert nicht schon in drei anderen Spitzenrestaurants gegessen. Auch nicht vor zwei Jahren bei ihm selbst. Tomate mit Meeresspinne und frischen Mandeln – wie häufig haben Sie schon Meeresspinne gegessen? Oder Berbérie-Gewürzmischung, die in den Taubenbauch gesteckt wird? Sie müssen sie nicht unbedingt kennen. Bekannt ist sie nur in Eritrea. Aber natürlich sollten Sie wissen, wo Eritrea liegt. Saibling wird unter anderem mit einer Champignonbouillon serviert, die mit Café und Lakritz versetzt ist. Den Teller mit Tomate und Meeresspinne fand ich von überraschendem Wohlgeschmack, so daß sofort die Frage auftauchte, warum da vorher noch keiner drauf gekommen ist; den Saibling, der einen wunderbar feinen Geschmack hat, fand ich durch Kreativität verdorben, denn man schmeckte die Spuren von Lakritz doch recht deutlich. Ich habe schon als Kind nie Lakritz gemocht und gegen Glasmurmeln getauscht, wenn ich eine Rolle geschenkt bekommen hatte. Meine Frau hingegen fand schon als Kind Lakritz lecker und war glücklich, daß hier endlich mal jemand wagte, im Nobelrestaurant etwas Abweichendes zu machen. So geht es wohl allen Gästen bei Gagnaire. Man wird mit immer neuen Zusammenstellungen eher rarer Produkte aus aller Welt konfrontiert und findet die einen wunderbar, die anderen schockierend. Manche Gäste finden alles gut. Deren Geschmack würde ich nicht trauen. Das sind die gleichen, die früher in der Wohngemeinschaftsküche dem bürgerlichen Vorurteil entgegentraten, daß man an eine Seezunge keine ganze Knolle rohen Koblauch geben sollte, Erdbeeren gern mit Thymian würzten und heute in der Werbung tätig sind. Manche finden alles schlecht, denn sie wollen in einem Hochküchenrestaurant das essen, was es schon bei Großmutter gab, nur dekorativer angerichtet und mit reichlich Trüffel und Gänseleber dabei. Indifferent jedenfalls kann man in Gagnaires Restaurant kaum bleiben.

Am 3. März 1998 stand in der Zeitung, Gagnaire habe in Paris den dritten Stern zurückgewonnen, der ihm auf dem Weg von Saint-Etienne in die Hauptstadt abhanden gekommen war.

Sterne am Hut, Kräuter in der Sauce

Marc Veyrat

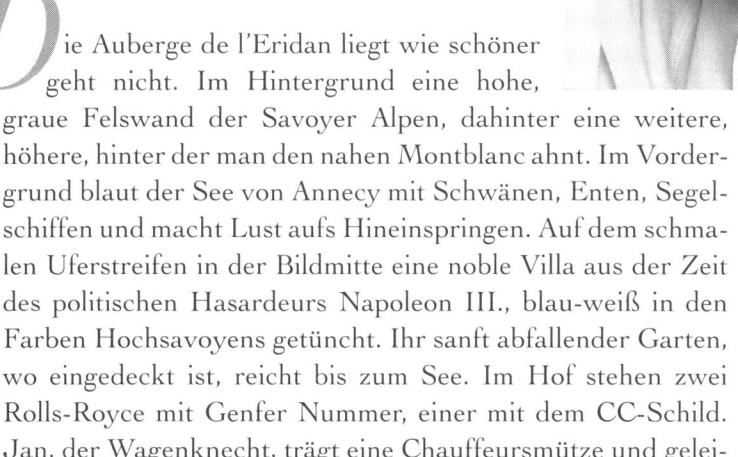

Die Auberge de l'Eridan liegt wie schöner geht nicht. Im Hintergrund eine hohe, graue Felswand der Savoyer Alpen, dahinter eine weitere, höhere, hinter der man den nahen Montblanc ahnt. Im Vordergrund blaut der See von Annecy mit Schwänen, Enten, Segelschiffen und macht Lust aufs Hineinspringen. Auf dem schmalen Uferstreifen in der Bildmitte eine noble Villa aus der Zeit des politischen Hasardeurs Napoleon III., blau-weiß in den Farben Hochsavoyens getüncht. Ihr sanft abfallender Garten, wo eingedeckt ist, reicht bis zum See. Im Hof stehen zwei Rolls-Royce mit Genfer Nummer, einer mit dem CC-Schild. Jan, der Wagenknecht, trägt eine Chauffeursmütze und geleitet ins Foyer.

Auch dort sieht es alpenländisch-nobel aus. Was ja ein Widerspruch ist, denn alpenländisch heißt eigentlich: bäuerlich. Die Alpen waren kein Wohnort des Bürgertums und noch weniger des Adels. Und Luxuslokale sind kein Ort der Bauern. Aber mit dem allmählichen Verschwinden der alpinen Landwirtschaft, dem Verschwinden der lokalen Schreiner und Schnitzer wird das, was einmal alltäglich war, nun auch Teil des Luxus, denn es ist inzwischen rar. Rar und alt. Es verkörpert etwas, das für Geld nicht unmittelbar zu haben ist: Tradition, regionale Wurzeln. Die Gäste, die hier eintreten, sind wohlhäbig. Aber Geld schert sich nicht um Tradition. Gerade deswegen suchen diejenigen, die reichlich davon haben, in ihrer Freizeit eben das, was Tradition verkörpert. Die Holzschnitzereien hier sind nicht funktional, sondern dekoratives Zitat. Funktional ist der Fahrstuhl, mit blitzendem Edelstahl verkleidet, funktional ist der Computer, der die Reservierungen gespeichert hat. Später sehe ich auf Photos, daß dieses Haus nach dem Umbau zum Restaurant zunächst im Stil Louis XV. möbliert war. Der vornehm-höfische Rokokostil gilt im Land der Revolution immer noch als Gipfel des Noblen. Aber die Gäste, die hierherkamen, suchten eine andere Art von Noblesse. Nach kurzer Zeit kam der teure Irrtum aus falschen Antiquitäten auf den Müll. Daß hier ein Ort des Luxus ist, kann heute auch mit Bauerninterieur gezeigt werden.

Das einzige, was nicht in den luxuriösen Rahmen des Vestibüls passen will, ist ein quadratmetergroßes Portrait von einem Mann mit Schlapphut, verwegen aussehend wie einst Belmondo in »Außer Atem«, nur statt der Gauloise ein blühendes Alpenkraut zwischen den Lippen. Das ist er, Marc Veyrat, der Hausherr. Marc Veyrat, der umstrittenste Koch Frankreichs, der Kräuterkoch, der Schlapphutkoch. Ohne diesen Hut sieht man Veyrat nie. Er ist ihm, was den anderen Chefs die weiße Kochmütze ist. Veyrat, der Koch mit dem eigenen Kopf.

Veyrat hat seine Lebensgeschichte schon oft erzählt, gern auch im Fernsehen. Angefangen mit dem verbeulten Hut. Er ist die Kopfbedeckung der savoyardischen Hirten und Bergbauern, ihr Schutz gegen Regen und Kälte. Veyrat kommt aus den Bergen, aus dem Weiler Manigod in 1800 Meter Höhe, wo seine Familie in der elften Generation auf ihrem Bauernhof lebt. Hier, zwanzig Kilometer über dem Luxusufer des Lac d'Annecy, ist die Natur wild, reich, aber auch feindlich und kalt, das Leben hart und intensiv. Hier sind die Golfplätze noch Wiesen, hier riecht es nach Schafen und Kühen, nach Mist, nach Heu, hier sind die Holzscheite nicht für die Touristen gestapelt, sondern für den eigenen Herd, hier schlachtet man selbst, räuchert selbst, backt das Brot selbst, fabriziert eigenen Käse. Nicht als Hobby, sondern aus Notwendigkeit.

Veyrats Vater fand, was alle Väter finden: Der Sohn soll es besser haben. Also steckte er ihn, obwohl er selbst eine Art antiklerikaler Bergpeppone ist, in eine Klosterschule unten im Tal. Sohnemann zündete den Lehrern die Kutten an und flog von der Schule. Danach suchte ihm der Vater nacheinander drei Lehrstellen als Koch. Der böse Bube flog wieder raus. Und wieder. Als er neunzehn war, kehrte er mit katastrophaler Sozialprognose zurück nach Manigod und wurde Hirte. Mit Hut. »Den trug er natürlich auch, weil er den Frauen imponieren wollte«, sagt sein Freund Papy.

Zehn Jahre lang, zwischen dem 19. und 29. Lebensjahr, war Marc nichts als Hirte. Er hatte seine Freiheit und seine Viecher, aber sonst nichts. Romantisch ist das nur für diejenigen, die in den Städten leben. Die Schäferidyllen, die im 17. Jahrhundert zu einer literarischen Gattung wurden, stammen von städtischen Adeligen, die das einfache Leben spielten. Schäferspiele eben. Veyrat hingegen lebte hoch oben auf dem Berg ganz unten auf der Sozialleiter. Wer nicht reich geerbt hat, nichts lernen und sich nicht anpassen will, landet weit unten. Das ist eine soziologische Binsenweisheit. Was nützt es da, wenn man die Bergkräuter kennt und weiß, wie sie schmecken. Das wissen die Schafe auch.

In einem Alter, in dem die großen Köche meist schon berühmt sind, machte Veyrat in seiner abgelegenen Schäferei ein Bistro auf. Nicht eben originell. Auch die Mutter hatte schon Gastzimmer für die Jäger angeboten und abends für sie gekocht. Marc kochte so, wie er es von Mutter und Großmutter gelernt hatte, kochte mit dem, was es dort oben eben gibt. Ganz normal. Aber ganz normal war er nie. Deshalb lernte der Autodidakt ohne Hauptschulabschluß und Gesellenbrief zweitausend Rezepte auswendig, vor allem die des kreativsten Kochs der siebziger Jahre, die von Michel Guérard. Aber was soll man damit auf dem Berg? Guérard hatte in Paris Karriere gemacht und dann in einem erheirateten riesigen Anwesen Luxuskundschaft bekocht. In Manigod gab es keine Luxuskundschaft. Es gab, realistisch betrachtet, überhaupt keine Kundschaft, sondern Natur, und davon reichlich.

Also mußte Veyrat ins Exil, ins Tal, dorthin, wo die Touristen sind. Wer erfolgreich sein will, muß mobil sein. Leicht fiel ihm die Entscheidung nicht. Für die zwanzig Kilometer ließ er sich zehn Jahre Zeit. Aber als sich überraschend ein Käufer für die Schäferei fand, verkaufte er und eröffnete mit dem Geld in Annecy ein kleines Restaurant. Er machte sofort Furore, denn das, was er kochte, war unerhört, unerschmeckt, wenn man so sagen könnte. Während die Restaurants, die ihn einst als Lehrling gefeuert hatten, im überkommenen Stil langweilig weiterschmurgelten, bot Veyrat eine Kombination von Produkten vom Berg und Avantgardeküche im Stile Guérards. 1986 heftet ihm der Michelin den ersten Stern an den Hut, 1987 den zweiten, 1990 wurde er vom Gault & Millau zum Koch des Jahres gewählt. Veyrat war plötzlich berühmt, eine lokale Größe in einer Region, in der sonst eigentlich nur der Montblanc einen Namen hat.

Es fehlte der dritte Stern von Michelin, die definitive Erhebung in den kulinarischen Adelsstand. Dazu gehört unabdingbar ein nobler Rahmen. Natürlich steht das nirgendwo geschrieben. Der französische Michelin-Chef beteuert sogar, er würde gern einmal ein bescheidenes Bistro mit außerordentlicher Küche mit drei Sternen auszeichnen. Aber das ist scheinheilig. Hochküche geht nicht ohne wohlhabende Kundschaft. Und die will den teuren Wein nicht aus Preßglasballons trinken oder sich den Mund mit Papierservietten abwischen. Also kaufte Veyrat auf Pump eine Prachtvilla am See, richtete elf luxuriöse Zimmer ein, kaufte Silber, Kristall, riesige Teller, für jeden Gang andere. Das Zimmer Nr. 7 ist mit Seeblick, Kamin und Massagebad für tausendfünfhundert zu haben. Tausendfünfhundert Mark wohlgemerkt. Am Ende seiner gastronomischen Hochrüstung war Veyrat der am höchsten verschuldete Küchenchef Frankreichs. 320 000 Francs muß er jeden Monat an die Banken zahlen, dazu die Gehälter der circa fünfzig Angestellten, dazu das Material – so etwas kann eigentlich nicht gutgehen. Man muß das nur einmal rechnerisch auf jeden Gast umlegen. Wenn da an einem Abend der Speisesaal nur halb voll ist, verliert das Haus mehr Geld, als ein Hirte im Jahr verdient. Und der Speiseraum präsentiert sich häufiger mal schwach besetzt. Die Sommersaison ist kurz. Wintertouristen kommen kaum. Annecy ist keine Großstadt. Wo sollen da die Gäste herkommen? Aber 1995 erhält Veyrat den dritten Stern. Er soll geweint haben.

Seinen Hut verwandelte Veyrat mit schlitzohriger Geschicklichkeit in ein international bekanntes Logo. Der Hut wird in den USA verkauft, der Hut erschien auf dem Titel des ersten Veyrat-Kochbuchs, der Hut wandert auf Kräutersuche durch die Almwiesen, die Fernsehteams hinterher. Der Hut wird auf die Weingläser graviert. Überall Hut.

Im September 1996 droht die Pleite. Zahlungsunfähigkeit. Fast jeder andere hätte Bankrott gemacht. Aber Veyrat schafft es, mit einer Chuzpe, die man sonst nur von Frankfurter Bauunternehmern kennt, den Gerichtsvollzieher wie die Banken hinzuhalten. Er geht in die Öffentlichkeit, klagt das Bankensystem an, klagt alle an, nur nicht sich selbst. »Er ist ein untypischer Partner mit einer sehr persönlichen Vorstellung von Betriebsführung, die sich von der banküblichen erheblich unterscheidet«, formuliert würdig Alain Roges, der Direktor der Volksbank Hochsavoyens. Die Wirtin des Hôtel du Parc, wo wir untergekommen sind, weil wir uns die Zimmer bei Veyrat nicht leisten können, sagt es einfacher: »Der Marc, wenn der fünf Centimes hat, gibt er zehn aus.« Da ist Mißbilligung in der Stimme, aber auch Anerkennung für diesen Bengel, der es allen zeigt, sogar denen von der Bank.

Größenwahn kann hinreißend sein. Jedenfalls schafft es Veyrat, daß umgeschuldet wird und er weitermachen kann. Seine Fast-Pleite löst eine Diskussion zwischen den großen Chefs der französischen Küche aus und spaltet sie gründlich. Robuchon und Ducasse, ökonomisch gesehen leitende Angestellte von Fürsten und Immobiliengesellschaften, weisen öffentlich darauf hin, daß Veyrat nicht rechnen kann, daß ihm der Hauptschulabschluß, die prominenten Meister und die solide Ausbildung fehlen. Hinter Veyrat stellen sich die unterdes etablierten Rebellen der siebziger Jahre – Michel Guérard, Alain Senderens, Marc Meneau – und die avantgardistischen Köche unter seinen Zeitgenossen: Gagnaire, Roellinger, der junge Troisgros, Lorain ... Es folgen Petitionen, öffentliche Unterschriftensammlungen, ein Krieg der Zeitungskolumnisten. Veyrat schafft es, sich zum Symbol französischer Hochküche zu stilisieren, seine mögliche Pleite als französische Kulturschande zu verkaufen. Am Ende bekommt er die Peanuts, die ihm fehlen. Aber wenn er fünf Peanuts hat, gibt er bekanntlich zehn aus ...

Der Mann, der da als quadratmetergroße Ikone seiner selbst im Foyer seines Hauses prangt, hat also zweifellos eine spannende Lebensgeschichte. Aber ist er auch ein großer Koch? »Kräuterteeküche ist eine Modeerscheinung«, hatte Bocuse nach einem Besuch bei Veyrat gesagt. Ich muß gestehen, daß ich mir keineswegs sicher war, ob mich Gutes erwartete. Avantgardismus kann in der Kochkunst zu befremdlichen Resultaten führen. Die Geschmacksnerven auf der Zunge sind nun mal konservativ. Gattungsgeschichtlich soll das damit zu tun haben, daß man sich die Kochkunst einverleibt, was bekanntlich im Gegensatz zum Blick auf ein schlechtes Gemälde zum Tode führen kann. Anders gesagt: Wenn Filzhutträger Joseph Beuys ranzige Butter zu Kunst verarbeitet, so ist das weniger störend, als wenn ein filzhuttragender Koch Ungenießbares auf den Teller legt. Außerdem hatte mich die notorische Selbstdarstellungslust Veyrats mißtrauisch gemacht. Man weiß doch, wie gerne die Medien das Neue haben...

Das erste *amuse-gueule* löste die Hälfte des Mißtrauens schon in Wohlgeschmack auf. Eine Tartiflette, ein lokaler Klassiker aus Kartoffeln, Sahne, Schinken und Reblochon. Ein Traum von Kartoffelküchlein, wunderbar ausgewogen, wenn auch nicht leicht. Danach Schnecken (zarte Schnecken, nicht die üblichen Gummibällchen) in einer Kräutersauce. Aha, Kräutersauce. Nicht schlecht, leicht säuerlich von Sauerampfer, aber auch nicht umwerfend für einen Frankfurter, der seine Grüne Sauce kennt. Als Vorspeise dann ein erster Klassiker des Hauses, »Ravioli ohne Teig«. Auf dem riesigen Teller drei fünfmarkstückgroße Scheiben Gemüse: Karotte mit Schafgarbe, wildem Majoran und Pimpernell, Rübchen mit einer Scheibe schwarzem Trüffel, Polenta mit Epprich, eine Art wildem Sellerie. »Das erste ist eine Erinnerung an die vergessenen einfachen Genüsse, das zweite eine Kombination von arm und reich, das dritte eine Hommage an die Bauern Savoyens, die dieses Gericht noch essen«, wird uns Veyrat später erklären. Schmeckt trotzdem gut. Danach Felchen aus dem See vor der Tür, ein großes Filet, auf den Punkt genau gegart. Dazu Nelkenwurzsauce. Die schmeckt nach Gewürznelke und getrockneten Steinpilzen, ist aber nicht so lecker, daß man unbedingt mehr haben müßte als die Spurenelemente am Tellerrand. Ganz leise rührt sich die verbliebene Hälfte des Mißtrauens.

Begeisternd ist die Präsentation der Gerichte. Die großzügig dimensionierten Teller sind farbig auf die Gerichte abgestimmt, deren Bestandteile zu Stilleben arrangiert sind: blauer Teller, rosafarbener Fisch, ein Klecks gelbe Sauce und daneben eine grün-rote Mohnblume. Die Varianten erscheinen unendlich. Eßbare Kunst auf dem Teller, großflächige Abstraktionen ganz aus Geschmack. Es erinnert an die Schaufensterdekorationen von Luxusläden. Wenig, aber sorgfältigst komponiert. Nur wer wenig hat, muß viel zeigen. Aber wenig ist es hier nicht. Es scheint nur so wegen der großen Teller.

Und dann fällt der Strom aus. »Er hätte die Stromrechnung doch besser bezahlen sollen«, witzelt es auf englisch am Nebentisch. Aber der Strom ist im ganzen Stadtviertel ausgefallen. Auf der Terrasse sehen die Kerzen malerisch aus, aber wie wird es in der Küche zugehen? Nach dreißig Minuten taucht aus dem Halbdunkel ein großer schwarzer Hut auf. Der Meister entschuldigt sich bei den Gästen. »Er sieht irgendwie abgefuckt aus«, sagt meine vierzehnjährige Tochter und holt sich einen strengen Verweis. Aber ein bißchen recht hat sie schon. Da kommt kein weißgestärkter Strahlemann wie sonst in derlei Lokalen, sondern ein finster dreinblickender Mensch, der eben noch in der Küche geschwitzt hat, angetan mit schmuckloser weißer Kochjacke ohne Namensstickerei, Trikolore und was sonst so üblich ist auf der Brust großer Köche. Veyrat ist so wütend, daß ihn die Gäste trösten müssen statt umgekehrt. »Kann doch mal passieren.« »Darf nicht passieren«, grollt er und gibt dann zum besten, was er von der französischen Elektrizitätsgesellschaft, von Schlamperei, von Frankreich und von der Welt überhaupt hält. Man merkt, der Herr ist Perfektionist. Und Choleriker. Immer noch im Kerzenschein wird nach einer Stunde allen Gästen eine warme Gänseleber als nahrhafte Entschuldigung aufgetragen. Sie schmeckt nach Weihnachtsgebäck, sehr. Ich finde, Gänseleber sollte nicht nach Weihnachtsgebäck schmecken. Als Hauptgang dann Bresse-Hühnchen mit Eisenkrautemulsion. Witzig, paßt gut. Und für mich Kalbsnieren mit Enziangeschmack. Ich finde, Kalbsnieren sollten nicht nach Enzian schmecken. Die Käseplatte ist sensationell. Die Sorbets werden vom Kellner albern mit der Aufforderung aufgetragen, man möge raten, womit sie aromatisiert sind. Wer »Sellerie, Himbeere, Eukalyptus« sagt, hat gewonnen. Bei der Crème brûlée lautet hingegen die richtige Antwort: Lavendel, Chicorée, Eisenkraut. Es will gar nicht aufhören mit der Nachtischkaskade. Immer neue Einfälle stoßen statt auf Hunger auf wachsende Skepsis. Zwischenbilanz: teils, teils. Teils großartig, teils daneben.

Am nächsten Abend ist die Stromversorgung tadellos. Die Sonne geht für die Gäste spektakulär im See unter, die Schwäne recken majestätisch die Hälse, und rechts im Baumhaus versucht Veyrats dreizehnjähriger Sohn mit einigen Kumpels zwei Mädchen zu imponieren. Da hat Vater ihm noch einige Übung voraus. Wo Veyrat ihn wohl hinsteckt, damit er es mal besser hat als seine Vorfahren? Ob er wohl ein böser Bube werden wird? Das Menü beginnt mit zweierlei Gänseleber. Die eine kalt als Pastete mit Feigenmus, die andere warm – wieder mit den Weihnachtsgebäckgewürzen. Aber seltsamerweise schmeckt es diesmal anders. Fein, ausbalanciert, ohne den Geschmack der Leber oder des Weins zu überdecken. Veyrats Küche ist subtil, störungsanfällig, schwer nachzukochen. Bei Kerzenschein eine Gewürzprise zuviel, und das Gericht ist verdorben. Wer auf Butter und Sahne weitgehend verzichtet, bietet Geschmack gleichsam nackt. Ein Hauch zuviel, und die Grenze zwischen wohlschmeckend und grob ist überschritten. Als Fisch kommt diesmal ein Saibling aus dem See. Rosa, fein, ebenfalls fast nackt auf einem durchsichtigen Glasteller. Schön anzusehen. Die Sauce ist eine leichte, sehr leichte Beurre blanc auf Basis von Gemüsebrühe. Der leicht nussige Geschmack, der gut zum Saibling paßt, kommt vom Klatschmohn. Doch, man kann großartige Saucen auch mit wenig Butter herstellen. Es hätte ruhig ein wenig mehr sein dürfen...

Dann das Lamm. Die zartesten Lammkoteletts meines Lebens mit einer leichten Feldthymiansauce. Vielleicht lag es am Fleisch – Hirten kennen sich da aus –, vielleicht auch an der Zubereitung: Veyrat gart das Fleisch auf einem Feldthymianbett in einem fest verschlossenen Topf bei 270 Grad. Ein großartiger Koch jedenfalls. Nicht einfach ein Neuerer, ein Kreativer auf dem Gebiet, wo meist das gute Alte zählt, sondern einer, der hat, was alle wirklich großen Köche haben: das Gefühl für das Würzen, das Ausbalancieren subtiler Geschmacksnuancen. Nur die Desserts verraten wieder die Gefahren dieser überbordenden Kreativität: zu viele, zu maneriert, zu stark gewürzt. In der kalten Zitrusfruchtsuppe ist zuviel Fenchel, die Crèmes brûlées schmecken auch am zweiten Tag nicht überzeugender. Am besten sind noch die variantenreichen Schokoladenzubereitungen.

★ ★ ★

Es ist schwierig, einen Gesprächstermin mit Veyrat zu vereinbaren. Dabei ist er immer irgendwo im Haus. Nachts um halb zwei war er noch im Restaurant, am nächsten Morgen um zehn ist er schon wieder da. »Dabei war er heute am frühen Morgen schon in den Bergen«, sagt Hervé, der Oberkellner, »Kräuter sammeln.« »Ich dachte, da fährt er nur noch hin, wenn ein Fernsehteam dabei ist.« »O nein, Monsieur, da täuschen Sie sich. Er ist doch der einzige, der die Kräuter kennt.« Jan, der Wagenknecht, hat ihn gegen neun aus den Bergen zurückkommen sehen. Mit Kräutern natürlich, mit Brot von Cousin Jean Veyrat, mit Reblochon von Cousin Simon Veyrat. Savoyardische Vetternwirtschaft. »Sie sollten unbedingt einmal mit Herrn Veyrat in die Berge fahren. Da oben ist er ein glücklicher Mensch. Mit jedem Höhenmeter wird seine Laune besser. Wann er schläft? Ich glaube, in der Hauptsaison fast gar nicht. Er ist ein Besessener.« Die Angestellten, die Kellner sind von ausgesuchter Höflichkeit. Auch Hervé ist ein Besessener, der nur für das Restaurant lebt. In den Ferien besucht er auf eigene Kosten andere Spitzenrestaurants, um noch etwas dazuzulernen. Veyrat wirkt gegen ihn wie ein Rüpel, wie ein Rumpelstilzchen vom Berg.

Veyrat ist der Anti-Ducasse. Ducasse ist ein wohlorganisierter Koch-Manager, der zu entwerfen und zu delegieren versteht. Veyrat ein Charismatiker, der seine Leute mitreißt. Seine Küche funktioniert nur, wenn er selbst da ist, wenn er mit nacktem Oberkörper in der Küche tobt. Autorenküche. Ein Selfmademan in des Wortes ganzer Bedeutung. Natürlich schnitzt er die Karotten nicht selbst. Und wenn er unterwegs ist, dann bekommt der siebenundzwanzigjährige Manu, sein Sous-Chef, die Sache auch mal alleine hin. Aber trotzdem ist alles, alles darauf angelegt, daß er da ist, daß er tobt, dirigiert, anspornt, lobt, vormacht. Alle fürchten seinen Hang zum Chaos. Auf dem Computerbildschirm seiner Rezeptionistin läuft im Standby der deutsche Text: »Was uns nicht umbringt, macht uns nur noch härter.« Als ich sie darum bitte, mir eine alte Speisekarte zu besorgen, macht sie ein verlegenes Gesicht und sagt: »Die hat Monsieur Veyrat.« »Können Sie ihn nicht fragen?« »Doch, doch. Aber wissen Sie, Monsieur Veyrat hat seine eigene Vorstellung von Ordnung.« Monsieur Veyrat hat von allem eine eigene Vorstellung. Und dennoch lieben die Angestellten ihn. Als er zahlungsunfähig war, haben sie heimlich ihre Sparkonten geplündert, um ihm aus der Patsche zu helfen. Ich kannte die Geschichte und habe sie für einen PR-Gag gehalten. Sie stimmt. Es waren genau 162 500 Francs.

An Termine hält Veyrat sich nicht gern. Und als dann unser Gespräch schließlich zustande kommt, beginnt er mit Journalistenschelte. »Ich hasse Euch Journalisten. Ihr sucht doch immer das Haar in der Suppe. Ich hasse diese Geldgesellschaft. Und ich sage das in aller Öffentlichkeit. Ich stand letztes Jahr vor dem Nichts. Wer einmal vor dem Nichts stand, der hat keine Angst mehr. Ich sage immer, was ich denke.« Der Anfang ist vielversprechend. Sonst sind Interviews mit Köchen meist langweilig. Sie sagen gern, daß sie immer alles frisch auf dem Markt kaufen, immer selbst am Herd stehen, und sind sonst höflich oder stumm. Ob da nicht ein Widerspruch sei zwischen dem Haß auf die Geldgesellschaft und seiner Kundschaft? Er explodiert. Das sei auch so ein Vorurteil. Dabei kämen immer mehr einfache Leute aus den Betrieben um Annecy zu ihm, die sich einmal das Vergnügen eines großen Essens gönnen würden. Schließlich biete er ein Menü für knapp vierhundert Francs.

Was er erzählt, ist natürlich Quatsch mit Sauce. In Wirklichkeit kommt man auch bei Wahl eines bescheidenen unter den happig kalkulierten Weinen keineswegs mit weniger als dreihundert Mark aus. Und meine Tischnachbarn waren keine savoyardischen Arbeiter, sondern amerikanische Kaufleute und afrikanische Diplomaten. Aber Veyrat glaubt, was er sagt. Er glaubt es wenigstens in dem Moment, in dem er es sagt. Das ist wohl sein Geheimnis: Er glaubt sich. Und so kann er die seltsamsten Widersprüche in sich vereinen. Er stamme aus einer alten linksradikalen Familie, sagt er stolz – und zugleich verteidigt er sein Unternehmertum als einzig mögliche freie Existenz. »Ducasse, das ist doch nur ein Angestellter.« Er besucht regelmäßig das Fest der kommunistischen Zeitung »Humanité« und bekennt zugleich, bei den letzten Wahlen habe er für Chirac gestimmt. »Jospin ist ein Protestant. Wie hätte ich denn als Franzose für einen Protestanten stimmen können? Natürlich bin ich nicht gläubig, aber das spielt doch gar keine Rolle.« Das Gerede von Robuchon über eine nationale französische Küche findet er hingegen lächerlich. Überhaupt die Fahnen. »Nächstes Jahr lasse ich meinen Köchen die Trikolore unten an den Hosenaufschlag nähen.« Zugleich ist er fest davon überzeugt, mit seiner Küche französische Identität zu verteidigen. »Und was sind dagegen die Banken, was tun die für Frankreich?« Frankreich verliere sein Gesicht, wenn die Fast-food-Restaurants die Bistros verdrängen. Zugleich bildet er Köche der Sodexa aus, des größten Kantinenlieferanten der Welt. Ein großer Junge, der geliebt werden will als böser Bube – und zugleich ein Schlitzohr, von unschätzbarem Wert für die lokale Ökonomie, vor allem die der vielen Vettern.

Simon Veyrat macht oben in Manigod den savoyardischen Reblochon nach den traditionellen Bauernrezepten. Diese Reblochons unter der feuchten, ockerfarbigen Außenhaut sind mächtige Geschmacksbomben, reich an Aroma, fett, stark wie ein Epoisses und dennoch fein. Aber wer würde davon wissen, wenn dieser Käse nicht auf der überbordenden Käseplatte der Auberge de l'Eridan angeboten würde? Oder das Brot von Jean Veyrat, dem Bäcker. Jean Veyrat backt sein Brot noch im Holzkohleofen. Kein vornehmes weißes Baguette-Brot, sondern dicke Laibe mit goldbrauner Kruste und dunklem Teig. Bauernbrot im ursprünglichen Sinne, Bauernbrot, das vor wenigen Jahren noch keinen Platz in der französischen Hochküche hatte und jetzt stolz und mächtig auf dem Brotwagen von Veyrats Restaurant liegt. Der Räucherschinken kommt ausnahmsweise nicht von einem Cousin, sondern von Freunden, von Le Gaulois und Daniel Viret. Er stammt von einheimischen Schweinen, freilaufend aufgewachsen, vor Ort geschlachtet, in einem riesigen Ofen geräuchert und nur mit Salz, Pfeffer, Bärlauch und Wacholder aromatisiert. Das Paradox ist: Nur dadurch, daß wohlhabende Städter diese ursprünglich bäuerlichen Genüsse in einem Luxusrestaurant entdecken, kann sich die lokale Produktion auf traditionelle Art halten.

Der Marc Veyrat, der da vor uns sitzt, präsentiert sich nicht als sympathischer Mensch. Er ist schroff, angespannt, widersprüchlich, ohne Verbindlichkeit und Gelassenheit. Er reißt das Gespräch an sich, liebt Gedankensprünge und hat immer recht.

Man versteht, warum er nur Freunde oder Feinde hat. Seine Feinde sagen gern, er sei finster. Seine Augen jedenfalls lachen selten mit, wenn die Mundwinkel sich nach oben ziehen. Das Kinn mit dem Grübchen in der Mitte bleibt immer vorgereckt. Diese Physiognomie will nicht so recht passen zu dem, was er sagt: »Ich bin ein glücklicher Mensch, der glücklichste Koch Frankreichs. Ich habe keinerlei Probleme.« Vielleicht doch ein paar klitzekleine, wie wir alle? »Irgendwann, ziemlich bald, gehe ich zurück in die Berge. Ich bin kein Mann des Seeufers.«

Da ist er wieder, der Berg. Ob wir mitkommen könnten auf den Berg, zur Kräutersuche und zu den Vettern? »Von mir aus. Wenn Sie früh aufstehen wollen und gut zu Fuß sind, treffen wir uns morgen früh um fünf vor der Hoteltür.« Hervé hört zu und schaut bedenklich. »Monsieur Veyrat ändert manchmal spontan seine Pläne.« Aber er ist da, morgens um fünf. Natürlich mit Hut. Ein wunderbarer Sommertag kündigt sich an. Wie immer bei solchen Gelegenheiten nehme ich mir vor, in Zukunft häufiger so früh aufzustehen. Aber dann müßte man auch früher ins Bett gehen. Veyrat war nicht früh ins Bett gegangen. Trotzdem ist er in Form. »Das frühe Aufstehen haben mir die Schafe beigebracht.« Im offenen Geländewagen mit Enzianlackierung kurven wir hinauf nach Manigod. Die Touristenwelt weit unter uns. Veyrat in Holzfällerhemd und Fellweste pfeift vor sich hin. Wir halten an einem ziemlich steilen Hang. Der Meister steigt ziemlich rasch die Wiese hinauf, um zu zeigen, daß er der Schnellste ist. Er zeigt gern, daß er der Beste und Schnellste ist. Und natürlich der beste Kräuterkenner. Der mißratene Schüler spielt mit Vergnügen den strengen Lehrer. Er pflückt Kräuter, zerreibt sie zwischen den Fingern und hält sie uns unter die Nase. »Na, was ist das?« Strenge Lehrer wecken Ehrgeiz, Erinnerungen an Mutters Garten und den Biologieunterricht von Herrn Oberstudienrat Päpke. Ich erkenne den Senf, die Wildkarotte, den Fenchel, den meine

Mutter an die eingelegten Gurken gab, das Sternkraut, die Brennessel natürlich, den Löwenzahn, den Bärlauch, die Vogelbeere, die Rauke, den Sauerampfer. Manches erkennt man am Aussehen, vieles am Geruch. Der Lehrer ist erstaunt, aber nicht zufrieden. Freilich bin ich mit meinem Latein bald am Ende. Apropos Latein. Der zum unbarmherzigen Lehrer gewandelte Schulschwänzer macht mich zum listigen Schüler. Ich behaupte, die Pflanzen zu kennen, aber nicht ihre französischen Namen, sondern nur die lateinischen. Den langen Hang hinauf erfinde ich lateinische Namen für mir unbekannte Pflanzen. Veyrat ist beeindruckt. Nach einer Viertelstunde ahnt er den Trick und lacht zum erstenmal richtig: »Ich glaube, Sie haben mich beschissen. Beim nächsten Mal nehmen wir Francis Couplan mit. Der kennt alle Pflanzen mit Namen, besser als ich.« Besser als Veyrat? Sollte es da hinter den sieben Bergen in der Schweiz jemanden geben, der vieltausendmal besser wäre als der König von Manigod? »Na ja, er kennt die Namen, aber ich kenne den Geschmack und kann ihn nutzen. Kochen kann er nicht so gut.« Die Welt ist wieder in Ordnung.

Veyrat hat im letzten Jahr ein Kräuterkochbuch mit Francis Couplan veröffentlicht. Couplan ist Botaniker mit allen akademischen Ehren und einer der wenigen Menschen, von denen Veyrat mit großem Respekt spricht. Bevor er ihn kennenlernte, hat er fünfundzwanzig Jahre über eßbare und ungenießbare Pflanzen geforscht, eine dreibändige Enzyklopädie der eßbaren Pflanzen in Europa sowie einen Führer genießbarer Wildpflanzen veröffentlicht. Die beiden mußten sich finden. Der eine wußte alles über Pflanzen, der andere wußte etwas Eßbares daraus zu machen. Couplan klassifiziert freilich nicht nur Pflanzen, sondern hat auch untersucht, wie unterschiedlich die Menschen in der Vergangenheit mit ihnen umgegangen sind: Wir kultivieren heute zwanzig bis dreißig Gemüse und Kräuter. Dabei gibt es in Europa etwa zwölftausend Pflanzensorten, von denen unsere Vorfahren in den verschiedenen Epochen mehr als zwölfhundert gegessen haben. Erst ab dem 17. Jahrhundert geriet mit der kulturellen Dominanz des Hofes über die bäuerliche Lebensweise das Sammeln von Wildpflanzen in Mißkredit, wurde zur Geheimwissenschaft der Kräuterhexen und Naturheiler. Löwenzahn zum Beispiel verwandelte sich vom geschätzten Salat zum Unkraut (»es gibt kein Unkraut, es gibt nur genießbare und ungenießbare Pflanzen«), das den englischen Rasen der Vorgärten zerstörte, die Brennessel kam nicht mehr in die Suppe, sondern fiel dem Unkraut-Ex zum Opfer. Die französische Hochküche des 20. Jahrhunderts ließ unter den Kräutern eigentlich nur den Estragon gelten. Lorbeer, Thymian und Petersilie mußten möglichst unbemerkt im Bouquet garni dienen. Rosmarin, Basilikum, auch Salbei kamen in den letzten Jahren mit dem Vordringen der Mittelmeerküche hinzu. Aber das ist es dann auch schon, von Schnittlauch und Kresse vielleicht abgesehen. Die vollen Gewürzregale in den Hausfrauen- oder Wohngemeinschaftsküchen suggerieren eine Vielfalt, die längst verschwunden ist. Das vertrocknete Zeugs in den Gläsern schmeckt zuallererst nach Heu. Der Geschmack von Pimpernell, Borretsch, Sauerampfer, den unsere Großeltern noch kannten, ist exotisch geworden. Wer wüßte noch zu sagen, daß Borretsch einen Hauch von Jod aufweist, der gut zu Austern paßt? Wer wagt sich an eine Suppe von Gänsefuß und jungen Tannenzapfen, die Veyrat als Delikatesse lobt? Wer könnte sagen, daß Nelkenwurz der trockenen Gewürznelke an Feinheit und Aroma weit überlegen ist, so daß man ihn mit Steinpilzen vermählen kann? Wer wüßte um die Verwandtschaft zwischen Bärlauch und Knoblauch? Veyrat hat die Küchenwelt nicht neu erfunden, sondern er ist, wie die meisten Revolutionäre, in vieler Hinsicht Traditionalist. Seine Küche erneuert, indem sie zu den Ursprüngen zurückgeht, zum vollen Geschmack der wilden Pflanzen und Kräuter. Nicht die Verwendung von Pastinak, Schafgarbe und Bärwurz ist das Entscheidende, sondern der Unterschied zwischen den Wildkarotten, die er am Berg sammelt, und unseren Zuchtkarotten, der Unterschied zwischen den winzig kleinen, aromatischen Blättern der Rauke, die hier oben wächst, und der Zuchtrauke, die in deutschen Gemüsegeschäften Mode ist. Der Salbei hier auf der Wiese ist anders als der, den es zu kaufen gibt, der wilde Thymian schmeckt anders als der gezüchtete. Die Gerichte, die aus den Pflanzen entstehen, die Veyrat in seinen Korb gibt, sind häufig sehr einfach. Den Oregano mischt er unter das cremige Rührei, die Schafgabe gibt er zu Muscheln, die Wiesenschwarzwurzeln vermählt er mit Reblochon, die Hopfensprossen mit den Crêpes.

Nachzukochen ist diese Küche freilich nicht leicht, auch nicht mit dem Kochbuch von Veyrat/Couplan. Man muß nicht nur Pflanzen und Kräuter kennen, die giftigen von den genießbaren unterscheiden, man muß wissen, ob man die Wurzeln, die Blätter, die Stengel, die Samen sammeln sollte, muß wissen, zu welcher Jahreszeit sie blühen und reifen, wie man sie pflückt, konserviert, wie sie sich beim Kochen verhalten. Und dann braucht man eine Bergwiese, möglichst eine wie die, auf der wir stehen.

Veyrat ist glänzender Laune. Er erzählt Familiengeschichten. Zum Beispiel die, wie sein Großvater in Manigod eine Kneipe eröffnet hat und deshalb ein kleiner Krieg mit dem Dorfpriester ausbrach, der die Lasterhöhle nicht dulden wollte. Vor allem hat er wohl gute Laune, weil er uns begeistert hat für das, was ihn begeistert. Und weil das so ist, muß der Geländewagen noch ein paar hundert Höhenmeter hinaufklettern, auf daß auch unsere Begeisterung noch weiter steige. Dann »ein kleines Stück« Fußmarsch, der erst nach einer halben Stunde endet. Wir sind auf 1920 Höhenmetern. Während unten am See Veyrats Hotelgäste das beste Frühstück ihres

Lebens serviert bekommen, zeigt er uns seinen Traum. »Ist das nicht wunderbar?« Wunderbar ist, zugegeben, die Lage. Ringsum Wald. In der Ferne glänzt der Montblanc, im Vordergrund zackt sich die Aravis-Kette in den blauen Himmel. Veyrat freilich meint die alte Holzhütte, die im Moment alles andere als großartig ist. Aber zu Großem ausersehen. »Hier wird mein neues Restaurant entstehen.« »Nein, kein Bistro. Ein Feinschmeckerrestaurant natürlich.« Ein Mann, der 320 000 Francs monatlich an die Bank zahlen muß, um seinem Restaurant am See das Überleben zu sichern, plant ein Hochküchenrestaurant an einer Stelle, die bis jetzt nur die Murmeltiere und die Wildschweine kennen. Ein Verrückter, besessen von der Idee der triumphalen Rückkehr aus dem Exil unten im Tal. Der Prophet, der vom Berge kam, um die Seinen zu finden, will nun, daß sie ihm folgen. In die Heimat. Aber im Mercedes und mit goldenen Scheckkarten.

Einstweilen sind sie noch im Tal und lassen sich die Kräuter bringen. Was Veyrat mit seinen Pflanzen in der Küche macht, ist weit entfernt von grobschlächtigem grünen Fundamentalismus. Er inszeniert die Vermählung alt/neuer Produkte mit den raffinierten Techniken der französischen Hochküche. Freilich in überarbeiteter, radikal modernisierter Form. Die hat er allerdings nicht erfunden, sondern von Guérard gelernt und für seine Zwecke modifiziert. Das Grundprinzip ist der möglichst weitgehende Verzicht auf Butter, Öl, Fleischfonds und Sahne, auf die Ingredienzen also, die die traditionellen französischen Saucen »rund« machen, ihnen zugleich Bindung und Harmonie verleihen. Häufig genug aber auch Schwere, die dem Geschmack der Produkte nicht immer guttut und dem Magen schon lange nicht. Veyrat macht keine Diätküche. Wer bei ihm speist, gabelt sich allemal mehr als tausend Kalorien in den Magen, und sei es auch nur mit der Gänseleber oder dem Reblochon. Nein, es geht ihm darum, Geschmack so rein, so pur wie möglich zu präsentieren und zu kombinieren. Die Verwendung von Gemüsebrühen statt der Fonds, das Prinzip des Aufbrühens und die Bindung durch den Mixer spielen dabei eine zentrale Rolle. Um den Saucen den Kräutergeschmack mitzugeben, gießt er die Kräuter mit kochendem Wasser auf und läßt sie ziehen – das Prinzip des Kräutertees. Um sie »rund« zu machen, kommt Gemüsebrühe dazu, in der Wein, Suppengemüse und das klassische Bouquet garni verarbeitet sind. Gemüsebrühe und natürlich auch Kalbsjus. Bindung und Sämigkeit kommen auf diese Weise freilich nicht zustande. Dazu bedarf es dann doch zumeist sorgfältig dosierter Mengen an Butter oder Crème oder Öl und eines Mixers. Mit dem Mixer wird aufgeschäumt und dem Ganzen eine Fülle verliehen, die wesentlich von der untergemixten Luft kommt. Solche Saucen sind nicht nur von ihrer Konsistenz her sehr fragil. Was die Zunge als mißlungen oder unharmonisch empfindet, wird durch keinen sanften Wohlgeschmack von Butter oder Eiern gedämpft. Man mag es, oder man mag es nicht. Dazwischen ist wenig. Solche Küchentechnik, von der hier nur die Grundzüge angedeutet sind, eignet sich nicht für alle Produkte. Kohl zum Beispiel wird man auf diese Weise kaum schmackhaft bekommen. In jedem Falle aber ist sie aufwendig. Nichts ist leichter, als eine Sauce mit eingekochter Sahne zu binden. Schweres Material wird durch aufwendige Arbeit ersetzt. Nein, billig kann die Küche nicht sein, die hier praktiziert wird.

Wir verabreden für den letzten Abend ein kleines Menü. Eigentlich nur einen Kartoffelbrei. »Der ist viel besser als der berühmte von Robuchon«, grinst Veyrat. Als wir zu Tisch gehen, kommt doch wieder Einfall um Einfall, Teller um Teller. Oberkellner Hervé ist betreten. »Ich weiß, Sie wollten nur den Kartoffelbrei probieren. Aber Monsieur Veyrat hält es schlecht aus, wenn die Gäste wenig essen. Er glaubt dann, er sei ein schlechter Gastgeber. Vor ein paar Monaten hat hier eine berühmte, sehr zierliche Schauspielerin eine halbe Portion Saibling zurückgehen lassen, weil sie keinen Hunger mehr hatte. Veyrat ließ sofort einen anderen Fisch zubereiten und ihr vorsetzen. Den hat sie auch nicht aufgegessen. Am Ende waren sie beide verzweifelt und wütend, einer so eigensinnig wie der andere.« Endlich kommt der Kartoffelbrei, in der Speisekartensprache »Püree von Rattes-Kartoffeln aus Rumilly mit Trüffeln aus Seyssel«. Unten im Teller eine dicke Schicht einheimischer schwarzer Trüffeln, darüber ein herrlich lockerer Kartoffelbrei – keine Magerversion, aber auch kein Butterschiff. Zum Tellerabschlecken. »Viel besser als der von Robuchon«, haben wir Veyrat bestellen lassen. Aber dann sind wir gegangen, bevor er wieder die Kräuternachtische servieren lassen konnte.

★ ★ ★

Marc Veyrat ist – immer an der Grenze des völligen finanziellen Absturzes – eines der wenigen Beispiele dafür, wie gegenwärtig ein Koch in Frankreich noch an die Spitze kommen kann, obgleich er weder ein Restaurant geerbt noch einen reichen Sponsor hat. Der Ausgangspunkt liegt auf einem Kreis, aus dem kaum auszubrechen ist: Hochküche ist Luxusküche, wobei die Kosten heute weniger in den Produkten als im enormen Arbeitsaufwand stecken. Luxusküche können nur wenige bezahlen, und von denen geben die meisten ihr Geld lieber für Autos, Boote, Villen, Weltreisen aus. Um sie anzulocken, muß der Luxus schon vorhanden sein, der mit ihrem Geld eigentlich erst geschaffen werden soll. Gibt es ihn nicht, kommen keine wohlhabenden Gäste. Am Anfang der Kochkunst steht also ein allemal riskanter Bankkredit. Luxus allein reicht aber nicht: Zehn Kilometer von der Auberge de l'Eridan entfernt liegt in Talloires malerisch am Seeufer das Restaurant des Père Bise, das einmal drei Sterne hatte und als das beste und teuerste der Region galt. Es ist noch so luxuriös wie früher, aber keiner geht mehr hin. Die Küche gilt als altmodisch und profillos, obgleich sie immer noch teuer ist. Veyrat hingegen hat die Küchenrevolution, die mit der Nouvelle cuisine einherging, aufgenommen und weiterentwickelt. Aber das allein hätte nicht gereicht, denn auch die Nouvelle cuisine kam aus der Mode, so sehr sich auch ihre Grundprinzipien dauerhaft durchgesetzt haben. Veyrat verband ihre Prinzipien und Techniken mit etwas Neuem, mit der Einbeziehung unbekannter, vergessener oder bislang aus der Hochküche ausgeschlossener Kräuter und Gemüse. Das ist sein Markenzeichen. Natürlich hat diese Wendung etwas mit seiner höchst individuellen Lebensgeschichte zu tun, mit der Jugend in Manigod, mit den zehn Jahren als savoyardischer Hirte. Zugleich traf seine individuelle Vorliebe aber auch einen Nerv der Zeit. Solange noch große (und arme) Bevölkerungsschichten vom Sammeln oder von den Produkten des eigenen Gärtchens lebten, mußte die Hochküche ihre Distanz dazu wahren. Das Prestige, der symbolische Wert dessen, was sie aßen, war gering. Die Verstädterung, die sich ausweitende Arbeitsteilung, die Gemüse nur noch in Supermärkten wachsen ließ, das Bewußtsein, daß die Natur endlich, bedroht und kostbar ist, schufen überhaupt erst die Voraussetzung für den Erfolg der Küche des Marc Veyrat. Die Kochkunst ist durch ihn und Michel Bras mit einiger Verzögerung der »grünen« Bewegung gefolgt, die in Frankreich zunächst als deutsches Phänomen belächelt, dann aber politisch und ökonomisch nachgeholt wurde. Insofern ist die Küche von Marc Veyrat durchaus mit den Öko- und Bioläden verwandt, aber es ist eine Verwandtschaft wie die zwischen Trabbi und Rolls-Royce. Traditionelle Hochküche allein hätte nicht gereicht, um Veyrat berühmt zu machen. Ebensowenig die »grüne« Orientierung. Beides zusammen erst machte seine Küche bekannt und brachte ihn in die Journale. Auch Moden kann man nicht beliebig anzetteln. Der Zeitgeist muß zur rechten Zeit auf die rechte Person treffen. So wie ein Autor in der richtigen Zeit schreiben und das Rechte erleben muß, um zum klassischen Nationalautor zu werden.

Veyrat jedenfalls ergriff seine Chance, und das vielleicht gerade deshalb, weil er Autodidakt war. Das Neue entsteht nicht aus dem Nichts, aber allzuviel Nähe zur Zunft ist der Kreativität nicht günstig. Wäre Veyrat nicht aus der Lehre geflogen und hätte gezwungenermaßen die Kochtechnik mittelmäßiger Meister übernommen, statt auf dem Berg Kräuter und Kochbücher zu studieren, hätte er wohl keine drei Sterne am Hut. Kreativität, die keiner bemerkt, erschöpft sich meist rasch. Veyrat weiß, wie man von sich reden macht. Er weiß um die Macht der Presse und des Fernsehens, die immer auf der Suche nach dem Neuen sind; er weiß, daß man Markenzeichen braucht, daß man frech sein muß statt langweilig. Er kocht vor der Kamera, verfaßt Kochbücher, geht mit seinen Finanzproblemen in die Öffentlichkeit, statt im Stillen an seinen Schulden zu scheitern. Er präsentiert sich als Promoter der lokalen Ökonomie und des nationalen Ruhms. Er weiß seine Angestellten zu begeistern und seine Kollegen zu spalten. Die einen hassen ihn, mit den anderen, mit Bras, Gagnaire, Troisgros, Lorain, Roellinger hat er als *primus inter pares* ein Manifest zur Zukunft der französischen Küche verfaßt. Er weiß: Eine Hausmacht braucht man, um in der Zunft zu bestehen.

Die Gunst der Banken und die Gunst der Stunde, die Gunst der Familie und der Natur, die Gunst der Medien, der Restaurantführer, der eigenen Angestellten und der Kollegen – viel muß zusammenkommen, um aus dem Nichts ein großer Küchenchef zu werden. Marc Veyrat ist eine Ausnahme. Sein Größenwahn macht, daß er für unmöglich Gehaltenes versucht, sein Charisma und seine Schlitzohrigkeit bewirken, daß es ihm wider alles Erwarten gelingt.

Vorgeschmack

Junge Köche in Frankreich

Am Eiffelturm leuchtet seit Monaten ein gigantisches Display, das anzeigt, wieviel Tage uns noch vom 21. Jahrhundert trennen. Die Jahrtausendwende kündigt sich an, und mit ihr schießen die Prophetien ins Kraut, was das neue Millenium uns denn wohl bringen wird. Feinschmecker pflegen sich dagegen ans Nächstliegende zu halten, ans Erste und ans (Zweit-)Beste. Daß wir weiterhin essen und trinken werden, das gehört zu den wenigen Gewißheiten, die wir über das nächste Jahrtausend haben. Aber wer wird in der Küche stehen, wenn es besonders gut schmeckt? Was wird er zubereiten? Welche Küche wird eine Reise wert sein?

Man muß nicht im Kaffeesatz lesen, wenn man wissen will, welche Namen die französische Küche in Zukunft bestimmen werden. Ein großer Koch taucht nicht aus dem Nichts auf. Er hat mindestens zehn, besser fünfzehn Jahre Praxis hinter sich, ehe er am Herd eines großen Hauses einen eigenen Stil entwickeln kann. Und er braucht günstige Bedingungen – es gibt viele gute junge Köche, aber nur wenige schaffen den Durchbruch. Wie, dafür gibt es kein eindeutiges Rezept mehr, sondern viele verschiedene Wege. Auch die Köche leben unterdes in einer »Risikogesellschaft«. Die Küchenszene ist unübersichtlich geworden wie andere Bereiche auch. Vieles geht, aber alles kann auch scheitern.

Am leichtesten ist es natürlich für die Söhne. Marc Haeberlin führt schon seit ein paar Jahren das väterliche Geschäft, ebenso der junge Troisgros und seit neuestem auch Frédéric Blanc. Von ihnen soll hier nicht die Rede sein, denn sie setzen mit mehr oder minder starken eigenen Akzenten das fort, was die Väter zum Erfolg geführt haben. Nicht die Rede sein soll auch von den jungen Köchen, die als angestellte »Zweite« dafür sorgen, daß die Küche ihr Spitzenniveau behält, wenn der Großmeister im Fernsehen kocht oder in Japan auf einer Pressekonferenz weilt. Die Rede sein soll von sieben jungen Köchen, um die dreißig Jahre alt, von Michel del Burgo, von Alain Llorca, von Eric Fréchon, Michel Sarran, von David Moreno und von den Brüdern Pourcel.

Del Burgo und Llorca sind Angestellte in großen Luxushotels, der eine im Pariser Bristol, der andere im Nizzaer Negresco. Fréchon und Sarran sind große Köche in bescheidenen Restaurants, die auf Gerichte um die zweihundert Francs setzen. Sie wissen: Wer ein eigenes Luxusrestaurant auf Pump eröffnet, geht pleite. Maximin und Gagnaire haben es gezeigt bekommen. Ehrgeizige, knapp kalkulierte Sterneküche in Restaurants, die äußerlich mehr oder minder gehobene Bistros sind – das ist wohl die für Gäste erfreulichste Tendenz in der französischen Küchenszene. Fréchon steht da für viele andere, etwa für Yves Chamdeborde (La Régalade, Paris) oder Thierry Breton (Chez Michel, Paris), bei denen sich die Gäste um die Tische drängen. Daß aus relativ bescheidenen Anfängen mit Ehrgeiz, unermüdlichem Einsatz und qualitätsversessener Hartnäckigkeit allmählich doch Drei-Sterne-Qualität entstehen kann, haben die Brüder Pourcel in Montpellier bewiesen.

Mit Ausnahme von David Moreno, der sich bewußt als »Landarbeiter« sieht, arbeiten die von uns ausgewählten Köche in großen Städten. Auffällig ist die geographische Verteilung: zwei in Paris, die anderen im langen »Südgürtel« von Nizza über Montpellier und Narbonne nach Toulouse. Zufall ist das nicht. Ehrgeizige Köche brauchen zahlungskräftige Kunden, sie brauchen Geschäftsleute und Touristen. All dies findet sich in Paris und im Süden häufiger als woanders. Aber es spielt noch ein anderer Faktor eine Rolle: Die Tendenz zur Mittelmeerküche scheint unaufhaltsam, auch im Zentrum und in Paris – so sehr ihr »Meister«, Alain Ducasse, in Paris auch die Produkte und Rezepte anderer Regionen ins Licht zu setzen versucht. Die saucenarme, magere, geschmacksintensive Küche des Südens ist mehr als eine Mode. Sie ist Ausdruck veränderter Ernährungsgewohnheiten und Lebensweisen.

Heißt das, daß es in den anderen Regionen keine herausragenden jungen Köche gibt? Mitnichten. Selbst im kulinarisch (zu Unrecht) wenig geschätzten Norden Frankreichs gibt es vorzügliche Restaurants mit junger Equipe. Ludovic Vantours in Lambersart (La Laiterie) gehört ebenso dazu wie Marc Meurin in Béthune (welch ein vorzüglicher Schweinsfuß mit Langustinen!). Aber wenn sie noch mehr erreichen wollen, müssen sie wohl ihrer Landsmännin Ghyslaine Arabian nach Paris folgen – und dazu fühlen sie sich viel zu wohl in ihrer Region.

Neben der »Südorientierung« der jungen Köche fällt auf, daß Autodidakten selten sind. Die künftigen »Großen« haben fast alle noch die klassische Wanderschaft durch die Küchen der heutigen »Großen« hinter sich. Ein paar Namen tauchen dabei immer wieder auf: Michel Guérard, Alain Senderens, von den Jüngeren Ducasse und Gagnaire, vor allem aber immer wieder Christian Constant, der langjährige Chef des Pariser Luxushotels Crillon, der nie den dritten Stern bekam, aber ein großer Lehrer ist. Er gehörte auch zu den ersten, der Frauen eine Chance gab, etwa der jungen Anne Majourel, die neben ihm das Pariser Violon d'Ingres leitet. Aber ansonsten bleibt die Hochküche wohl auch in Zukunft eine Männerdomäne, die Frauen die Karriere schwermacht. Geändert haben sich allerdings die Preise. Die jungen Köche können alle nicht umhin, mit den Kunden zu rechnen, die nicht mehr als dreihundert Francs für ein Essen auszugeben bereit sind. So bietet Llorca im Negresco ein reiches Mittagsmenü für zweihundertfünfundfünfzig Francs.

Für die Karriere als junger französischer Koch ist es also gut, ein Mann zu sein, ein zahlungskräftiges, städtisches Umfeld zu haben, von Altmeistern der Zunft protegiert zu werden. Das hilft, aber es reicht nicht. Die folgenden sieben Köche haben alle etwas darüber hinaus, etwas, was sie heraushebt aus der großen Zahl der Talente.

Der Perfektionist: Del Burgo (34)

Er stammt aus dem Norden, aber seine Küche stammt aus dem Süden. Kein Wunder. Del Burgo lernte die klassische Küche im provenzalischen Ousteau de Beaumanière, die kreative bei Michel Guérard und Alain Ducasse, und war dann sechs Jahre sein eigener Chef in La Barbacane in Carcassonne, bevor er 1996 die Brigade des Pariser Bristol übernahm. Dort, am besonnten Innenhof, del Burgos Königskrabben mit einer Crème aus Blumenkohl, Dickmilch vom Schaf und grauem Kaviar, seinen spanisch-pikant gewürzten bretonischen Hummer mit getrockneten Tomaten oder sein Taubenrisotto mit Grünkern und Trüffel zu genießen, das ist sanfter Luxus. Man sieht: Del Burgo holt sich seine Materialien, wo er die besten findet, und kombiniert sie, unbekümmert um die Frage, ob sie denn der gleichen Region entstammen. Und er liebt das technisch Komplizierte. Schüchtern sieht er aus, wie ein großer, schlanker Junge. Hinter der Fassade verbirgt sich ein ehrgeiziger Perfektionist: Wenn etwas schiefgeht, so erzählen die Küchenjungen, dann stürzt er hinaus auf die Straßen des noblen Faubourg St. Honoré, rauft sich die Haare und überlegt, ob er sich wie sein Vorfahr Vatel angesichts dieser Schande das Leben nehmen sollte.

Der Sunnyboy: Alain Llorca (30)

Llorcas Heimat ist die Côte d'Azur. Hier wurde er geboren, hier lernte er bei den besten Lehrern: zuerst bei Le Stanc und Maximin im Negresco, anschließend bei Ducasse. Kaum fünfundzwanzig Jahre, erkochte er seinem Restaurant in Cagnes den ersten Stern und wurde dann ins Negresco geholt, wo er Küchenjunge gewesen war. Llorca, ein gutaussehender Sunnyboy mit ausgeprägter Medieneignung, gehört nicht zu den Menschen, die Herausforderungen ausschlagen. Er kann und will sich durchsetzen. Seine Küche ist – was Wunder – italienisch-französischer Inspiration. Polenta, Ricotta, Perrugini-Wurst kombiniert er mit klassischen Hochküchenprodukten wie Steinbutt oder Trüffeln. Der Gewürzmode steht er eher skeptisch gegenüber und zieht heimischen Thymian und Basilikum vor. Der Schatten des großen Lehrmeisters Ducasse ist noch deutlich spürbar, aber wen wundert das bei einem jungen Mann, der vor kaum zehn Jahren erst die Hotelfachschule verlassen hat?

Avantgarde im Doppelpack: die Brüder Pourcel (32)

Man sieht es auf den ersten Blick: Die sanften Brüder Pourcel sind Zwillinge. Sie stammen nicht aus einer Gastwirtsfamilie. Mit vierzehn mußten sie mit dem Kochen beginnen, weil die Mutter krank war. Die Rezepte schrieben sie am Fernseher mit. Aber dann wurde gelernt, jeder für sich und nur in den besten Häusern. Jacques war bei Trama, bei Meneau in Vézelay und schließlich Chef-Pâtissier bei Gagnaire; Laurent bei Michel Bras und Alain Chapel. Von Chapel die klassische Technik und die Fähigkeit, harmonisch zu modernisieren, von Bras die intellektuelle, technische Seite, von Gagnaire die Spontaneität, die unablässige Bewegung – was für eine Lehre! Sie wußten, sie würden nach den getrennten Wanderjahren wieder zusammenkommen. Sieben Jahre hatte jeder gelernt. Das macht vierzehn. Das reichte. Im November 1988 eröffneten sie vierundzwanzigjährig in Montpellier, kulinarisch bis dahin eher unterentwickelt, ihr eigenes Restaurant. Am Anfang fiel es nicht leicht, einen eigenen Stil zu finden. Aber klar war: In Montpellier muß man Mittelmeerküche machen (»Wir verstehen übrigens nicht, wie man diese Küche woanders anbieten kann als im Süden«). Ihre Küche ist deutlich (zum Beispiel nur ein regionales Gemüse pro Gericht), aber nicht aggressiv. Sie lieben Kombinationen von Innereien und Schalentieren bzw. Fisch (zum Beispiel Lammbries und Hummerschwanz in gekerbelter Hühnerbrühe oder kleingehackter Schweinsfuß mit gebratenem Steinbutt). Sie scheuen die technischen Komplikationen nicht, aber es kann auch »nur« eine Lotte mit feiner Tomatentarte und Zwiebelmus sein. Hauptsache: klar und exakt zubereitet. Das Restaurant ist so geschmackvoll wie die Küche, die Weinkarte mittlerweile bedeutend, und seit ein paar Monaten ist noch ein kleines, feines Hotel dazugekommen. Jardin des Sens – Garten der Sinne heißt ihr Haus. Besser könnte man es nicht sagen. Und schneller kann man so einen Lustgarten kaum aufbauen.

Der Querkopf vom Land: David Moreno

Es ist nicht weit von Montpellier nach Narbonne, aber die Brüder Pourcel und David Moreno haben wenig gemein. Die einen sehen aus wie hochbegabte Schüler, die einige Klassen übersprangen, Moreno hingegen wie ein schlitzohriger Schalk, der die Umwege im Leben liebt. Begonnen hat er als Rugbyspieler in der ersten Liga. Die Arbeit in der Küche eines Altenheims war nur Nebenbeschäftigung. Dann Verletzung, sechzehn Monate Rollstuhl und die Übernahme einer ländlichen Herberge in den Corbières. Er experimentierte, hatte Erfolg, aber es fehlte die Erfahrung, die gründliche Lehre. Er hörte auf, tat zwei Jahre lang gar nichts. Dann Heirat, Anmietung einer alten Mühle auf dem Land und die Entwicklung eines Küchenstils, in dem sich rustikale Bodenständigkeit und Lust am Phantasieren paaren: Millefeuille aus Gänseleberpastete und Kartoffel, von Mandelmilch begleitet. Oder einfach Wildschweinfilet mit Fitousauce. Oder »Milchreis wie bei Mut-ter«. Oder sein Schwarzweiß-Menü: Jakobsmuschel und Trüffel, Steinbutt und schwarze Trompetenpilze, Meerwolf und Kaviar. Er sieht es als kulinarisches Zeugnis gegen den Rassismus. Moreno liebt es, leidenschaftlich Partei zu nehmen. Das kommt vom Vater, Landarbeiter, der damals vor Franco nach Frankreich floh. Die Mühle lag zu weit ab. Im Winter blieben die Gäste aus. Seit sechs Monaten ist Moreno samt seinen Mitarbeitern (»ich brauche Mitarbeiter, keine Diener«) in eine ehemalige Schäferei beim berühmten Zisterzienserkloster Fontfroide gezogen. Nach wie vor auf dem Land, auf dem Land der rebellischen Katharer, zugleich in der Nähe eines klassisch-schönen Sakralgebäudes – David Moreno dürfte seinen Ort gefunden haben.

Der Spaßmacher: Michel Sarran (35)

Michel Sarran stammt von einem Bauernhof mit Gaststube im Armagnac-Gebiet. Die Mutter kümmert sich um den Hof, verkauft ihren Gästen zu wunderbar niedrigen Preisen dicke Scheiben von Gänseleber und erzählt mit Mutterstolz von ihrem Sohn, der in viele ferne vornehme Häuser gegangen ist, um für vornehme Menschen zu kochen. Le Bacon auf dem Cap d'Antibes war darunter und das Juana in Juan-les-Pins unter Ducasse. Da zählte er einundzwanzig Jahre und vergoß manche Träne, weil es so hart war, das Lernen. Darauf ein Abstecher ins Burgund, zu Michel Lorain, schließlich Luxushotels in Saint-Tropez bzw. auf Porquerolles. Und dann die langsame Rückkehr in den Südwesten. Aber nicht bis nach Hause. Da fehlen die Kunden für Hochküche. Michel Sarran machte in Toulouse halt, in der fröhlichen, der am meisten spanischen Großstadt im Südwesten. Er hatte ein genaues Konzept: Sein eigenes Restaurant sollte nicht mehr als eineinhalb Millionen Francs kosten und das günstigste Menü mit Wein und Café nicht mehr als zweihundertzwanzig Francs. »Vierhundert Francs mit allem, das ist in der Provinz die Schallgrenze, auch bei Leuten, die sich mehr leisten könnten.« Die schöne, moderat moderne Inneneinrichtung stylte der Bruder. Von Anfang an war das Haus voll. Für zweihundertzwanzig Francs gibt es Gänseleber (von Mutter wohl) mit Fenchelsamen oder Meeresfrüchte mit Aioli als Vorspeise, Cannelloni mit Daube, ein Frikassée von Geflügelbrust und Gambas oder gelackten Mérou mit Artischocken, danach Käse oder Nachtischklassiker wie Tarte tatin, aber mit Bananenbelag. Das Menü für dreihundertzwanzig Francs bietet Rotbarbenfilets mit dicken grünen Bohnen, Fischsuppe von Saint-Pierre und zarten Lammrücken mit Lorbeer im Netz. Manchmal ist diese junge Küche fast schon ein bißchen zu routiniert. »Ach, wissen Sie, wenn man sich günstig einrichten will, muß auch ein bißchen Ikea dabei sein. So ist es auch, wenn man Küche preisgünstig anbieten will. Mir geht es darum, daß die Gäste hier Spaß haben. Das ist das Wichtigste.«

Billig für teuer in Paris: Eric Fréchon (33)

Eric Fréchon wollte immer schon Chef eines Hochküchenrestaurants werden. So hat er auch seine Lehr- und Wanderjahre eingerichtet: zunächst in einem der beiden Luxusrestaurants im Pariser Bois de Boulogne, dann im Bristol, darauf im Taillevent, im Tour d'Argent und schließlich im Crillon als zweiter hinter Christian Constant. Mehr klassischer Luxus geht nicht. Und dann hat er im November 1995 seine Sachen gepackt, seine Ersparnisse gezählt und festgestellt, daß es zu mehr nicht reicht als zu einem großen Bistro – so häßlich, daß es schon wieder schön ist – im Pariser Norden hinter den Buttes Chaumont. Er weiß: Abends mit der Métro dorthin zu fahren, ist ein kleines Abenteuer. Aber er hatte keine große Wahl. »Angestellter wollte ich nicht bleiben. Meine Eltern sind in den letzten Jahren nach einem langen Arbeitsleben entlassen worden.« Und für ein eigenes Luxusrestaurant reichte das Geld nicht. Es reichte nicht einmal für ein Restaurant im Zentrum. »Also habe ich mich hier eingekauft und mache das, was im Moment geht, die Küche für hundertneunzig Francs.« Er macht sie so konsequent und so gut wie kein anderer. Sieben Vorspeisen, sieben Hauptspeisen, Käse, sieben Nachspeisen – dazwischen hat man die Wahl. Keine A-la-carte-Gerichte. Die Pastete aus Schweinshaxe und Gänseleber mit Feigenmus und Sherry, das Carpaccio vom Kaninchen unter Linsencrème, die exakt gegarten Jakobsmuscheln, die gelackte Ente mit Gewürzhonig, begleitet von Polenta – alles hat Zwei-Sterne-Niveau. Fréchon hat klassisch kochen gelernt, aber die Küche, die er macht, ist weder klassisch, noch Nouvelle cuisine, noch Mittelmeerküche. Es ist moderne Küche, knapp kalkuliert. Der Service hält freilich das Niveau nicht. Die Gläser und Bestecke auch nicht. Das ist der Preis. Die Weinkarte hat nur fünfunddreißig Posten, die meisten um zweihundert Francs, aber gut ausgewählt. Seine fünfzig Plätze sind jeden Abend besetzt. Er ist zufrieden. »Aber schön wäre es schon, wenn ich einmal zeigen könnte, was ich kann, ohne rechnen zu müssen.« Es wird wohl beim Wunsch bleiben. Freuen wir uns daran, daß die jungen Köche viel Gutes bieten müssen fürs Geld, mehr als ihre Vorgänger.

Anmerkungen

Vorwort

1 Heinrich Heine: Zur Geschichte der Religion und Philosophie in Deutschland. In: Sämtliche Schriften, hg. v. Klaus Briegleb, Bd. 3, München 1971, S. 570
2 Friedrich Nietzsche: Ecce homo. In: Werke in sechs Bänden, hg. v. Karl Schlechta, Bd. IV, S. 1083f.
3 Peter von Haselberg: Wiesengrund Adorno. In: Theodor W. Adorno. Sonderband *Text und Kritik*, hg. v. Heinz Ludwig Arnold, München 1983, S. 41
4 Sigmund Freud: Das Unbehagen in der Kultur. In: Studienausgabe, hg. v. A. Mitscherlich u. a., Bd. IX, Frankfurt am Main 1974, S. 208ff.
5 Als Ausnahme sei auf Gisèle Harrus-Rédivis Studie: Psychanalyse de la gourmandise verwiesen. Payot, Paris 1994. Vgl. auch: Noëlle Châtelet: Le corps à corps culinaire. Seuil, Paris 1977
6 Michel Onfray: La raison gourmande. Philosophie du goût. Grasset, Paris 1995, S. 265
7 Jean Robert Pitte: Gastronomie française. Histoire et géographie d'une passion. Fayard, Paris 1991, S. 185
8 Alain Chapel: La cuisine c'est beaucoup plus que des recettes. Laffont, Paris 1995, S. 61
9 Pitte, a.a.O., S. 129
10 Onfray, La raison gourmande, a.a.O., S. 227
11 Pierre Bourdieu: Die feinen Unterschiede. Kritik der gesellschaftlichen Urteilskraft. Frankfurt am Main 1982, S. 141
12 Detlev Claussen: Kleine Frankfurter Schule des Essens und Trinkens. Bremen 1986, S. 19
13 Heine, Zur Geschichte der Religion und Philosophie, a.a.O., S. 606
14 Stephen Menell: Die Kultivierung des Appetits. Geschichte des Essens vom Mittelalter bis heute. Frankfurt am Main 1988, S. 194ff.

15 In: Gesammelte Schriften, hg. v. Rolf Tiedemann u.a., Bd. I.2, Frankfurt am Main 1974, S. 432 ff.
16 Hans Magnus Enzensberger: Die Furien des Verschwindens. Gedichte. Frankfurt am Main 1980
17 Karl Heinz Bohrer: Die Ästhetik des Schreckens. Frankfurt am Main/Berlin/Wien 1983
18 Claude Fischler: L'homivore. Le goût, la cuisine et le corps. Odile Jacob, Paris 1983
19 Pierre Bourdieu: Les règles de l'art. Seuil, Paris 1993
20 Bourdieu, Die feinen Unterschiede, a.a.O., S. 277–322
21 Ebd., S. 315
22 Fischler, a.a.O., S. 254 ff.
23 Zit. nach Christian Guy: Histoire de la gastronomie en France. Nathan, Paris 1985, S. 133
24 Pitte, a.a.O., S.183
25 Alexandre Lazareff: L'exception culinaire française. Un patrimoine gastronomique en péril? Albin Michel, Paris 1998, S. 13
26 Auguste Escoffier: Souvenirs inédits. Jeanne Lafitte, Marseille 1985, S. 192
27 Menell, Kultivierung, a.a.O., S. 181
28 Authing Rowley (Hg.), Les Français à table. Atlas historique de la gastronomie française. Hachette, Paris 1997, S. 178
29 Guy, Histoire, a.a.O., S. 94 ff.
30 Lazareff, L'exception culinaire, a.a.O., S. 81
31 Pitt, Gastronomie, a.a.O., S. 183
32 Friedrich Nietzsche: Vom Nutzen und Nachteil der Historie für das Leben. In: Werke, a.a.O., Bd. 1, S. 222 f.
33 Heinrich Heine. Die Romantische Schule. In: Sämtliche Schriften, Bd. 3, a.a.O., S. 374

Adressen

La Pyramide
(Point/Henriroux)
14, bd. Fernand Point
38200 Vienne
Tel. 04 74 53 01 96
Fax 04 74 85 69 73
Vom 15. 9. bis 15. 6. am Mittwoch- und Donnerstagmittag geschl.

La Côte d'Or
(Loiseau)
2, rue Argentine
21210 Saulieu
Tel. 03 80 90 53 53
Fax 03 80 64 08 92
tägl. geöffnet

Paul Bocuse
69660 Collonges-au-Mont-d'Or
(= 12 km nördlich von Lyon am Saône-Ufer, erreichbar über die D 433 und D 51)
Tel. 04 72 42 90 90
Fax 04 72 27 85 87
tägl. geöffnet

Alain Chapel
01390 Mionnay
Tel. 04 78 91 82 02
Fax 04 78 91 82 37
Januar sowie Montag- und Dienstagmittag (außer in den Ferien) geschl.

Troisgros
pl. de la Gare
42300 Roanne
Tel. 04 77 71 66 97
Fax 04 77 70 39 77
29.7.–13.8. während der Februarferien sowie Dienstagabend und Mittwoch geschl.

Auberge de l'Ill
(Haeberlin)
68970 Illhaeusern
Tel. 03 89 71 89 00
Fax 03 89 71 82 83
1. 2. bis 9. 3. Montag (außer mittags zwischen 25. 3. und 17. 11.) und Dienstag geschl.

Les Prés d'Eugénie
(Guérard)
40320 Eugénie-les-Bains
Tel. 05 58 05 06 07
Fax 05 58 51 10 10
Vom 1. bis 20. 12. und vom 5. 1. bis 27. 2. geschl.

Lucas-Carton
(Senderens)
9, pl. de la Madeleine
75008 Paris
Tel. 01 42 65 22 90
Fax 01 42 65 06 23
2. bis 24. 3. sowie Samstagmittag und Sonntag geschl.

Georges Blanc
01540 Vonnas
Tel. 04 74 50 90 90
Fax 04 74 50 08 80
2. 1. bis 9. 2. sowie Montag außer in der Ferienzeit und Dienstag außer abends vom 15. 6. bis 15. 9. geschl.

Alain Ducasse
59, av. R. Poincaré
75116 Paris
Tel. 01 47 27 12 27
Fax 01 47 27 31 22
4. 7. bis 4. 8., 24. 12.–4. 1., Samstag und Sonntag geschl.

Le Louis XV
(Ducasse)
pl. Casino
Monaco
Tel. 92 16 30 01
Fax 92 16 69 21
Vom 1. bis 30. 12. vom 17. 2. bis 4. 3., vom 18. 6. bis 20. 8. Dienstag und Mittwoch außer abends geschl.

Jacques Maximin
689 chemin de la Gaude
06140 Vence
Tel. 04 93 58 90 75
Fax 04 93 58 22 86
12.1. bis 9. 2. Sonntagabend und Montag geschl.

Les Loges de l'Aubergade
(Trama)
52, rue Royale
47270 Puymirol
Tel. 05 53 95 31 46
Fax 05 53 95 33 80
Während der Februarferien und Montag geschl. (außer Montagabend während der Hauptsaison)

Pierre Gagnaire
Hôtel Balzac
6, rue Balzac
75008 Paris
Tel. 01 44 35 18 25
Fax 01 44 35 18 37
2. bis 24. 8., während der Februarferien, Samstag und Sonntagmittag geschl.

Auberge de l'Eridan
(Veyrat)
13, Vieille route des Pensières
74290 Veyrier-du-Lac
Tel. 04 50 60 24 00
Fax 04 50 60 23 63
Montag geschl.

Le Bristol
112, rue du Faubourg-Saint-Honoré
75008 Paris
Tel. 01 53 43 43 40
Fax 01 53 43 43 01

Le Restaurant d'Éric Fréchon
10, rue du Général Brunet
75019 Paris
Tel. 01 40 40 03 30
August, Sonntag und Montag geschl.

La Régalade
49, av. Jean-Moulin
75014 Paris
Tel. 01 45 45 68 58
Fax 01 45 45 68 58
Samstagmittag, Sonntag und Montag geschl.

Chantecler (im Hotel Negresco)
37, promenade des Anglais
06000 Nice
Tel. 04 93 16 64 00
Fax 04 93 88 35 68
18. 11. bis 16. 12. geschl.

Le Jardin des Sens
11, av. Saint Lazare
34000 Montpellier
Tel. 04 67 79 63 38
Fax 04 67 72 13 05
Sonntag geschl.

La Bergerie de Fontfroide
Abbaye de Fontfroide
11100 Narbonne
Tel. 04 68 41 86 06
Fax 04 68 41 86 05

Michel Sarran
21, bd. Armand-Duportal
31000 Toulouse
Tel. 05 61 12 32 32
Fax 05 61 12 32 33
Im August, Samstagmittag und Sonntag geschl.